共青团陕西百年历程

共青团陕西省委 编著

中国青年出版社

图书在版编目（CIP）数据

共青团陕西百年历程 / 共青团陕西省委编著．-- 北京：中国青年出版社，2024.4
ISBN 978-7-5153-7226-6

Ⅰ．①共… Ⅱ．①共… Ⅲ．①中国共产主义青年团－历史－陕西 Ⅳ．① D293

中国国家版本馆 CIP 数据核字（2024）第 011287 号

中国青年出版社 出版 发行

共青团陕西百年历程
共青团陕西省委 编著

责任编辑：陈敏
书籍设计：天壹视觉 刁娜
出版发行：中国青年出版社
社　　址：北京市东城区东四十二条 21 号
网　　址：www.cyp.com.cn
编辑中心：010-57350560
营销中心：010-57350370
印　　装：北京科信印刷有限公司
经　　销：新华书店
规　　格：710mm×1000mm 1/16
印　　张：33.5
字　　数：418 千字
版　　次：2024 年 4 月北京第 1 版
印　　次：2024 年 4 月北京第 1 次印刷
定　　价：128.00 元

一百年来，中国共青团始终与党同心、跟党奋斗，团结带领广大团员青年把忠诚书写在党和人民事业中，把青春播撒在民族复兴的征程上，把光荣镌刻在历史行进的史册里。

——习近平总书记 2022 年 5 月 10 日在庆祝中国共产主义青年团成立 100 周年大会上的讲话

习近平：《在庆祝中国共产主义青年团成立一百周年大会上的讲话》（二〇二二年五月十日），《论党的青年工作》，中央文献出版社 2022 年 6 月版，第 4 页。

序 一

2023年仲夏，老朋友赵有奇先生和团省委薛红萍主任送来共青团陕西省委历时两年潜心编写的《共青团陕西百年历程》书稿，嘱我从党史的角度看共青团陕西历史并作序。我长期从事党史研究，但对共青团史并不是十分熟悉，在认真拜读40余万字的书稿后，加深了对陕西青年运动史、共青团陕西历史的了解，对其辉煌的历史肃然起敬，对其青年运动的杰出先辈高山仰止，对其重大贡献推崇备至，为作者用春秋笔法，满怀激情地书写百年历史的精神深深感动。梳理研究共青团百年历程有着非常重要的历史和现实意义。

中国共产主义青年团是中国共产党领导的先进青年的群团组织，是党的助手和后备军，共青团的历史是中共历史的重要组成部分。陕西不仅有着悠久历史、灿烂文化，而且有着光荣的革命传统。翻开三秦大地百年历史画卷，中共历史波澜壮阔，纵横捭阖。延安作为中国革命的圣地和大本营，其落脚点、出发点独树一帜的历史地位，毛泽东思想在此成熟；照金精神、延安精神、张思德精神、南泥湾精神、西迁精神成为中国共产党人精神谱系的重要组成部分，在中共历史上写下了辉煌的一页，其中陕西共青团组织、陕西团员青年功不可没。

百年来，陕西共青团组织在独特历史、地理环境中，在血与火、生与死的斗争实践中一步步走向成熟，成为陕西党组织的得力助手、后备军和党开展青年工作的重要力量。五四时期，一批先进的陕西知识青年率先接受马克思主义思想的洗礼，在上级党团组织的指导下，建立了陕西团组织，而后陕西党组织建立，陕西团组织为陕西党组织的建立在干部上和思想上做了充分的准备。大革命时期，陕西青年奋勇当先，积极参加国民革命运动，反帝反军阀。土地革命战争时期，团员青年积极参加红军，创建了土地革命战争时期全国唯一保存完整的西北苏区，成为中共中央和各路红军长征的落脚点，八路军抗日的出发点。西安事变前后，西安乃至陕西境内以青年学生为主体的抗日爱国运动，为国统区青年运动贯彻党的抗日民族统一战线起到了先锋作用。党在延安的十三年，青年工作被毛泽东赞誉为全国青年运动的模范和方向。新中国成立后，陕西第一支青年突击队——秦岭隧道青年突击队在修建宝成铁路的铁道部第六工程局率先建立，是全国第二支青年突击队。20 世纪 70 年代全国首先建立的榆林县补浪河“长城姑娘治沙连”，坚持治沙造林，被命名为“全国新长征突击队红旗”和“全国防沙治沙标兵单位”。80 年代，一场关于“人生的价值到底是什么”的大讨论在陕西热烈展开，邵小利和张华成为陕西大地冉冉升起的两颗闪耀着共产主义道德光辉的新星。新时代，青马工程、青年文明号、青年志愿者、丝路青缘等“青”字号品牌将团员青年紧紧凝聚在党的周围，为党的事业英勇奋斗、贡献才华。

该书从五四运动起笔分四个历史时期，采用大历史观的理论与方法，对百年共青团和青年运动进行观察研究，叙事逻辑清晰，体系完整，学理性强；语言表述生动流畅，立场鲜明，观点正确，充满了革命情怀，令人手不释卷。所用史料详实、丰富，表述完整，可读、可信；全书既有金戈铁马的宏大叙事，又有小桥流水的生动故事，有高度、有温度。可以说该书具有一定的学术价值和时代价值，是我省共青团历史研究的一项重要成果。

以史为鉴、资政育人是中华民族的优良传统，思想家、史学家龚自珍从“灭国”与“去史”的因果联系中，指明了“尊史”与“以史育人”的重要性。毛泽东把学习党史直接与党的事业成败联系在一起，指出：“指导一个伟大的革命运动的政党，如果没有革命理论，没有历史知识，没有对于实际运动的深刻的了解，要取得胜利是不可能的。”① 2021 年 2 月，习近平总书记在党史学习教育动员大会上指出：“党的历史是最生动、最有说服力的教科书。”② 在庆祝中国共产主义青年团成立 100 周年大会上，习近平总书记深刻阐明了共青团和青年工作的历史经验。这些论述充分说明历史的经验教训，对国家的发展至关重要，善于从历史的纵深中启示现实和未来，是中国共产党人战略思维的一个显著特点。陕西共青团的百年历史深刻再现了战火

① 毛泽东：《中国共产党在民族战争中的地位》（1938 年 10 月 14 日），《毛泽东选集》第 2 卷，人民出版社 1991 年版，第 533 页。
② 习近平：《在党史学习教育动员大会上的讲话》，《求是》杂志，中国共产党中央委员会主办，2021 年第 7 期。

硝烟和经济建设、改革开放、中国式现代化建设中的青春力量，是以史育人的活教材。一部百年陕西团史就是以党的使命为使命，与党同心、跟党奋斗，把忠诚写在党和人民的事业中，把光荣镌刻在青春奋斗中的历史。

实现中华民族伟大复兴的中国梦，是中国青年为之奋斗的时代主题。百年共青团史与百年党史的主题是一致的，充分彰显了党领导中国青年奋斗的本质特征。新时代的共青团组织、共青团员要学习中共历史、共青团历史，从中汲取真理的力量、信仰的力量和奋斗的力量，在推进中国式现代化进程中挺膺担当，赓续红色血脉，踔厉奋发，努力书写不负党和人民的精彩篇章。

期待《共青团陕西百年历程》的出版！

姚文琦

2023 年 8 月　于西安

序一作者为中共陕西省委党史研究室原副主任、巡视员，中共历史研究员。曾任陕西省中共党史学会会长、陕西省延安精神研究会副会长。

序 二

中国共青团历史是中国共产党历史的青年篇，全国范围的整体性团史是由众多地方团史汇聚而成的。不论是存史的角度，还是研究的角度，挖掘各地共青团历史上的重大事件、重要人物，对于丰富完善共青团历史的全国版图均具有重要意义。《共青团陕西百年历程》在这些方面做了很多有益的探索。

古代的三秦大地是中华文明的发祥地之一，近代陕西又成为中国革命的摇篮，新时代关中平原又在“一带一路”建设中发挥关键性作用。党和人民事业发展离不开一代又一代有志青年的拼搏奋斗。陕西青年无疑在地方政治、经济、文化、社会、生态诸事业中作出了不可替代的重要贡献。《共青团陕西百年历程》跨越百年时空，图文并茂地详尽描述陕西共青团员和广大青年坚定信念、紧跟党走的奋斗历程。新民主主义革命时期，陕西团员青年在“觉醒年代”追求光明，不怕牺牲、百折不挠，为了民族独立、人民解放浴血斗争，毛泽东赞誉延安的青年运动是全国青年运动的模范和方向。社会主义革命和建设时期，陕西团员青年以“把青春献给祖国”为行动指南，向科学进军，向困难进军，向荒原进军，为祖国建设辛勤劳动、勇挑重担。改革开放和社会主义现代化建设新时期，陕西团员青年开风气之先，锐意进取，在四个现代化建设和市场大潮中勇做改革闯将。中国特色社会主义新时代，陕西团员青年奏响“请党放心，强国有我”最强音，坚持守正创新，踔厉奋发，在为实现中华民族伟大复兴中国梦的奋斗中，展现出自信自强、刚健有为的精神风貌。

广大团员青年的成长发展和整体作用发挥，是在中国共产党的领导下实现的。当然，也离不开共青团的教育引领、组织动员。《共青团陕西百年历程》生动展示了100年来，陕西共青团听党指挥、跟党奋斗，由小到大，由秘密到公开，发展到今天200多万团员的全过程。100年来，在党的领导下，陕西共青团事业蓬勃发展，多项工作在全团中名列前茅。党在延安十三年，陕西作为党的青年工作试验区，从改造共青团到建立青救会，再到重建青年团，为执政党需要一个什么样的青年组织进行了艰辛探索。社会主义革命和建设时期，晨光大队团支部、雷庄大队团支部创“四好”团支部，组织青年学习毛主席著作等工作经验向全团进行推广。改革开放和社会主义现代化建设新时期，延安精神教育的创新载体——窑洞大学，保护母亲河行动等创新工作在全国影响巨大。中国特色社会主义新时代，在全国率先以省委名义出台《关于进一步加强少年儿童和少先队工作的意见》，率先注册团属婚恋交友品牌——“丝路青缘”，创建全国首家省级志愿者培训学院、首家希望工程公益研究院等，这众多的率先都是共青团陕西省委在党的领导下带领全省共青团员和广大青年不断奋斗的青春体现。总的来说，100 年来，陕西团组织坚持党的领导，与党同心同德，围绕党的中心工作，服务党政工作大局，把握陕西青年特点，勇于自我革命，一茬接着一茬干，一棒接着一棒跑，不愧为陕西青年运动的先锋队，不愧为陕西党组织的忠实助手和可靠后备军。

通读《共青团陕西百年历程》，作者政治立场鲜明正确，以史实为依据，史料运用比较翔实，表述相当得体生动，具有较强的知识性与可读性，挖掘整理出了陕西独具地方特点的团史资料，既适用于广大青少年阅读，也有历史学术价值。本书的主编共青团陕西省委书记徐永胜从高校到团省委，多年来一直从事党的青年工作，积累了丰富的理论知识和实践经验，具有深厚的学术功底，是一位学者型、专家型的共青团领导干部。我和本书的另一位主编薛红萍主任合作共事也十多年了，她一直踏踏实实地搞陕西共青团历史和青年运动史研究，勤勉好学、刻苦钻研、孜孜不倦，擅长用通俗易懂的青言青语宣讲中共党史、共青团史、青年运动史，对党、团史的研究一步步深入、一步步成熟。我想，这一切都是共青团陕西省委重点培养和大力支持的结果，也得益于她两次主持《陕西省志·共青团志》的编修工作，在筚路蓝缕中不断厚植史学功底，形成了严谨细致、实事求是的良好学风。

有人说市场不相信历史，殊不知“明镜所以照形，往古所以知今”。历史是最好的教科书，也是最好的清醒剂。共青团的今天是从昨天发展而来的，昨天的不少东西在今天的工作中依然起着不可忽视的作用。如果不了解历史，或者不能正确看待历史，又怎么能更好地行稳致远呢？我们相信，历史的发展总是今胜于古，一代胜过一代。尊重历史才能超越历史，善待前人才能超越前人。广大读者尤其是青年朋友，通过对共青团历史的了解和领悟，有利于学习革命先烈、青年英模的家国情怀和担当务实精神，有利于学习前人处理矛盾、解决问题、摆脱困境的思路和做法，有利于把握马克思主义政党青年组织发展的基本规律，有利于训练历史意识、历史思维，增强历史自信。

这本书的出版，一方面能够让广大青少年更加深刻地学习中国共青团、陕西共青团以及陕西青年运动的历史和发展，更加明晰党对共青团的政治要求，深刻理解新时代党的青年工作，引领广大团员青年把陕西共青团的光荣传统和奋斗精神传承下去，为谱写中国式现代化建设的陕西新篇章贡献青春力量。另一方面，将会为陕西共青团工作和陕西青年运动史研究提供经验和文献价值，对解决新的历史条件下共青团工作遇到的新情况、新问题，推进团的工作健康发展有着重要的现实意义。毋庸置疑，这是一份宝贵的精神财富。

胡献忠

2023 年 8 月　于北京海淀

序二作者为中央团校（中国青年政治学院）教授，共青团中央青运史档案馆馆长。

目 录

陕西共青团走过百年奋斗历程，

在中国共青团历史和青年运动史上

留下了光辉的足迹。

导 读

1921 年 7 月，中国共产党成立。在党的领导下，1922 年 5 月 5 日，中国社会主义青年团第一次全国代表大会在广州举行，标志着中国社会主义青年团正式成立。

1924 年 6 月，陕西建立第一个团组织——社会主义青年团赤水支部，是全国建团较早的省份之一，随后陕西地方团组织普遍建立。从创建至今，陕西团组织和全团一样经历了两次建立、两次改名、一次改造的重大变革，在土地革命战争时期和“文化大革命”初期，经受了两次大破坏的严峻考验。

新民主主义革命时期，陕西团组织协助党挽救革命危机、探索革命道路，开展武装斗争、进行抗日救亡以及反对国民党新军阀斗争。延安时期，陕西作为党的青年工作试验区，为适应党的局部执政，贯彻党的抗日民族统一战线方针，进行了改造共青团的成功探索。毛泽东赞誉延安的青年运动是全国青年运动的模范和方向。

社会主义革命和建设时期，陕西团组织在党的路线方针政策指引下，带领全省青少年积极投身实施社会主义改造、建立社会主义制度、探索社会主义道路的新征程。陕西青少年在党和国家各项建设事业中受教育、起作用、长才干，充分发挥了生力军和突击队作用。

改革开放和社会主义现代化建设新时期，陕西团组织适应党和国家工作中心战略转移，解放思想，锐意进取，带领青年开展为“四化”贡献青春的“新长征突击手”活动，开展“五讲四美三热爱”思想教育活动，精心打造“青”字号品牌，推进“跨世纪青年文明工程”和“跨世纪青年人才工程”，在振兴陕西经济中建功立业。

中国特色社会主义新时代，习近平总书记关于青年工作的重要思想，为新时代青年工作指明了方向。陕西共青团在省委的领导下，深刻领悟“两个确立”的决定性意义，增强“四个意识”、坚定“四个自信”、做到“两个维护”，认真学习贯彻习近平总书记来陕考察重要讲话重要指示精神，带领青年投身奋力谱写中国式现代化建设的陕西篇章，奏响实现中国梦的青春华章。

岁月沧桑，风雨兼程。陕西共青团走过百年奋斗历程，在中国共青团历史和青年运动史上留下了光辉的足迹。陕西共青团组织始终在党的领导下，坚持以党的政治纲领为奋斗目标，以党的指导思想为行动指南，以党的中心任务为神圣使命，发挥党的助手和后备军作用，发扬“党有号召、团有行动”的优良传统，团结、教育、带领全省青少年为实现党在各个历史时期的中心任务而奋斗。陕西团员青年奋斗精神贯穿始终、从未改变，是陕西革命的燎原火种、陕西建设的不锈钢钉、陕西故事的青春注脚！

第一章

1919.5

新民主主义革命时期

（1919 年 5 月—1949 年 10 月）

1949.10

1919年五四运动爆发，陕西青年英勇地投身到革命洪流中，在外求学的陕籍青年不断向陕西传播新思想、新文化，传播马克思主义。陕西是全国建团较早的省份之一，1924年6月，中国社会主义青年团赤水支部建立，随后西安、绥德团组织相继诞生，为陕西党组织的建立做了思想上、组织上的准备。陕西团组织和青年运动一直在不同政治环境下同步发展，在团结带领广大团员青年踊跃投身反帝反封建的工人运动、农民运动、学生运动中经受了严峻的考验。中共中央在延安十三年，陕西一直是党的青年工作试验区，在陕甘宁边区为执政党需要一个什么样的青年组织，进行了从改造共青团到建立青救会、再到重建青年团的成功探索；在陕西国民党统治区进行了建立和发展青年统一战线的成功实践，为贯彻党的抗日民族统一战线起到了先锋作用。抗日战争时期，党通过陕甘宁边区的青年运动、陕西国统区青年救亡运动两个不同区域的青年工作经验，实现了对全国青年运动的指导。1946年10月中国新民主主义青年团在陕甘宁边区从试建、扩大试建、全面建立，到在陕西国统区秘密建团，公开建团，中国新民主主义青年团的旗帜最早在三秦大地重新升起，为党中央决定正式建团提供了实践经验。

第一节 陕西团组织的建立及早期活动

一、五四运动与陕西青年的觉醒

陕籍学生参加北京等地五四运动

1919 年 1 月，第一次世界大战战胜国在法国巴黎召开所谓的“和平会议”，中国作为战胜国之一参加会议，中国代表在和会上提出废除外国在中国的势力范围、撤退外国在中国的军队和取消“二十一条”[①]等正义要求，但巴黎和会不顾中国是战胜国之一的事实，拒绝了中国代表提出的要求，并决定将德国在中国山东的权益转让给日本。1919 年 5 月，北洋政府屈于帝国主义压力，准备在丧权辱国的巴黎和约上签字，消息传到国内，北京学生群情激奋。5 月 4 日下午，北京 3000 多名学生代表云集天安门前，打出“誓死力争，还我青岛”“废除二十一条”“外争主权，内除国贼”等口号，强烈要求中国政府代表拒绝在巴黎和约上签字，严惩卖国贼曹汝霖、陆宗舆、章宗祥等人，最终爆发了伟大的五四运动。

五四运动中，在北京、天津、上海、武汉等地求学的陕籍学生，大都积极参加了当地的反帝爱国运动。1919 年初，陕西旅京学生成立了三秦公民救陕会、陕西旅京学生联合会，有组织地向北京政府请愿，要求驱逐专制暴横的陕西督军陈树藩和省长刘镇华。5 月 4 日，在京求学的陕籍青年刘天章、李子洲、杨明轩、杨钟健、张耀斗、呼延震东、刘含初、郝梦九等人，积极参加了北京学生的游行示威和火烧赵家楼、痛打章宗祥的斗争，当天北京政府逮捕的 32 名示威学生中，就

① “二十一条”，1915 年日本提出的旨在灭亡中国的条约草案，其中包括控制中国的山东、东北三省南部和内蒙古东部等无理要求。

有杨明轩、郝梦九。6月3日，北京政府出动军警镇压学生，刘天章、刘含初被捕。雷晋笙、严信民在上海参加五四运动，王尚德在武汉参加五四运动。在日本留学的陕籍学生汪世衡曾撰写文章鼓动反日。

李子洲（1892—1929），陕西绥德人。五四运动爆发时，担任北京大学学生会干事，参加了火烧赵家楼、痛打章宗祥的斗争。1920年至1922年，参与进步刊物《秦钟》《共进》半月刊的创办和共进社的创建。1923年初，经李大钊、刘天章介绍加入中国共产党。1923年夏毕业回陕，先后在三原、榆林、绥德任教，组织学生参加社会政治活动。1927年5月，担任陕西省学生联合会总会顾问，指导学生运动。1928年2月代理省委书记。1929年2月被捕入狱，6月18日在狱中病逝。

刘天章（1893—1931），陕西高陵人。1919年作为北大学生会负责人之一参加了五四运动，遭警察逮捕，不久获释。1920年1月，和杨钟健、李子洲、魏野畴等人，将陕西旅京学生团改名为旅京陕西学生联合会，创办《秦钟》月刊。1920年冬加入社会主义青年团。1921年，经李大钊介绍加入中国共产党。10月，和杨钟健、李子洲等人创办《共进》半月刊，并在该社的基础上，创立了陕西旅京学生的进步团体——共进社，任常务主席兼编辑股主任。1927年，中共陕甘区委成立后，负责区委的宣传工作。1930年10月任中共山西省委书记。1931年10月因叛徒出卖被捕入狱，不久牺牲。

陕西各地响应五四运动

五四运动爆发后，省外陕籍学生中一些进步分子接受了新思想、新文化，并及时向陕西同学和好友写信，传递五四运动的消息，寄送有关五四运动和传播新思想、新文化的报刊，给落后沉闷的陕西引进了一股新风，给封闭的陕西打开了一扇新窗，促进了陕西民众的觉醒。

当时中学生是陕西五四运动的一支重要力量。1919年5月14日，创建于西安的《长安日报》首次报道了北京学生五四游行的消息，引起了西安学生的关注，他们怀着极大的爱国热情，迅即进行校际联络，书写标语，张贴传单，或私下传阅。西安的法政专科学校、省立一中、省立三中、第一师范、成德中学等校学生推举代表，在省立一中召开西安学生代表联席会议，决定采取各中等以上学校学生全体罢课，游行示威，组织讲演团，开展反帝爱国演讲等实际行动支持北京学生斗争，在西安地区开展反帝爱国运动。5 月 22 日，陕西省教育会、总商会联合向大总统、国务院、参众两院、国民外交协会发电，指出青岛问题关系国家存亡，国人应誓死力争，万万不可在丧权辱国的条约上签字。5 月下旬，各校学生高举“外抗强权、内除国贼”“诛卖国贼曹汝霖、陆宗舆、章宗祥”和“头可断，青岛不可丢”等旗帜，游行示威。5 月 30 日，陕西学界通电全国，表示决心与全国人民一致行动，维护国家主权。西安各校学生同时以抵制日货的形式开展反帝爱国运动。西安商界在学生爱国热情影响下，与学联联合通电，表示与全国人民一致坚决抵制日货，誓为青岛问题抗争，《长安日报》多次报道这方面的消息。

西安学生的反帝爱国运动，打破了封建军阀统治陕西造成的沉闷局面，并迅速波及渭北、陕北、陕南地区，一场以学生为先导的反帝爱国群众运动在三秦大地蓬勃展开。三原是全省最早响应五四运动的地区之一，6 月 6 日，三原全城中小学校学生实行罢课，联合组成“救亡团”，进行游行示威，学生们手执“打倒日本帝国主义”“不承认二十一条”“打倒卖国政府”的三角旗，环绕全城向居民、商户和士兵们进行宣传。6 月 8 日，学生和市民群众数千人集合于城隍庙前举行大会，爱国师生争先演讲，呼吁全国人民团结起来打倒卖国贼。三原学生的爱国斗争得到了驻三原靖国军的大力支持，一些军官也和学生一起到街巷宣传抵制日货。

陕北榆林中学，由毕业于北京高等师范学校、接受了新思想的杜斌丞担任校长。五四运动爆发后，他向学生作关于五四运动内容和意义的报告，并支持学生组织讲演团上街宣传，抵制日货，很快使五四激流波及到陕北各地。

在陕南，最早响应五四运动的是汉中联立中学，在该校校长刘宗向等进步人士的联络下，南郑县中、汉中农职、汉中女子学校一致罢课，联合社会各界在北校场召开声援大会，并举行游行示威。之后，城固、西乡等县城也积极响应、支持、宣传北京学生的爱国斗争。

屈武“血溅总统府”

五四运动爆发后，为组织全省学生参加反帝爱国运动，在西安各校学生代表联席会议的基础上，1919 年 6 月初成立陕西省学生联合会（简称省学联），选举屈武为会长，出刊《白话报》为机关报，以通俗易懂的文字报道陕西和全国学生爱国运动的情况。

为加强全国学生运动的联系，进一步推动陕西学生运动，省学联选派屈武和李伍亭为代表，取道北京到上海参加全国学生代表大会。屈武、李伍亭到京后，与旅京陕籍学生联系，并广泛接触北京及各省学生，互通情况。6 月 27 日，北京各界及来自陕西、山东、天津等地代表在新华门前举行联合请愿活动，要求当时北京政府大总统徐世昌亲自出来接见学生。6 月 28 日，屈武被推选为面见徐世昌的十名代表之一，代表们要求拒绝在巴黎和约上签字，并惩办卖国贼，释放被捕学生。徐世昌对学生们的正义要求，采取敷衍的态度。屈武激于义愤，奔向大厅中央，冲徐世昌大声疾呼：“我们的国家都快要亡了，我们都快要做亡国奴了。像这样，今天丢青岛，明天丢山东，不用多久，整个北方都不是我们的了。如果政府还是麻木不仁，置正义要求于不顾，我们就只有以死力争了！”[①] 说罢，以头撞地，血溅总统府。消息传出，

① 陕西省地方志编纂委员会编：《陕西省志·共青团志》，陕西人民出版社 2007 年版，第 250 页。

一时舆论大哗。在全国人民反帝爱国浪潮的冲击下，在请愿代表的坚决斗争下，北洋政府当天晚上召开紧急会议，决定同意学生的要求，即电告在巴黎的中国代表团，如不能保留山东问题，中国将不予签字。陕西学子在北京的斗争，也直接影响和鼓舞了三秦大地的革命斗争。6月16日，第一次全国学生代表大会在上海召开，屈武、李伍亭二人抵沪时大会已经结束，他们与各地学生代表联系，商讨进一步开展学生爱国运动。9月6日，省学联开会重新选举负责人，屈武、刘道洁分别任会长、副会长。会后，省学联发表宣言，号召“全陕一致，缔结坚固”“为国家树干城”“为秦民作先导”。

屈武（1898—1992），陕西省渭南县（今渭南市临渭区）人。1919年6月，当选为陕西省学生联合会会长。6月，作为陕西学生代表赴北京声援学生运动，后赴上海出席第一次全国学生代表大会。1920年春，考入天津南开中学高中，参与创办《贡献》杂志，宣传新文化、十月革命和社会主义。1922年夏，考入北京大学文科，并加入进步组织共进社，任常务主席。1923年春加入社会主义青年团，任北京大学团支部书记、团北京地委候补委员。1925年转为中共党员。中华人民共和国成立后，历任政务院副秘书长兼参事室副主任、全国政协副主席、民革中央主席兼党组书记等职。1992年6月13日，病逝于北京。

五四爱国运动是陕西青年学生第一次以群体方式登上政治舞台，成为中国新民主主义革命时期陕西青年运动的起点。五四运动在陕西的发展有两个鲜明的特点，一是最早在陕西大地传播马克思主义的青年是参加京、津、沪五四运动的陕西青年。二是中学生是陕西五四运动中的一支重要力量，与以大学生为主体的中心城市青年学生运动相比毫不逊色。经过五四运动的洗礼，陕西一部分进步青年学生受在外省求学的陕籍学生的影响，实现了向马克思主义思想的转变。

“五四运动，爆发于民族危难之际，是一场以先进青年知识分子为先锋、广大人民群众参加的彻底反帝反封建的伟大爱国革命运动，是一场中国人民为拯救民族危亡、捍卫民族尊严、凝聚民族力量而掀起的伟大社会革命运动，是一场传播新思想新文化新知识的伟大思想启蒙运动和新文化运动，以磅礴之力鼓动了中国人民和中华民族实现民族复兴的志向和信心。”①

五四运动以彻底反帝反封建的革命性、追求救国强国真理的进步性、各族各界群众积极参与的广泛性，推动了中国社会进步，促进了马克思主义在中国的传播，促进了马克思主义同中国工人运动的结合，“在思想上和干部上准备了一九二一年中国共产党的成立”②，为新的革命力量、革命文化、革命斗争登上历史舞台创造了条件，是中国旧民主主义革命走向新民主主义革命的转折点，在近代以来中华民族追求民族独立和发展进步的历史进程中具有里程碑的意义。

五四运动以全民族的力量高举起爱国主义的伟大旗帜，孕育了以爱国、进步、民主、科学为主要内容的伟大五四精神，其核心是爱国主义精神；五四运动以全民族的行动激发了追求真理、追求进步的伟大觉醒，改变了以往只有觉悟的革命者而缺少觉醒的人民大众的斗争状况，实现了中国人民和中华民族自鸦片战争以来第一次全面觉醒；五四运动以全民族的搏击培育了永久奋斗的伟大传统，中国人民和中华民族从斗争实践中懂得中国社会发展、中华民族振兴、中国人民幸福，必须依靠自己的英勇奋斗来实现，没有人会恩赐给我们一个光明的中国。

---

① 习近平：《在纪念五四运动100周年大会上的讲话》，人民出版社2019年版，第2页。
② 毛泽东：《新民主主义论》（1940年1月），《毛泽东选集》第2卷，人民出版社1991年版，第700页。

马克思主义在陕西的早期传播

五四运动后，新文化运动迅速发展为以研究和宣传社会主义、传播马克思主义为主流。

最早在陕西大地传播马克思主义的是京津沪五四运动中的陕籍青年，通过进步刊物等形式，传播和影响逐渐扩大、深入。1919年夏，在上海震旦大学上学的雷晋笙与严信民等主编《秦铎》《新时代》旬刊，在上海南方大学上学的刘秉钧等创办《汉钟》《南针》月刊和《新鲜》半月刊。同年冬，在北京大学上学的杨钟健主编刊物《秦劫痛话》。这些刊物以大量的事实揭露帝国主义列强和封建军阀的罪行，宣传反帝、爱国、民主思想。1920年1月，杨钟健与刘天章、李子洲、魏野畴等创办《新潮》《励进》《秦钟》月刊。20日，魏野畴在《秦钟》创刊号上发表《潼关外之新思潮》一文，呼吁陕西青年要重视“潼关之外新思潮”，并把新思潮的要素概括为“科学的态度、民治的精神、改进的人生观”，鼓励陕西人民学习马克思主义，号召人们用科学的态度研究社会，改造社会。3月，李大钊在北京秘密组织了马克思学说研究会，李子洲是最早报名加入该研究会的骨干之一，刘天章、魏野畴等人也是骨干成员。他们在接受新思潮和马克思主义启蒙教育后，通过各种方式向陕西进行传播。1921年10月，刘天章、李子洲、魏野畴等人在北京创办《共进》半月刊，宗旨是“提倡文化、改进社会”，1922年10月创办共进社。1922年7月10日，《共进》第17期刊登了《中国共产党对于时局的主张》。10月10日，第23期发表了武止戈的《驱刘[①]“我的主张”与陕西的将来》一文，提出走俄国革命的道路。1923年5月1日，第37期发表了《“五一”》《“五五”》

① 驱刘，指驱逐时任陕西省省长的军阀刘镇华。

两篇文章，纪念五一国际劳动节和马克思诞辰105周年。之后还陆续转载了中国共产党刊物《向导》和团中央刊物《中国青年》的文章以及陈独秀等中央领导人的文章，宣传马克思主义，介绍社会主义思想。1922年年初，在天津南开中学读书的武止戈、屈武、邹均等人创办《贡献》《促进》《改进》等刊物，宣传俄国十月革命和社会主义，论述社会主义强大生命力。这些刊物在评论陕政和介绍民主主义思潮的同时，也都登载了一些宣传马克思主义的文章，尤其是共进社汇集了一批陕西最早的共产党员和团员，这些党员、团员后来大多成为西北地区党和红军的骨干。

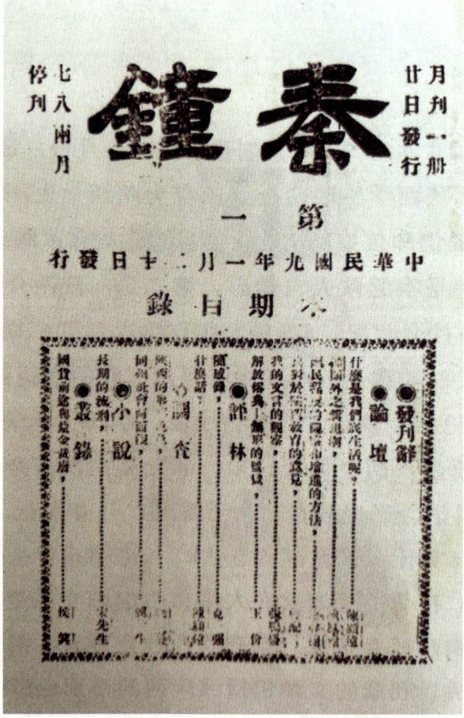
秦鐘
月刊一册
廿日發行
七八兩月停刊
第一
中華民國九年一月二十日發行
本期目錄
●發刊辭
●論壇
什麼是我們底生活呢？
●評林
●小說
●叢錄

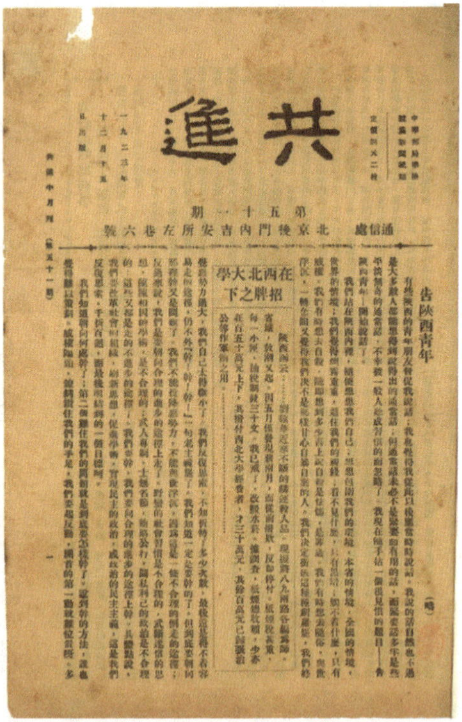
共進
第五十一期
通信處 北京後門內吉安所左巷六號
在西北大學招牌之下
告陝西青年

陕西在京求学的学生创办的进步刊物《共进》《秦钟》，介绍传播新思想、新文化、马克思主义。

魏野畴（1898-1928），陕西兴平人，1917年考入北京高等师范学校，1919年参加五四运动，参与陕西旅京学生联合会的成立和《秦钟》月刊的创办，是陕西最早宣传新思想的人。1923年经李大钊介绍，加入中国共产党。1924年春夏之交回到西安，从事建立团组织的准备活动，与武止戈一起建立了社会主义青年团小组，后发展成为社会主义青年团西安第一支部。12月，又协同邹均成立了西安第二团支部。1927年7月中共陕甘区委改为陕西省委，任陕西省军委书记。1928年任皖北临时特委书记，领导武装起义时被捕牺牲。

陕西的一些地方报纸也开始介绍马克思主义。在省内创办的报刊中，较早系统刊登马克思主义的是《西北日报》(由《长安日报》改版)。该报从1919年9月到1920年10月，连续以社论、代论或专件等形式刊登《马克司(思)之剩余价值论及其批判》《理想的社会主义与科学的社会主义》《社会主义之一斑》等文章，报道十月革命后俄国的国内形势及社会主义建设等情况。1920年7月创刊的《鼓昕日报》连续刊登了《布尔塞维克主义论》《俄国联工会之实力》等文章和译文，比较全面地介绍了俄国社会主义运动的历史，称赞俄国社会主义运动为“万国社会主义史上之奇光异彩”。1924年到1925年间，陕西各地以共产党人为主也创办了不少刊物。魏野畴主办的《青年文学》(后改为《青年生活》)，雷晋笙、崔孟博等主编的《西北晨钟》，蒲子政、亢心栽、李子健主编的《渭北青年》，何镜清、黄宪之主编的《新社会报》，赵葆华、宋树藩等主编的《青天白日报》，王森然等创办的《榆林之花》《塞声》，魏野畴、张秉仁、关中哲等创办的《西安评论》，这些报刊与外地陕籍学生创办的刊物互相配合，对促进和扩大马克思主义在陕西青年学生中的传播起了重要作用。

马克思主义在陕西传播的特点

马克思主义一传入陕西就同陕西青年运动相结合，并呈现出新的特点。

马克思主义传播与中等学校教育改革相结合 五四运动后，一批从京、津、沪、汉等地高等学校毕业的陕籍学生陆续回陕任教。他们在各自任职的学校提倡、促进和从事教育改革。首先，提倡和采用进步的新教材，废除宣传封建文化的旧教材。新教材的内容是马克思主义的基本知识、民主革命的原理及一些进步书报刊的文章。其次，引导学生建立读书会、研究会。他们为读书会、研究会提供进步书刊并予以指导，和学生一起研究、讨论一些理论和实际问题，帮助学生提高分析和认识问题的能力与水平。再次，组织和指导学生参加校内外一些实践活动，使学生从读死书中解放出来。在进步教师指引下，学生还积极参加社会活动。1921 年 11 月至 1922 年年初召开的华盛顿会议通过了损害中国利益的《九国公约》。消息传来，许多学校学生罢课、游行，反对《九国公约》。1923 年 2 月 7 日，京汉铁路工人大罢工遭到北洋军阀血腥镇压时，咸林中学等学校学生通过集会等各种形式支持罢工工人，并为受害工人募捐。

马克思主义传播与驱逐陕西军阀势力的斗争相结合 陕西的进步青年自觉运用马克思主义观点去分析、认识包括驱陈驱刘[①] 在内的反军阀斗争的性质、必要性和意义，以及斗争的方式方法。1923 年 3 月 10 日《共进》第 33 期刊登的《本社宣言》，提出把反军阀斗争与反对帝国主义联系起来。8 月 25 日《共进》第 44 期刊登的《“打倒军阀”的意义》一文提出，打倒军阀武力，必须用革命武力，要建立联合战线，

---

① 驱陈驱刘，即驱除军阀陕西督军陈树藩、陕西省长刘镇华。

发动工人、农民、商人，教育界、实业界等各阶层被压迫人民，去打倒封建军阀。从这些观点中可以看出，陕西进步青年已把反对地方封建军阀的斗争提高到全国性的反帝反封建的高度来认识，指出必须动员广大人民群众来完成这个任务。

马克思主义传播与建立青年进步组织相结合 1922年至1923年，在宣传马克思主义和新文化较早的咸林中学、榆林中学、渭南赤水职业学校学生中，先后涌现出一批先进分子。为了加强对这些积极分子的培养并发挥他们在青年学生中的先进作用，王尚德、王复生在咸林中学吸收潘自力等十名积极分子建立了青年励志团。1924 年春，在王尚德指导下，三原省立第三师范学校和渭北中学的一些先进分子成立了青年自进团。在西安，1924 年，魏野畴、王尚德指导张秉仁等成立了青年文学社，后改为青年生活社。1924 年秋，李子洲、王懋廷等在绥德省立第四师范学校成立了共进绥德分社、陕北青年社等。此后，各学校的进步青年组织得到了迅速发展，普遍建立了青年社团组织。

五四运动后，马克思主义在陕西的广泛传播及其与陕西青年运动的初步结合，逐渐引起陕西青年思想领域的变化，为中国共产党和中国社会主义青年团在陕西的建立，为国民革命和北伐战争在陕西的顺利进行，在思想、组织和干部等方面奠定了基础。

二、社会主义青年团在陕西的创建及发展

陕西第一个团组织——社会主义青年团赤水支部

1922 年 5 月 5 日，中国社会主义青年团第一次全国代表大会在广州东园举行。这一天正是卡尔·马克思诞辰 104 周年纪念日。选择这一天召开团一大，表明“社会主义青年团为信奉马克思主义的革命团

体”[①]。会议讨论通过了《中国社会主义青年团纲领》《中国社会主义青年团章程》等6项议案，选出了团一届中央执行委员会[②]。施存统被推选为书记。至此，中国社会主义青年团正式诞生。

中国社会主义青年团成立后，陕西也开始了建团活动。1922年，陕西青年王尚德在武汉求学期间，加入社会主义青年团，8月受武汉党、团组织派遣，回陕发展团组织。王尚德联系进步青年张浩如、刘建侯等人，在家乡渭南赤水镇创办了职业学校，以学校为阵地，建立青年励志团，开展建团活动。1924年3月，团中央召开二届二次扩大会议，决定在陕西西安、华县、三原等地建立团的组织。5月30日，武止戈受团中央派遣回陕帮助建立团的组织，并向王尚德传达了团中央的指示。同时，团中央负责人林育南也写信给王尚德，促其建立团组织。6月初，王尚德、张浩如、刘建侯等在渭南赤水职业学校建立起陕西最早的团支部——社会主义青年团赤水支部，成立支部干事会，张浩如任会长，王尚德任支部书记。赤水团支部成立后，同年发展了武维化、程养廉、张宗逊等9名团员。到1925年，赤水

陕西第一个社会主义青年团赤水支部所在地——渭南赤水职业学校旧址。

①《中国社会主义青年团第一次全国大会》（1922年5月），中国新民主主义青年团中央委员会办公厅编：《中国青年运动历史资料》第1册，内部资料1957年印行，第125页。

② 高君宇、施存统、张太雷、蔡和森、俞秀松当选为中央执行委员会委员，冯菊坡、林育南、张秋人为中央执行委员会候补委员。

团支部已有团员 18 人。不久，团支部改称团赤水特别支部，直属团中央领导。

王尚德（1891—1946），陕西渭南人。1922 年 7 月，加入中国社会主义青年团。同年 8 月，受武汉地区党、团组织委派回陕从事建团活动。1924 年 6 月建立陕西第一个团组织——社会主义青年团赤水支部并担任书记。1925 年 2 月 1 日，主持成立三原团支部。12 月，转为中共党员，任中共赤水特别支部书记。1928 年 5 月，参加渭华起义。1946 年 8 月被国民党特务杀害。

武止戈（1902—1933），陕西渭南人。1922 年 3 月创办《贡献》月刊，1923 年初加入中国共产党。8 月担任中国社会主义青年团北京地方执行委员会书记。1924 年 5 月底，受团中央委派回陕帮助王尚德建立陕西第一个青年团组织——社会主义青年团赤水支部。8 月，建立社会主义青年团西安支部。1931 年，在张家口协助冯玉祥筹组抗日同盟军，1933 年 10 月在指挥抗日同盟军战斗时被日军炸弹击中，英勇牺牲。

陕西地方团组织的建立

随着陕西第一个团组织的建立，陕西地方团组织逐步建立起来。

建立社会主义青年团西安支部 1924 年 6 月，武止戈通过在西安省立第三中学任教的魏野畴介绍，发展张秉仁、宋建旭、杨宏德 3 人入团，上报团中央批准，建立了西安社会主义青年团小组。8 月，共产党员雷晋笙从上海回陕，参加和指导团小组活动。雷晋笙和杨宏德后又介绍 4 人入团，并报告团中央，正式成立了社会主义青年团西安支部，张秉仁任书记，被称为西安第一团支部，直属团中央领导。到 1925 年初，社会主义青年团西安第一团支部团员人数增加到 16 人。

1924 年秋，在上海大学求学的陕西籍共产党员邹均，受团中央的指派，回西安建立团组织。经与魏野畴联系，发展青年学生 14 人入团，于年底另外成立了社会主义青年团西安支部，选举产生了干事会，直属团中央领导。后被称为西安第二团支部。

1925 年 2 月，团中央派武思茂、李秉乾（李子健）、崔孟博（崔物齐）来西安整顿团组织。3 月 21 日，在武、崔的主持下，将西安第一团支部和西安第二团支部合并，成立了共青团西安地方执行委员会，书记崔孟博。7 月，西安的团员（包括来自北京、天津、陕北、三原等地的团员）在三原参加陕西省学生联合会第一届代表大会后召开会议，成立了共青团西安支部干事会，书记高克林（高文敏）。不久，外地团员离开西安，该支部干事会自行消失。10 月，团中央特派员吴化之来陕，与中共北方区委特派员安存真一起，对西安团组织再次进行整顿，于 10 月 4 日成立共青团西安特别支部，吴化之任书记，归共青团豫陕区委领导。

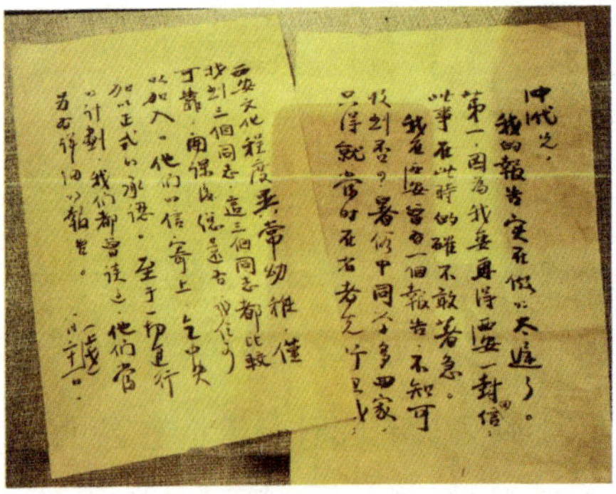

1924 年，武止戈向团中央邓中夏、恽代英同志汇报西安建团情况的信。

吴化之（1902—1990），湖北汉川人。1922 年加入中国社会主义青年团，次年 5 月加入中国共产党。1924 年 9 月，来陕整顿团组织，先后担任团西安特支书记、团西安地委书记、团陕甘区委组织委员。1927 年 5 月后，历任团湖南省委书记、团中央委员等职。中华人民共和国成立后，曾在中央军委、全国对外友协等部门工作。1990 年 5 月逝世。

建立社会主义青年团绥德特别支部 1924年秋，共产党员李子洲担任绥德省立第四师范学校校长，聘请共产党员王懋廷、王复生和共进社成员田伯英等进步青年到校任教，向学生宣传新文化运动和马克思主义学说，帮助成立共进社绥德分社、陕北青年社和学生会等，为建立团组织奠定了思想基础。12月，王懋廷写信给团中央组织部部长邓中夏，报告了陕北地区青年学生的社会进步活动，说明有14名学生要求加入团组织，请求团中央予以批准。团中央根据社会主义青年团组织法，批准成立社会主义青年团绥德特别支部。1925年2月，王懋廷根据团中央指示，召开团员大会，正式成立了社会主义青年团绥德特别支部，王懋廷任书记，隶属团中央直接领导。

陕北最早的社会主义青年团绥德特别支部旧址——绥德省立第四师范学校。

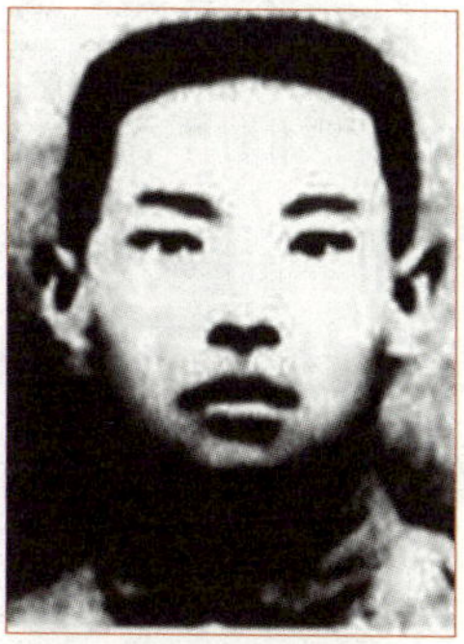

王懋廷（1898-1930），云南祥云人。1922年加入中国共产党，1923年夏到陕西，先后在华县咸林中学、绥德省立第四师范学校任教，向学生传播新思想和新文化，1925年2月创建团绥德特支并担任书记，随后参与创建陕北党组织，1925年与李子洲、杨明轩发起成立陕北国民会议促成会。1930年在昆明被捕就义。

三、团的改名及陕西共青团组织的发展

社会主义青年团改名为共产主义青年团

1925年1月11日至22日，中国共产党在上海召开了第四次全国

代表大会。大会通过《对于青年运动的决议案》[①]，该决议案指出：“青年运动是共产主义运动中一部分重要的工作。共产党是这一般共产主义运动的总指挥，青年运动必须在共产党指导之下是无疑的”，社会主义青年团“在政治上是要绝对的受党指导，而在青年工作范围以内是需要有自由活动的可能”。该决议案明确指出青年团最重要的青年工作有 3 个方面，即青年工人运动、青年农民运动和青年学生运动，明确要求社会主义青年团“在将来联合的团体中能获得指导的地位而能指挥中国一般的青年运动”。为了贯彻中国共产党第四次代表大会精神，1925 年 1 月 26 日至 30 日，中国社会主义青年团在上海召开第三次全国代表大会，会议通过的《大会宣言》郑重宣告：“我们决议不再沿用以前那种不甚恰当的‘社会主义青年团’的名称，我们相信为要促成中国的革命运动，必须引导中国的青年认识而且信赖无产阶级的力量，所以我们用不着隐讳我们代表无产阶级利益的主张。共产主义是帝国主义、军阀以及一切反革命派所最恐怖的名辞，我们正应当狠勇敢的揭示我们共产主义者真面目，让他们在我们的面前发抖。”为明确昭示青年团与党有共同的政治主张，大会决定将中国社会主义青年团改名为中国共产主义青年团，简称共青团，英文缩写为“CY”（Chinese Communist Youth League）。随后陕西各地青年团组织也相应改名为共产主义青年团。

陕西地方团组织的发展

共青团三原特别支部和共青团华县支部 1923 年春，王尚德到华

① 中共中央文献研究室、中央档案馆编：《建党以来重要文献选编》第 2 册，中央文献出版社，第 245—249 页。

县咸林中学开展建团活动，在进步学生中成立了青年励志团，作为发展团员的阵地。后来在该组织中发展了进步学生李维屏等青年入团。1925 年 1 月 28 日，西安团支部的张秉仁与赤水团支部的王尚德邀请华县咸林中学青年励志团和三原共进社的负责人到赤水商谈，2 月 1 日在赤水职业学校开会，决定在三原、华县成立团支部。2 月 23 日，共青团三原特别支部正式成立，有团员 7 人，姚志哲担任特支书记，归团中央直接领导。11 月，共青团华县支部成立，岳炳光为书记，隶属团赤水特别支部。

共青团榆林中学支部 1925 年初，团绥德特支书记王懋廷派团员到榆林中学开展活动，吸收该校学生张肇勤、李登霄等人入团，并指示他们在校发展团员，建立团小组。3 月，王懋廷到榆林中学主持成立了共青团榆林中学支部，隶属团绥德特支。张肇勤、刘志丹、周梦雄、李登霄、庄培先后担任支部书记。12 月，因团支部组织罢课斗争，遭到军警镇压，团员撤离学校，团支部随之解散。

共青团瓦窑堡（军队）支部 1924 年，陕北镇守使井岳秀责令驻瓦窑堡的石谦组建一个连，被编为石谦团第 1 营第 3 连，团员李象九担任连长，利用扩军机会招收进步学生和贫困农民，发展革命武装力量。1925 年初，团绥德特支又派团员史唯然去该连当兵，协助李象九在部队中发展团员，建立团组织。4 月，共青团瓦窑堡（军队）支部正式成立，有团员 10 人，史唯然任书记，该团（军）支是安定县境内第一个党团组织，隶属团绥德特支。

共青团延安省立四中支部（共青团肤施[①]特别支部） 1925 年，省立第四中学在延安设立，呼延震东任校长。他聘请陈俞廷、易厚庵、

① 肤施，即今延安市宝塔区。

王超北等进步知识分子来校任教。王超北按照西安团组织的指示在该校发展团组织，于当年秋冬之际建立共青团延安省立四中支部，该支部于同年年底改为共青团肤施特别支部，有团员 7 人，隶属团西安特支。

1925 年 10 月，吴化之和安存真建立中共西安特支。年底，团中央根据中共中央指示，提出超过 20 岁的共青团员都应该加入共产党组织,某一地区如果只有团组织而无党组织,团组织要设法建立党组织。吴化之根据通告精神先后到三原、渭南等地，将王尚德、张浩如、张宗适等一批共青团员转为共产党员，分别建立中共三原特支、中共赤水特支和中共绥德特支。陕西团组织的建立早于党组织，在中共陕西历史上占有特殊的地位。中共陕西党组织建立后，各级党、团组织按照党中央和团中央的要求,领导和推动陕西革命活动,开展一系列斗争。这些斗争促进了陕西民众的觉醒和国民革命运动的发展，锻炼了陕西党、团组织，积累了初步的领导斗争经验。

四、陕西早期团组织领导机关沿革

共青团豫陕区执行委员会

陕西初期建立的团支部（包括特别支部）多由团中央直接领导，互相之间基本没有隶属关系，无法统一开展工作。为了加强对各地团组织的统一领导，1925 年 9 月，团中央三届二次扩大会议决定，设立共青团豫陕区执行委员会（简称共青团豫陕区委），领导河南、陕西两省的团组织，李求实（李伟森）、张霁帆先后任书记。西安、三原、绥德的团组织归共青团豫陕区委领导。共青团豫陕区委成立后，一面派人对各地团组织进行整顿、改组，一面大力发展扩大团的队伍，训练团员，使豫陕两地团组织得到巩固和壮大。1926 年 8 月，团中央撤销了共青团豫陕区委，决定分别建立两省团的独立领导机关。

共青团西安地方执行委员会

随着第一次国共合作的发展和陕西工农运动的高涨，迫切需要从组织上统一对关中地区团组织的领导。1925 年 10 月 22 日，共青团西安特支书记吴化之，向共青团豫陕区委提出成立共青团西安地方执行委员会的报告。11 月 2 日，共青团豫陕区委决定将共青团西安特别支部改组为共青团西安地方执行委员会，指定吴化之为改组指导员和共青团西安地委书记。11 月 13 日，共青团西安地方执行委员会正式成立，有团员 40 人，机关设在西安市桃胡巷。共青团西安地委成立后，狠抓组织整顿和团内训练，团的队伍进一步发展壮大，新建团地委 2 个、团特支 9 个，团组织在城区各学校各机关得到了较大发展。1925 年 11 月至 1926 年 7 月，隶属共青团豫陕区委领导；1926 年 8 月至 11 月因共青团豫陕区委撤销，西安又处于军阀刘镇华围困期间，暂无直接上级团组织领导；1926 年 12 月至 1927 年 2 月隶属陕西党团联席会议领导。

陕西党团联席会议

1926 年 8 月，共青团豫陕区委撤销，加之西安被军阀刘镇华围困，共青团西安地委无法与上级组织取得联系。11 月 28 日，冯玉祥的国民军解围西安后，陕西在外地的青年学生和党、团员纷纷回陕，一时间，进步力量云集西安，陕西革命潮流急剧高涨。在这种特殊的政治形势下，为了加强对革命力量的统一领导，中共西安地委书记黄平万与共青团西安地委书记吴化之等采取临时措施，12 月在西安成立陕西党团联席会议，作为陕西党、团组织的最高领导机关，下辖共青团西安地委、三原地委、渭南地委。

陕西党团联席会议领导关中地区党、团组织，积极配合国民联军驻陕总司令部接收陕西军政大权，稳定社会局势，宣传大革命的胜利消息，培训党、团员和青年积极分子。中共党员邓希贤（邓小平）等人在西安开办中山学院，有近千名党、团员和进步青年参加农运、军事、政治、建党等方面的学习培训，为党、团组织培养了许多优秀干部；党团联席会议的领导人顺应革命形势，发展革命统一战线，按照党、团中央关于加强国民党工作的指示，选择骨干力量帮助建立国民党陕西各级党部，并到国民党省、市、县党部和国民联军司令部的工作部门担任领导工作；另一方面，党团联席会议又派积极分子到农村、工厂、学校中去，开展工农运动和学生运动，发展党、团组织。1927 年 2 月 26 日，共青团陕甘区执行委员会成立，陕西党团联席会议停止工作。

共青团陕甘区执行委员会

1927 年初，随着北伐战争的节节胜利和陕西党、团组织的壮大，中共中央和共青团中央为了适应和发展西北革命形势，统一领导陕甘党、团组织和革命运动，分别决定成立中共陕甘区执行委员会和共青团陕甘区执行委员会，并委派曹趾仁回陕组建共青团陕甘区委。2 月 26 日，共青团陕甘区委在西安桃胡巷正式成立，隶属团中央和中共陕甘区委领导，统一了关中和陕北各地团组织的领导（陕南尚未建团），同时领导甘肃地区的建团工作。创办机关刊物《CY 陕甘区委通讯》，外围组织有陕西青年社、陕西学生联合会。3 月 13 日至 14 日，共青团陕甘区第一次代表大会在西安中山学院召开，出席大会代表 10 余人，提出了“工作青年化、组织群众化”的口号和工作目标，正式选举了共青团陕甘区委，曹趾仁任书记。

共青团陕甘区委成立后，随着陕西青年运动和陕西大革命运动的不断高涨，全省团组织和团员队伍有了较大发展。截至1927年6月底，全省团地委增加到6个，团特支增加到37个，团员人数增到2400人。在国民联军驻陕总司令部所属军队中也发展了一批团员，成为大革命失败后清涧起义、渭华起义中的军事骨干力量。同时输送了大批优秀团员入党，壮大了党的队伍。

1927年6月，中共陕甘区委鉴于共青团陕甘区委组织不够健全，对共青团陕甘区委进行了改组，潘自力任书记。1927年7月共青团陕西省委成立后，共青团陕甘区委结束工作。

共青团陕西省委

1927年4月12日，蒋介石在上海发动反革命政变，国共合作破裂。7月15日，汪精卫集团叛变革命，控制陕西政局的冯玉祥投靠蒋介石，指令陕西省代理主席石敬亭在陕西实行“清党”反共，发布“严禁共党分子活动”令，解散了以共产党员、共青团员和国民党左派为主体的国民党陕西各级党部，共青团和青年社、学联等进步青年组织遭到破坏，共青团员和革命青年遭到捕杀，反共逆流笼罩全陕，全省团员人数由2400人减少到1900人，陕西团组织和青年运动受到极大破坏。

白色恐怖笼罩全陕的危急关头，参加完共青团第四次全国代表大会的共青团陕甘区委委员张金印（张慕陶），带回了团中央关于建立共青团陕西省委的决定。1927年7月7日，共青团陕西省委员会在西安红埠街秘密成立，正式委员11人，候补委员5人，在无法召开全省团的代表大会的情况下，团中央任命张金印为团省委书记。团省委成立后，西安的形势更加严峻，团省委成员无法在机关留居，一切函件受到严密检查，上与团中央无法联系，下与各地团组织通讯中断。为了应对急剧变化的政治局势，团省委及时调整和整顿地方团组织，将团地委分别改组为团市委、团县委、团区委，并指导成立一部分团的县委、区委、特支，将团的组织及活动迅速转入秘密状态。8月，团省委召开第一次全体会议，制定《共青团陕西省委组织及办事细则》。全体会议之后，团省委立即和中共陕西省委采取同一步骤，派特派员去各地恢复整顿组织。陕北、蓝田、东路、西路、固市路、北路各派1名特派员前往调查情况，加强团组织的内部训练，清除了一些投机分子和动摇分子，纯洁了队伍，同时吸收了一批坚定的进步青年加入团组织。经过整顿之后，至9月底，恢复建立了1个市委，4个县委，23个直属区委和特支，3个军队分支。团的组织状况得到初步改善，战斗力也有所提高。陕西党、团组织的诞生和发展，推动了陕西反帝反封建革命运动的高涨。

1927年7月至1933年底，共青团陕西省委是这一时期陕西地方团组织的主要领导机关，领导各级团组织以秘密的地下斗争为主要活动方式，在反抗国民党军阀、抗日救亡和创建革命根据地的斗争中，团省委屡遭破坏并多次重建，陕西青年运动被迫转入低潮。

张金印（张慕陶，1902—1941），陕西三水（今旬邑县）人。1924年秋由魏野畴、张秉仁介绍加入中国社会主义青年团。1925年秋，经吴化之、魏野畴介绍转为中共党员，担任共青团西安地方执行委员会委员。1927年7月至1928年2月，任共青团陕西省委书记，其间担任中共陕西省委委员、常委。1928年6月，作为陕西唯一代表在莫斯科参加中共六大。7月12日，在莫斯科出席共青团五大，当选团中央候补委员并留团中央工作。1931年2月，参与罗章龙分裂党的活动，被开除党籍，1932年11月，恢复党籍并留河北工作。1933年1月改名张慕陶，9月被再次开除党籍。1938年，陕西省政府主席蒋鼎文邀他加入国民党，被他拒绝，随即遭到逮捕。1941年1月5日被枪杀于南郑。

第二节 大革命时期陕西青年反帝反封建运动

一、推动建立陕西革命青年统一战线

发起国民会议运动

1923 年 6 月，中国共产党三大正确估计了孙中山的革命立场和国民党进行改组的可能性，决定共产党员以个人身份加入国民党，以实现国共合作。1924 年 1 月，中国国民党第一次全国代表大会召开，标志着第一次国共合作正式形成。

国民会议运动是大革命时期国共两党共同组织和领导、旨在通过召开国民会议实现民主与共和的反帝反军阀的民众运动。1923 年 8 月，中国共产党在《第二次对于时局之主张》中首先提出由全国的商会、工会、农会、学生会及其他职业团体，推举代表，共同举行国民会议，解决中国的政治问题。孙中山在《北上宣言》中积极支持并重申这一主张。中国社会主义青年团也积极介入，《中国青年》发文指出：国民会议运动是“我们接近群众（各阶级的）、宣传群众、组织群众的最好机会”[①]，号召青年积极参加这个运动。1924 年 12 月，中共中央、社会主义青年团中央发出关于开展促成国民会议运动的方针的通告，得到全国人民的响应，要求召开国民会议的群众运动在全国范围内迅速展开。当月，屈武等人受李大钊和孙中山的委派，回到西安发动国民会议促成运动，西安的共产党员和青年团组织予以积极的配合。1925 年 1 月 21 日，魏野畴、王授金等在西安召集 17 个团体开会，发起建立陕西国民会议促成会筹备会，号召各团体加入。23 日，陕西国

① 《中国青年》第 59 期，1924 年 12 月 27 日。

民会议促成会在西安宣告成立，西安 36 个社会团体的 63 名代表出席成立大会，推举俞嗣如为临时主席，魏野畴为临时书记。陕西省国民会议促成会成立后，陕东国民会议促成会、三原国民会议促成会、陕北国民会议促成会、渭北国民会议促成会、陕西妇女国民会议促成会、三原妇女国民会议促成会等相继成立。陕西各地国民会议促成会和许多工农学商兵联合会、学生会、国民党临时县党部、学校等团体纷纷发出宣言、通电，召开群众集会，反对段祺瑞召开的善后会议，主张召开真正的国民会议，建设真正的国民革命政府，并通过悼念孙中山等活动，推动国民会议运动深入发展。1926 年 1 月 8 日，在陕西国民会议促成会召集的代表会议上，陕西国民会议促成会改名为西安国民会议促成会，选举何受孙、王授金为总务委员。1926 年 3 月国民会议运动结束，虽然并未达到目的，但广泛宣传了反帝反封建的迫切任务，宣传了“联俄、联共、扶助农工”三大政策，给广大群众上了民主革命的重要一课。

开展平民教育运动

平民教育运动是五四运动后由中国青年知识分子掀起的旨在对青年农民和青年工人进行文化、技能教育的运动。恽代英等一批社会主义青年团的领袖人物是这次运动的倡导者，其领导机关是中华平民教育促进会，实施者是各级学联，活动主体是青年学生。陕西的平民教育运动与社会主义青年团组织的建立及活动有密切关系。在团组织建立较早的赤水、三原、绥德、榆林等地，平民教育运动是团组织的主要活动内容之一，平民学校也是培养训练团员和进步青年的场所。1925 年 1 月 27 日，王尚德等在赤水成立平民教育服务团，并指导在各学校建立平民学校，一方面帮助青年农民学习文化知识，另一方面培养训练团员。到当年夏，赤水已办平民学校两所、妇女半日学校一所、夜校一所，其中仅平民学校和妇女半日学校就有学生 80 余人。在这些学校中，除读书识字和学习文化知识外，团组织还十分注意农民运动人才的培养，把平民学校作为培养农运人才和开展农运的场所。三原的平民教育运动最早起源于三原西关民治学校，由青年学生中的团员主持成立平民夜校，学生 60 余人，多为青年农民。平民教育运动在陕北比较活跃的地方是绥德、榆林。1925 年年初，绥德平民学校已有学生 90 余人。此外，刘志丹、史唯然等人分别在榆林、宜川创办了平民学校。

帮助建立国民党陕西组织

1925 年 5 月 5 日，中共中央和共青团中央发出通告，要求各地运用切实方法扩大国民党左派组织，加强对国民党的宣传工作，发展国民党党员；要求立刻成立国民党的县(市)党部，并于 7 月 1 日以前成立各省的正式党部。随后，中共中央、共青团中央、中共北方区委相继派出一批共产党员和共青团员，以国民党党员的身份到陕北、关中等地，帮助陕西团组织开展此项工作，并积极筹备建立国民党陕西省的统一领导机构。在共产党员和共青团员的帮助下，陕西国民党党员俱乐部于 8 月 18 日在西安成立。9 月 5 日，俱乐部召开第二次会议，公推刘含初为主席，杨明轩、赵葆华为书记，决定将西安市划分为 6 个区。之后，国民党党员俱乐部陆续派人分赴各县筹建国民党临时党部。9 月初，国民党华北军事特派员焦易堂受于右任、刘允臣和国民党中央党部委托，回陕组织国民党陕西省党部。12 日，全省国民党党员谈话会在西安召开，会后设立了国民党陕西临时省党部筹备处。26 日，国民党陕西临时省党部筹备处召开临时省党部成立大会，当选的执行委员和候补执行委员中，共产党员、共青团员和国民党左派占绝大多数，从组织上保证了国民党临时省党部的革命性质和坚决实行孙中山联俄联共扶助农工三大政策的政治方向。此后，在全省共产党员和共青团员的帮助下，国民党基层组织得到进一步加强。陕西地区国民党各级组织，主要由共产党员和共青团员帮助建立并担任领导职务，他们积极发展国共合作的统一战线，坚持与国民党右派破坏国共合作的行为作斗争。

团的外围组织——陕西青年社

在陕西开展建团期间，魏野畴、王尚德、雷晋笙、李子健、李子洲等人先后在西安、三原、绥德、华县等地建立了青年文学社（青年生活社）、西北晨钟社（西北青年社）、渭北青年社、青年励志社、陕北青年社、澄城青年社等进步青年团体。1925 年 5 月，各地青年学生革命热情高涨，迅速建立的青年社达 20 余个，约有社员千余人。为了促进全省各种青年社的总联合，使之成为共青团指导下开展青年运动的统一组织，1926 年 2 月，共青团西安地委发起陕西青年团体联合筹备会，决定成立陕西青年社。4 月以后，由于军阀刘镇华部围困西安，陕西青年社的成立工作受阻。西安解围后，1927 年 5 月 18 日至 21 日，陕西青年社第一届代表大会在国民党陕西省党部召开，21 个青年团体的 45 名代表出席。大会通过了《宣言》《陕西青年社章程》和《青年参加政治运动决议案》《改进青年本身决议案》《文化运动决议案》等 7 个决议案。陕西青年社的宗旨是：以科学精神团结青年，练习团体生活，研究革命知识，参加革命运动，争取青年本身及一切被压迫的民众利益，以完成民族革命及世界革命。陕西青年社的主要任务是：统一青年运动，参加反军阀战争，改造陕西文化，改进本身利益，组织工农群众。大会选出 9 名执行委员和 5 名候补执行委员组成陕西青年社执行委员会，创办机关刊物《陕西青年》杂志。

二、带领青年投身反帝反军阀斗争

驱除军阀吴新田运动

刘镇华在担任陕西省长和督军期间，用陕西人民的血汗将镇嵩军由 4000 人扩充到 10 万人。其部下横行霸道，无恶不作，残酷镇压陕西人民。在刘镇华的统治下，陕西经济更加凋敝，人民生活更加贫困，文化教育事业几乎摧残殆尽，教育经费移作军费，人民在政治上被剥夺了一切权利。陕西人民曾不断地进行坚决斗争，其中有学界的诛讨，商界的请愿，乡村的“交农”①，旅外学生的“上书”等活动。但这些自发的活动不断被残酷地镇压下去。1924 年底，陕西团组织领导青年群众再次开展了驱逐刘镇华，支持国民军的活动。

1925 年 1 月，陕南军阀吴新田率兵进驻关中，接替刘镇华代理陕西省督军、省长，5 月 1 日，段祺瑞政府任命其为陕西军务督办，正式代替刘镇华统治陕西。吴部进驻西安后，骄横恣肆，欺压人民，激起了人民群众的坚决反对。5 月 4 日下午，西安省立一中学生在操场举行足球比赛，一个同学不慎将球踢落在隔壁西仓吴新田二十八团团部门口，被吴部士兵拾去，学生前去讨还，反被士兵殴打。吴部军官不但不制止，反而纠集大批士兵冲进学校，用砖头、铁锨、刺刀、木棒等向徒手的学生乱打乱刺，甚至追到学生宿舍行凶，近百名学生挨打，40 余名学生受伤，酿成震惊陕西的惨案。

惨案发生后，全市各校学生在西安团组织的发动下，对吴新田军队的暴行表示强烈抗议，并召开学生代表会议，组织学生后援会，支持一中学生，声讨吴新田的暴行，派代表到督办军署请愿，要求

① “交农”，指农民不堪忍受高额田赋、地租、高利贷盘剥和苛捐杂税所造成的痛苦，集合起来，到当地政府上交农具，以示罢耕的一种反抗形式。

严惩行凶吴军官兵，保护学生。吴新田置若罔闻。5月10日，全市学生罢课，吴新田严令教育厅强迫学生上课，并制造谣言，引起士兵对学生的仇视。对此，魏野畴等共产党员和西安团组织及时提出了“驱逐吴新田”的口号，得到全市学生和各界群众的支持和响应。5月中旬，西安团组织负责人及西安学联转移到三原，与三原学联一起派代表到各县进行宣传联络，很快得到陕北、陕南、关中各地学生的响应。为了统一领导，加强驱吴运动的力量，7月7日，在三原召开陕西第一次全省学生代表大会，正式组成了陕西学生联合会总会。陕西学生联合会总会组成后，立即组织宣传活动，出版刊物《血泪》，并派代表赴京，向北洋政府请愿罢免吴新田。团组织还派代表到杨虎城部和国民军第二军等部队进行联络宣传。榆林、绥德、合阳、澄城等县学生相继罢课，全力声援西安、三原学生的驱吴斗争。同时，驱吴运动也得到旅外陕西学生的大力声援，共进社和湖北、上海、南京等地陕西学生，发表宣言、通电响应。经过两个月的斗争，7月15日晚，吴新田被迫率部撤离西安逃往陕南，陕西青年驱吴运动取得完全胜利。

声援五卅运动

1925年5月30日，震惊全国的五卅惨案[①] 爆发。6月初，五卅惨案的消息传到陕西以后，陕西学联、西北青年社、青年生活社等青年团体纷纷发出通电、宣言等，声讨英日帝国主义屠杀上海工人、学生的罪行。全省各地团组织和学联印发宣言、传单，组织青年游行示威、

① 五卅惨案，1925年5月15日，上海内外棉第七厂日本资本家枪杀了工人顾正红，并伤工人十余人。5月30日，上海2000余学生分头在公共租界各马路进行宣传讲演，100余名遭巡捕逮捕，引起了学生和市民的极大愤慨，有近万人聚集在巡捕房门口，要求释放被捕学生。英帝国主义的巡捕向群众开枪，打死打伤许多人。

集会讲演。学联创办的“驱吴”日刊《血泪》刊出《关于沪案的反帝特刊》。党、团员雷晋笙、吕佑乾等联络各团体和各界代表先后成立了陕西学生反对英日屠杀同胞雪耻会、陕北各界雪耻会、陕东沪案后援会等组织。西安还成立了反帝爱国反对惨杀同胞运动委员会，并发表宣言：要求处驻沪英领事以死刑；取消一切不平等条约；收回租界；取消领事制裁权；惩办残杀上海工人、学生、市民之凶手及赔偿损失；人民集会、结社、出版、言论、罢工之绝对自由。6 月 18 日，数千名西安学生打着“西安学界反对英日屠杀同胞雪耻会”的大旗，手执小白旗，上书“打倒帝国主义”“收回租界”“对英日经济绝交”“取消一切不平等条约”等口号，游行示威，沿途散发传单、进行宣传讲演，讲到痛切之处，竟有人咬破手指，将“雪耻”二字书于白手帕上。6 月 21 日，西安各界 3 万多人举行盛大的支援五卅运动、反对英日帝国主义大会，各商店举行了罢市。

与此同时，其他县市也举行了声势浩大的集会游行，支援五卅反帝斗争。绥德省立第四师范学校师生在团组织负责人王懋廷、田伯英及该校校长李子洲的倡议和支持下，6 月 7 日召开教职员、学生紧急会议，发表宣言、通电，支持五卅运动。次日，绥德团组织发起召开市民大会，成立绥德各界救国办事处，创办《救国界日刊》。王懋廷还亲自到米脂、榆林，指导当地团组织开展活动，联络各界在榆林成立了陕北各界反对英日惨杀同胞雪耻会。6 月 25 日，榆林、绥德两县城同时罢业半日，下半旗志哀，游行示威。渭南团赤水特支用赤水职业学校学生会名义发表通电，印发传单，支持五卅运动，并函告咸林中学团支部及三原团支部，令其大力宣传。团赤水特支还组织宣讲团到渭北等地宣传。王尚德与当地驻军国民军第三军团长张兆丰联合各界成立了关中工农商学兵联合会，反对五卅惨案秘密解决，并举行游行，参加人数达五六千。此外，各地还开展了支援上海人民反帝斗争的募捐活动和反对使用英、日货的斗争。

张含辉（1900—1933），陕西兴平人。西安学生联合会负责人。1924年加入中国社会主义青年团，1925年领导学生参加驱逐吴新田斗争。五卅惨案后，协助魏野畴组织声援上海人民的反帝斗争。7月当选陕西省学生联合会主席，后经吴化之、魏野畴介绍加入中国共产党。11月任共青团西安地委委员和国民党陕西临时省党部执行委员，不久代表省学联去北京出席全国学联代表大会。1926年4月起，与中共西安地委和共青团西安地委负责人一起协助杨虎城、李虎臣等坚守西安。后任山东省委书记，1931年4月，因叛徒出卖，被通缉离开山东。6月奉命回陕，先后在邓宝珊部和杨虎城驻汉中警卫团做兵运工作。1933年夏由汉中去川北与红四方面军联络时遇害。

非基督教运动

非基督教运动（简称非基运动）是一场揭露和打击帝国主义利用基督教进行文化侵略，争取民族平等的群众斗争。1925年下半年，以学生为主体的“非基运动”在全省各地掀起高潮。

陕西基督教势力依仗不平等条约，欺压人民群众，进行文化侵略。延安是基督教势力聚集之地。1925年12月24日，延安省立四中共青团组织和团员以学生会名义组建延安“非基”大同盟，组织全城400余人游行示威，提出废除延安县署过去割让城东一带土地给教堂的承诺，收回教育权，封锁教堂。

三原一带也是教会势力集中的地方。三原共青团组织通过渭北学联和渭北青年社发起成立了“非基同盟”，并组织了临时行动委员会。1925年12月25日，“非基同盟”领导数千人游行示威，迫使县知事签字答应收回教育权。

西安的党、团组织通过省学生总会，联合各校学生会及各团体恢复“非基同盟”，组织讲演队开展讲演、散发传单、张贴标语，使各教会不敢明目张胆地举行圣诞节活动。一些教会学校怕学生参加“非基运动”而提前放假。圣诞节当天，“非基同盟”在南院门召开群众大会，集会群众被军警强行驱散，先后反复七次之多。西安各城门、教堂、学校门口军警林立，控制学生行动。尽管如此，12 月 26 日和 27 日，仍有讲演队冲出学校到街头讲演。在“非基运动”的影响下，教会学校西安中学学生三次发表宣言，指出“教会是帝国主义的文化侵略机关”，要求收回教育权。1926 年 1 月 10 日，陕西省学生联合会和西安学生联合会发表了《援助西安中学学生会收回教育权宣言》，对西安中学的正当要求予以支持。1927 年初，西安解围后，整个陕西处于大革命的高潮时期，党、团及其外围组织的力量进一步壮大，陕西青年非基运动在党、团组织直接领导下也走向又一个高潮。邓希贤（邓小平）在西安省立一中非基同盟成立大会上讲演时指出，要站在科学的观点上、革命的观点上和反对帝国主义的观点上来反对基督教。柯仲平、雷晋笙等人也在演讲中一致指出，为维护真理、发展科学，为中华民族争自由、争平等，为统一教育，应当联合民众一致反对基督教。他们的讲演为西安学生的“非基运动”起到了积极的指导作用。在“非基运动”中，党、团组织严格区分帝国主义利用宗教进行文化侵略的行径与教会进行的正常宗教活动，争取和团结了广大教会学生使他们加入革命阵线，壮大了革命力量。

支持国民革命军坚守西安

1926 年 4 月，曾被陕西人民赶走的直系军阀刘镇华乘国民军二军豫冀失利之机率部进犯陕西，围困西安 8 个月。刘镇华部围困西安期间，共青团西安地委在与上级团组织失去联系的情况下，积极配合中共西安地委领导青年学生展开斗争，通过国民党陕西省临时党部和省、市学联等革命团体，筹粮筹款，支援守城部队，举办暑期学校培训留城学生，对留城学生进行革命理论教育，发展壮大党、团的组织，谱写了同心协力解城围和援应北伐的凯歌。

西安被围时，西安党、团地委的领导成员黄平万、吴化之、魏野畴、刘含初、雷晋笙、张含辉、张秉仁、吕佑乾、王观政等均坚守在城内。他们以国民党陕西临时省党部、陕西省学生联合会、西安学生联合会等名义，支持陕军坚守西安城。魏野畴、刘含初、吕佑乾等还利用各自的身份和社会地位，赞誉杨虎城部由三原进驻西安城的革命行动，以坚定国民军的守城决心。暑假期间，西安约有 1000 多名学生留校，为了提高他们的思想觉悟，发挥他们的社会作用，西安党、团地委在西安省立一中举办了暑期学校，参加学生约五六百人。在此期间，西安党、团地委将其中的优秀分子吸收到党、团组织中。这些学生走向街头进行宣传，慰劳守城将士。

坚守西安后期，粮食奇缺，粮价飞涨是最严重的问题。九、十月之交，因缺粮而死者日增，入冬后饿殍遍地。在这种情况下，党、团员积极参加社会救济工作，推动陕西红十字会分会设立了难民收容所，组织市民义务掩埋遇难者遗体，开展自救活动，并派代表出城求援。

为配合西安军民的反围城斗争，西安党、团地委多次派共产党员、共青团员出城，到渭北、东府一带进行反对刘镇华镇嵩军的斗争。1926 年 5 月，由党、团员主持的三原学生联合会发表《对陕局之宣言》，揭露北洋军阀残害陕西人民的罪行，号召全省军民从速联合组织起来，合力抗击北洋军阀，积极参加反对刘镇华、吴新田的斗争。在陕东一带，虽无正规军队抗击刘镇华镇嵩军，但在党、团组织领导下，不少地方的群众和地方武装组织起来与镇嵩军进行英勇战斗。经过 8 个月的顽强斗争，1926 年 11 月 28 日晨，在国民联军和守城部队的内外夹击下，刘镇华率镇嵩军逃离，西安解围。

第三节 土地革命战争时期陕西团组织与青年运动

一、确立团的工作策略发展地方团组织

共青团陕西省委第一次扩大会议

为贯彻党的八七会议精神，总结陕西大革命失败的经验教训，研究制定陕西开展土地革命和武装斗争的策略方针，1927年9月26日，中共陕西省委召开了第一次扩大会议，确定了武装反抗国民党反动统治的工作方针，并通过了《青年团工作决议案》。10月1日至2日，团省委为贯彻省委会议精神，在西安召开第一次扩大会议，会议总结了大革命时期陕西团组织的工作和经验，决定陕西青年运动和共青团工作重点转入农村，规定团的政治任务是在党的领导下，团结广大青年为彻底反帝反封建反军阀反大资产阶级及一切反动势力而努力奋斗，团的组织任务是建立秘密的高度集权的领导机关，有计划地严格发展新团员，加强对团干部的培训工作，严肃团的纪律。会议通过了《陕西cy目前任务决议案》等决议案，提出了“站定无产阶级的政治立场”“到农村去”“武装起来”等口号，正式选举出7名委员和5名候补委员组成共青团陕西省委员会，张金印当选团省委书记，创办《陕西cy省委通讯》。同时，省委和团省委联合发出《关于学生运动决议案》，规定陕西学生运动

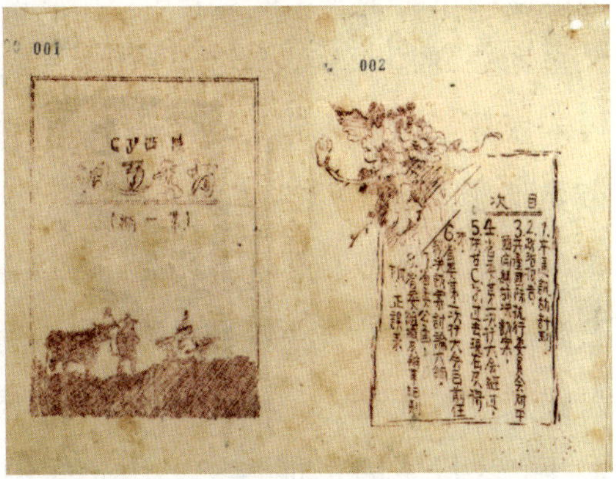

1927年10月，团省委创办《陕西cy省委通讯》，图为第一期。

的目标和方向是：争取学生本身利益，保持左派学生之联合战线，恢复以前英勇参加政治运动之精神，打倒国民党新军阀，引导学生参加农村要政权、要土地、要武装等斗争。此后，全省青年运动围绕新的政治任务如火如荼地开展起来。

各地团组织的恢复与发展

共青团西安市委 1927年7月7日，团省委成立后，随即成立共青团西安市委。团省委候补常委曹趾仁兼任团市委书记。1929年2月初，团省、市委同时遭到破坏。3月1日，团临时省委成立，团市委未恢复，由团临时省委兼管团市委的工作。1930年8月，团西安市委重新组建，由贾拓夫兼任团市委书记。10月10日，因叛徒告密，团市委工作停顿。1931年5月底，团省委改组为团西安市委，代行团省委职权，兼管西安市团的工作。1932年8月初，团省委恢复后，团西安市委重新组成，书记李纪善。1933年初李纪善工作调动，团市委停止工作。4月，团市委恢复工作，朱循为负责人。7月底，团市委与团省委同时被破坏，朱循被捕。8月底，团市委再次重建，胡明伦任团市委书记。9月下旬，因叛徒告密，团市委再遭破坏。10月，又重新组建团市委，郑福平为负责人。11月团市委又遭破坏，此后再未恢复。西安青年运动工作由1934年3月成立的中共西安市中心市委兼管。

共青团长安（中心）县委 1927年7月，共青团长安县委成立，王鸿俊、罗承运先后担任书记。11月，团省委决定将团长安县委改为团长安中心县委，领导长安、鄠县、咸阳等地团组织。1928年11月28日，因叛徒告密，团长安中心县委遭到破坏，书记杜松寿被捕。

共青团渭南（中心）县委 团省委成立后，共青团渭南县委、五一县[1]委、华县县委相继成立。渭华起义失败后，为加强对陕东地区共青团组织领导，在省委成立中共渭南中心县委的同时，1928年9月，团省委决定成立团渭南中心县委，领导渭南、五一、华县团组织。1929年9月以后，因负责人调动，团渭南中心县委停止活动。

共青团三原（中心）县委 1927年7月，团三原地委改组为团三原县委。1928年9月停止活动。1932年10月，团省委根据渭北苏区革命运动的发展，成立共青团渭北特别委员会，以三原武字区为机关驻地，辖三原、富平、蒲城、耀县、高陵、泾阳等地团组织。1932年12月，渭北根据地遭到严重破坏，团省委将团渭北特委改为团三原中心县委。1933年10月，随着陕西各地党、团组织被破坏，团三原中心县委停止活动。

共青团陕北特委 为更好地领导陕北地区各级团组织，1927年11月28日，团省委决定成立共青团陕北特委，焦维炽任书记。1928年4月，中共陕北第一次代表大会在米脂县苗家坪镇召开，选举成立党、团陕北特委。1930年10月，团省委遭破坏后，在“左”倾取消主义的影响下，党、团陕北特委合并，成立陕北行动委员会，团特委被取消。12月，中共北方局特派员到陕北传达党的六届三中全会精神，撤销了陕北行动委员会，重新

焦维炽（1910—1932），陕西安定（今子长）人。1927年先后任团延安地委书记、团省委特派员、团陕北特委书记、团临时省委秘书兼管宣传工作，1930年7月先后任省委秘书长、省委特派员，在组织游击战争中被捕就义。

① 五一县，指渭南县（今临渭区）渭河北部以固市镇为中心的地区。

恢复了团陕北特委，常黎夫任书记。此后，陕北团组织划归共青团河北省委领导。1931 年 5 月初，团陕北特委在准备五一节的纪念活动时被敌人发现，面临国民党军警的包围搜捕，负责人紧急转移隐蔽，组织陷于瘫痪。1932 年 10 月，团陕北特委恢复，重新划归团陕西省委领导。1933 年 1 月，团陕北特委改称为共青团陕北工作委员会，隶属团中央驻北方代表。

共青团陕南特委 1931 年 11 月，团西安市委特派员贾拓夫到陕南开展工作，把团员从党组织中分离出来，成立了共青团陕南特别支部。1932 年 12 月，团省委特派员刘明达到陕南加强工作，巡察、健全各县团的组织。12 月 8 日，成立共青团陕南特委，杨珊、李楷先后任书记。1935 年 3 月，红四方面军离开陕南，白色恐怖日益严重，团特委被迫停止活动。

杨珊（1909—1933），陕西蓝田人。1930 年参加团省委恢复重建工作，先后任团省委委员、秘书，团西安市委秘书处主任兼宣传部长、西安革命互济会[①]党团书记，1932 年 8 月先后任省委秘书长、陕南特委书记，1933 年 7 月，赴川陕根据地请示汇报工作时被张国焘以“奸细”罪名杀害。

李楷（1912—1933），陕西长安人。1933 年 2 月先后任团省委秘书长、团陕南特委书记，1933 年 8 月，赴川陕根据地请示汇报工作途经城固县时被国民党杀害。

① 革命互济会，指中共领导的声援中国革命、帮助革命者解脱危难的革命团体。全国设总会，各省市设分会，九一八事变后，陕西党、团组织在各地建立了以进步学生为主体的革命互济会，开展抗日救亡，为红军和难民募捐，反对国民党黑暗统治的斗争。

共青团陕甘边区特委 1932年5月25日，团中央致信团西安市委，要求建立共青团陕甘边区特委。1933年3月，中共陕甘边区特委成立，4月，共青团陕甘边区特委在耀县（今耀州区）照金成立，团省委派团三原中心县委书记习仲勋任书记，领导旬邑、耀县等地团组织。7月，团省委被破坏，团陕甘边区特委与团省委失去联系，遂在中共陕甘边区特委领导下工作。10月，照金薛家寨被敌占领，团特委停止活动。

共青团红二十六军委员会 1932年2月，中国工农红军陕甘游击队成立，团西安市委即派巡视员张我功和部分团员去游击队任团代表，建立团组织。12月24日，陕甘游击队改编为红二十六军，团省委随即决定在红二十六军成立共青团委员会。1933年6月，红二十六军南下失败，红二十六军团委随即停止活动。

这一时期陕西团组织为陕西党组织输送了大批优秀团员青年，在国民党白色恐怖下，他们以强烈使命感和坚定信仰，站在革命斗争前列，不怕牺牲，英勇对敌，前仆后继，坚持斗争。

二、领导青年武装反抗国民党新军阀

渭华起义中的共青团与青年

1927年10月，为贯彻党的八七会议和省委九二六会议精神，实行土地革命、武装反抗国民党反动派的总方针，中共陕西省委领导发动清涧起义，打响了西北地区武装反抗国民党反动派的第一枪。1927年11月团中央复函共青团陕西省委，要求把农民斗争引导为以没收土地的大暴动作为第一任务，团省委和部分县团组织积极配合党组织，相继发动组织了十余县的武装暴动和“交农”围城斗争，揭开了陕西青年参加武装斗争的序幕。

继清涧起义之后，1928年5月，中共陕西省委领导了西北地区规模最大的、军民联合的武装暴动——渭华起义。渭华地区是陕西省建立党、团组织最早的地方之一，也是大革命时期全省群众运动特别是农民运动最活跃的地方之一，党、团组织在这里有较好的群众基础和健全的组织系统。大革命失败后，陕西不少地方的党、团组织受到了破坏，但渭华地区的组织基本保存了下来。于是，省委将一些在西安不便工作的党、团干部先后派到渭华地区，进一步加强工作，开展斗争。在渭华起义中，团省委和陕东地区团组织积极投入渭华起义的发动和领导工作中，带领团员青年冲杀在最前列。大批青年参加了新成立的工农革命军和陕东赤卫队，积极参加革命武装。儿童团也投入到站岗放哨、宣传群众、捉拿土豪劣绅、增援部队作战等斗争中。6 月，冯玉祥调集田金凯、魏凤楼、孙连仲等约 3 个师的兵力及渭华一带的民团，对起义中心区域实行“围剿”。在敌强我弱的情况下，经过 50 余天的数次激战，工农革命军、陕东赤卫队终因寡不敌众，伤亡惨重，起义失败，数百名团员青年献出了年轻的生命，仅华县就有 62 名团员惨遭杀害。

张宗适（1906–1928），陕西渭南人。1925 年至 1927 年先后任团赤水特支书记、共青团渭南地委委员，1927 年 7 月任团省委候补委员、共青团渭南县委书记。在长期革命斗争中积劳成疾，带病坚持参加渭华起义领导工作直到生命最后时刻。1928 年 8 月病逝，年仅 22 岁。

在组织渭华起义的同时，在省委领导下，各地都进行了武装起义，以配合渭华地区的革命斗争，影响较大的有旬邑起义、麟游起义等。

“交农”围城斗争中的共青团与青年

1928 年春，为形成全省暴动的局面，省委和团省委领导了多次“交农”围城斗争。4 月中旬，中共三原县委与共青团三原县委共同领导了三原武装围城斗争，团县委书记孟芳洲直接参与了组织领导和指挥，三万多群众包围了县城，迫使县长答应免除当年粮款。中共泾阳区委与共青团泾阳区委以“交农”形式发动了泾阳农民起义，团区委书记张焕文任总指挥，在围攻县城中遭到国民党驻军镇压，起义失败后党团组织被破坏。中共礼泉县委与共青团礼泉县委也于 5 月 1 日发动组织了两万人参加的“交农”围城斗争。绥德县共青团组织带领团员以群众喜闻乐见的形式，向劣绅示威后，冲进国民党县政府，迫使县长答应惩办劣绅，减租减税。这些武装起义和“交农”斗争是陕西党、团组织共同领导武装斗争的初步尝试，打击了国民党的反动统治，锻炼了团的队伍，为后来创建革命根据地积累了宝贵经验。

孟芳洲（1905–1933），陕西洛川县人。1925 年秋加入中国共产主义青年团。1926 年，加入中国共产党。1927 年 2 月，遵照党组织安排回陕西开展革命工作，4 月，任共青团三原地委书记。7 月中旬，任团三原县委书记。1928 年 4 月 24 日至 27 日，参与领导三原县“交农”斗争。1932 年 12 月，任中共陕南特委书记。1933 年 4 月壮烈牺牲。

大革命时期，陕西团组织先于陕西党组织成立，在协助建党中与党一起领导和推动了陕西大革命运动的高涨。陕西在早期建团过程中培养锻炼了一批青年优秀团员加入了党组织，为陕西党组织的建立增添了新鲜血液。为加强对全省各地团组织的统一领导，1927 年 7 月 7 日，共青团陕西省委秘密成立，带领全省各级团组织跟随党发动清涧起义、渭华起义等武装起义和“交农”围城斗争，同时不断向党输送积极分子，壮大了党的队伍，团的许多领导人成长为陕西各级党组织的领导干部。

三、共青团陕西省委艰苦卓绝的斗争

团省委第一次遭受破坏及其恢复

1927 年 7 月后，陕西革命运动转入低潮，在中共陕西省委领导下，党与团的工作完全转入秘密状态。11 月至 12 月，陕西党、团组织建立了密切关系，经常召开联席会议，共同决定陕西革命的重大问题。根据八七会议确定陕西党、团的新任务，团省委主要负责人参加党的委员会，团在政治上接受党的领导，工作和组织上有相对独立性。到 1928 年 4 月，全省 26 个县市恢复和建立了团组织，团员发展到 3678 人。但随着各地武装暴动相继失败，关中地区大多数团组织遭到破坏。1929 年初，团省委书记马云藩和委员程士诚先后被捕，两人经受不起酷刑，变节投敌，于 2 月 2 日供出党、团省委领导人姓名和机关地址。2 月 6 日，党、团省委在西安的大部分委员被捕，组织遭到严重破坏。未被捕的陕西省委委员张国藩、王芾南和团省委委员薛永寿分别碰头之后，于 3 月 1 日在渭南县陈家滩白思堂家召开紧急会议，分析了陕西的政治经济形势，讨论了目前工作大纲，决定成立党、团临时省委，薛永寿任团临时省委书记。

3 月 23 日，中共陕西临时省委在渭南召开第二次全体会议，重新调整省委成员，杜衡任临时省委书记。会上研究决定派王芾南（王林）、杜衡、薛永寿 3 人组成陕西党团代表团，去上海向中央汇报陕西情况；由徐振化带其妻及妻弟到西安做卖馍生意，建立联络点，作为党、团临时省委的通讯联络站。4 月 10 日，陕西代表团到达上海，中央领导人向忠发、周恩来、恽代英、项英分别接见了陕西代表，口头交谈了陕西情况。在上海期间，团临时省委书记薛永寿向团中央写了《陕西工作报告》。报告中说，党的八七会议之后，陕西“团在这时已有很浓厚的盲动主义、先锋主义。如不顾客观环境及主观条件，硬干暴动；

不要群众的个人恐怖主义的方式发动斗争，沉溺特务工作等”。而且，“在每一个通告中及对各地的指示中，没有‘暴动’二字，就觉着是机会主义”。报告还指出了陕西团组织工作中忽视青年工人运动、青年农民运动、青年知识分子等问题。

1929 年 6 月间，党、团中央召开陕西工作专题会议，听取陕西代表团的汇报，向忠发、周恩来、项英、彭湃、恽代英等参加。中共中央指示，陕西党组织要在政治上领导团，在精神上、物质上帮助团；党、团组织要互派代表参加会议，互相报告工作。团中央指出，陕西团组织在协助建立党的基层组织，带领青年开展革命斗争中作出了重要贡献，但是主要领导人思想上存在着盲动情绪、第二党工作方式等问题。团中央指示，陕西团组织的中心任务是争取广大劳苦青年群众，建立团的无产阶级基础，使团的工作青年化。汇报会之后，团中央作出了《陕西团目前工作决议案》。在这个文件中，团中央对陕西团的工作给予了肯定，同时指出陕西团组织存在着工人成分偏少、团内盲动情绪浓厚、缺乏与青年群众联系等问题。依据陕西团组织存在的上述缺点，团中央在决议案中提出陕西团目前的中心任务是：反对右倾情绪及一些非无产阶级的意识，建立团的无产阶级基础。主要是在城市建立青年工人支部；在农村中注意吸收贫农、雇农、佃农及农村中手工业青年群众参加斗争，为青年争取特殊利益。

代表团于 7 月上旬返回西安，紧接着在渭南召开了党、团临时省委联席会议，传达中央文件。会上决定张文华去陕北任团陕北特委书记。此后，团临时省委即按中央指示精神，加紧整顿、恢复组织，清除变节投降分子，联系失掉组织关系的坚定团员，重新建立组织。由于敌人仍在利用自首、叛变分子追捕党、团员，团临时省委无法建立固定机关，领导人均以社会职业作掩护，分散秘密活动。直到 1929 年冬天，团临时省委才在西安青年路莲寿坊建立了机关。

团省委第二次遭受破坏及其恢复

1930年夏，陕西团组织在恢复中逐渐壮大，团的工作重新打开了局面。7月1日至9日，中共陕西临时省委召开第五次扩大会议，通过了共青团问题决议案，强调加强对共青团的政治指导，帮助团开展群众工作。7月中旬，团临时省委召开第四次扩大会议，会议传达了中共中央对陕西工作的指示，讨论贯彻临时省委扩大会议精神，决定正式恢复团省委，薛永寿任书记。不久，党内“左”倾冒险主义错误传播到陕西，使团省委工作的指导思想受到了严重影响，以致对陕西形势和政治任务作出了更“左”的决议，混淆了公开与秘密、合法与非法斗争的界限。在戒备森严的西安市搞游行示威和飞行集会，暴露了团组织的领导骨干。10月8日，团省委书记薛永寿在西安南院门公开活动时被国民党逮捕。10月10日，团省委、团西安市委和部分基层团组织再次遭到破坏，许多党、团干部被捕，团省委、团西安市委均陷于瘫痪。此后，又出现了党、团合并的取消主义倾向，党、团陕北特委合并为陕北行动委员会，团陕北特委被取消，团的工作由党来代替，全省团组织的领导工作由省委来代管。

团陕西省委改组为团西安市委

1931年1月初，省委决定恢复重建团省委，刘映胜任团省委书记。中共六届四中全会后，以王明为代表的“左”倾教条主义在党的最高领导层占据统治地位，罗章龙等人在反对四中全会的借口下进行分裂党的活动，对陕西党、团省委产生很大负面影响。1月底，省委第四次全体会议通过了建议共产国际远东局召开紧急会议、成立新中央的决议案，形成了反对中共六届四中全会、赞成罗章龙等分裂党的错误立场。团省委跟着省委犯了同样的错误。直到收到中央传来的文件，清楚真相后，团省委于3月30日召开会议，拥护中央关于开除罗章龙党籍的政治决议与省委六次全会的决议案。此后，陕西团的工作重点转向以城市为中心的青年运动，放松了对农村青年运动的领导。因全省团员减少，活动范围缩小，5月30日，团省委召开会议，将团省委改组为团西安市委，主要领导西安市团的工作，指导全省的青年运动，刘映胜任团西安市委书记。同时团中央派陈浅伦回陕加强团的领导工作。6月24日，团西安市委召开执委会议，调整了团市委领导成员，陈浅伦担任书记。1932年1月，陈浅伦奉命到陕南担任党团特派员，刘映胜再次任团市委书记。由于受党内“左”倾机会主义的影响，陕西团组织的发展建设受到了阻碍。党、团合并的取消主义错误未得到彻底纠正，多数地方党团组织混合在一起，影响了团员的发展工作。到1932年6月底，全省仅有团员300多名。

刘映胜（1910–1988），陕西渭南人。1926年2月，加入中国共产主义青年团，初夏转为中共党员，先后任团赤水特支书记、团渭南中心县委书记、团省委宣传部部长。1931年1月，任团省委书记。1932年12月，调任陕西省委组织部部长。1933年8月，任中共陕西临时省委书记。1988年6月去世。

陈浅伦（1906–1933），陕西西乡县人。1928年到上海劳动大学学习，并加入中国共产党。1931年5月先后任共青团西安市委书记兼组织部部长，中共陕南特委书记、共青团西安市委陕南特派员，1932年12月创建红军第29军并担任军长，1933年4月被叛徒出卖，于马儿崖反革命事变中被捕，在西乡县磨子坪就义。

团省委第三次遭受破坏及其恢复

1932年4月20日，中共中央在《关于陕甘边游击队的工作及创造陕甘边新苏区的决议》中，责成团中央和中共陕西省委，“改换与加强团西安市委的领导”，“考虑建立强有力的团陕西省委”。8月初，团西安市委改为团省委，刘映胜任书记。12月，刘映胜调省委工作，团中央派袁岳栋来陕任团省委书记。1933年2月17日，团省委组织部创刊《西北青年组织者》，该刊内容是有关发展共产主义青年团及团支部训练大纲等组织建设问题，号召青年工人和学生积极参加共青团。4月初，袁岳栋调任省委书记，李盛弟、刘宗沛先后接任团省委书记。团省委的机关刊物为《西北列宁青年》。团省委重建后，作出《“九一八”工作决议》，规定陕西团的任务是：以布尔什维克的态度积极发展反帝运动，领导青年参加土地革命、游击战争和创建陕甘边、渭北、陕南苏区的斗争，积极发展团员，使团员数量增加一倍。

从1932年10月21日到1933年1月20日，团省委指示在全省开展冲锋季活动，落实团省委“九一八”工作决议提出的各项任务，计划将团员发展到1500人。工作重点是帮助渭北、韩城、陕南和红二十六军建立健全团的组织机构；同时举办全省团干部训练班，制定《支部训练大纲》，向基层提供团内教育材料。正当陕西团组织恢复元气，陕西青年运动走向高涨，党、团省委组织全省“红五月”① 和七月“冲锋月”② 活动之际，国民党陕西当局集中力量疯狂地向陕西党、团组织发起反扑。1933年7月28日，省委书记袁岳栋、常委杜衡和贾拓夫、高岗等人在西

① “红五月”，五月里有很多重要的历史事件以及纪念日，故称红五月、革命的五月。1932年3月中共中央作出《关于红五月运动的决议》，明确指出：“以革命的战争粉碎国民党对于苏区与红军的新的进攻”，“争取湘鄂赣数省革命的首先胜利”！红五月运动在党中央《决议》指引下，苏区和革命根据地都开展起来了！

② “冲锋月”，“红军青年冲锋季”竞赛活动指1933年为鼓舞青年士气而开展的竞赛活动，一个月份即为“冲锋月”。口号和要求是“四不五要三努力”，四不指不生病、不掉队、不怕苦、不犯纪律；五要指每人要识三百字、要团结友爱、要积极参加文体活动、要搞好军民关系、要讲究卫生；三努力指努力提高政治觉悟、努力提高军事本领、努力提高文化水平。

安东大街福盛楼饭馆开会时，被国民党特务发觉。袁岳栋、杜衡当场被捕，后叛变投敌，贾拓夫、高岗逃离。第二天，党、团省委机关，西安市委机关均被敌特破坏，大批党、团干部被捕。7 月底，省委常委贾拓夫和团省委书记刘宗沛在西安一起主持召开党、团会议，讨论安排全省党、团恢复工作。8 月底，贾拓夫和刘宗沛到上海向党、团中央汇报工作。团中央决定派刘宗沛到河南工作，派韩学亚回陕帮助恢复陕西党、团组织。幸存的团干部冒着生命危险数次恢复组织和工作，相继建立了团临时省委和陕西党团共同恢复工作委员会，韩学亚任书记。韩学亚慑于白色恐怖，不敢出面活动，陕西党团共同恢复工作委员会自行消失。此后，团省委和陕西国统区多数地方团组织再未恢复重建。团陕南特委和陕北特委在失去与上级联系之后，在同级党组织领导下继续坚持斗争。陕西国统区的青年运动，由西安事变后建立的陕西青年救国联合会、学生救国联合会、中华民族解放先锋队西安队部[①]等进步青年团体担负起来。

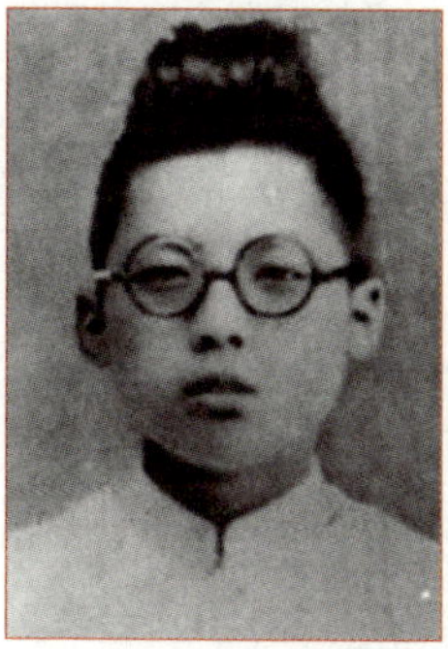

刘宗沛（1915–1934），陕西汉中城固人。1932 年先后任团省委汉南特派员、团省委经济斗争部和宣传部负责人，1933 年 4 月任团省委书记，1933 年底任团河南省工委书记，受到“左”倾路线打击仍努力为党工作，1934 年冬被捕牺牲，年仅 19 岁。

1933 年 2 月 17 日，共青团陕西省委组织部创刊的《西北青年组织者》第一期。

① 中华民族解放先锋队西安队部，即中华民族解放先锋队在陕西的分支机构。中华民族解放先锋队是中国共产党领导的抗日救亡团体，1936 年 2 月成立于北平。

四、九一八事变后陕西青年抗日救亡运动

成立陕西省学生抗日救国总会

1931 年 9 月 18 日，日本驻中国东北地区的关东军突然袭击沈阳，以武力侵占东北，制造了震惊中外的九一八事变。日军侵占东北和国民党的不抵抗政策激起了全国人民的强烈义愤。在民族危亡的关头，一场声势浩大的群众性抗日救亡运动在三秦大地迅速兴起。9 月 25 日，中共陕西省委发出《反对日本帝国主义占领东三省宣传大纲》，号召全省人民起来反对日本的侵略和国民党的妥协投降政策。团西安市委首先以西安各中等学校为基础，帮助成立了各校学生反日救国会，并于 9 月底迅速成立了陕西省学生抗日救国总会，在西安乐育中学举办现代文化补习学校，培训学生骨干。西安学生率先走上街头宣传演讲，散发传单，检查日货，多次举行反日救国大会和游行请愿活动。国民党陕西当局镇压学生的抗日运动，加之高年级学生毕业、负责人变动等原因，陕西省学生抗日救国总会停止了活动。

陕西学生抗日救亡运动的兴起

1931 年 9 月下旬起，在党、团组织领导下，陕西各地纷纷行动，创办救亡刊物，举行抗日救亡大会，会后游行示威，成立抗日救国团体。汉中各校师生结队上街，宣传抵制日货，痛斥日军侵略暴行，宣告成立汉中学生抗日外交后援会，掀起了抗日救亡运动高潮。10 月下旬，陕西省学生抗日救国总会派代表赴南京，参加全国学生抗日救国总会成立大会和全国学生向南京中央政府的请愿斗争。同时组织广大学生和教职员组织宣传队，到陕西各地开展抗日救亡宣传，发动民众参加抗日斗争。从 9 月底到 12 月，学生的反日救国会、宣传队、铁血团、义勇军、敢死队、日货调查团等团体如雨后春笋般地遍及全省，同对

外妥协投降、对内镇压抗日运动的国民党进行斗争。12 月底，陕西省学生救国总会还制定了《寒假工作大纲》，组织各县旅省学生寒假宣传队，到农村、兵营扩大抗日宣传、动员、组织工作，从而形成了“由中心城市扩大到小城市与一些乡村，由青年学生的反日运动发展到工人、农民与士兵中去”的大好局面。

捣毁国民党陕西省党部的斗争

九一八事变后，国民党陕西省当局对陕西学生抗日救亡运动表现出了截然不同的两种态度。一方面是国民党陕西省党部秉承蒋介石旨意，压制、破坏、镇压学生抗日运动；另一方面是坚持孙中山三大政策的爱国将领、省政府主席杨虎城和共产党员、省政府秘书长南汉宸等支持学生抗日斗争，给学生一定的抗日自由，同时又出于地方职责的需要，应付国民党蒋介石的制约。因此陕西党、团组织采取了不同的策略、方法，揭露并引导学生认识国民党亲日派对外妥协投降、对内镇压抗日的反动面目，打破对蒋介石政府的种种幻想，从请愿转向示威。

1931 年 12 月初，国民党政府向国联① 提出设立锦州中立区的卖国要求，并在南京镇压爱国学生，陕西学生无不愤恨。省学生抗日救国总会一面派代表到南京参加全国学生总示威，一面于 12 月 10 日组织西安学生集会声讨国民党政府镇压学生抗日运动的罪行，通电全国坚决反对设立锦州为中立区，表示“抱定有敌无我之决心，宁牺牲于疆场之上”。18 日，省学生抗日救国总会举行扩大宣传和第三次全市学生大会，一致通过了惩办国民党陕西省党部、援助南京学生、反对卖国外交等决议案。会后，全体学生直驱国民党陕西省党部，捣毁了

① 国联，即国际联盟，是第一次世界大战后帝国主义列强于 1920 年 1 月成立的国际组织。

省党部全部什物和挂牌。19日，中共陕西省委发出宣言，坚决支持学生的爱国行动。而国民党省党部在报上公开诬蔑学生是“借爱国之名，行捣毁之实”的暴徒，更激怒了西安学生。23日上午，在党、团组织带领下，3000余名学生前往国民党省党部质问，省党部全体人员逃跑一空。学生气愤至极，再次捣毁了省党部。随后学生来到省政府请愿，以杨虎城为主席、共产党员南汉宸为秘书长的省政府并未追究学生捣毁国民党省党部的“责任”，接受了学生提出的呈转国民党中央的七项条件。在西安学生的推动下，蒲城、蓝田、眉县、南郑等地学生，也开展了捣毁国民党县党部或驱逐反动县长、教育局长的斗争。

驱戴斗争与“四二六”惨案

1932年4月，国民政府委员、考试院院长戴季陶受蒋介石的指使，到西安以调查开发西北为名宣传“攘外必先安内”的反动政策。4月25日，陕西省教育厅在西安民乐园举行扩大总理纪念周①活动，请戴季陶在大会上讲话，要求各中等学校师生参加。在中共陕西省委、团西安市委安排和各校党团组织的具体领导下，与会学生与戴季陶展开了针锋相对的斗争。戴季陶在西安民乐园礼堂对3000多名西安学生“训话”，诬蔑马克思主义，只字不提全国人民十分关心的抗日救国问题。学生们对此渐渐发出不满的声音，“日本侵占了东北大片国土，政府为什么不抵抗？”“国民政府的对日政策是什么？”等，要求戴季陶回答。戴季陶对学生的质问不仅不正面回答，反而以训斥的口气诬蔑“陕西学风不正”，更加激起了学生们的不满，义愤的学生向主席台投掷石子，轰走戴季陶，并烧毁了戴季陶的小汽车。当晚，党、

① 总理纪念周，即孙中山逝世后，国民党在全国范围开展孙中山崇拜运动，决议各级党部及国民政府各机关单位、各军队每星期举行一次“总理纪念周”活动。

团组织紧急决定，第二天举行全市总罢课，举行反日驱戴大会。26日清晨，国民党陕西省政府派军警包围了各中学校门，游行学生冲出校门，纷纷走上街头示威游行，遭到军警镇压，数十人受伤，50多人被捕，酿成了“四二六”惨案。

惨案发生后，省委和团西安市委连夜召开会议，决定继续进行罢课斗争，要求陕西当局抚恤与释放受伤和被捕的学生，驱逐戴季陶出陕；号召全陕工人罢工、学生罢课、商人罢市，农民抗租、抗税、抗债。4月26日，省委和团西安市委联合发出《为反对国民党屠杀革命青年封闭学生反日会告学生书》和《为反对国民党屠杀革命学生宣言》。28日，西安学生救国联合会发表宣言，并向外地发出快邮代电，公布“四二六”惨案真相，以求声援。三原、大荔、凤翔等县的学生也行动起来，声援西安学生的驱戴反日斗争。在各方舆论的压力下，陕西当局释放被捕学生，戴季陶也狼狈地离开了陕西。

五、积极投身革命根据地的创建

投身渭北革命根据地建设

渭北革命根据地是土地革命战争时期中共在西北地区创建的第一块革命根据地。从1931年5月开始创建，到1933年8月失守，坚持红色割据两年之久，沉重打击了国民党的反动统治，教育和发动了群众，培养和锻炼了党、政、军、群等各方面的干部，成为陕甘边革命根据地发展壮大的重要基础。

在两年多的时间内，渭北团组织带领三原、富平等地团员青年积极参军参战，参加土地革命和苏维埃政权建设。1932年10月成立的共青团渭北特委（同年12月改建为团三原中心县委），统一领导三原、富平、耀县、高陵、泾阳、蒲城团的工作，共青团直接领导的劳动青年、半军事性的少先队[1]，到 1932 年 10 月发展到 400 多名队员，并于十月革命节（11 月 7 日）举行了军事检阅；青年雇工小组、农联青年部、儿童团也在团的领导下发展壮大起来。在武装斗争中，渭北团员青年和少先队员踊跃参加渭北游击队和红二十六军，使党的武装力量得到不断发展和壮大，许多青年干部在游击战争中锻炼成为优秀的军事指挥员和政治工作者。无论是打土豪，分粮分地，还是击退反动民团的反扑，青年战士总是冲杀在最前列，少先队员也不甘人后地站岗放哨、侦察敌情和参加战地服务。劳苦青年翻身当了主人，积极参加渭北各级苏维埃政权建设和保卫工作，共青团、少先队的代表被选进渭北革命委员会参加领导工作，区、乡级的革命委员会也有共青团和少先队的代表。

投身陕甘边革命根据地建设

陕甘边革命根据地是土地革命战争时期在中共陕西省委的领导下，由刘志丹、谢子长、习仲勋等一批共产党员以开展兵运工作为基础，在陕西和甘肃边界地区逐渐建立和发展起来的。

1932 年春夏，中共中央提出了创建北方和陕甘边新苏区的要求，并指示中共陕西省委帮助恢复团省委。团中央在白区[2] 团省委书记会议中要求各省积极参加创建新苏区的斗争，并多次致信团西安市委，要求加强团对游击战争、创建苏区的领导，尽快恢复团省委。1932 年

① 少先队，中国少年先锋队的简称，也称“少队”，与中华人民共和国成立后的少先队不同。此处是指，据《中国青年运动历史资料》第十册 518 页和《苏维埃区域少年先锋队章程》规定，是革命根据地内共青团直接领导下的 16 岁至 23 岁的“工农劳动青年和群众的半军事性的阶级自卫组织”，是红军的后备队。
② 白区，由反对激进的、反对革命的势力所控制的地区，特指土地革命时期（1927—1937 年）国民党控制的地区，是土地革命时期对国统区域的称呼。

4 月 20 日，中共中央在《关于陕甘边游击队的工作及创造陕甘边新苏区的决议》关于创立红军的要求中，对加强陕甘边新苏区团的工作也提出了具体要求：必须即刻在这区域建立群众的青年团，责成团中央及陕西省委采取一切必要的方法来创立这区域中的团组织，并改换与加强团西安市委的领导，建立强有力的团省委。8 月 1 日，中共中央在给陕西省委的指示信中，再次要求陕西省委对于共青团组织的领导，必须有彻底的转变，必须使团中央的冲锋季能够在陕西实现。

根据中共中央指示，在省委领导下，团西安市委派巡视员张我功和部分团员去游击队中开展团的工作。陕甘边游击队建立之初，就成立了由青少年组成的少年先锋队，配合游击队共同作战，发展革命势力。1932 年 12 月 24 日，陕甘边游击队改编为红二十六军，共青团红二十六军委员会亦同时成立，史克寿担任团委书记。随着革命力量的发展壮大，1933 年 4 月，共青团陕西省委建立共青团陕甘边特委，习仲勋担任团特委书记。旬邑县、耀县和香山堡相继建立团组织，并将团的干部派到各级苏维埃政府中担任副职，习仲勋被选为陕甘边革命委员会副主席。当地青年受到了极大的鼓舞，积极报名参加红军，反对国民党反动派的无耻屠杀和镇压。他们在党、团组织的领导下，积极参加站岗放哨、分配土地、改造社会陋习、发展生产、支援战争的工作。9 月下旬，国民党军队刘文伯部纠集当地民团，重兵“围剿”陕甘边革命根据地，革命根据地团员、青少年不畏强暴，与敌人进行殊死斗争，终因寡不敌众，陕甘边革命根据地党政军群机关所在地照金薛家寨失守，团特委也停止了活动。11 月，中共陕甘边特委在甘肃决定重建陕甘革命根据地，恢复红二十六军，并在红二十六军中重新组建了少先队。少先队员跟随红军主力转战于南梁地区，一同战斗，一同发动群众，一同参加分粮分地，参与建立苏维埃政权的斗争，多次出色地完成了断后的任务。1934 年春，陕甘边革命委员会再次成立，中共陕甘边特委也得到了健全，共青团陕甘边特委虽未恢复，但基层团组织却得到了加强，在配合苏维埃政府的各项工作中继续发挥重大作用。

投身陕北革命根据地建设

陕北革命根据地是先后在中共陕西省委、中共河北省委、中共北方局、中共中央驻北方代表的领导下，由谢子长、马明方等带领陕北人民经过艰苦探索和奋斗而创建的一块红色区域。全盛时期的陕北革命根据地的辖区设有赤源、秀延、延川、延水、绥德、清涧、佳县、吴堡、神木等 9 个苏维埃政府。

1927 年 11 月，共青团陕北特委成立，1933 年 4 月，改称共青团陕北工作委员会。1933 年 7 月，中共陕北特委扩大会议决定，加紧开展陕北游击战争，创建苏区，扩大红军游击队；同时决定加强党对团的政治领导，建立团的独立领导机关，进一步密切党、团关系。会后，党、团组织分赴各地传达会议精神，积极组织武装斗争，陕北地区武装斗争逐步走向高涨。从 1934 年初起，中共陕北特委与共青团陕北工委以联席会议的方式，共同研究工作，决定重大问题，加强创建陕北革命根据地的领导工作。团干部通过深入农村发动青年农民起来参加革命斗争，教育团员、少先队员、儿童团员增强革命信念，服从组织纪律，不怕流血牺牲，提高了广大青少年的觉悟，加强了红军游击队和党、团组织的群众基础。

1934 年 2 月 25 日，团中央驻北方代表致信共青团陕北工委，对陕北团的组织工作提出六点要求：1. 没有划分党、团组织的地方，要坚决划分出来，把 23 岁以下同志划归团组织。2. 加强同游击区团组织的联系。3. 巩固团支部，建立支部生活，加强支部战斗力。4. 建立神木、绥德、清涧、榆林、吴堡各县地方团部（区委），并保障与工委的密切联系。5. 建立巡视制度。6. 重新制定工作委员会的工作计划，一切工作保证贯彻到支部。信中还要求团陕北工委要加强与中央代表的联系。团陕北工委根据这封指示信及时修订了工作计划，并拟出具体执行的措施。1934 年底至 1935 年初，党、团特委机关从清涧转移到安定地区，两特委从此分开办公，团特委开始独立工作。

川陕革命根据地中的陕南团组织

1932 年冬，中国工农红军第四方面军由鄂豫皖区进入川北，与当地革命武装会合，攻下南江、通江、巴中等县，开辟了川陕革命根据地，建立了共青团川陕省委。

在发展陕南游击战争中，中共陕南特委向各级团组织提出动员青年参军，大力发展红军之友社[①]、少先队、儿童团，广泛开展募捐、慰问、宣传活动，夺取敌人武装，发展游击运动的要求。团省委陆续派刘明达、杨佑章、李楷、李继善等干部到陕南加强团的工作，建立了共青团陕南特委。在党、团陕南特委领导下，红军之友社壮大，陕南青年学生掀起了拥护红军参加红军的热潮。红四方面军到达陕南时，红军之友社广大社员积极组织欢迎、支援、慰问、募捐、宣传活动，到红军驻地服务，还为川陕根据地募集了大量军需用品。陕南团组织积极动员青年参加红军、粉碎国民党军队围攻、镇压土豪劣绅等斗争，先后有 4300 多名团员、少先队员和青年参加红军部队。在建立红二十九军和游击队过程中，广大团员、红军之友社社员和劳动青年成为革命武装的基本力量。随着陕南游击战争的发展，先后建立了团城固、洋县、南郑县委和宁强、勉县、南（郑）褒（城）、城（固）西（乡）区委，团

① 红军之友社，是在党、团组织领导下，以宣传工农红军、教育组织青年支援工农红军为主要任务的群众组织。

员队伍增到 600 余人。马儿崖事变[①] 以后，在国民党军队和地方反动武装的重兵围攻下，一大批优秀青年先后壮烈牺牲。

鄂豫陕革命根据地中的商洛团组织

1934 年 12 月，中国工农红军第二十五军在长征途中创建了以陕西省商洛市为中心区域的鄂豫陕革命根据地。1934 年 12 月中共鄂豫陕省委成立后，由于苏区战争频繁，地域变化较快，未成立团鄂豫陕省委。1934 年 12 月，红二十五军手枪团政委宋兴国等人在洛南县东垣村成立中共商洛特委，同时成立共青团商洛特委。红二十五军政治部少年宣传队队长程启文任团特委书记。1935 年春党、团特委遭国民党军队袭击，4 月党、团特委奉命同时撤销。1935 年 2 月，在柞水县红岩寺成立中共区委的同时，建立了共青团红岩寺区委，由豫陕第三路游击师排长王奎先任书记。8 月，遭国民党军队袭击，党、团区委同时停止活动。

陕甘革命根据地中的团组织

1934 年秋，陕甘边革命根据地和陕北革命根据地在粉碎了国民党军队的第一次军事“围剿”后，陕北游击战争向南发展，陕甘边游击战争向东推进，两块革命根据地在不断扩大中日益靠近。1934 年底到 1935 年初，国民党政府纠集陕甘宁晋 4 省军阀部队约五六万人，对陕北、陕甘边革命根据地发动第二次军事“围剿”。在严峻的形势面前，

---

① 马儿崖事变，1933 年 2 月，中国工农红军第二十九军成立，陈浅伦任军长，李艮任政委，开辟了以马儿崖为中心的革命根据地，其中红军基本队伍不多，多为收编的民团、“神团”等游杂武装。1933 年 4 月，收编的“神团”首领张正万等乘军部主要干部在马儿崖开会之机，暗中与国民党联系，外攻里应，突然袭击，制造了震惊陕南的马儿崖事件，陈浅伦、李艮、程子文、孟芳洲、杜润滋等领导人先后落入敌手，惨遭杀害。

两块根据地举行党、政、军联席会议，成立了中共西北工作委员会和西北革命军事委员会，统一领导两块革命根据地的党组织和武装力量。中共西北工委及时调整和加强了共青团陕北特委的工作机构和领导成员，统一领导两块革命根据地团的工作。

在中共西北工委和红军、苏维埃政府的领导帮助下，共青团陕北特委紧密围绕巩固和扩大革命根据地、发展红军和游击队的中心任务，加强团的建设和开展青年运动。为进一步坚定团员的共产主义信念，各级团组织把培训团的干部作为头等大事来抓，每一月或半月举办一期训练班，向学员介绍《社会科学概论》《共产主义 ABC》《两个策略》《左派幼稚病》《少共国际纲领》《中国共青团团章》等革命书籍。他们还面向广大青少年开办列宁小学，由具有初步革命理论知识和文化知识的团员、团干部担任教员，宣传革命理论和科学知识，引导广大青少年走上革命道路。敌人的军事“围剿”日益逼近，形势一天比一天严峻，1935 年夏，共青团陕北特委仿照中央苏区成立少共国际师[①] 的做法，在延川县永坪镇创建了少共国际营，由共青团干部担任营连级干部。在战斗中，红军、游击队的青年战士和少年先锋连英勇善战，冲杀在前，踊跃参加攻克急难险任务的突击队，不断开辟前进的道路。

在中共西北工委和西北军委领导下，陕甘边革命根据地和陕北革命根据地军民浴血奋战，在 1935 年 8、9 月间相继解放了延长、延川、安定、安塞、保安、靖边 6 座县城，粉碎了国民党军队的第二次“围剿”，把两块根据地连成统一的陕甘革命根据地（又称西北革命根据地）。共青团组织随着根据地的统一有了较大发展，相继

① 少共国际师，即以青年共产国际（少共国际）命名的由共青团直接领导的师级青年红军部队，少共国际团、少共国际营即由共青团直接领导的红军团、营。

建立的团县委达 20 余个，共青团员发展到近 3000 人，团内工作制度进一步健全。

六、西安事变前后陕西青年抗日救亡运动

声援一二·九运动

1935 年华北事变以后，中华民族危机到了空前严重的关头，12 月 9 日，在中共北平临时工委领导下，北平各高等院校和部分中学的数千名学生举行声势浩大的示威游行，喊出："华北之大，已经安放不得一张平静的书桌了！起来吧，亡国奴前夕的全国同胞！"[①] 掀起空前规模的一二·九运动。

消息传到陕西后，西安学生冲破国民党的高压政策，走上街头，声援北平学生的爱国壮举。24 日，西安各校学生和教职员向国民党各界和北平学生发出通电，请求政府锄奸救国，维护并领导学生运动，释放被捕学生，表示誓做北平学生后盾。25 日，省立一中、省立二中和西安师范等学校的师生 4000 余人在革命公园集会，之后到陕西省政府、省教育厅请愿。省教育厅厅长周学昌对学生的请愿活动横加指责，企图压制学生运动。学生们毫无畏惧，向社会各界大声疾呼："我们是读书不忘救国，不把汉奸枭首、国贼铲除，誓不甘休。"请愿学生走上大街，呼吁抗日，奋起救亡。在西安学生带动下，华县、三原等地学生也举行罢课、游行、下乡宣传等活动，声援北平学生运动。国民党陕西当局十分惧怕高涨的青年学生抗日救亡运动，立即用"免于考试""提前放假"的阴谋压制了学生运动，教育厅长周学昌到西安

① 《清华大学救国会告全国民众书》，《一二九运动》，中共党史资料出版社 1987 年版，第 143 页。

高中警告学生“勿借救国名义作不轨行动”，使学生运动暂时进入低潮。

虽然学生运动暂时进入了低潮，但“一二九运动是动员全民族抗战的运动，它准备了抗战的思想，准备了抗战的人心，准备了抗战的干部”。[①]

西安学生抗日救亡运动持续高涨

1936 年初，中共陕西临时省委传达了中共中央瓦窑堡会议关于建立抗日民族统一战线的精神，并通过各种渠道向青年学生和各界人士进行宣传，在进步学生中秘密开展建党工作，推动陕西抗日救亡运动的开展。接着，东北大学中共支部书记、学生救亡工委负责人宋黎等人应张学良之邀来到西安，向东北军和西北军介绍北平学生一二·九运动的情况，呼吁东北军、第十七路军团结抗日。不久，北平学联和民先队代表团随东北大学工学院一同来到西安，进一步壮大了西安学生抗日救亡运动的力量。

2 月，上海大公纱厂日本监工打死中国工人梅世钧，消息传到西安后，全市 7000 多名学生冲破国民党军警高压封锁，于 3 月 7 日在革命公园隆重举行追悼梅世钧大会，会后游行示威，并连续多日到大街和郊区农村宣传，揭露日本帝国主义罪行和国民党政府对日妥协投降政策，宣传“停止内战，团结抗日”，呼吁国人奋起抗日。学生的爱国行动再次引起了国民党陕西当局的恐惧，3 月 15 日，反动当局下令解散学生救国会，烧毁学生救国会的印章和大旗。但各校学生又陆续建立了学生自治会、读书会、同乡会等组织，继续有组织地开展救

① 毛泽东：《一二九运动的伟大意义》（1939 年 12 月 9 日），《毛泽东文集》第 2 卷，人民出版社 1993 年版，第 253 页。

亡运动。

1936 年下半年，西安学生抗日救亡运动继续高涨。九一八事变 5 周年这天，西安 4000 学生和旅陕 8000 东北军民在南院门“西北剿匪总部”联合举行东北沦亡 5 周年纪念大会，公开贴出“团结抗日、共赴国难”“放弃攘外必先安内的政策”的大幅标语，学生们向张学良表示，“我们的热血已沸腾到顶点，我们的心坚如磐石，愿以我们数万颗肉弹，做副司令抗日救亡的武器。”张学良被感动得热泪盈眶，表示“要率东北军披甲还乡，雪耻报仇”。

随着西安学生运动的高涨，1936 年 10 月初建立民先西安临时队部，西安各校学生救国会也陆续重建。11 月 15 日，西安高中、西安师范、东北大学工学院等 14 所大、中学校学生代表在西安高中举行联席会议，正式成立了西安学生救国联合会（简称西安学联），从组织上统一了西安学生运动的领导。在西安学联的影响下，蒲城、汉中、凤翔、华县、三原、武功等地的进步学生也相继建立了同学会、读书会、学生自治会、新文字研究会等团体，开始了有组织的抗日救亡活动。11 月，绥远抗战爆发，西安学联和西救会①、东救会②组织代表团携带捐款和慰问品奔赴绥远抗日前线，慰问抗日将士，受到傅作义的接见。

纪念一二·九运动一周年请愿斗争

在援绥抗战的热潮中，蒋介石再次亲赴西安督促剿共，镇压群众抗日运动。中共西北特支、中共东北军工委研究决定，利用纪念一二·九运动一周年的机会，发动西安学生举行游行请愿活动。1936 年 12 月 9 日，西安学联和民先队在党组织的直接领导和西救会、东救

---

① 西救会，1936 年 6 月成立的由中共地下党领导的抗日群众团体，西北各界救国联合会的简称。
② 东救会，1936 年下半年成立的由中共东北军工委领导的抗日群众团体，东北民众救亡总会的简称。

会的配合下，组织动员以学生为主体的西安各界群众一万多人从四面八方汇集到南院门“西北剿总”① 门前举行纪念一二·九运动周年纪念大会。会后立即派代表向“西北剿总”递交请愿书，接着整个队伍到国民党陕西省政府、西安绥靖公署请愿，要求停止内战、一致抗日，与各党各派各界建立抗日民族统一战线，在全国首先提出了“拥护蒋委员长出兵收复被占领土”② 的口号。学生们对各处接见者的答复都不满意，决定徒步前往临潼华清池直接向蒋介石请愿。蒋介石电令对学生“格杀勿论”。张学良为避免发生流血事件，驱车赶到十里铺，劝导学生返回。学生群情激奋：“我们不愿做亡国奴，我们愿为国而死，我们前进吧！”张学良对学生们说，“你们的要求就是我的要求，也许我的要求比你们的要求还要迫切。”“请大家相信我，我无时不挂记抗日复土，我是要抗日的”。“你们所提要求，我一定转呈蒋委员长，我代大家请愿。”他还答应在一星期内用事实回答学生们的要求。当晚，张学良赶往临潼华清池，向蒋介石反映西安学生的请愿要求，再次陈述停止内战、一致抗日的主张。蒋介石非但不接受学生的意见，反而

1936 年 12 月 9 日，西安事变前夕西安学生游行队伍前往临潼请愿。

① 西北剿总，指西北剿匪总司令部，是国民党在西安设立的西北地区最高军政指挥机关，蒋介石兼任总司令，张学良任副总司令。
② 《陕西党史资料丛书（九）——西安事变前后和抗战初期陕西国统区青年运动》，中共陕西省委党史资料征集研究委员会，共青团陕西省委青运史研究室，陕西人民出版社 1989 年，第 6 页。

斥责张学良说："你到底是代表学生还是代表我？""对于那些青年，除了用枪打，是没有办法的。"[1] 学生请愿的行动和蒋介石的顽固态度，促使张学良、杨虎城终于下定最后的决心，毅然决定向蒋介石实行"兵谏"。12 月 12 日凌晨发生了震惊中外的西安事变，用事实回答了学生的请愿要求。

西安事变中"青年拥护和平的奋斗"

西安事变当天上午，西安高中、西安师范等校学生冲进国民党陕西省党部，翻阅有关档案，协助搜捉反动官员，砸毁了省党部的挂牌。当天下午，西安学联搬进了省党部办公。晚上，西安学联等 14 个团体举行紧急会议，共商救亡大计，决定联名发表通电，拥护张、杨八项主张。民先西安临时队部改为民先西安地方队部，公开民先身份，并搬进国民党长安县党部办公。在西安学联和民先西安队部的组织下，学生们组成大批宣传队，分别深入西安大街小巷、郊区农村和关中、陕南、陕北各县以及东北军、西北军中，向工农兵学商各界宣传兵谏意义和张、杨八项主张，组织各界群众参加抗日救亡团体和活动。

12 月 17 日，中共中央代表团来到西安帮助和平解决西安事变，共青团中央、全国学联、民先全国总队部相继派人到西安指导青年运动。周恩来、博古等中共领导人多次在西安召开学生座谈会，说服学生接受释放蒋介石的和平解决主张。西安青年学生从民族利益出发，接受了党的正确主张，而且在行动上把宣传和平解决西安事变和国共合作的新口号作为主要任务。在各方努力下，最终蒋介石接受"停止剿共，联红抗日"等六项要求，西安事变和平解决，抗日民族统一战线初步

---

① 《解放日报》1936 年 12 月 17 日。

形成，成为由国内战争走向抗日民族战争的转折点。张学良、杨虎城先后撤销了“西北剿匪总司令部”，解散了国民党陕西省党部，改组了陕西省政府，12 月下旬中共陕西省委重新建立。为进一步统一和发展陕西学生运动，1937 年 1 月 11 日，陕西省学生救国联合会成立，统一了关中、陕南各县的学生救亡团体。为加强对青年运动的领导，1 月省委专门设立中共西安学生工作委员会（简称西安学委），在学联和民先队中建立了党团①。

西安事变后，寒假期间西安学联组织 20 多个农村工作团，深入农村宣传党的抗日民族统一战线政策与和平解决西安事变的主张，发动组织民众抗日救亡工作。民先西安队部派出代表团与平津代表一起领导召开了民先全国第一次代表大会，进一步宣传了西安事变和平解决和联蒋抗日的伟大意义。陕西学联、西安学联和西安民先队还派出代表到北平、天津、上海、南京等地同全国学联及其他青年救亡团体进行联络，介绍西安事变和陕西青年运动，参加全国学生请愿团到南京请求国民政府出兵抗日的活动。西安、武功等地学联和上述各地学生救亡团体开展了慰问红军、为红军筹集粮款、动员青年参加红军的活动。

西安事变前后，西安各校学生组织创办了许多进步刊物，作为抗日宣传的“武器”，呼吁全民族共同抗日救国。1936 年 3 月 17 日，西安高中学生救国会创办刊物《救亡线》，被迫停刊后又于 11 月再次复刊，复刊号封面以醒目的大字写着编者的誓言：“与其退而受辱，勿宁进而饮弹”，旨在唤起国民抗日的决心和力量。1937 年 1 月 1 日，西安学联创刊《学生呼声》，是中共领导西安学生运动的综合刊物，主要揭露日本帝国主义的侵华罪行，反对投降主义；指导青年学生的

① 党团，中共在进步青年团体等非党群众组织、地方国家机关、人民团体、经济组织、文化组织、社会组织中设立的领导机构，新民主主义革命时期称“党团”，中华人民共和国成立后称“党组”。

抗日救亡运动；活跃学生文艺创作，促进救亡活动的开展。由于国民党当局强迫停刊，《学生呼声》只出了 7 期。还有西北青年文艺工作者协会创办的《沙河》，西安师范学生救国会创办的《学生文化》《中天阁》，西安女子师范学校学生救国会主办的《萌芽》，西安一中学生救国会主办的《突击》等刊物，都在不同程度上宣传了抗日救国的必要性和紧迫性，推动陕西救亡运动向更深更广的方向发展。

西安事变爆发前后，西安乃至陕西境内以青年学生为主体的抗日爱国运动，为贯彻党的抗日民族统一战线起到了先锋作用。西安事变和平解决，国共两党对峙十年的内战局面基本结束，国内和平初步实现，为国共两党再度合作创造了条件，促成了抗日民族统一战线的建立，极大地鼓舞了中国人民的抗日热情，奠定了全民族抗战的基础，成为由国内战争走向抗日民族战争的转折点，成为时局转换的枢纽。对于全省学生的爱国行动，省委及时给予了“西北救亡运动中有力的支柱”[①]的赞扬和鼓励。1937 年 4 月中旬，西安、三原青年代表团在延安参加西北青年第一次救国代表大会期间，周恩来高度赞扬了“西安青年拥护和平的奋斗”。

土地革命战争时期，团省委及其所辖各级组织，在省委和各级党组织领导下，始终把实现党的政治任务作为团的中心任务，在带领青年学生反抗国民党反动统治、创建革命根据地、开展土地革命和抗日救亡运动，在团结教育青年跟党走、争取青年切身利益，在帮助发展党组织、为党输送新鲜血液等方面，发挥了先锋、助手和后备军作用，协助党挽救革命危机、探索革命道路，为党组织培养输送了大批青年干部，陕西青年运动成为陕西党组织领导的群众运动中最积极活跃、

① 1937 年 6 月，陕西省委书记贾拓夫在陕西党代表大会上的报告。原载中共陕西省委机关刊物《党的生活》1937 年 6 月 2 日第六期。

作用最显著的一支生力军。这一时期陕西团组织和党一样，多次遭到大破坏，许多团员青年和团干部为了人民的解放和共产主义事业献出了宝贵的生命，他们是陕西青年的楷模。

共青团作为政党性的政治团体，处理好党团关系，正确解决工作青年化、群众化的问题，是保证党对团的领导、正确发挥共青团作用的根本保障。土地革命时期党、团共发文件，对党、团员提出同样要求，团员兼党员，党、团互派代表并在党内、团内互有表决权，在党组织力量较弱或党组织遭到破坏尚未恢复的地方，共青团在政治上代行党的职能。在艰难曲折的革命斗争中，陕西党、团组织同时受机会主义错误影响，陕西团内曾出现过不顾陕西客观条件主张暴动的先锋主义倾向与“左”倾盲动主义错误。实践证明，保证党的领导是共青团的生命线，坚持党的领导是共青团和青年运动保持正确政治方向和健康发展的根本保障。共青团必须正确认识和坚定党的领导，执行党的决议，团的干部必须不断增强党的观念和理想信念，服从党的领导。

第四节 抗战时期陕甘宁边区青年运动

一、陕甘宁革命根据地共青团的恢复与发展

共青团中央局在瓦窑堡恢复

1935 年 10 月后，中共中央和各路红军长征到达陕北，陕甘革命根据地发展为陕甘宁革命根据地，成为中国革命的大本营和中国共产党领导中国革命的中心。中共中央在瓦窑堡设立了中共西北中央局和中华苏维埃中央政府西北办事处，将陕甘宁革命根据地调整为陕北省、陕甘省、神府特区、关中特区、三边特区，按照新区划分别成立了党、

政、军、群领导机构。陕甘宁革命根据地共青团建设和青年运动即在中共中央及毛泽东、张闻天、周恩来、朱德等领导人直接关怀下蓬勃发展起来。这一时期，中共已成为陕甘宁革命根据地的执政党，共青团组织与活动完全由“地下”转入“地上”，取得了公开合法的地位。为了使少年共产党[①]组织迅速适应陕甘宁革命根据地形势发展和斗争任务的需要，中共中央首先恢复了少共中央局（又称共青团中央局、少共西北中央局），原团中央干部陆续从部队回到机关，凯丰担任书记，1936 年 4 月由冯文彬担任共青团中央局书记。与此同时，共青团陕北特委和陕甘边特委分别改建为少共陕北省委和少共陕甘省委。陕甘宁革命根据地的团组织带领团员、少先队员和青少年在扩大红军、支援战争、参加生产、开辟新区、宣传党的抗日民族统一战线中，成为革命斗争的尖兵，发挥了党的得力助手作用。

共青团中央局工作人员在延安机关所在地合影。
前排右起：雷铁鸣、黄庆熙，后排右起：胡耀邦、赖大超、冯文彬、王盛荣、揭俊勋、蓝升才。

① 少年共产党，1935 年至 1937 年 4 月团组织名称叫少年共产党，简称少共，沿用中央苏区对共青团称少年共产党的习惯，此时期少共与共青团的称谓同时使用。

陕甘宁革命根据地共青团组织的发展

红军到达陕北时只有3万余人，兵力严重不足，扩大红军成为陕甘宁革命根据地的一项重要任务。共青团在每次扩红中，都承担了重要的任务。在团干部、团员、少先队员的模范带头下，短短半年时间，陕甘宁革命根据地青年就给红军补充了好几万人，并新建了28军、29军、30军、关中独立师、神府独立师和许多游击队。红军东征的两个半月中，很快扩充新兵7000多人，清涧县许多村的少先队和团支部都是整班整排、整个支部地加入红军部队，中央军委副主席彭德怀深有感触地说："清涧不亚于兴国啊！"同时，大批的团干部参加了红军的领导工作。

在巩固根据地、开辟新根据地的斗争中，共青团和青少年是党和政府的一支朝气蓬勃的突击队。在生产中，广大青少年在共青团的带领下，变工互助，抢收抢种，组织代耕队，为烈军属包耕包收。由于大部分青壮年当了红军，青年妇女在农村也挑起了生产重担，承担了各种农活。在新开辟的区域，共青团中央和团省委、团县委机关团干部多次组织先遣队、工作队，到新区和红军政治工作人员一起发动群众和青年，帮助建立苏维埃政权、宣传抗日民族统一战线、开展统战活动。每次红军战斗结束后，共青团都积极组织青少年参加教育释放俘虏的工作，由有文化的青年给俘虏宣讲中共的抗日政策，介绍苏区和红军的基本情况，少年儿童还给俘虏唱救亡歌曲，从而激发了俘虏的抗日热情，许多人要求留在苏区当红军。随着陕甘宁革命根据地的扩大，共青团组织也在根据地广泛发展起来，到1936年12月，共青团在陕甘宁革命根据地共建立了3个省委、4个特委、50多个县委，团员由1935年10月的近3000人增加到2万人。

1935年11月，为适应中共中央对革命根据地行政区划新的划定，根据少共西北中央局的决定，共青团陕北特委改组为少共陕北省委，在中共陕北省委和少共西北中央局领导下开展工作，先后下辖少共神府特委、少共吴堡县委等 20 多个团县（市）委。中共中央确定建立抗日民族统一战线方针后，巩固和扩大革命根据地，发动青年参加红军，支援战争；发展革命根据地的团组织和少先队，发展团员，领导青年参加革命根据地的各项建设工作就成为陕甘宁革命根据地团组织的中心任务。经过半年时间的宣传动员，陕北省 6209 名青年参加了红军。神府特区从团支部到团特委的大部分干部，参加了红军的独立师，各团县委还分别负责组建了红军独立营，成为神府地区武装斗争中的骨干力量。

1935 年 11 月，共青团陕甘边特委改建为少共陕甘省委，在中共陕甘省委和少共西北中央局领导下工作。主要任务是协助党组织扩大红军，支援战争，恢复和巩固苏区，向东北军开展统战工作，发展团的组织。1936 年春，红军东征，国民党东北军乘机占领陕甘省部分地区。5 月，少共陕甘省委随中共陕甘省委同时撤销，所辖组织分别划归少共陕北省委和新成立的少共陕甘宁省委领导。少共陕甘省委撤销后，少共西北中央局设中央驻甘洛（甘泉洛川地区的简称）联络员指导工作。不久，中共东北军工委领导的中共陕甘工委在陕甘一带开展统战工作，指派高宏笃负责当地少共组织工作。西安事变后，中共中央在把革命根据地向南推进中，再次成立了中共陕甘省委，少共西北中央局决定再建少共陕甘省委。1937 年 1 月，少共陕甘省委在陕西甘泉县高家哨成立。下辖少共关中特委和少共甘洛、肤施、红泉、宜川、富县等县委。主要任务是宣传贯彻中央抗日民族统一战线政策，并将少共组织改造成为青年群众的抗日救亡团体。

1936 年 5 月，为迎接红二、四方面军北上，红军西征开辟新根据地，中央决定成立陕甘宁省党政军领导机构，少共陕甘宁省委同时成立，先后下辖陕西境内少共三边特委等，机关先后驻靖边县刘家渠（今属吴起县）、甘肃环县河连湾、曲子镇。

二、党对抗日青年组织的领导

共青团改造和西北青年救国联合会的成立

1936年11月初，中共中央为“吸收广大青年参加抗日救国的民族统一战线中来”，作出了《关于青年工作的决定》，强调“应该彻底改变在青年运动中的工作方式，抛弃一切第二党的关门主义的工作方式，采取青年的、群众的、民主的、公开的工作方式”。[①] 要求根本改造青年团及其组织形式，改造成民族解放性质的青年群众组织，使之成为全苏区青年的文化教育、体育、军事等团体的联合组织。改造共青团，是中国共产党及其领导人坚持马克思主义普遍原理，从中国国情和青年运动的实际出发，灵活借鉴国际共产主义青年运动经验，解决中国青年运动组织形式的正确决策。《决定》发布后，在党内、团内一些暂时还未理解共青团改造意义的同志中产生了不同认识。中共中央领导人帮助共青团在党内、团内进行了一系列宣传动员工作，组织各级党、团领导机关开展学习讨论，统一认识、增强信心，消除疑虑，指导团中央派出工作组进行改造的试点工作。中央机关刊物《党的工作》发表专文介绍了改造团的目的、意义、要求和方法。

共青团中央根据中共中央的决定精神，立即成立了西北青年救国联合会（简称西北青救会）筹备委员会，颁布了《西北青年救国联合会组织法（草案）》，把中央团校改名为鲁迅青年学校，为团改造后

① 团中央青运史研究室、中央档案馆编：《中共中央青年运动文件选编》，中国青年出版社1988年版，第443页。

的青年组织训练新的青年干部，并通过各种方式把中央的决定传达到国统区和游击区。

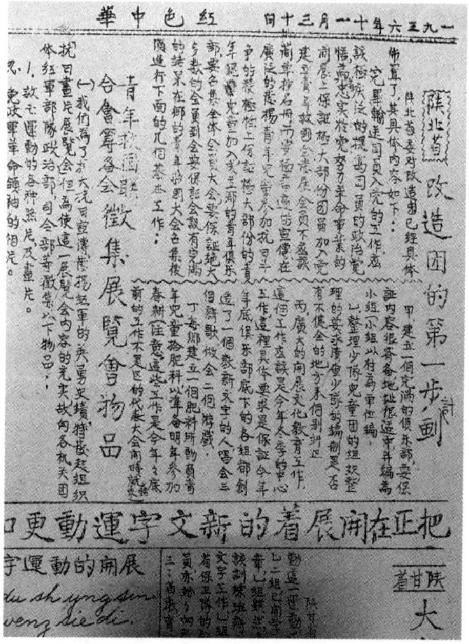

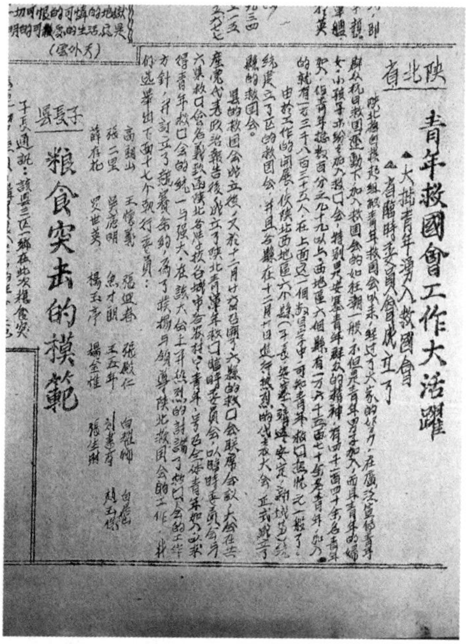

1936 年 11 月 30 日，《红色中华》报刊登《陕北省改造团的第一步计划》，12 月，刊载文章《青年救国会工作大活跃》，介绍陕北省共青团改造情况。

1937 年 4 月 12 日至 17 日，西北青年第一次救国代表大会在延安召开，作为中共中央进驻延安之后的第一个全国性的大会，倍受党中央关怀、重视。陕北省、陕甘宁省、关中特区、西安及国统区、沦陷区 20 多个省、市和红军、民先队全国总队部、中国学联的代表 312 名青年代表出席大会。毛泽东、张闻天、周恩来、朱德、博古、林伯渠等出席大会并讲话，希望青年团结起来，为国共合作和建立抗日民族统一战线而奋斗。代表们一致通过了《致中国国民党中央委员会共产党中央委员会电》《致全国各青年团体电》《致南京国民政府电》等，表示誓以热血和头颅忠实于中华民族的解放事业；切盼国共两党迅速完成一切合作工作，呼吁全国青年一致团结抗日救国，实现全国青年团体联合；要求南京政府给予青年抗日的一切民主自由。大会制定和通过了《目前政治形势与青年救亡运动任务的决议》《关于进行普及教育运动突击年决议》，提出了《全国青年救国纲领（草案）》《中华青年救国联合会组织简章（草案）》。大会规定青救会“是各党派各界青年联合的群众团体”，它的中心任务是“一切为着中华民族的团结和统一而奋斗”[①]，教育是各个青年团体的基本任务。大会要求各地青年在救国纲领的基础上，立即进行联合与合作，以民主的、群众的、合法的方式创立各种各样的救亡团体，取得公开与半公开的活动。大会决定正式建立西北青年救国联合会，作为西北青年运动的领导机关和全国青年救国会成立前现有各地青年团体的最高机关，民主选举55人组成执行委员会，9人为常务委员和候补常务委员，选举冯文彬为西北青救会主任。西北青年第一次救国代表大会在中共中央和毛泽东等领导人的关怀指导下，胜利地完成了它的各项任务，它促成了中国学生运动和工农青年运动两大巨流在全国范围的汇合，初步形成了中国青年抗日救国的统一战线，为抗日战争时期青年运动的蓬勃发展作了思想上组织上的准备。

会后，共青团中央停止工作，西北青救会在全国青年救国纲领的基础上担负起团结广大青年共赴国难的重任。各地共青团普遍进行改造，成立各级青救会，“从乡的青救会，以至区的、县的都统一在西青救领导之下”[②]。1938年4月15日，中共中央机关报《新中华报》

① 李玉琦编：《中国共青团史稿（1922—2008）》，中国青年出版社2010年版，第155页。
② 《新华日报》1939年9月20日。

开辟专版，刊登毛泽东、张闻天（化名洛甫）纪念西北青救会成立一周年题词。毛泽东题词：“青年是抗日战争的生力军，目前青年团体的任务是团结全国一切阶层的青年男女，大批地走上抗日战争的战场去，充实正规军的战斗力，发展广泛的游击战争。”[①] 西北青救会坚持青年统一战线、忠诚全国青年团结统一的行动，虽然被陕西国民党顽固派下令取缔，但蒋介石在西北青救会致电其任国民党总裁后，复电勉励西北青救会“切盼全国青年一致努力工作，以期完成民族复兴大业为安”。

共青团的改造，是在中共中央和毛泽东、张闻天、朱德等直接领导下进行的一次党对青年工作的成功实践，是中国青年运动在民族解放斗争中的一次重大转机与再生，实现了从先进青年的共产主义组织向非党的各党派各阶级各阶层青年的统一战线组织的转变，从无产阶

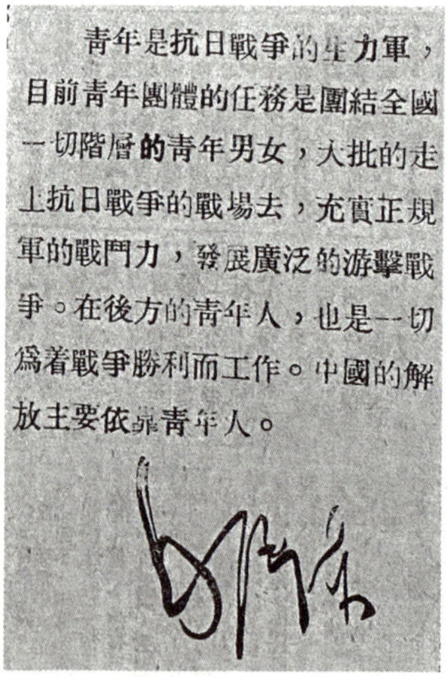
青年是抗日戰爭的生力軍，目前青年團體的任務是團結全國一切階層的青年男女，大批的走上抗日戰爭的戰場去，充實正規軍的戰鬥力，發展廣泛的游擊戰爭。在後方的青年人，也是一切爲着戰爭勝利而工作。中國的解放主要依靠青年人。

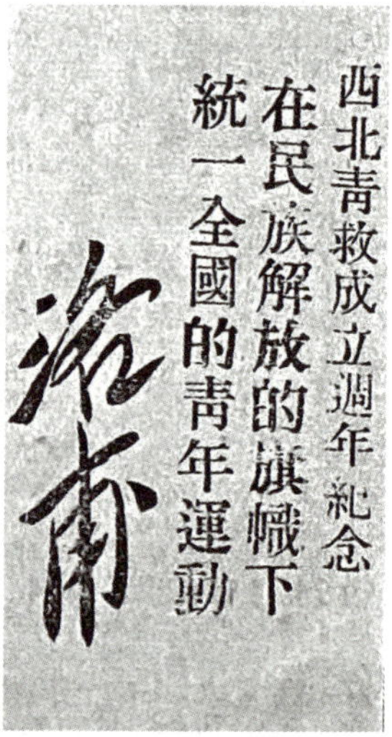
西北青救成立週年紀念
在民族解放的旗幟下
統一全國的青年運動
洛甫

1938年4月15日，《新中华报》纪念西北青救会成立一周年专版，刊载毛泽东、张闻天（化名洛甫）的题词。

西北青年救国联合会会员证。

① 《新中华报》，1938年4月15日，纪念西北青救会成立一周年专版。

级青年运动向民族解放的抗日青年运动的转变，从“非法”的组织、秘密的活动向公开合法的转变，促进了青年工作方式方法和作风的转变，从而在新的历史条件下形成了更广泛的青年组织和青年运动。

成立中共中央青年工作委员会

实施共青团改造后，各类抗日青年组织大量涌现，为了加强党对全国抗日青年运动的统一领导，1937 年 7 月，中共中央设立青年部，西北青救会主任冯文彬任青年部部长。1938 年 4 月 30 日，中共中央召开政治局常委会会议，讨论青年工作问题，会议决定成立中共中央青年工作委员会（简称中央青委），中共中央书记处书记、组织部部长陈云兼任书记，原共青团中央局书记、西北青年救国联合会主任冯文彬任副书记。5 月 5 日，中共中央下发《关于组织青年工作委员会的决定》，要求“县委以上地方党部直至中央，成立青年工作委员会”“各地党部应该把青年工作当作自己主要工作之一，实行经常的检查和推动”①。1943 年 3 月，中央机构调整，中央青委与职工委、妇委合并为中共中央民运工作委员会，下设青年组等四个小组。1945 年 5 月在党的“七大”期间，再次恢复了中央青委。1947 年 3 月，随中共中央工作委员会撤出延安。作为共青团改造后党的青年工作机构，中央青委在延安九年间，紧密配合党的中心任务，在培训青年干部，动员青年参军参战，组织青年参与根据地建设，指导国统区青年运动，重新建立青年团等方面做了大量工作，为抗日战争、解放战争的胜利贡献了重要力量。

---

① 团中央青运史研究室、中央档案馆编：《中共中央青年运动文件选编》，中国青年出版社 1988 年版，第 453 页。

成立中华青年救国团体联合办事处

为了团结全国抗战青年，进一步发挥青年在抗战中的作用，1938年10月10日至11月21日，西北青救会在延安召开第二次代表大会，到会的除青救会的代表外，还有华北、华南、内蒙、南洋等地的青年团体和青年工作者的代表；不仅有中共领导的青年组织代表，还有国民党领导的三青团等青年组织代表，共314人。毛泽东为大会题词，“努力前进，打日本，救中国！”中共中央和边区政府的领导人朱德、陈云、林伯渠、徐特立等出席大会并讲话。朱德作了《青年把抗战建国事业担当起来》的讲话，强调要重视青年在抗战救国中的作用，希望青年团结起来。陕甘宁边区政府主席林伯渠作了《介绍边区工作经验给全体青年》的发言。西北青救会主任冯文彬作了《中国青年运动的新方向》的总报告，提出了不同地区（我后方、战区和敌后方）青年工作的不同方针和不同的工作形式。大会发表了给全国青年的宣言，要求全国青年团结起来，积极参加军队、游击队，建立广泛的少年先锋队、战地工作团等。大会指出，青年要虚心向群众学习，追求远大理想，培养“威武不能屈、富贵不能淫、贫贱不能移”的坚贞气节。大会通过了《抗日少年先锋队章程》和《儿童团组织章程》。章程指出，少先队是不脱离生产的半军事性的少年组织，宗旨是锻炼体格，学习军事，发扬少年英勇卫国的精神，成为抗日军队的坚强后备队伍。

大会决定，为了促进各青年团体的友谊，建立相互间的联系，便于交换工作经验和意见，共同促成青年运动的统一和全国青年的团结，成立中华青年救国团体联合办事处（简称青联办），作为全国青年抗日救国运动的领导机关。大会选出执委55人，常委7人，候补常委4人，冯文彬任主任，李昌任副主任。这次会议是抗日战争开始后全国抗日青年的一次大会师，对于推动青年抗日运动的发展，起了很大的推动作用。青联办的成立，标志着在组织上形成了全国统一的青年运动的领导机构。

1939 年中央决定西北青救会、青联办的党团合并于中央青委，中央青委直接参加青救会的领导工作。西北青救会、青联办与中央青委三个机构合署办公，形成了中国共产党三位一体的青年工作领导体系和以中央青委为核心，以青联办、西北青救会为主体的全国青年运动的领导机关，既保证了党对青年运动的直接领导，又在抗日根据地、国统区等不同的地区灵活地运用合适的组织形式和名称，最大限度地发挥了领导、指导、联系青年工作的作用，促进了全国青年抗日救亡运动更广泛、更深入的发展。

成立陕甘宁边区青年救国联合会

1937 年 9 月 6 日，根据国共两党关于国共合作的协议，中国共产党将陕甘苏区改名为陕甘宁边区，包括陕西北部、甘肃东部和宁夏的部分区域，并成立了边区政府，林伯渠任主席。陕甘宁边区青救会是在陕甘宁边区建立发展起来的青年统一战线组织，既吸收 7 至 23 岁的抗日青少年个人，又有少先队、儿童团、学生会、民先队和部队青年队等团体会员。

1937 年 12 月,西北青救会的工作重点转向指导全国青年抗日运动。因此，新组建了陕甘宁特区临时青救会，统一领导边区各级青救会和其他青年组织。陕甘宁特区临时青救会由 9 人组成，主任委员高朗山。1938 年 1 月，陕甘宁特区临时青救会改称陕甘宁边区临时青救会。

1938 年 10 月 2 日至 7 日，陕甘宁边区青年救国第一次代表大会在延安召开，204 名代表出席。中共中央代表贺龙到会并在讲话中热情赞扬边区每个青年都参加了抗日救亡组织，每个组织中的青年都在积极努力地做着救亡工作，希望把边区青年组织的方式方法、青年救亡工作的经验和青年统一战线推广到全国去。边区政府主席林伯渠勉励边区青救会担负起把全国青年组织起来和武装起来，去战胜日本帝国主义的任务。冯文彬和高朗山分别向大会作了《目前政治形势与青年任务》和《边区青救会一年来的工作报告》。大会通过了关于武装边区青年参加抗战、加强边区青年文化教育、巩固扩大青救会组织、改善边区青年生活、转变青年工作领导方式等决议案。会议正式选举由29名执行委员组成陕甘宁边区青年救国联合会（简称边区青救会），高朗山担任主任，隶属边区党委（西北中央局）和西北青救会领导。直接领导青年军事组织——青年营，主办《边区青年》杂志和《新中华报》的“青年呼声”专栏。

高朗山（1916–1973），陕西佳县人。1929年加入共产主义青年团，1935年转为中共党员。1935年后历任团陕北省委宣传部部长、书记，中共陕北省委青年部部长、省青救会主任，1937年12月任陕甘宁边区青救会主任、中央青委委员、中共陕甘宁边区青委书记、西北局青委书记等职。

三、全面抗战初期陕甘宁边区青年运动

青年抗日救亡工作的蓬勃发展

全面抗战开始后，为适应新的形势需要，动员全边区青少年投身抗战，西北青救会立即在边区提出了“动员100%的非会员青少年入会”的口号和发展整顿、巩固组织、训练培养青年干部的组织任务。各级青救会通过对会员的政治军事教育、民主改选基层组织等活动，把边区各机关、工厂、学校等单位的全体青少年和农村绝大多数青少年团结和组织到青救会中来。1937年12月，陕甘宁边区青救会建立，统一领导边区各级青救会和其他青年组织。到1938年4月西北青救

会成立一周年时，边区农村扩大了近万名青救会会员。到 1939 年夏，全边区青救会会员发展到 18 万人。中央青委在 1939 年 7 月给少共国际的信中，高度评价了陕甘宁边区的青救会，“是全国最普遍最广泛最久最有斗争经验的一个组织”。

陕甘宁边区的青少年坚决响应中共中央和西北青救会的号召，立即有组织有计划地投身抗战宣传、动员和组织工作，在扩大主力部队、协助部队作战、支援前线、抗战动员、保卫边区等方面发挥了骨干作用。少先队是边区不脱离生产的青年武装组织，吸收 14 至 18 岁的青年参加，自卫军是边区不脱离生产的民众武装组织，18 岁以上的青年都可加入。这两个组织担负着扩大主力部队、协助部队作战、保卫边区的重要任务。为了提高少先队员的政治军事素质，从 1937 年 11 月起，边区青救会持续开展了整理少先队、健全少先队、创模范少先队的活动，组织队员学习防空、防毒、步法、刺枪、劈刀、射击、野外演习等军事知识。1938 年 10 月，边区青年救国代表大会决定民主建立边区青年武装系统——少先队边区总队部。此后，全边区自下而上地民主选举了少先队各级领导机关，充实、加强了少先队工作的领导。从 1938 年 3 月到 1939 年底，日寇先后向陕甘宁边区河防阵地发动了大小 23 次进攻，边区青救会提出“不让敌人夺走黄河上一个渡口和船只”的口号，号召全边区青年武装起来，准备对日作战，誓死保卫边区。在抗战动员中，边区青救会还领导青少年开展了慰劳、募捐、修复机场等活动。

全面抗战初期的陕甘宁边区文化落后，学校稀少，80% 的青少年都是文盲，青年知识分子更是凤毛麟角。边区青救会责无旁贷地挑起“训练青年的学校”这副重担。边区政府确定了“教育为民族自卫战争服务”的文化教育方针，边区青救会从“文盲是站在政治之外的”“识字工作是教育青年的出发点”这一认识高度出发，坚持不懈地把提高边区青少年文化水平、增强边区青少年政治与国防知识当作一项主要任务和日常工作来抓。1937 年，陕甘宁边区青救会开展“普及教育突击年”[①]活动，创办夜校、冬学、识字组、半日学校等学习组织，创造小先生制度、争当先锋员等学习方法，极大地提高了青少年学习文化的兴趣，初步为边区青少年识字运动打下了基础。短短 8 个月时间，各级青救会就动员了 6 万青少年加入到文化学习行列中来，为教育部门动员和输送了 300 名青年干部。1939 年初，各级青救会又采用把每个会员小组和少先队、儿童团小队变为识字组，把识字和政治、娱乐、日常生活结合起来，青年干部带头学、争当识字模范、创造识字先锋员和模范识字组等方法，再次在边区青少年中掀起了比学赶帮的学习竞赛热潮。

全面抗战开始后，陕甘宁边区的经济建设进入到“扩大国防生产，发展农村经济，保障战时生产品自给”的阶段，中共中央和边区政府提出了依靠外援、休养民力的恢复和发展生产的政策。广大农村青少年在自己分得的土地上生产劳动，积极性大大提高。青救会员、少先队员和儿童团员自动组织起义务耕田队、互济社，帮助抗日军属挑水、耕田、牧牛、送肥、砍柴。在完成救国公粮征收任务中，广大青救会员、少先队员纷纷早交粮，交好粮，多交粮，用自己的模范行动带动其他农民交粮，各区青救会和乡青年俱乐部还组织学生宣传队，挨村挨户进行宣传动员，推动救国公粮任务的完成。1939 年初，国民党制定了反共方针，对陕甘宁边区实行经济封锁和军事包围，中共中央和边区政府及时发出自己动手、自力更生、发展生产、坚持抗战的号召，生产自给运动在边区轰轰烈烈开展起来。边区各级青救会立即制定生产计划，主要干部参加同级政府的生产委员会，统一领导青少年的生产运动。边区农村 10

① 贺海轮编：《延安时期青年运动史》，陕西人民出版社 2015 年版，第 65 页。

万青少年踊跃投身伟大的生产运动之中。边区各类学校、机关的知识青年一面学习、工作，一面生产劳动，锻炼了一代新型青年。

1937 年 1 月，中华苏维埃共和国临时中央政府机关报《红色中华》改名为《新中华报》。2 月 19 日，西北青救会为动员边区青年积极勇敢地参加抗日民族自卫战争，保卫边区、学习文化、参加生产，在《新中华报》设立了《青年呼声》专栏，到 1938 年 6 月 20 日结束。1941 年 9 月，党中央机关报《解放日报》又开辟了《青年之页》专栏，帮助边区青年和全国各地青年释疑解惑，宣传党的抗战主张。西北青救会、中华青联办事处、边区青救会、边区学生救国联合会等团体相继创办了《青年战线》《边区青年》《学生通讯》等杂志，把党的路线、方针、政策传播到青少年中，在传播新文化和新知识、动员和激励青少年、反映青少年愿望和要求方面起到了重要作用。

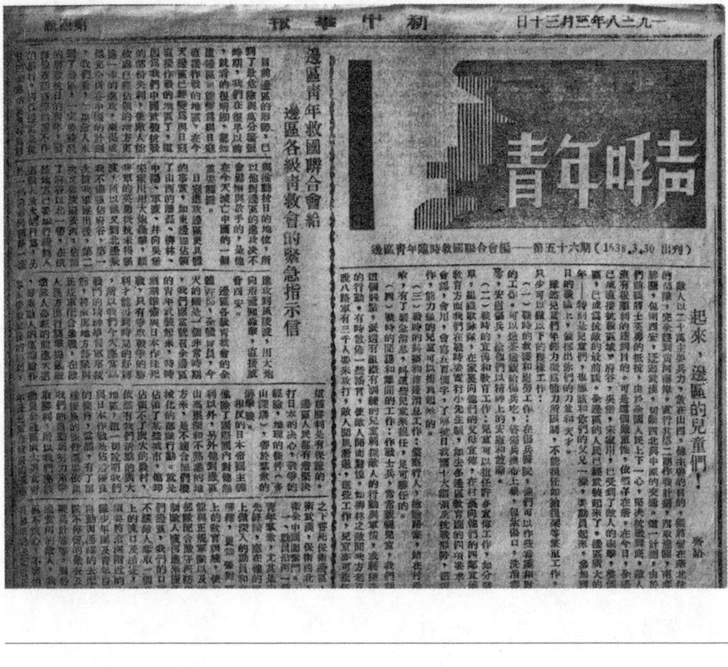
新中華報
一九三八年三月三十日
青年呼声
邊區青年臨時救國聯合會編——第五十六期（1938.3.30出刊）
邊區青年救國聯合會給邊區各級青救會的緊急指示信
起來，邊區的兒童們！

1938 年，陕甘宁边区青救会在《新中华报》创办的“青年呼声”专栏。

《中国青年》是中国社会主义青年团创办的机关刊物。1923 年 10 月 20 日在上海正式创刊，1927 年 10 月被迫停刊。1927 年 11 月至 1932 年间，曾先后改用《无产青年》《列宁青年》等名称秘密出版。1939 年 4 月，中央青委委托青联办在陕西泾阳县安吴堡恢复出版《中国青年》，毛泽东第一次为其题写刊名。第一次复刊第一期刊登了朱德总司令的《青年要学会打仗》和西北青救会主任冯文彬的发刊词。1941 年 3 月出至第三卷第五期第二次休刊。1948 年 12 月，中共中央青年工作委员会主持第二次复刊，毛泽东再次题写刊名，并写了四句话：“军队向前进，生产长一寸，加强纪律性，革命无不胜。”[①]《中国青年》始终坚持其对于先进青年的思想引领作用，在思想上和生活上关注青年成长。它不仅积极动员青年参与革命运动，还致力于成为党与青年之间连接的纽带和桥梁，力图从更多方面贴近青年，不仅影响了青年们的思想，更影响着青年们的行动。

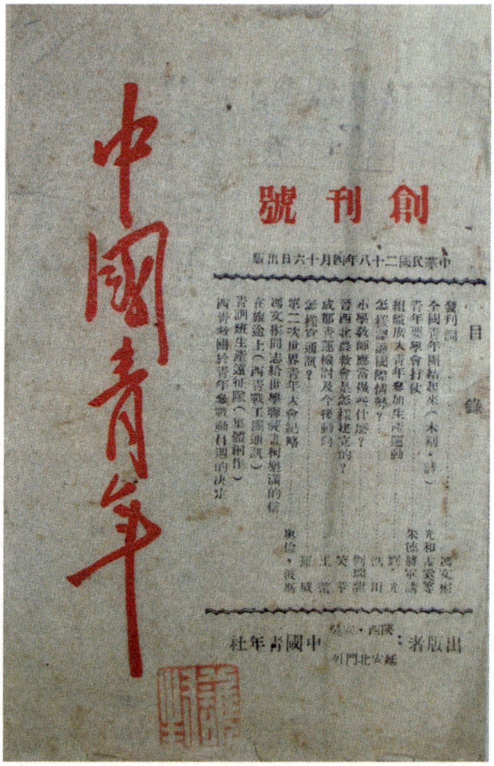

1939 年 4 月，《中国青年》杂志第一次复刊，毛泽东题写刊名。

① 《中国青年》，1948 年第 1 期。

安吴青训班与泽东青年干部学校

抗日战争时期，延安是中共中央所在地，是全国青年参加抗日的灯塔，全国各地的万千爱国青年以及南洋华侨中的爱国青年，怀着抗日救国的热情和对中国共产党的信赖，不顾艰难险阻，冲破国民党的封锁阻拦，跋涉千山万水，奔赴延安追求抗战救国真理。延安时期，党十分重视青年干部的培养，毛泽东在延安时期曾指出，“政治路线确定之后，干部就是决定的因素”[①]。中共中央把“大量吸收”作为培养、训练、造就青年干部的基本原则和政策，在延安创办了许多干部学校和训练班，培养各类各方面干部。中央领导人亲自到这些学校讲课，给予了无微不至的关怀和教诲。勉励青年努力改造自己，成为革命先锋；教导青年坚定正确的政治方向和艰苦朴素的工作作风；给青年指明了与工农相结合的道路。广大知识青年接受了革命洗礼，逐步锻炼成为会劳动、能打仗、有理想、有科学文化的抗日战士。

1937 年 10 月，由中央青年部和中共陕西省委谋划、西北青年救国联合会出面在陕西三原县创办战时青年短期训练班。在扩大招生中，1938 年 1 月迁至泾阳县安吴堡，因此得名“安吴青训班”，冯文彬为主任，胡乔木为副主任。中央组织部从抗大、中央党校等单位抽调刘瑞龙、张琴秋、朱致平等一批懂军事、教育，善于做思想政治工作的干部到青训班，组成了青训班教学与管理的骨干队伍。安吴青训班积极地、正确地贯彻执行党的抗日民族统一战线主张，根据毛泽东“来者不拒”的指示，利用国共合作初期西安的地理优势和宽松环境，广泛吸收各地各类爱国青年。青训班以“训练青年干部，服务战区、军队、农村，开展青年运动，组织动员青年参加抗战，达到统一青运，完成

① 中共中央文献研究室、中央档案馆编：《建党以来重要文献选编（1921—1949）》（第十五册），中央文献出版社 2011 年版，第 643 页。

中华民族彻底解放”[①]为宗旨，以“坚定刻苦，勇敢活泼，民主团结，虚心切实”[②]为校训，团结、教育、训练学员，学生们席草而卧，露天上课，种地挖窑，勤俭建校。学员的毕业证上写着：

“聚在这儿我们上了生命的第一课；

再会吧我们到战场上去上第二课！

我们将亲见祖国在血里得到自由，

我们将在灿烂的乐园里上第三课！”

可谓史上最有激情的毕业证，体现着大无畏的牺牲精神和革命必胜的乐观主义精神。八路军总司令朱德1938年夏从前线回延安时，亲临青训班视察，检阅了学员队伍，要求青年们“学好本领上前线”，还接受了青训班请求，担任青训班名誉主任。从创建到1940年4月奉命撤离，安吴青训班在两年半时间办了14期，培训了1.2万多名学员，分别输送到延安、前线、敌后根据地、国民党友军以及爱国青年团体，参加和开展抗日救亡斗争。青训班出现在民族危亡的关头，出现在党

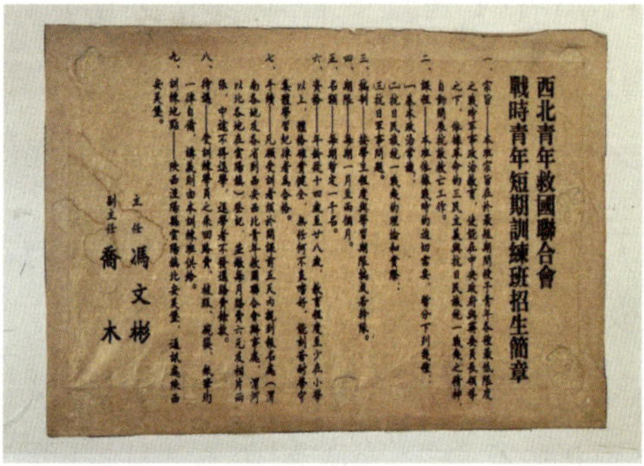

泾阳县安吴堡安吴青训班旧址及招生简章。

① 郑洸主编：《中国青年运动六十年（1919–1979）》，中国青年出版社1990年版，第260页。

② 郑洸主编：《中国青年运动六十年（1919–1979）》，中国青年出版社1990年版，第260页。

实施全民族抗战总路线而需要数以万计忠诚于革命事业的坚强战士的时刻，为中国青年运动谱写了光辉篇章，被誉为“革命青年的熔炉，青运史上的丰碑”。

1940年1月24日，中央政治局根据中央组织部部长、中央青委书记陈云提议，决定在延安开办泽东青年干部学校，将中央党校青年班和安吴青年训练班的学员转入该校学习。除儿童班外，主要是培养区县以上的青年工作干部。1940年5月3日，泽东青年干部学校在中央大礼堂举行开学典礼，指出办学方向是“帮助青年干部去掌握革命理论与实际的武器，精通青运指导与方法，养成勇敢活泼，民主互助，团结进步，艰苦奋发的战斗精神”。校训是“坚定的意志，艰苦的传统，虚心的学习，互助的精神，活泼的生活，民主的作风”。根据学生的文化理论水平及不同的求学性质，分成高级班、普通班、陕北干部班、军事班、儿童班等班级，学期一年。此后泽东青年干部学校绥德分校、山东分校也相继成立，青年运动的“种子”又从泽东青年干部学校撒向全国。1941年春节，毛泽东为延安泽东青干校王仲方等几位青年题词：“肯学肯干，又是革命的，必定是有益的，必定是有前途的”。1941年8月，中共中央决定将泽东青年干部学校、中国女子大学、陕北公学合并为延安大学。泽东青年干部学校的部分学员被派往青年工作岗位，一部分在延安大学继续深造。

国共两党青年战略之较力

全面抗战爆发后，在国共合作抗日民族统一战线推动下，各地爱国青年广泛开展抗日救亡活动，建立起许多团体。为把全国的青年组织起来，使人人信仰三民主义，并且给已经衰老腐败的国民党增添“复兴力量”，1938年3月29日，国民党在武昌举行临时全国代表大会，决定设立三民主义青年团，简称“三青团”，系中国国民党下属的青年组织。会后，蒋介石派遣“复兴社”[①] 和“CC 系”[②] 的骨干分子在武汉等地组建三青团，大量吸收公职人员、军警、政工人员入团，并且将“复兴社”完全并入三青团充作骨干力量。7 月 9 日，三青团在武昌正式成立，蒋介石就任三青团团长。

三青团的性质和作用，在不同时期有所变化。成立之初，正值抗日战争激烈进行之际，抗日救亡运动在全国各地蓬勃兴起，许多知识青年在抗日爱国的激情鼓舞下，参加了三青团。三青团为笼络青年，在抗日救国的名义下，开展了一些活动，如在各地建立青年馆、招待所，安置流亡青年和学生；举办夏令营、运动会和文娱康乐活动；建立战地服务队、宣传队慰问前方将士、伤病员和军人家属，开设青年服务社，举办一些生活福利事业等，通过多种活动控制青年运动。在抗日战争转入相持阶段后，三青团的许多组织在特务分子控制下，成了国民党反共的工具。他们着力扩大组织，在学校、机关、团体，到处出现了“集体入团”“举手入团”等拉夫现象。在国民党的严密控制下，三青团向青年灌输封建思想和反共思想，宣扬“一个主义、一个政党、一个领袖”和对蒋介石的愚忠，进行“精神训练”“生活训练”等。有些地方的三青团，被复兴社分子操纵，堕落成了特务组织，与军统、中统沆瀣一气，设立青年劳动营，关押、迫害爱国进步青年。三青团内有些人曾要求改组政府、澄清吏治，但受到蒋介石的压制。1947 年 9 月国民党六届四中全会暨中央党团联席会议决定实行“党团合并统一”，将三青团并入中国国民党。

---

① “复兴社”，中华民族复兴社的简称，是以黄埔系精英军人为核心所组成的一个带有情报性质的军事性质团体，强调“一个主义、一个政党、一个领袖”，推行对领袖蒋介石的个人崇拜，加强蒋介石嫡系对军队军官的思想控制。

② “CC 系”，指 1927 年 9 月在上海成立的“中央俱乐部”（Central Club 的简称），是国民党内部的一股政治势力。

三青团成立时，正是国共两党重新合作的时期，中国共产党、西北青年救国联合会曾多次提出与三青团合作，实现青年运动统一，“使三民主义青年团成为各阶级各党派广大革命青年的民族联合团体”。为了促进国共两党青年组织的团结和统一，中共中央不仅在党内讨论，并同国民党进行商讨，明确提出国民党建立三青团应以教育、组织青年参加抗战建国为宗旨，促使其成为各党派各阶级广大革命青年的民族联合组织，并恳切表示愿意同三青团“亲密合作”，力求通过三青团改造国民党。而国民党、三青团对于共产党和西北青救会的诚恳建议一再予以拒绝，顽固坚持“一党（国民党）一团（三民主义青年团）控制全国青年运动”的反动政策。1939 年，国民党提出“溶共”“防共”“限共”“反共”的反动方针，制定了一系列反共政策，各地许多青年抗日组织和进步团体遭到破坏和取缔，大批爱国青年被逮捕、杀害。面对着妥协、分裂、倒退的逆流，中国共产党针锋相对地提出团结、进步的方针，坚持抗战，继续争取同国民党的合作，巩固并扩大抗日民族统一战线。5 月 4 日，中共中央通过西北青救会发出《致三民主义青年团全体团员书》，陈述对于青年运动团结与统一的意见，重申关于建立中国青年统一战线的三条道路，热忱希望三青团“放大胸怀，高瞻远瞩”“进行必要的认真的改革”“把强大的全中国青年统一战线树立起来”[①]。6 月，毛泽东在《反投降提纲》中再次指出：“青年运动方针：坚持青年统一战线，继续采取五四致三青团书的态度，用以争取青年的多数在继续抗战与民主共和国的旗帜之下。”[②]1940 年 12 月，中央青委

① 共青团中央青运史工作指导委员会、中国青少年研究中心、中央档案馆利用部编：《中国青年运动历史资料（1938-1940.5）》，中国青年出版社 2002 年版，第 475 页。

② 中共中央文献研究室、中央档案馆编：《建党以来重要文献选编（1921-1949）》（第十六册），中央文献出版社 2011 年版，第 388 页。

发出《关于国民党区域青年统一战线工作的指示》，希望他们“长期潜伏，积蓄力量；开展统一战线，扩大政治影响”[①]。国统区的学生工作由过去轰轰烈烈的抗日救亡运动，转向隐蔽分散的小型活动，为后来学生运动的高涨，打下了坚实的基础。

当三青团沦为国民党的帮凶后，压制国统区青年和平愿望的表达，使得广大青年从失望走向背离。与之相反，中国共产党及时向青年传播进步思想，发动青年学生以民主方式展开讨论和争辩，输送大批国统区进步青年到边区学习工作，帮助青年认清蒋介石反动统治给全国人民带来的灾难，使广大青年逐渐认同共产党的政治主张，从而选择了中国共产党，于 1947 年形成了配合中共军事斗争的第二条战线。国共两党青年战略之较力，使青年坚定了对中国共产党领导的新民主主义革命的信心，从而奠定了中国共产党夺取革命胜利的青年群众基础。

世界学联代表团访问西安延安

世界学联全称为世界学生保障和平自由文化联合会，是世界各国学生团体的国际联合组织，是世界学生反法西斯统一战线的组织，支持中国革命和抗战，总部设在巴黎。1936 年 6 月初，中国学生救国联合会在上海成立时即通过决议加入了世界学联。

1938 年春，应中国学联邀请，世界学联组成代表团对中国进行了为期 70 余天的访问。团长是法国人柯乐满，团员有加拿大人雷克南、英国人傅路德和美国人雅德（女），他们都是世界学联的著名领袖、进步青年。代表团组成后即从巴黎出发，于 5 月上旬到达中国，先后在广州、上海、南昌、武汉、成都、西安等 10 多个城市进行了访问、

① 李玉琦：《中国共青团史稿（1922—2008）》，中国青年出版社 2010 年版，第 168 页。

参观、座谈、考察活动，广泛接触了国共两党的地方负责人、各青年团体及各界青年和群众。

1938 年 6 月 27 日，代表团在中央青委副书记、西北青救会主任冯文彬等人的陪同下，从西安出发，乘汽车赴陕甘宁边区考察。途中代表团在泾阳县参观考察了安吴青训班。29 日到达延安后参观了中央党校、陕北公学、中国抗日军政大学，与八路军将士和边区青年进行了广泛接触。7 月 1 日，中共中央召开欢迎大会，毛泽东在欢迎词中说："中共中央以万分诚意欢迎世界学联派遣代表团来华考察，感谢世界学联对中国的衷心援助。抗战虽然要自力更生，但外援也有重大意义，我们需要国际援助，希望代表团把中国人民的这一愿望带给将要开幕的世界青年大会和全世界人民。"① 晚上，代表团参加了延安各界群众庆祝中国共产党成立 17 周年大会。

1938 年 6 月 29 日，世界学联代表团访问延安，受到延安党政军学等各界的热烈欢迎，冯文彬（右一）主持欢迎大会。

7 月 2 日，毛泽东接见了代表团全体人员，在谈到边区在中国的意义和作用时说：边区的性质就是抗日民主的堡垒，它把抗日战争与民主制度结合

① 李腊生：《1938 年世界学联代表团访华始末》，《党史文汇》，2015 年第 8 期。

起来，以民主制度的普遍实行去争取抗日战争的胜利。边区的意义和作用在于做出一个榜样给全国人民看，使他们懂得这种制度是最有利于抗日救国的，是抗日救国唯一正确的道路。在谈到目前中共在全国的作用时，毛泽东说：坚持统一战线，坚持持久战，是目前中共的基本主张，它在全国的作用和意义也在这里。我们要做好持久战的准备。只有加强和扩大统一战线，争取日本国内人民的帮助，争取世界各国的支援，我们的抗战才有缩短的可能。在谈到抗战胜利后中共的主要任务时，毛泽东说：一句话，是建立一个自由平等的民主国家。这是中国的历史任务。建立这样的一个国家，不是把日本赶到鸭绿江之后的第二天才开始的，抗战过程中的各种工作，都与建立这样的国家有关联。不过许多重要工作要在抗战胜利之后才能完成，例如基本的经济建设等。在谈到青年运动的任务时，毛泽东把中国青年运动任务分为一般任务与特殊任务，一般任务就是不分任何年龄任何职业的人民之共同任务，即党的总路线总任务。青年运动必须把实现党的总路线总任务放在第一位；中国青年、学生在抗战中的特殊责任，是为争取本身的权利、受教育的机会和教育改革而斗争。而世界青年和学生在支持中国方面的使命，就是要向各国介绍中国的情况，敦促各国政府向中国提供大量援助。①

7月3日，代表团参观了抗大、鲁艺、印刷厂、报社、边区高等法院和监狱等，对边区各方面情况有了较深的了解，留下了较好的印象。7月4日离开延安。世界学联代表团经过考察后，热烈称赞青救会宗旨正大，工作努力，生活艰苦，不愧为中国青年的模范。他们表示回国后要做好三件事：热情地做好宣传；如实地讲解见闻；为八路军募捐，

① 共青团中央青运史工作指导委员会、中国青少年研究中心、中央档案馆利用部编，《中国青年运动历史资料（1938—1940.5）》，中国青年出版社2002年版，第138页。

以实际行动支持中国抗战。

世界学联代表团给中国人民和青年带来了世界青年援华运动的伟大成果和反法西斯斗争的经验，考察了中国人民和青年抗战的实际情况和经验，他们热情的工作态度给延安人民和青年留下了难以忘怀的印象，他们回去后不仅扩大了延安青年运动在国际上的宣传和影响，而且国际青年援华掀起更大高潮，有力支持了中国抗战。之后，世界学联还给延安专门拨款，于 1940 年建成了延安学生疗养院。

呼应世界青年反法西斯运动

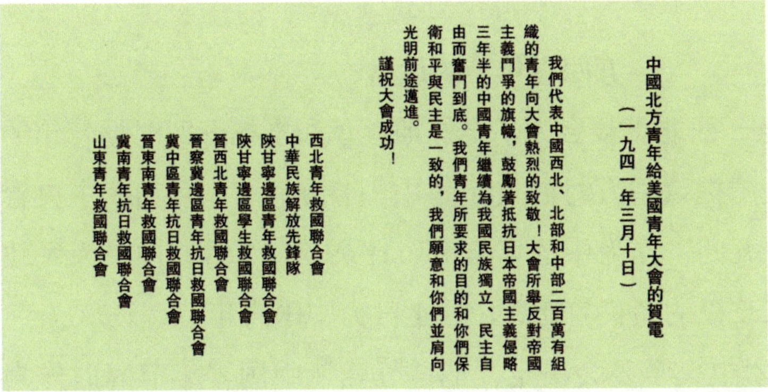
中國北方青年給美國青年大會的賀電
（一九四一年三月十日）
我們代表中國西北、北部和中部二百萬有組織的青年向大會熱烈的致敬！大會所舉反對帝國主義鬥爭的旗幟，鼓勵著抵抗日本帝國主義侵略三年半的中國青年繼續為我國民族獨立、民主自由而奮鬥到底。我們青年所要求的目的和你們保衛和平與民主是一致的，我們願意和你們並肩向光明前途邁進。
謹祝大會成功！
西北青年救國聯合會
中華民族解放先鋒隊
陝甘寧邊區青年救國聯合會
陝甘寧邊區學生救國聯合會
晉西北青年救國聯合會
晉察冀邊區青年抗日救國聯合會
冀中區青年抗日救國聯合會
晉東南青年救國聯合會
冀南青年抗日救國聯合會
山東青年救國聯合會

1941 年 3 月 10 日，西北青年救国联合会、中华民族解放先锋队、陕甘宁边区青年救国联合会等 10 个中共领导下的青年团体联合以中国北方青年名义给美国青年大会的贺电。

1941 年 11 月 27 日，中国青年反法西斯大会筹备会致世界青年团体信：“我们愿意以这个庄严热烈的青年反法西斯大会，来表示我们中国青年对于野蛮残暴的法西斯强盗的抗议，来检阅我们中国青年的反法西斯的阵容，来向苏英美以及全世界各国站在反法西斯战线上的青年兄弟姐妹们声援！”①

① 团中央青运史研究室、中央档案馆编，《中共中央青年运动文件选编（一九二一年七月——一九四九年九月）》，中国青年出版社 1988 年版，第 575—576 页。

1942年1月4日至6日，为配合世界各国青年反法西斯运动和促进中国青年反法西斯统一战线的建立，中央青委在延安中央大礼堂举行中国青年反法西斯代表大会，来自边区、大后方、敌后根据地、香港、南洋及少数民族108个青年团体228名代表参加会议。目的是响应与配合世界各国青年反法西斯运动；扩大中国青年对国际青年的影响与宣传；加强中国青年反法西斯的教育；加强国内青年的团结。朱德在会上讲话，会议选举成立了中国青年反法西斯临时委员会，聘请毛泽东、朱德、周恩来等各界代表31人为顾问。

四、战略相持和战略反攻阶段陕甘宁边区青年运动

五四青年节的设立

1939年3月，西北青救会为了更好地继承和发扬五四时期青年的光荣传统，向全国提议将五月四日定为中国青年节。4月初，中央青委正式决定把“五四”作为中国青年节。1949年12月，中央人民政府政务院以国家政权的名义宣布，5月4日为中国青年节。1950年4月10日，青年团中央常委会决定，把“五四”中国青年节同时作为青年团成立纪念日。

全国青年运动的模范和方向

全面抗战时期，陕甘宁边区的青救会和青年运动率先把党的指示、希望变成边区广大青年的实际行动，不但创造了光辉灿烂的业绩，而且积累了丰富的经验，从政治方向到方式方法上都为全国青年运动起到了典型示范作用。1937年10月，毛泽东为陕北公学成立和开学纪念题词时提出了造就革命的先锋队的政治标准，接着在陕北公学第二期开学典礼上赠予青年“坚定不移的政治方向”和“艰苦奋斗的工作

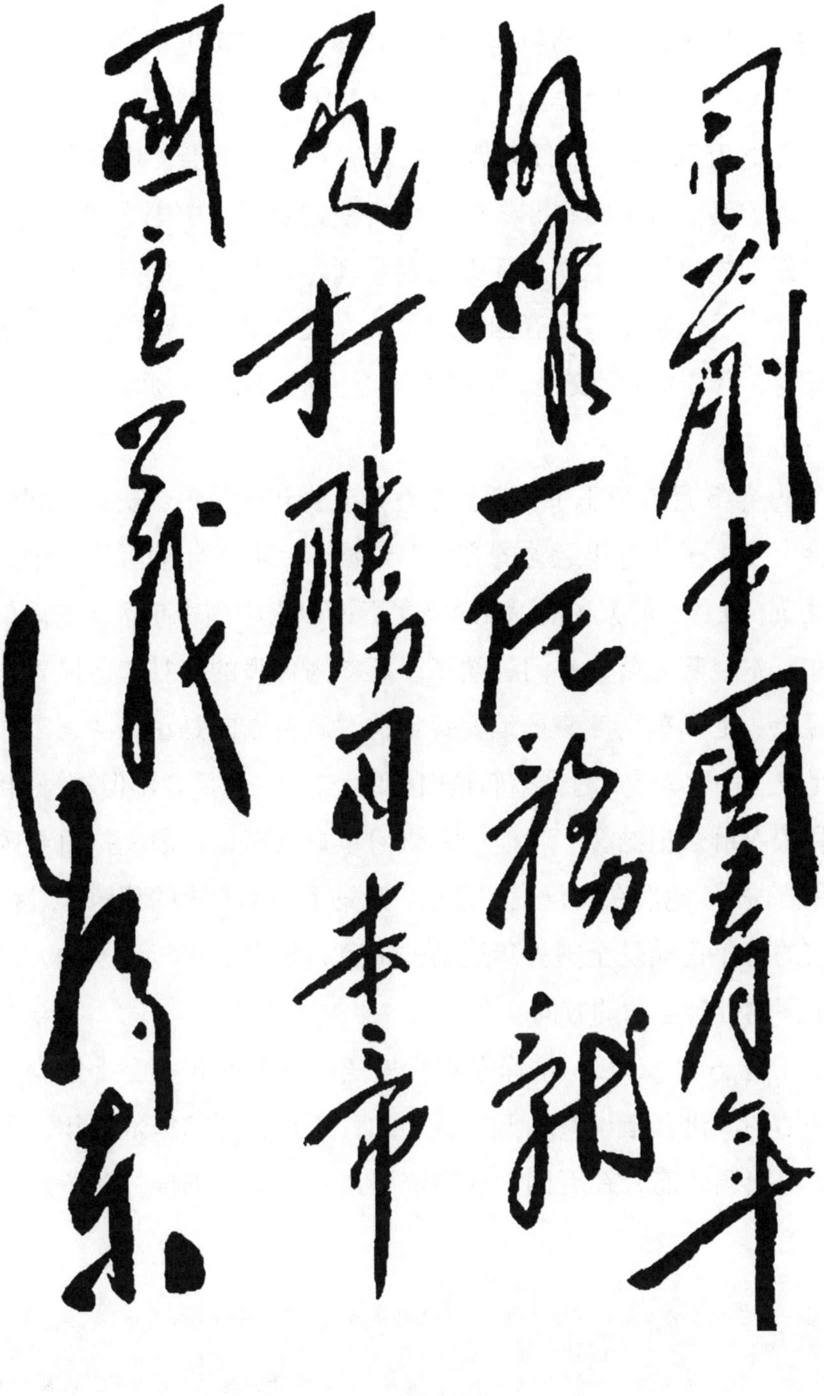

1940 年 5 月，毛泽东为五四青年节题词。

作风”两件礼物，他说：“只要我们有一个一致的政治方向，有艰苦奋斗的工作作风，而且坚持这一方向和作风，就可能把全国人民团结起来，就能战胜日本帝国主义。”[①] 1939 年 5 月 4 日，延安各界青年召开纪念五四运动 20 周年暨庆祝首届青年节大会。中共中央和毛泽东对此次活动极为重视和关怀，不但决定复刊《中国青年》杂志，编发“五四特辑”，毛泽东还专门题写刊名，并和党的其他领导撰写纪念文章。毛泽东撰写《五四运动》，发表《青年运动的方向》的著名讲演，5 月 30 日延安模范青年授奖大会上再次勉励青年要“永久奋斗”。

1939 年 5 月 4 日下午，毛泽东在延安青年隆重集会庆祝首届青年节大会上发表了《青年运动的方向》讲演，在向青年们阐述了中国革命的性质、任务、对象和前途，总结了五四以来中国青年运动的地位、作用和基本经验之后，专门总结了以延安为代表的陕甘宁边区青年运动的经验。毛泽东高度赞扬延安青年的“政治方向是正确的，工作方法也是正确的”“延安的青年们是团结的，是统一的”“不但本身团结，而且和工农群众相结合”“他们在学习革命的理论，研究抗日救国的道理和方法”“他们在实行生产运动，开发了千亩万亩的荒地”，因此，“延安的青年运动是全国青年运动的模范，延安的青年运动的方向，就是全国的青年运动的方向。”[②]

1939 年 5 月 30 日，毛泽东在延安庆祝模范青年大会上发表“永久奋斗”的演讲，指出参加五四运动的青年是真正的模范青年，因为他们反对卖国政府，在五四运动中流了血，参加了那样的斗争。这些

---

① 毛泽东：《在陕北公学第二期开学典礼大会上的讲话》（1938 年 4 月 1 日），《党史研究》1981 年第 4 期。

② 毛泽东：《青年运动的方向》（1939 年 5 月 4 日），《毛泽东选集》第 2 卷，人民出版社 1991 年版，第 568 页。

青年是革命的先锋队，为了中华民族的解放、独立、自由、幸福，进行了那样的斗争，英勇得很，中国的青年运动有很好的革命传统，这个传统就是“永久奋斗”。

毛泽东这些文章和讲话指出了青年运动的方向。青年运动必须与党领导的整个人民革命运动相结合，因为在中国反帝反封建的革命运动中，青年运动是整个人民革命运动的一个重要方面军，“在现阶段的中国革命中常常起着先锋的和桥梁的作用”。它科学地反映了党领导青年运动胜利发展的规律，也是毛泽东要求全国青年好生研究“唤起民众”这个中国革命的根本经验教训的主旨。毛泽东指出，“全国知识青年和学生青年一定要和广大的工农群众结合在一块，和他们变成一体，才能形成一支强有力的军队。”“看一个青年是不是革命的”，“就是看他愿意不愿意、并且实行不实行和广大的工农群众结合在一块”[①]。这个著名论断，不仅揭示了青年必须与广大工农群众结合的实质，而且指明了青年革命化的唯一正确道路和方向。毛泽东还指出：一二·九运动之所以能发生，并在全国各阶层开展起来，形成了全民族救亡运动的巨大政治力量，“共产党起了骨干的作用”[②]。他比喻说，青年学生好比是一二·九运动的柴火，一切都准备好了，只差用火一点，点火的人就是共产党。“共产党从诞生之日起，就是同青年学生、知识分子结合在一起的，同样，青年学生、知识分子也只有跟共产党在一起，才能走上正确的道路。”“知识分子要同共产党结合，要同广大的工农群众结合，要同革命武装队伍结合，要同八路军新四军结合。”[③]这些科学思想和

① 毛泽东：《青年运动的方向》（1939年5月4日），《毛泽东选集》第2卷，人民出版社1991年版，第566页。

② 团中央青运史研究室、中央档案馆编：《中共中央青年运动文件选编（一九二一年七月——一九四九年九月）》，中国青年出版社1988年版，第506页。

③ 团中央青运史研究室、中央档案馆编：《中共中央青年运动文件选编（一九二一年七月——一九四九年九月）》，中国青年出版社1988年版，第506—507页。

理论是对近代中国青年成长道路的正确揭示，为我国青年运动的发展指明了方向。

陕甘宁边区青年工作探索与改革

抗战进入战略相持阶段后，汪精卫等人公开叛国投敌，国民党加紧发动了反共活动。1940 年 3 月 8 日，边区党委作出《关于青年工作的决定》，再次要求把边区青年工作在现有基础上提高一步，使之成为全国青年的真正的模范。于是有了中央青委直接指导边区青救会开展青年工作的改革和探索。从 1940 年初开始，中央青委直接指导边区青救会开展了“青年的民主的活跃的青救会”和“全体青年的群众运动和组织”。

组织工作团，加强青救会基层组织建设 1940 年初，中央青委和边区青救会抽出大批青年干部，组织了 200 多人的工作团，分赴边区各县调查青年工作现状，整顿青救会组织，帮助青年改善生活。工作团普遍改选了乡、区、县青救会，发动青年开展了改善生活争取切身利益的斗争，帮助青少年解决了许多问题，如包办婚姻、童养媳、缠足、上学，从而宣传贯彻了边区政府法令，活跃了农村青年工作。

建立各种青年组织，注重发挥青年的力量 为了针锋相对地同国民党三青团诱骗青年的阴谋作斗争，中央青委不但在延安直接组建了许多青字号实体，还协助边区青救会指导各地相继建立了许多青字号组织。1940 年年底，青年农场、青年林场、青年合作社、青年运输队、青年变工队、青年工厂、青年商店以及青年农民学校、青年技术学校等在边区农村普遍推广创办起来，调动了青年积极性和创造性。

武装斗争中勇当先 抗战进入相持阶段后，为了补充部队战斗力，1940 年边区党委和政府再次发起了青年参军运动，号召边区青年“为在扩军中青年占 50% 的数字而斗争”。经过各级青救会、少先队带头，广大青年踊跃参加八路军，到1940年7月底有1598名青年参加了军队。为了提高青年武装的战斗力，加强边区保卫工作，边区青救会数次训练、整顿了边区各级少先队。在拥军优属活动中，青救会领导青少年更是英勇地站在最前列。

生产建设中显身手 在大生产运动高潮中，边区青救会专门设立了经济部，指导生产，制定青年经济建设计划，帮助青年调查物价、接洽贸易、组织运销队、代办运销站、发展家庭生产。随着边区青年生产组织的广泛建立，青年在春耕、开荒、运输、拾粪、修路、副业、家庭生产等方面大显身手。在副业生产中，各级青救会积极组织青年开展运销、修路、采药、收集废铜烂铁等活动。

政权建设中做主人 在党和政府的领导下，边区青年的社会地位大大提高，18岁以上的青年都获得了参加民主政治建设的平等权利。他们十分珍视自己的民主权利，1937年，边区第一次民主选举运动中，西北青救会6月23日在《新中华报》发表《青年应该怎样参加选举运动》专文，指导青年参选活动。1941年边区第二届参政选举运动中，边区青救会发出了告全体会员和青年书，号召边区青年积极参加选举和竞选。延安市青联组织了2000多名青年参加竞选演习大会，为青年参政创造条件。各级青救会、学生会组织的选举工作团、宣传队、秧歌队、话剧团，成为选举宣传活动的劲旅。在选举中，共有32名青年被选为边区参议员；12个县就有78名青年被选为县参议员，675名青年被选为乡参议员；全边区选到各级政府委员以上职务的青年共320名。

国民教育的第一助手 1940年3月，党中央作出了国民教育的指示，要求青救会成为党和政府在国民教育方面的第一助手，青救会员成为国民教育的模范。为了发挥第一助手作用，加强对国民教育的领导，边区青救会不但与教育厅联合作出了《关于开展边区国民教育工作的共同决定》，而且连续两年与教育厅、总工会、妇联、保安司令部发出办理冬学的联合指示信，要求县、区、乡各级组织共同成立冬学委员会，还在边区青救会宣传部设立了国民教育科。在方法上，边区青救会一方面强调在配合中争着出力、抢挑重担，一方面强调把乡、区、县以上青年干部的教育放在首位，制定了干部教育的长期计划，狠抓干部在学习中的带头作用，通过考试、竞赛、检查、记日记、写作文、规定必读书目等措施，促进了青年干部先走一步，带动了青少年的学习。

“六四决议”指明青年运动新方向

边区青年工作的探索与改革，对于巩固和建设根据地，发挥青年先锋模范作用起到一定的作用。但在实际工作中，部分地区也存在包办代替、配合中心工作不够紧密，过分强调青年组织独立性和青年特殊利益要求的问题。为了促进抗日根据地青年运动的健康发展，总结进入相持阶段以来青年工作的经验，切实加强青救会工作，1941 年 6 月 4 日，中共中央发出《关于青年工作的决议》（简称六四决议），强调“一切做青年工作的党员，应坚持党的统一。党的青委，只是党内工作的分工，其一切活动，应该统一于党委领导之下”[①]。指出“党对青年群众运动，应该尊重其独立性”，青年工作“在执行一般的任务（抗日、民主、生产等）与青年的特殊任务（教育、婚姻、娱乐、改善生活等）时，应善为调节，不可偏废。要教导青年只有在执行一般任务中起模范作用，才能更好地解决青年自己的特殊任务……只有为青年解决了他们的特殊要求，方能动员一切青年群众更好地执行一般任务”[②]。党的“六四决议”从指导思想上明确了青年一般的任务与青年的特殊任务，对保持党对

① 中共中央文献研究室、中央档案馆编：《建党以来重要文献选编（1921—1949）》（第十六册），中央文献出版社 2011 年版，第 388 页。
② 中共中央文献研究室、中央档案馆编：《建党以来重要文献选编（1921—1949）》（第十六册），中央文献出版社 2011 年版，第 360 页。

青年运动的领导，推动青救会更好地围绕教育、组织青年产生了积极的影响，帮助边区青救会纠了偏，为整个抗战时期的青年运动的健康发展指明了方向。7 月 20 日，《解放日报》发表《加强青救会的工作》社论，提出青救会应坚持统一战线的组织方针，注意和帮助发展青年组织，关心青年特殊利益，更应担负抗日救国的一般任务，工作方式应和乡村实际、战争需要相结合。

战略反攻阶段青救会工作重心的转变

抗日战争进入战略反攻阶段后，陕甘宁边区以新民主主义和平建设为主，生产和教育成为边区的主要任务，边区青年工作面临新形势、新特点。中共中央、西北局和党的领导人及时指导边区青救会转变工作重心和组织形式，将工作重点转入农村和文化教育。各级青救会由系统领导为主转变为同级党委领导为主，青年工作干部积极深入农村和学校，调查研究，总结经验。大批青年干部在精兵简政中参加了文化教育工作，帮助各地群众创办了许多适合农村分散环境的新型学校，帮助青少年建立各种学习组织。中央青委在延安西区创办的裴庄小学和莫家湾小学，边区学联主席陶端予创办的延安杨家湾小学，成为边区教育工作的典范。青救会在农村建立了新型的变工队①和扎工队②等青年劳动互助生产组织，同时小学、夜校、冬学、半日校、识字组、读报组等各种社会教育组织，成为边区农村青年的基本组织形式。特别是在边区劳动竞赛和劳模运动中，边区青救会通过开展竞赛、培养和表彰先进等方法，进一步把边区青少年团结到为实现党在边区的各项任务的奋斗中。

① 变工队，是中国农村旧有的一种劳动互助组织，一般是由若干户农民组成，通过人工或畜工互换的方式，轮流为各家耕种，按等价互利原则进行评工记分，秋收后结算。

② 扎工队，是指一般是由土地不足的农民组成。参加扎工队的农民，除相互变工互助以外，主要是集体出雇于需要劳动力的人家。

1943 年，边区青救会在五四青年节期间派出干部分别到各地区为青年劳动英雄、模范青年工作者、模范学生颁奖，《解放日报》发表了边区青救会主席李瑞山《向青年劳动英雄学习、向模范学生学习》的专题文章。1944 年 5 月 3 日，边区教育厅、抗联、青救会联合发出开展模范教员、模范学生运动的指示，号召边区大、中、小学学生和教育工作者争当学习模范和模范教育工作者。在同年 10 月至 11 月召开的边区文教大会期间，边区青救会召集与会受表彰的模范学生和模范青年教师代表座谈，再次倡议边区学生和青年教师开展学习和工作竞赛。

延安时期是党把马克思主义与中国革命实际相结合的成熟时期，以毛泽东为主要代表的中国共产党人，提出了青年工作的一系列方针政策和培养教育青年的目标、内容、原则和方法，规定了青年、青年运动、青年工作、青年组织的形式以及党与青年组织的关系。在党中央、边区党委（西北局）的直接关怀指导和边区政府的帮助支持下，共青团进行了改造，建立了青年统一战线的各级青救会，在边区党和政府各中心工作中发挥了助手作用，在推动全国青年运动中发挥了示范作用，被毛泽东誉为全国青年运动的模范和方向。同时为中国共产党的青年工作理论的发展提供了实践经验。一是保证党的领导，保持青年组织的独立性，是青年运动健康发展的基石。二是处理青年一般任务和特殊任务必须善为调节，处理青年与老年的关系要防止对立。三是青年组织必须根据形势任务的发展变化而发展变化，青年运动才能巩固地向前发展。四是必须加强青年干部队伍建设，青年工作才能少走弯路。抗战进入相持阶段后，边区青救会在青年工作探索中，出现了过分强调青救会独立性的青年主义错误倾向，一些青年干部，在转变工作作风之中出现了脱离农村实际、脱离党的中心的偏向，成为后来青年组织建设的重要借鉴。青年工作干部解决和纠正官僚主义、主观主义、形式主义、个人主义，则是长期的任务。

第五节 抗战时期陕西国统区青年抗日运动

一、陕西国统区青年抗日统一战线的建立与发展

青年抗日救亡组织大量涌现

陕西国统区包括陕南的全部，关中的绝大部分和陕北的一部分，与陕甘宁抗日根据地毗邻，是党推行抗日民族统一战线的前沿阵地，也是国民党加剧摩擦的重点和关口。陕西国统区青年运动受到党中央的直接重视和关怀，中央青委指导整个国统区青年运动的发展，推动建立陕西国统区青年抗日统一战线。以西安为中心的陕西国统区爱国青年，成功地开展了一系列重大的抗日救亡斗争。

全面抗战时期，陕西国统区中共领导的青年组织是在一二·九运动之后陕西国统区民先队、学生救国会等青年抗日救亡组织基础上发展起来的，以关中大部分县和陕南为主要活动区域，坚持公开与秘密、非法与合法相结合的策略，冲破国民党的压制和包办，不断建立和发展。

1936 年 10 月，西安民先队建立，民先队以西安为中心，通过学生工作团、寒假工作团、宣传队、外县旅西安学生回乡工作团、平津流亡陕西学生中的民先队员，迅速在关中及陕南 30 余县和中等学校建立了民先组织。1938 年 3 月初，民先全国总队部

李连璧（1917–2000），陕西华阴人。学生时代投入西安青年抗日救亡运动，先后担任西安学联主席、陕西学联主席、民先队西安地方队部队长、民先队西北地方队部队长、陕西省青年团体联合办事处副主任和主任等职务。新中国成立后，历任青年团陕西省委书记、西北工委副书记，陕西省副省长、省第六届人大常委会副主任等职务。

由临汾迁至西安，选派干部加强和帮助陕西民先队工作，4 月中旬召开了民先西北地区代表大会，成立了民先西北地方队部，李连璧担任队长，统一了陕西国统区民先队的组织领导。任弼时曾高度评价民先队："在一二九运动中产生的中华民族解放先锋队，不仅在当时的学生运动中起了骨干作用，而且抗战以后大批民先队员走上抗日前线，在坚持敌后斗争，开辟抗日根据地的工作方面，也起了不小的作用。"[①]

1937 年 8 月，国民党陕西省党部成立陕西省抗敌后援会后，就下令解散陕西学联和西安学联等青年抗日团体。省委提出巩固团结广大学生的力量，坚持全陕学生必须有总的独立组织的方针，通过谈判、斗争和必要的让步，省学联停止了活动，西安学联改名为省抗敌后援会西安学生分会（简称西安学生分会），继续成为包括西安大、中、小学全体学生在内的名义上由国民党领导的合法的、实际上受共产党直接领导的陕西学生统一战线组织，成为"中国学联最好的模范分会之一"。各县学生救国会相继改为县抗敌后援会学生分会，团结全省五六万学生在抗日旗帜下。

西北青救会先后在西安、三原设立办事处，陆续派干部和青训班毕业学员到陕西国统区关中 20 余县建立青救会组织，半公开地进行抗日救亡工作。为加强对陕西国统区青救会的领导，1938 年 12 月初，陕西省青救会在安吴青训班召开成立大会，黄爱民任主任，隶属西北青救会和中共陕西省委青委领导，以泾阳县安吴堡为机关驻地，统一了陕西国统区青救会的组织领导。

此外，西北青年文艺工作者协会、西安平津同学会、西安新文字促进会等青年组织和以女学生为主要会员的陕西妇女慰劳会，各种小

① 任弼时：《在中国新民主主义青年团第一次全国代表大会上的政治报告》（1949 年 4 月 12 日），《任弼时选集》，人民出版社 1987 年版，第 490 页。

型的地区性的相同兴趣爱好的青年团体都有了较大发展。1937年12月17日，在周恩来直接指导下，根据中共陕西省委、中共中央青年部的意见，西北青救会主持西安学生分会、民先西安地方队部、平津同学会、省妇女慰劳会、西北文艺青年协会及国民党省党部领导的西北青年抗敌协会六团体制定了《共同活动纲领》。

国民党陕西当局为排挤、打击中共领导的陕西青年救亡组织，1937年11月建立了西北青年抗敌协会（简称抗协），1938年4月建立了西北青年抗敌先锋团（简称抗先），强制包办青年运动，并于1938年春，以“统一青运”为名，发起成立中国青年抗敌协会西北分会，不准青救会、民先队等“非法”组织加入，并且捏造了20多个实际不存在的青年团体，以便取得领导力量的绝对优势。在中共陕西省委领导和中央青委指导下，陕西民先队、青救会、学生分会等组织，在极端困难的条件下，坚持抗日救亡运动。中央青委在《中央青委给少共国际的信》（通讯第六号）中高度评价1938年8月前陕西国统区“青年组织有很大发展，当时成为全国（除边区和华北外）基础最大最好的区域，亦是青年统一战线的工作做得比较好的地区”①。

反对国民党省党部取缔13个抗日救亡团体

1938年2月至5月，国民党陕西省党部先后两次下令取缔西北青救会、民先队总队部、西北文艺青年协会、西安新文字促进会等13个救亡团体。6、7月间，又逮捕了西北青年救国联合会西安办事处负责人何志诚、中华民族解放先锋队西北队部负责人李连璧、中华民族解放先锋队西安队部负责人于志远、西北中文拉丁化研究会蔺克义和陈

① 团中央青运史研究室、中央档案馆编，《中共中央青年运动文件选编》，中国青年出版社1988年版，第485页。

宇等五人，时称“西安五青年”事件。中共陕西省委领导各青年团体积极开展了慰问、营救“五青年”活动，与国民党顽固派进行针锋相对的斗争。周恩来和西安八路军办事处领导人林伯渠亲自出面同省党部交涉。西安所有“非法”和“合法”的进步青年团体，在党的总设计下，每天从早到晚不间断地组织各界青年和学生一批接一批地到监狱探望、慰问五青年，全国各地的救亡团体和各界爱国人士纷纷来电、来函、签名和发表文章，声援这场斗争。9 月初，周恩来路过西安，直接与西安行营主任程潜交涉，国民党顽固派自知理屈词穷，于 9 月 4 日宣布“五青年”无罪，予以释放。被下令解散的青年团体在逆境中继续坚持救亡活动。这场斗争不仅捍卫了青年的抗日民主权利，也进一步体现了陕西国统区青年团结统一的力量。

1938 年下半年以后，国民党陕西当局全面实施镇压青年运动、迫害进步青年的反动政策，同情、支持陕西青年运动的国民党陕西爱国民主人士遭到排挤，陕西青年统一战线受到严重威胁。中共陕西省委及时指示民先队、青救会等救亡团体，首先开始了从工作到组织的转变。民先全国、西北、西安及各县队部相继由公开转入秘密。全国总队部 7 月中旬迁往武汉，西北地方队部转移了办公地点，西安地方队部在暑期军训时停止了上下联系，渭北部分民先队员转为青救会员。对暴露了身份的民先队员或送往延安或转入农村，同时加强了对队员的政治理论学习和革命气节教育。西青救西安办事处建立了秘密活动据点，不久又搬入西安八路军办事处，西青救三原办事处于 10 月主动停止了工作。西安学生分会虽然是陕西省抗敌后援会领导下的公开合法团体，但国民党顽固派从未停止过对其进行刁难、瓦解、打击和摧残，胁迫学生分会解散。中共陕西省委和西安学委指导学生分会灵活转变工作方式，在不放弃正确主张的前提下适当让步，声明暂时停止活动，动员各校学生在学校支会中争取掌握学生运动的实际领导权，还在学生中建立各种小型分散的读书会、同乡会等组织，保存了一批学运骨干和进步力量。

陕西国统区青年工作方针的转变

1938 年 12 月下旬，中共陕西省委扩大会根据全国党的青年工作会议精神，提出了转变陕西国统区青年工作的措施，成立中共陕西省委青委，并指导召开了省委青委扩大会议，研究部署陕西国统区青年组织和青年工作转变发展问题。省委书记贾拓夫和省委常委张德生、赵伯平、中央青委副书记冯文彬出席会议并作报告。会议认真讨论了形势变化后陕西国统区青年运动中的一些迫切问题，确定了今后陕西青年运动的方针和任务：利用一切组织形式组织广大无组织的青年，在统一战线和民主的原则下尽可能争取三青团变为广大青年的统一战线的组织，加紧动员全陕青年为保卫陕西和西北而奋斗，青年工作的中心转向农村，彻底转变民先队、青救会的工作方式和组织形式，坚持用公开合法的形式和合作求实的方法开展工作；建立党的青年工作部门，加强和统一党对陕西青运的领导，加紧教育和培养青年干部。会议决定在安吴青训班设立陕西青年团体联合办事处，与三青团开展统战工作，指导和联系各青年团体工作。在县级党组织中设立学委或青委、青年部，大量发展优秀民先队员、优秀青救会员入党。在部分区里还设立了青年小组，仅汉中地区就有南郑学委、洋县学委、西乡县工委直接领导学生运动。省、县青委通过联系、巡视、研究工作，训练干部，帮助解决问题等方式，加强了党对青运、学运的领导，利用各种形式和机会加紧了青年党员的培训、教育工作，并将暴露了身份的青年党员转入农村开展工作，或输送到延安。

1939 年初，国民党五中全会后，国民党陕西各级党部和政府更加疯狂地压迫摧残青年运动，逮捕进步青年，陕西青年运动面临着极其严重的困难。这时国民党陕西各级党部大量发展三青团，相继建立了三青团陕西支团部和许多县级分团部，用保证学业、发奖学金、介绍职业来诱骗青年参加，用绑架、收买等手段强迫青年参加特训总队、干训团和招待所。1940年，中共陕西省委根据中央提出的党在国统区工作方针，在调整各级党组织设置时，撤销了各级党组织的青委、学委、青年部，青年干部大多以合法职业作掩护，秘密团结和争取青年学生，党领导和影响的各类小型青年团体，或完全转入秘密状态，或隐蔽起来停止一切活动。各级民先队、青救会在隐蔽中交同级党组织领导和联系，简化了领导手续，大量发展优秀队员、会员入党。除原有的公开合法组织外，相继建立了许多学术性、娱乐性的研究会、兄弟会、读书会、图书会、夜校、剧团、壁报社、少年队、球队等公开合法的青年团体。在农村，则建立了流动的不固定的混合的自乐班、马达社、乱弹会、歌咏会、造纸会、国术团、少年团、儿童建国团、《老百姓报》读者会等文化娱乐、生产、军事性的青年团体，动员青年到前线去、到军队去、到延安去，参加国民党政府号召的各种战时服务工作。在学校，则从内部合作，动员党员和进步学生以灰色面目参加到抗协、抗先、三青团、学校支会中去，把工作重点由校外转向校内，由纯政治性活动转向与学术性、娱乐性、经济性的斗争相结合的活动形式。通过这些措施，巩固了中共对陕西国统区青年运动的领导，保存和积蓄了陕西青年运动的骨干力量。

二、陕西国统区青年抗日救亡运动的高涨

宣传抗日唤起民众

七七事变爆发后，在中共陕西省委领导和坚决支持下，陕西国统区人民群众的抗日救亡运动迅速广泛开展起来。1937年7月13日，

西安学生救国联合会发布《告各界同胞书》，表示誓死不让日本帝国主义侵略中国领土！为保卫祖国的完整愿流最后一滴血！接着西安各青年团体负责人举行紧急联席会议，商讨陕西国统区青年学生推动和壮大抗日救亡运动的具体措施。15 日，民先队西安队部和西安学生救国联合会分别发出《为日寇进攻华北宣言》和致国民政府电，表示誓死保卫国土完整，武装保卫华北，收复东北失地。为扩大抗日宣传，从 9 月开始，以民先队队员为骨干的各校学生在西安郊区进行为期一个月的宣传，宣传中国共产党的全面抗战路线和统一战线政策，帮助人民群众建立各种救亡团体。

为实现全省人民抗战总动员，在中共陕西省委和中央青年部（青委）领导下，西安民先队、青救会、学生分会等组织，多次大规模地组织工作团、宣传队，深入农村、战区，迅速把陕西国统区抗日救亡运动由西安推向各县，由城市深入到农村，开展战时动员和组织工作，还联合组织前线慰劳队，到黄河沿线国民党驻军中进行慰劳和宣传鼓动工作。这一段时间里西安学生组织的农村工作团，寒假工作团、战时工作团及各种宣传队 150 多个，参加人员 4000 余人。

陕西“愣娃”血战山西中条山

1937 年 5 月，陕军 17 路军改编为国民革命军第 38 军，陕西省政府主席孙蔚如兼任军长。在建立抗日民族统一战线的新形势下，中共陕西省委对 38 军及时制定了“从政治上争取抗日与组织上巩固团结”的工作方针，这支形式上隶属国民党的军队，实质上成为中国共产党领导下的一支抗日武装力量。

1938 年 7 月，38 军扩编为第 31 军团，孙蔚如总司令率领三万多名陕西“愣娃”为核心力量的 31 军团，奉命渡过黄河，全线开赴山西中条山进行布防，拱卫关中东大门。这些年轻的三秦健儿，他们在长达两年多的时间里，用鲜血和生命，血战中条山，历经惨烈的“永济血战”“六六战役”“望原会战”等，挫败日军10余次扫荡和上百次攻击，取得多次胜利，陕西子弟兵以80%以上的牺牲，把年轻生命留在了中条山脉，有力地阻滞了日军的进犯，使日军始终未能踏入关中半步，使三秦大地乃至整个西北地区未受日军铁蹄的蹂躏，被称颂为“中条山的铁柱子”。

培养青年学生向党输送力量

抗战开始后，中共西安学委直接领导各学校学生党支部工作，在党领导的各青年救亡团体中设立了党团，加强对青年学生的训练和教育，一大批进步学生接受了马克思主义，陆续加入共产党。“西安学生成了抗战中全国青年干部供应的宝库之一”，成为陕西“向工农发展的启蒙者和传播者，起了建立和发展党的先导作用”“外县党的建立，大部分经过旅外的大中学生党员回去建立的”①。

举办各种训练班 1938年1月，民先西安地方队部在三原创办冬令营。1938年暑假，西安学生分会在乐育中学开办了200多人参加的学术研究会。1938年，陕西省妇女慰劳会举办了三期妇女干部训练班，这些训练班对青年学生的训练影响较大、成绩显著。

建立各种学习阵地 在汉中、三原、蒲城、华县等地建立的读书会，西安的俱乐部、救亡室、中正室②、时事研究会，安康中学、西北联大的社会科学研究会，长安、渭南、高陵的识字班，临潼的阅览室等，都对青年学生思想文化水平的提高发挥了较大作用。特别是礼泉、三原、凤翔、汉中、临潼、合阳、韩城、澄城、朝邑等地青年团体积极

---

① 1939年8月，中共陕西省委组织部《陕西党的组织工作报告》。
② 中正室，用蒋中正名字命名的学生救亡活动阵地。

协助党组织创办了许多书店、报社，在青年学生中推销《西北》周刊、《群众》周刊、《解放》周刊、《老百姓》报以及马列、毛泽东著作和进步书籍，使青年学生吸取了营养和力量，进一步鼓舞了斗志。

出版刊物，供给学习材料 1937年10月，西安学生分会出版的《抗战生活》，及时地把党的要求、各地青运的经验传播到了青年学生之中。1938年初，民先队全国总队部从山西临汾迁到西安后，出版了《战斗青年》杂志。1938年3月25日，西北青救会在西安北大街平民坊五号创刊《青年战线》杂志，注重与时事、历史关联，出版了各类特辑专号，在宣传、扩大和巩固青年抗日统一战线，推进青年救亡运动，介绍各地和国际青年运动的动向、经验方面起了积极作用。较有代表性的有"'五一'青工生活专号""欢迎世界学联代表团特辑""纪念九一八七周年特刊""青年运动专号"等。民先西安地方队部把《先锋报》《队员须知》作为队员必读文件。省妇女慰劳会创办《西北妇女》，经常向青年妇女进行宣传教育。此外，各校学生救亡团体也创办了大批刊物和壁报，成为学生交流学习体会、宣传抗日主张的园地。如西北联大的《行列》《展望》，蒲城中学学生抗敌后援会的《新闻广播》，安康的《拓荒》《火炬》《燎原》，凤翔的《大众壁报》《抗日壁报》，三原的《曙光》《春光》《先锋》等等。

此外，党组织和各青年团体还经常向中央党校、陕北公学、安吴青训班、抗日军政大学、鲁迅艺术学院等干部学校输送青年学生。

以西安为中心的陕西国统区是国民党当局反共前沿基地和统治最严密的地区之一。中共陕西省委恢复后进一步加强了对陕西国统区青年救亡运动的领导，陕西国统区爱国青年学生英勇站在时代前列，在协助党实现由"逼蒋抗日"到"联蒋抗日"和宣传国共合作的统一战线中发挥了先锋作用，受到毛泽东、周恩来的高度赞扬，省委书记贾拓夫充分肯定陕西学生运动是"西北救亡运动中有力的支柱"。抗战初期陕西国统区青年运动受到党中央的直接重视和关怀，中共领导人多次到达西安时，都对陕西国统区青年运动提出指导和要求，中央青委负责人长期住在西安和安吴青训班，帮助、指导陕西国统区青年抗日救亡运动。在国民党制造第一次反共高潮前，在省委领导下，陕西国统区青年运动正确贯彻执行党的抗日民族统一战线政策，成功地开展了一系列的重大抗日救亡斗争，各青年团体结成广泛的青年抗日统一战线，用抗日救亡的伟大成绩为国统区青年运动树立了一面旗帜。1938 年 12 月下旬，省委率先提出了转变陕西国统区青年工作的措施，巩固了中共对陕西国统区青年运动的领导，保存和积蓄了青年骨干力量。抗战进入战略反攻阶段后，全国国统区民主运动逐渐高涨，陕西国统区西安、城固、咸阳、武功等地的学生运动也逐步高涨起来，中共陕西地下党组织帮助进步学生秘密建立的各类小型青年社团，为解放战争时期陕西国统区青年运动的发展，奠定了一定的思想基础和组织基础。

第六节 解放战争时期陕甘宁边区青年运动

一、青年组织的新发展

陕甘宁边区各界青年联合会

抗战胜利前夕，中国面临两个前途和两种命运的斗争，新形势需要民族解放性质的青年运动转入争取和平民主、为实现新民主主义国家而奋斗的青年运动。随着革命形势和任务的变化，党领导下的在抗日战争中发挥重大作用的青救会等青年组织已经不能适应新的形势和任务的要求了。党中央为加强对解放区青年运动的领导，再次探索新形势下发挥青年作用和建立青年组织问题。

1945年3月28日，党中央通过西北青救会、陕甘宁边区青救会和学联，联名致电解放区各青年团体，提议组织解放区青年联合会。4月6日，党中央向各中央局、中央分局及各区党委发出《中央关于准备成立解放区青年联合会的指示》，提出成立解放区青年联合会。5月3日，解放区青年联合会筹备委员会（简称解放区青联筹委会）在延安召开成立大会。

抗日战争胜利以后，青救会完成了历史使命。根据成立解放区青联的实际，1946年1月，陕甘宁边区青救会改名为陕甘宁边区各界青年联合会(简称边区青联)，隶属中共西北局和解放区青联筹委会、全国青联领导。边区青联制定《边区青运工作方案》，规定青联是各界青年群众组织，提出“培养教育青年”的工作方针和建立分区、县级青联，实行同级党委领导为主和青联的系统领导。4月20日，边区青联举行委员扩大会议，总结抗战时期边区青年运动，研究今后工作，确定边区青联是边区各界青年群众组织，其任务是组织全体青年进行社会政治文化教育。之后在各分区、县成立了各级青联组织。边区青联积极配合党在国统区的青年工作，通过各种活动支持国统区青年开展反对国民党内战政策和独裁统治，帮助国统区青年建立发展各种形式的进步组织和社团，动员和安排国统区青年来边区学习和工作。还派出青年工作团到新解放区协助党和政府开展新区青年工作。为解放战争时期党领导的青年运动的蓬勃发展作出了贡献。1950年8月西北青联成立后，边区青联停止活动。

陕甘宁边区学生联合会

1948年秋，解放区青联筹委会决定于1949年3月在北平举行解放区学生代表大会。为发挥边区学生在解放西北中的重要作用，并为参加解放区学生代表大会做好准备工作，11月下旬边区青联和边区政府教育厅召开了边区驻延安各中等以上学校的学生代表开会，选举成立了陕甘宁边区学生代表大会筹备委员会。

1949 年 1 月 7 日至 17 日，陕甘宁边区第一届学生代表大会在延安召开。研究确定了边区学生运动的方针和任务是：动员全边区学生，联合国统区学生及各民族青年学生与全体人民共同为彻底解放全西北、建设新西北而奋斗，联合全国学生与全国人民为解放全中国、建设新中国而奋斗。大会选举 14 名代表出席解放区学生代表大会，讨论通过了《陕甘宁边区学生联合会章程》，选举由 13 名委员 6 名候补委员组成的陕甘宁边区学生联合会执行委员会（简称边区学联）。边区学联隶属于全国学联和边区青联领导。1950 年初边区学联发起召开西北学生第一届代表大会，同年 7 月西北学联成立后，边区学联停止了活动。

二、团旗在陕甘宁边区重新升起

延安试建新民主主义青年团

1946 年 6 月，国民党军队向解放区发动了大规模进攻，全面内战爆发。中共迫切需要青年组织在解放战争中团结带领广大青年在保卫解放区、粉碎国民党的猖狂进攻、解放全中国、建立新民主主义新中国中发挥助手和突击队作用。革命圣地延安，也是青年团的摇篮。中共中央书记处书记任弼时在听取中央青委和陕甘宁边区青联、山东省青联负责人的工作汇报中，首先提出“是否建立青年团的问题”，大家围绕要不要建立青年团、建立一个什么样的青年团等问题进行了认真思考、研究和探讨。6 月 27 日中央青委向中共中央报送了《关于成立新民主主义青年团的建议（草案）》，提出在解放区建立一个新式的完全由党直接领导的青年积极分子的青年团。

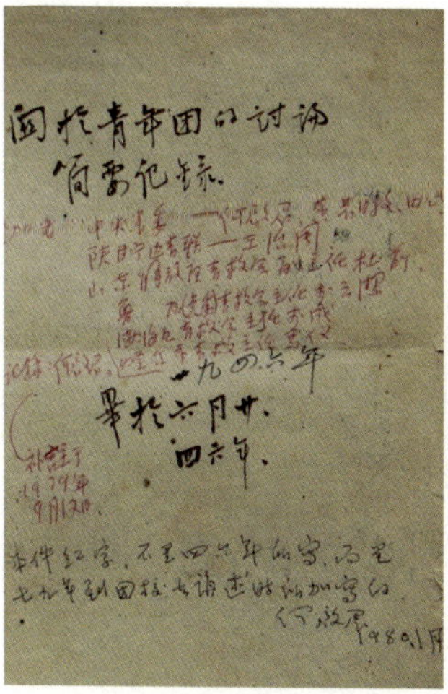

1946年八九月间，在任弼时主持下，中共中央书记处在延安枣园中共中央书记处礼堂两次讨论建团问题，图为会议讨论记录。

8月26日，任弼时主持召开了中共中央书记处座谈会，讨论建立青年团的问题。会后，任弼时将讨论的问题和意见向毛泽东主席作了汇报。毛主席说："搞青年团是好的，可以征求一下各解放区的意见。"9月13日，中央书记处第二次召开讨论建立青年团的会议，除毛泽东、刘少奇外，在延安的所有中央书记处书记、政治局委员、中央委员和候补委员，如朱德、林伯渠、徐特立、蔡畅、陆定一、习仲勋等都出席了会议。任弼时阐述了建团的客观必然性和团的性质、任务、作用及建团要求。会议认为应该建立比青年统一战线组织更先进的青年核心组织——新民主主义青年团，并决定在陕甘宁边区选点进行青年团试建工作。

新民主主义青年团冯庄团支部 1946年9月中旬，中央青委派马仪和延安县青联主任吴亚峰（吴光明）一同到冯庄开展试点建团工作。在试点建团过程中，他们根据青年喜欢火红热闹的特点，办起俱乐部吸引青年参加健康的文化娱乐活动，每天晚饭一过，就拿起自己土制管子、笛子、板胡等吹奏乐器，吹拉弹唱起来，给青年们讲《钢铁是怎样炼成的》及青年战斗英雄故事等，使俱乐部成为名副其实的青年之家。在青年们被吸引到俱乐部活动的基础上，又创办了文化夜校，教唱革命歌曲，教青年读书识字，讲解国民党的反动本质和地主、资本家剥削劳动人民的罪行，讲解共产党领导的新民主主义革命的性质、任务等，把青年团结起来，培养他们的组织观念。在生产活动中组织青年互助合作，并开展军事训练。在青年有了觉悟和进步的基础上，逐步物色发展团员的对象，同工作积极、作风正派的积极分子谈心，帮助他们认识组织青年团的意义，动员他们在各种活动中起模范带头作用。通过半个多月的工作，在10月初秘密发展了曹振华等第一批4名团员，后又发展了马志义等第二批8名团员。俱乐部活动期间，女青年每天晚上趴在窗口听房子里边热火朝天的讨论和学习，但却不好意思进去。吴亚峰建议李聚升带头先做婆姨（夫人）的工作，不久，又发展第三批14名团员，其中还有1名女团员，就是李聚升的婆姨安桂英，也是新民主主义青年团第一个女团员。在冯庄村发展了26名团员后，经过团员讨论，决定团的名称为“新民主主义青年团”。11月，选举成立了中国新民主主义青年团第一个农村团支部——冯庄团支部，李聚升任书记。

新民主主义青年团全国第一个农村团支部——冯庄团支部旧址

毛泽东青年团行知中学总支委员会 延安行知中学，学生们迫切要求进步，积极要求入党，但因多数学生没有达到入党年龄，政治上的进步得不到解决。1946年9月，中央青委和陕甘宁边区青联决定在该校进行试点建团，并派中央青委干部何启君到该校领导试建工作。学校党总支抽调各党支部书记予以协助。首先组织积极分子进行一般性的政治学习，启发他们对参加政治组织的认识，再由各班的几个党员分头找积极分子谈话，积极分子再找其他人联系，组成了互帮小组、党章学习小组、时事通讯组、政治学习小组等多种形式的组织，成为团小组的雏形。在学习中，互助组的同学提出组织青年团的要求，各班相继成立了团小组或团支部。全校共发展团员 71 人。在此基础上，由各班团支部推选代表，组成全校青年团组织成立筹备委员会。筹委会在讨论统一团的名称时，根据多数人的意见，决定团的名称为“毛泽东青年团”，确定团的性质是“毛泽东旗帜下的积极进步青年组织”。12 月 9 日，选举成立了毛泽东青年团行知中学总支委员会，王黎明任总支书记。

延安丰足火柴厂青年先锋队 1946 年 9 月，中央青委干部黄若暾到延安丰足火柴厂进行建团试点工作。首先由两个青年党员联系一些积极分子，大家开始研究生产和生活中的实际问题，带头帮助别人，带头提高工作效率和生产质量，带头搞好工人之间的团结。9 名积极分子聚集起来后，大家提议取名“青年先锋队”。组织名称公开以后，队员带头参加读报组学习时事，带动身边的青年工人一起去学习，帮助技术差的青年工人提高技术。1947 年春节前夕，厂里俱乐部的文娱活动开展得很活跃，在排练节目中，青年先锋队的队员也发展到 27 人。根据多数人的意见，把青年先锋队改名为“毛泽东青年团”，并拟定了团章，公开了团支委的组成名单。

青年团辛店区二乡委员会 1946 年 10 月，中央青委李云洁、边区青联主任王治周和冯明亭到绥德县辛店二乡开展建团试点工作。通过办夜校，发动青年参加征粮、征地、学习文化，组织青年开展向地主减租、要土地契约、诉苦挖穷根等活动，把青年积极分子团结起来，成立“青年小组”“青年先锋组”等组织，由本村的青年党员介绍积极分子入团，由村党支部批准成为正式团员，成立村的青年团小组。团小组明确提出，要团员在各项工作中起带头作用，帮助身边的青年学习文化，努力生产。1947 年 1 月，由各村的青年团小组选举成立了新民主主义青年团辛店区二乡委员会。

新民主主义青年团全国最早的农村、学校、工厂基层组织先后诞生了。习仲勋曾亲自宴请冯庄团支部的委员，不止一次表扬、奖励过延安三个试建成功的青年团支部。新民主主义青年团团旗从延安重新升起。

边区扩大试建青年团

青年团试建工作取得成功经验后，1946 年 11 月 5 日，党中央发出《关于建立民主青年团的提议》，指出："在党政军民各方长期努力下，解放区青年的政治觉悟普遍提高，其中涌现了大批优秀的积极分子，青救会式的组织与活动已经不能满足于这些积极分子的要求，而青年工作也因为缺少积极分子有组织的推动，逐渐松懈，不能发挥应有的力量。这些经验说明青年积极分子需要有一个单独的组织以满足其工作与学习的要求，并成为党团结领导广大青年群众的核心。"①

西北局高度重视边区试建青年团，多次召开会议研究建团问题，多次发出文件指导建团工作。1946 年 12 月 7 日，西北局常委会专门讨论中央建团提议，研究边区扩大建团问题，决定"将青年团工作密切地与军事动员及土地改革结合起来进行""扩大试办工作的范围"②。强调采取比较放手而又慎重的态度，要求各分区党委都确定一个县试建，抽出部分青年党员作为建团基础，抽调一批新的干部参加试建工作，搞出经验普遍推广。此后，建团工作在延安县、绥德县、米脂县等地

① 团中央青运史研究室、中央档案馆编：《中共中央青年运动文件选编（一九二一年七月——一九四九年九月）》，中国青年出版社 1988 年版，第 633 页。
② 见《中共西北中央局常委会讨论青年团问题会议记录》。

普遍开展。

1947年3月，国民党向陕甘宁边区发动重点进攻，胡宗南军队进犯陕北，党中央主动撤离延安。陕甘宁边区试建团工作即以服务战争为中心，以形势相对稳定的绥德分区的部分县和延安县的部分区、乡为“据点”进行“据点建团”。在为战争服务的各项工作中培养青年积极分子，发展青年团组织。中共延安地委提出把动员青年参加游击队和在游击队中建团作为一项重要任务。边区建团工作紧密围绕党的战时工作重心，动员组织青年服务战争，使广大团员青年在参军参战、支援前线、巩固后方、保卫政权等各项斗争中发挥了重要作用。

边区普遍建立青年团

1947年11月，陕甘宁边区青联在绥德义合镇召开青年工作会议，决定结合土改、整党，整顿、健全边区团的组织，成立边区、分区、县的新民主主义青年团筹备委员会，讨论通过了《陕甘宁边区新民主主义青年团团章（草案）》。规定团是“党领导下的先进积极青年的组织”，明确规定了青年团在现阶段的任务、入团条件、团员的义务、权利和民主集中制的组织原则。要求在团的各级委员会成立之前，“成立各级筹备委员会”代行领导团的工作等。西北局领导人习仲勋、王维舟、贺龙、马文瑞、李卓然等到会听取建团工作汇报，特别强调青年团要在群众运动中生根。1947年底，西北局发出《关于土改中青年工作的意见》，要求团的组织在新的形势下，结合土改、整党进行团的整顿，提高团员思想觉悟，壮大团的队伍，发动与组织青年群众参加土改。1948年1月，西北局民委向各级党组织转发了《陕甘宁边区新民主主义青年团团章（草案）》。4月18日，西北局开会再次讨论建团工作，决定成立青年团陕甘宁边区筹备委员会和恢复西北局青委，建团工作重点转向新解放区。4月22日，陕甘宁边区被国民党侵占的失地全部收复后，边区青年团根据西北局指示精神，在整顿、巩固、提高中先后建立了绥德、三边、延属分区青年团筹委会，建团工作逐步扩大范围。5 月 4 日，西北局又发出《关于目前青年工作的指示》，高度评价青年团在团结组织青年参军参战上成为党和政府的得力助手，要求各级党委把领导青年工作当作自己主要任务之一，经常有计划地密切指导之。指示老解放区以组织青年参加学习和生产为团的主要任务，新解放区以团结争取青年学生和青年知识分子为夺取战争胜利和建设新区为团的主要任务。7 月，西北局书记习仲勋在陕甘宁边区青联会议上，要求青年团工作跳出青年团的圈子，把边区青年运动推向新解放区、国统区，大批培养青年干部，培养青年化的工作作风。

边区青年团工作新体系形成

随着人民解放战争取得决定性的胜利和陕甘宁边区普遍试建青年团工作的成功，1948 年 7 月，青年团陕甘宁边区筹委会成立。1949 年 1 月 1 日，中共中央正式作出《关于建立中国新民主主义青年团的决议》[①]，吹响了在全国青年迎接解放的斗争中普遍建团的号角。为贯彻落实中央建团决议精神，1949 年 3 月 11 日至 19 日，新民主主义青年团陕甘宁边区第一次代表大会在延安召开，大会认真学习了中央建团决议，听取了习仲勋、刘景范、马文瑞等党、政、军领导的讲话，总结了边区试建青年团以来的工作，讨论通过了《关于当前青年运动的基本任务和继续推进建团工作的决议》，选举产生了出席中国新民主主义青年团第一届代表大会代表。大会根据边区政府将要设立陕北

① 中共中央文献研究室、中央档案馆编：《建党以来重要文献选编（1921–1949）》第 26 册，中央文献出版社 2011 年版，第 1–6 页。

行政区的规划，选举成立了青年团陕北区委员会，王治周任书记，领导延安、绥德、三边、黄龙、榆林分区团的工作。新民主主义青年团在陕甘宁边区试建、扩大试建、全面建立，在陕西国统区秘密建立，获得了很大的成功。至此，陕甘宁边区形成了以党的青委为领导，以青年团为核心，以青联、学联为外围的党的青年工作体系。此后陕甘宁边区团的工作以培训干部、巩固组织、健全团的系统领导、带领青年参加生产和学习为主要任务。

1949 年 4 月 11 日至 18 日，中国新民主主义青年团第一次全国代表大会在北平召开。毛泽东为大会亲笔题词：“同各界青年一起，领导他们，加强学习，发展生产。”并接见了到会代表。

出席中国新民主主义青年团第一次代表大会的陕甘宁边区代表合影。

三、带领青年保卫和建设陕甘宁边区

踊跃参军参战

解放战争时期，胡宗南军侵占延安，陕甘宁边区政府发布《参军动员令》，边区的青年与陕甘宁的人民一起，组织游击队，一直活跃在延安周围，与之周旋，袭击敌据点，摧毁乡镇反动政权，打击抢粮队，掩护群众转移。敌军围剿时，他们化整为零，使敌军扑空，敌军退走，游击队又集合成军，继续战斗。据不完全统计，在党中央转战陕北期间，边区有 1.9 万青壮年参军，1.6 万地方兵团的战士转入主力部队，1 万余人参加了游击队。通过配合正规军作战、独立作战、发动政治攻势三种形式的游击战开展斗争，并张贴标语、散发传单，组成武工队深入敌军控制区发动群众。他们的积极努力，打击与钳制了胡宗南军，配合了人民解放军正面战场的作战，为光复延安和解放西北作出了重要贡献。

积极投身生产文化建设

1946 年 5 月 4 日，中共中央通过《关于土地问题的指示》，指出中国共产党应坚决支持群众在反奸、清算、减息、退租、退息等斗争中，从地主手中获得土地，实现“耕者有其田”。在土改运动中的陕北老区各级团组织，带领团员青年在斗争地主、看管地主、分配斗争果实、维持社会治安等方面发挥了重要作用。在生产活动中，1949 年 4 月，团陕北区委发出《关于目前工作的指示》，要求青少年响应政府增产粮食、学习文化的号召。各级团组织纷纷开展了热火朝天的生产竞赛，以多增产、多增收、多贡献为目标，建立了青年变工队、帮工队、互助组、助耕组等专业协助、互助性质的生产组织，出现了许多帮贫扶困、互相调剂生产用具、为军烈属义务包产劳动的先进团体。各级团组织配合地方党和政府在农忙时间创办识字组、读报组，在田间地头学习识字。

冬季农闲时间开办冬学、夜校、半日班，许多中学的团员青年利用寒暑假到附近农村做“小先生”，动员青少年踊跃学习。数万名没有就学条件的农村青少年通过这一活动，得到了初步的基础文化教育。

团组织通过各方面的活动，扩大了团的影响，许多青年纷纷要求加入青年团，团员人数迅速增加，仅1949年下半年就发展团员6000多人，团的支部增加了216个，有2269名团员光荣入党，还选派了500名青年干部到新解放区开展工作。团陕北区委为了建立健全团的组织和系统领导，在全区范围内进行了团的组织整顿，结合贯彻新民主主义青年团一大精神，编印了《团员读本》进行团的知识教育，在《群众日报》上设立副刊《陕北青年》指导全团工作。全区663个团支部通过整顿学习得到了完善，战斗力进一步增强。

在团的干部队伍建设上，1949年5月20日，团陕北区委在延安开办了陕北区青年干部训练班，116名青年干部参加了学习。黄龙、绥德、三边、榆林等团地委也先后举办青训班，各地区党委还在党校设立青年干部学习班，为各区、乡培训团的干部。陕北区逐步实现了团的工作的系统化，成为党和政府开展各项工作的有力助手。

解放战争中党在探索新形势下发挥青年作用和建立青年组织问题中，再次以陕甘宁边区为试验基地，从青救会改为青联，再到试建、扩大试建青年团，为在全国建立青年团提供了成功经验。一是把试建青年团工作作为各级党组织的大事，得到各级党组织的高度重视和强有力领导。二是坚持试点，逐步在边区扩大建团。三是紧密结合党和政府在解放战争各项中心工作，在保卫边区的战争动员中开展建团，把团建立在青年自觉自愿和需要的基础上。四是正确建立了青年团和政府的关系，青年团在政府的保护、支持、帮助下，在服务政府中心工作中发挥了有力助手作用，为中华人民共和国成立后青年团和政府良好关系的发展积累了成功经验。

第七节 解放战争时期陕西国统区青年运动

一、陕西国统区青年组织的恢复与发展

国民党对青年的反动统治

陕西国统区是国民党蒋介石集团反共反人民最重要的基地之一。西安一直是国民党反共前沿基地，是国民党统治最严密的城市之一。全面抗战期间，国民党在通向延安的路上封锁、扣留、迫害知识青年，修筑了五道封锁线；1939 年在咸阳设立“特训总队”，1940 年迁到西安改为“西北青年劳动营”；1943 年在耀县设立了“陕北青年招待所”，专门扣押、监禁、迫害到延安去的青年学生，还成立了防止抗日青年学生进入延安的“战地失学失业青年招致训练委员会”。1940 年 2 月 1 日，毛泽东在《向国民党的十点要求》中呼吁，“五曰保护青年。近在西安附近有集中营之设，将西北、中原各省之进步青年七百余人拘系一处，施以精神与肉体之奴役，形同囚犯，惨不忍闻。青年何辜，遭此荼毒？夫青年乃国家之精华，进步青年尤属抗战之至宝。信仰为人人之自由，而思想乃绝非武力所能压制者……政府宜速申令全国，保护青年，取消西安附近之集中营，严肃各地侮辱青年之暴举。”[①]

解放战争时期，蒋介石集团一面密令其军队屡次侵犯陕北解放区，一面在陕西国统区全面实行内战动员，妄图消灭中国共产党，消灭陕甘宁边区。在仅有 50 万人口的西安市中，国民党的统治比其他地方更为严密，胡宗南的数十万大军，70 多个特务机关，5000 多名特务，在解放区周围设立情报据点，不少特务分子混入解放区，刺探情报、

① 《毛泽东选集》第二卷，人民出版社 1991 年，第 682-683 页。

制造谣言、实行暗杀。1946年，胡宗南秉承蒋介石的旨意，在原“西北青年劳动营”的基础上，设立了新的集中营——第一战区长官部青年训导所。不久，扩编为第一战区长官部特训总队，1946年底改名为西安绥署爱国青年训导总队（简称青训总队）。尤其在各级学校施行奴化教育，麻痹青年。在机关学校建立秘密情报网，对大中学校的学生实行以内战为目标的军训，从各个方面对国统区的青年学生实行特务控制。疯狂逮捕、绑架、暗杀地下党团员和进步学生，镇压进步学生运动。

西北民主青年社及反独裁反内战宣传

在全国学生运动一浪高过一浪的形势推动下，陕西国统区各院校学生也组织社团，创办壁报，日益活跃起来。1944年12月，中国民主同盟西北总支部（简称民盟西北总支）负责人杜斌丞，派共产党员王维祺赴成都，与成都民主青年协会负责人商讨在陕西开展青年运动和建立青年组织问题。回陕后，经中共关中地委（1946年1月改为中共陕西省工委）同意，1945年4月，在杜斌丞和杨明轩的支持下，由共产党员李敷仁、武伯纶、王维祺、张光远、郑竹逸5人出面发起，在西安成立了西北民主青年社（简称民青社）。5人被党组织指定为5人小组，作为民青社的领导机构。随着全国争取和平民主运动的高涨，民盟西北总支把《秦风·工商日报联合版》（简称《联合版》）作为机关报，成为西北国统区新闻战线上动员人民起来制止内战、发动西北地区反饥饿反内战爱国民主运动的一支响亮的号角。1945年下半年，民青社与民盟西北总支商定，民青社员参加民盟并以民盟西北总支青年部名义公开活动，以发展民盟盟员名义发展民青社组织，民青社5人领导小组同时是民盟西北总支青年部，但民青社在民盟内是秘密组织，有自己独立的领导机构，成员另行立册，组织自成系统，工作上保持独立，政治上接受新民主主义纲领。各大、中学校的进步学生社团在中共地下党组织和民青社指导下，重新把进步学生团结在中共的周围，为解放战争时期陕西国统区青年运动的发展，奠定了一定的思想基础和组织基础。

民青社通过骨干社员参加《民众导报》《联合版》等进步报刊的编撰工作，同时创办《文化周报》《儿童旬刊》《孩子报》《新妇女》等报刊，宣传民主思想，宣传民主政治，指导陕西国统区青年运动。这些报纸、刊物和墙报，政治观点鲜明，语言活泼，很受读者欢迎。如《儿童旬刊》刊登了西安东羊市小学学生张蕴如写的一首儿歌："小儿童，体格健，坐飞机，到前线，见军队，好言劝：放下枪，快停战，协商会议有决策，革新政治不内乱，人民才能得平安！"人们一看就知道是国民党破坏"停战协定"，调派大批军队进犯解放区，打内战，儿童以"劝"的口气反对国民党打内战。西北农学院的《亢丁》连续刊登《胜利果实属于谁》《是接收还是劫收》等评论文章，揭露国民党抢夺人民抗战胜利果实的事实。

秘密建立青年团

中共中央西北局早在 1946 年 12 月讨论边区扩大建团问题时，就指出"在国民党区域中也需要有一个青年积极分子组织，成为青年群众的核心，以推进青运与民主运动"。中共关中地委、西北局青委、青年团边区筹委会通过各种方式，把新民主主义青年团的火种秘密播撒到陕西国统区青年学生之中，在国统区开展秘密建团工作。1948 年 1 月，关中地委会议认为：在国民党血腥镇压学生民主运动的恐怖形势下，学生运动不一定要强求游行示威，而是要引导启发青年学生政治觉悟，吸收他们加入青年团；建团先以学生为重点，从城镇学校做起，逐步向各领域普及；决定由韩夏存（唐磊）具体负责学生运动和学校建团工作。

地下党组织按照“个别吸收，多头发展，单线联系，组织插花”的方针，在各大专院校秘密开展了建团。西北大学地下党开始秘密传阅陕甘宁边区新民主主义青年团章程，吸收了20多名学生运动骨干入团。中共西府工委根据中共关中地委指示，派王维祺到西北农学院与地下党支部商议建团，吸收学生积极分子加入团组织，并通过原民青社的外围组织亢丁社、春草社开展团的活动。西北工学院建团工作则是通过中共党员陈来驹单线联系的方法，在原民青社领导的学生社团和暑期补习班中开展起来，建立了西北工学院地下青年团组织。1948年秋天，中共党员葛世民在以国民党晋陕监察委员行署助理科员身份工作期间，先在陇县秘密发展20多名团员，建立了陇县地下团组织，回西安后又分别在西北大学、西北工学院、省立师专、医专、商专、陕西省医院、西安第一医院发展了一些团员。中共党员陈来驹通过党员张瑞兰在西安电讯局建立了团组织，并发动团员把西安电讯机械设备、线路运行等情况搜集整理后，送交给地下党组织。

在西安秘密建团的同时，关中一些主要地区如咸阳、三原、耀县、宝鸡、扶风、岐山、眉县、凤翔等县的地下党组织也积极开展建团工作。这些分布在陕西国统区的地下团员，在党的领导下，团结带领进步青年在迎接陕西解放的各项斗争中，谱写了可歌可泣的篇章。

韩夏存（唐磊，1921—1955），陕西省礼泉县人。1947年5月任中共西安地下组织负责人，连续组织发动了以学生为主的“反饥饿、反内战、反迫害”斗争和声讨国民党反动派制造"五二〇"血案的群众运动。1949年5月任中共西安市委青委书记和青年团西安市工委书记。1954年，任青年团西北工委书记，同年11月，调团中央工作。1955年11月，病逝。

二、反抗国民党残酷迫害青年学生的斗争

反对和瓦解“反苏反共”游行

蒋介石撕毁“双十”协定和政协协议以后，妄图利用学生的爱国热情，在全国策划“反苏反共”游行，为发动全面内战制造舆论。陕西国统区西安、咸阳、城固等地的反独裁、反内战学生运动，是以瓦解国民党政府组织的“反苏反共”游行为特点开展起来的。1946 年春，国民党政府以收回中东铁路路权为幌子，密令全国各地组织反苏游行，借此破坏国统区的中共地下组织，打击同中共合作的民盟组织，搞垮《联合版》等进步报刊，为发动内战扫清障碍。陕西国统区新闻界与教育界的进步力量则紧密团结、互相配合，把陕西国统区的反独裁反内战斗争推向高潮。

1946 年 2 月 25 日，陕西省教育厅召集西安各中等以上学校校长开会，要求各校组织全体师生参加 3 月 1 日的“反苏反共”游行。由于各校民青社组织采取紧急措施，不仅使参加游行的人数大为减少，而且参加的大都在途中离散，瓦解了游行。但是混进学生队伍里的特务分子乘机捣毁了《联合版》营业部，砸毁了报社在市区街道设置的全部报栏，所幸报社的印刷厂设在别处未被破坏。3 月 2 日，《联合版》发表题为《为特务捣毁本报谨向社会控诉》的社论，揭露国民党的反动伎俩是一种全面“反民主阴谋的暴露”。并连续刊登全国各界人士对《联合版》的慰问电，把国民党当局置于受审的难堪境地。

由于未达目的，国民党陕西当局又责令三青团陕西支团部动员陇海铁路沿线学生准备参加 3 月 16 日在西安举行的第二次游行。3 月 8 日，《联合版》发表题为《学习“五四”青年优良传统》专文，“启发学生，从自发的、纯洁民主的、了然清楚的精神，开展真正的民主

运动”，提醒学生提高政治警惕性，不要再上国民党的当。各校的民青社组织采取合法的斗争手段，取得了“由学生会代表表决是否参加游行”的胜利，大部分学校难以做到由学生会表决通过以学校名义参加游行。杜斌丞、杨明轩、张锋伯、张凤翙、刘文伯等知名人士直接或间接地向重点学校的校长进行解释，规劝他们不要强迫学生参加游行。这样，国民党中央社原来吹嘘将有4万学生参加的西安第二次游行，仅以寥寥千余人参加而草草收场。

在西安进步青年学生同国民党陕西当局进行斗争的时候，陕南城固的西北大学学生也同国民党当局进行了坚决的斗争。1946年2月26日，西大校方以“部分师生和东北同学会”的名义发出通告，煽动不明真相的学生参加反共游行。27日，西大校方又盗用“西北大学全体教授”的名义通电全国，一面反苏一面诬蔑中国共产党。学校的民青社组织和进步教授对此进行了坚决的反对和抵制。师生联席会议否决了校方关于由学校行政当局统一组织游行的议案，成立了由民青社成员掌握领导权的西北大学学生自治会筹委会。3月4日，筹委会把国民党的“反苏反共”游行变成了反帝爱国游行。由于校长刘季洪顽固反对学生的爱国行动，全校学生于4月15日举行大会，将其驱逐出校。《联合版》相继刊登了陶季达等6名教授的公开信及西大学生自治会的《告各界人士书》《为请校长离校告各界人士书》《再告各界人士书——揭露西大护校团阴谋》，声援和支持西大学生的反独裁、反内战民主斗争。在全国人民的声援下，国民党当局迫于压力，准予在押学生“找保”释放。被捕学生的胜利出狱，再一次宣告了国民党镇压学生民主运动的破产。

“五一”血案

1946年，正当陕西国统区人民民主斗争蓬勃发展的时候，国民党陕西当局向要和平反内战的人们举起了屠刀，首先提出了10个人的暗杀名单，以达“赶走中层、冻结上层、吓住下层”的阴谋。4月23日，《联合版》法律顾问、民盟盟员王任被枪杀。24日，国民党陕西当局宣布西安全城戒严，搜捕进步青年学生。30日，蒋介石由重庆飞抵西安，检查陕西进行全面内战的准备情况，并召集远在甘肃的第三集团军总司令赵寿山、第八战区副司令长官兼第十七军军长高桂滋到西安听训。5月1日，民盟西北总支部青年委员会主任李敷仁被国民党特务枪杀，所幸未中要害，被当地群众救护，进入陕北解放区。3日，《联合版》被迫停刊，《文化周报》等进步书刊也或被迫停刊，或被取缔。杨明轩等人被迫离开西安，进入解放区。在城固，刘季洪武装返校，20名进步学生被捕。其后，3名学生被登报通缉，41名学生被开除学籍，27名学生被勒令退学，8名学生被记大过两次，陶季达等6名教授被解聘。血案发生以后，地下党指导西北民主青年社为避免重大牺牲，暂时切断所有关系，暂停各地各校工作，通过一切社会关系掩护起来。针对国民党陕西当局的暴行，5月14日，中共中央指示中共驻重庆代表团，“此事如不给以严重抗议，压下反动派嚣张之气，西安民主运动将有一时期走向消沉，望即与民盟商量，由民盟出面，在外交上向

李敷仁（1899—1958），陕西咸阳人。西北民主青年社5人领导小组成员、民盟西北总支部青年部主任。1937年加入中国共产党，11月在西安创办《老百姓》报，宣传团结抗日，1944年春创办《农村周刊》，1945年加入中国民主同盟，并主编《民众导报》。1946年5月遭国民党特务暗杀，幸免于难。后转往延安，任延安大学校长。中华人民共和国成立后，历任民盟中央委员，西北人民革命大学校长，西安市政协副主席，全国人大代表等职，1958年病逝于西安。

国民党政府提出严重交涉，我们加以赞助，并在宣传上发动全国的抗议运动。”延安《解放日报》发表了题为《抗议西安新闻界血案》的评论，要求国民党惩凶赔偿，立即停止恐怖暴行。29日，民盟中央发言人发表公开谈话，抗议国民党制造西安血案的暴行，要求惩办祸首。

“六二”罢课

1947年五四前后，陕西学生运动又活跃起来，通过各种方式反对国民党当局践踏民主的暴行。当南京“五二〇”惨案的消息传到陕西后，学生运动又出现了一个新的高潮。5月18日，国民党当局颁布所谓的《维持社会秩序临时办法》，把学生运动指责为“越轨滋事之行为，妨害社会之举动，几同暴徒，殊堪痛恨”，引起了全体同学的义愤。在中共党组织和民青社的组织下，一场以呼应全国学生在各地统一进行“反饥饿、反内战、反迫害”的“六二”罢课斗争在陕西各校展开。

1947年5月底，各院校的进步学生紧张地进行思想发动和组织串联，积极从事总罢课和联合示威游行的各项准备。与此同时，国民党陕西当局也成立了党、团、警、宪、特共同组成的指挥机构，在各大专院校附近和西安小南门等处加岗加哨，荷枪实弹，随时准备镇压学生运动，并于6月1日逮捕了民青社领导人武伯纶、张光远、郑竹逸，以及作家、记者、进步学生等60多人。面对国民党军警的充分防备，中共地下党组织为了避免不必要的牺牲，指示民青社“争取小胜利、避免大牺牲”，说服大家取消上街游行示威的计划，以在校园进行集会游行、罢课斗争的形式，要求释放被捕学生和进步人士，抗议国民党当局对学生的迫害。在全体学生的斗争和社会各界的呼号、营救及学校当局的担保交涉下，被捕人员被陆续保释。中共陕西地下党组织及时将暴露身份的民青社员转入陕甘宁边区，一批民青骨干被吸收入党后参加了地下党工作，民青基层组织分别划归各地下党组织领导。

反迁校反集训运动

1948年8月，蒋介石在全国各主要战场遭到惨败后，在全国范围内大肆逮捕进步学生。国民党陕西当局和西安特种刑事法庭以“危害国家嫌疑罪”拟造拘捕学生名单。中共西北局根据中共中央“即将工人、学生及其他有被捕危险的党员和进步分子尽量撤退”的指示，要求陕甘宁边区青联接待并安排他们到解放军和边区机关、学校就业就学，同时指示中共关中地委迅速组织动员进步学生去边区。根据党的指示，刚刚建立的地下团组织迅速行动起来，一边调查核实敌人进行拘捕传讯的进步学生名单；一边将已暴露或已经引起敌人注意的进步学生，通过中共关中地委的地下交通向陕甘宁边区等解放区输送。许多到了解放区的团员，又主动往返于关中国统区和解放区之间，承担起接送其他进步学生撤退的重任。1949年1月27日，边区青联还专门召开国统区赴延安学习和工作的青年知识分子代表座谈会，欢迎国统区青年学生到边区，声讨国民党迫害青年学生罪行，号召青年学生共同为革命胜利贡献力量。

1948年秋，解放军在西北战场上不断取得胜利，蒋介石、胡宗南以保护学生为幌子，命令西安各高校向南迁移，一些学校开始准备迁校事宜。在此形势下，中共关中地委指示地下团组织彻底揭露敌人的迁校阴谋，团结动员学生坚决反对迁校，为解放后新建立的人民政权保留学校，储备知识干部。地下团组织立即带领广大学生投入到反迁校斗争中。西北工学院团组织通过新改选的学生自治会这个合法团体，公开收听延安新华社广播，创办学生阅览室和学生福利社，接管学生伙食，向学校质询迁校的筹备情况，组织起草了有200多名学生签名的反迁校声明，形成了强大的反迁校气氛。全校学生通过投票公决拒绝南迁，使学校当局无法执行迁校命令。西北大学团组织通过学生会发起大规模的反迁校签名运动，发动500多名学生要求召开全校学生大会进行公决，遭到特务学生捣乱，致使会议无法进行。

1949年5月胡宗南溃逃时，又以“集训”为名企图裹胁西安大中学校学生南逃，把学生集中起来进行军事管理和训练，下令各校学生携带行李随军出发，密令特务待学生离校后焚毁各校校舍。地下党、团员立即分散到各校学生中揭露敌人阴谋，领导学生再次开展反迁校斗争。各校团组织采取疏散隐蔽的办法，让学生在两三日内躲藏一空，最后，只有二三百名高中学生被强行带离西安。

三、带领青年迎接陕西全境解放

青年团迎接陕北关中国统区的解放

陕西国统区的解放战争，从1945年10月陕北的定边、靖边解放开始，到1950年1月陕南镇坪解放，经历了4年多时间，形成了陕北北部、陕北南部和关中地区三个战场，多以战争方式获得解放。陕西国统区青年在党、团组织领导下，为陕西全境解放发挥了重要作用。

1948年4月18日，中共西北局会议讨论青年工作时强调，建团工作和青年工作的重点要“放在新区”“放在城市”，并在5月4日《关于目前青年工作的指示》中要求，把最大的力量放在新区，团结青年学生和知识分子为争取解放战争的胜利而奋斗，利用各种形式把青年组织起来，以恢复战争创伤、发展生产、重建家园为主要任务。按照西北局指示精神，新区党、团组织带领团员青年投入了迎接解放的各项斗争。

1949 年 5 月，西安及关中各地陆续解放。为加强关中新解放区建团工作的领导，充分发挥广大青年的积极性，在青年团省级机构未建立的情况下，中共西北局青委直接领导新区建立了各分区党委的青委和各级团组织。6 月，青年团中央与中共西北局在西安成立了青年团西北区工作委员会（简称青年团西北工委）和青年团西安市工作委员会（简称青年团西安市工委），与此同时，在青年团西北工委和各分区党委领导下，关中新区分别成立了青年团三原分区、大荔分区、渭南分区、邠县分区等地方工作委员会。

陕北南部国统区以黄龙、宜川、黄陵、韩城、合阳、澄城等 9 县为中心，西北野战军从 1947 年 9 月到 1948 年春解放了大部分县，在成立黄龙分区党政机构的同时，陕甘宁边区青联即派出青年工作组开辟黄龙新解放区青年工作，组建了青年团黄龙分区工委。团组织以知识青年为工作中心，在动员组织青年参加农会、民兵、清匪、反霸和土改中，成为新解放区最活跃的力量。韩城和洛川是知识分子和青年学生比较集中的地方，也是三青团发展渗透的重点地方。在党的领导下，组织引导青年学生学习党的方针政策，了解解放战争形势和边区青年学习生活，帮助青年学生认清国民党的反动统治，坚定对中国共产党和新民主主义的认识，解除思想顾虑，启发青年学生自觉消除国民党统治时期的反动宣传和敌特分子的谣言，自觉退出国民党和三青团。韩城 107 名三青团团员在两三天就有 80 多名青年教师和学生签名发表退出三青团声明，自发召开控诉国民党罪行、退出国民党和三青团的进步大会。黄龙分区通过宣传教育和带领青年学生参加实际斗争，培养了大批青年积极分子，发展团员 300 多人，向党政机关、部队输送了千余名知识青年。

西安解放前夕，国民党策划了大规模的破坏活动，企图把残破的西安留给人民。青年团地下组织奉命立即进行护厂、护校、护局的斗争。

中共西安市工委先后从西北大学、西北工学院、师专、商专、医专等院校选送了250多名团员和进步青年到陕甘宁边区接受培训，为西安解放后的接管工作准备干部。在学校，团组织发动学生把图书和教学、实验器材转移到安全地带，还成立了护校队站岗放哨、巡逻警戒，使前来破坏的敌特不敢轻举妄动。在工厂和铁路、电讯单位，团组织配合地下党组织开展护厂、护局斗争，组织团员青年在“保住工厂，保住机器就是保住饭碗”的口号下成立纠察队，通过各种办法阻止敌人的破坏行动。西安电讯局的团员得知敌人破坏的重点是发讯台后，连夜把发讯台的内部零件拆下搬走，只留一个机器外壳。邮局的团员也连夜把邮车开到安全地带。

地下团组织在解放军进入西安后，迅速转为公开活动，组织团员和青年宣传队向人民群众宣传党的方针政策，帮助学校恢复教学，帮助工厂企业恢复生产，稳定社会生活秩序，在工厂、学校、机关、单位发展优秀青年入团。1949年5月21日，西北大学、西北工学院、陕西商专、医专等校学生，发起筹备全市各界庆祝解放大游行，同时积极配合接管学校的工作组帮助学校复课，采取各种措施召集在反集训、反迁校斗争中离开学校的同学返校。6月7日，西安73所大中专学校的学生1.8万人上街游行，欢庆西安解放。西北大学、医学院、医专等学校学生几乎全部参加了随军服务。各校学生还组成1.2万人的劳动大军，填平了胡宗南匪军在西安城墙外环城修筑的战壕。西安电厂青年工人加强修复被敌人逃跑前炸坏的发电机组，使解放后的西安很快就全面恢复供电。

西北局青委和青年团西北工委为加强对青年的革命理论教育，动员青年报考军事干校，1949年6月，首先在西安开办暑期青年培训班，吸收西安各大中专学校的团员和青年积极分子参加学习。西安及各县近万名高中学生响应青年团的号召，报考了西北军政大学、西北人民革命大学、延安大学以及各级党校和青年干部学校。

1949年7月，西北局青委和青年团西北工委，在西安早慈巷省立一中举办“西安暑期青年训练班”。

1948年10月到1949年春，陕东地区大荔、蒲城、朝邑、白水县相继解放，西北局青委及时派出青年干部到大荔分区开辟青年工作，同时将韩城、合阳、澄城团组织划归新成立的青年团大荔分区工委领导。大荔分区青年工作以学校青年工作为重点，在动员青年学生积极参加拥军支前、恢复生产生活秩序、减租减息和清匪反霸各项工作中，培养青年积极分子，发展团员1000多人，建立了各县团的工作机构。华北野战军西渡黄河时，各县团组织带领团员青年设立接待站、茶水站慰问解放军，为解放军征集运送军需物资，组织战勤服务队帮助救治伤病员。国民党军队在蒲城县反扑时，蒲城师范8名团员协助学校安全转移百余名同学。

榆林解放前夕，陕甘宁边区青年团筹委会于1948年11月成立了青年团榆林分区筹委会，发动进步青年学生开展迎接榆林解放的有关工作。1949年4月底，榆林和平促进会组织榆林师范、榆林中学、榆林职中等校10多名进步学生组成代表团，越过国民党关卡，到镇川慰问解放军和党政军领导，听取迎接榆林解放的工作指示。6 月 1 日，榆林和平解放，青年团陕北区委即派出工作组同军管会一道进驻榆林，开辟青年工作。当日，榆林各校学生和工人、农民、市民一起举行欢迎解放军和党政军领导入城仪式。在榆林党政军的支持下，青年团榆林分区工委成立后，立即带领青年学生开展欢庆解放的各种活动，协助党政军接管学校和有关单位，解散三青团组织，清除城市混乱现象。6 月 18 日，榆林各校学生和榆林各界 2 万余人隆重举行庆祝榆林和平解放胜利大会和游行。青年团榆林工委还举办青年训练班，组织进步青年学生学习党的方针政策和青年团知识，选拔团员和优秀青年参加解放区各项工作。

西府地区的地下团组织从诞生之时起，就投入到反对国民党反动统治的行列。团组织配合地下党在国民党陇县县党部和县政府的中、上层人士中进行统战工作，通过各种关系对土匪头子杨遂生进行策反工作，使这些人都程度不同地支持和掩护了地下党、团员的革命活动。地下团员肖永汉在家乡发动群众掀起抗粮斗争，曾两次被敌人拘捕，仍不屈不挠，继续坚持斗争。扶风县解放前夕，活跃在游击区和国统区的地下团员们，秘密散发传单、刊物，书写标语、墙报，在青年和群众中传递新华社战地消息等，鼓动广大群众参加和支援解放战争。岐山县的团员在敌人撤逃前，协助地下党组织青年工人成立护厂队，挫败了敌人企图破坏蔡家坡纱厂的阴谋。

西府战役和扶眉战役前夕，西府各地地下党、团组织积极动员团员青年和进步学生参军参战，涌现出许多父母送儿子、妻子送郎上战场的感人场面，使西北野战军队伍不断壮大。1948 年 4 月 16 日，西北野战军发动西府战役，经近一个月的连续作战，解放了旬邑、长武、邠县、永寿、麟游、扶风、岐山、凤翔、宝鸡、千阳等县城和乾县的一些农村。

关中各县解放后，团组织带领团员青年配合人民政府，接收、登记国民党旧政府的资产，迅速恢复生产和集市贸易，组织团员青年在路口设立开水站、招待棚，迎送解放军战士。同时把青年团工作迅速转向农村发展，动员农村青年参加清匪、反霸等中心工作，提高青年的政治觉悟，在斗争中发展青年积极分子入团。咸阳、三原、泾阳等地的团员们公开走上街头张贴标语，散发传单，宣传党的路线方针政策。

到1949年9月，关中新区的团员人数由1000余人增至6000多人，选拔培养团干部400余人，所辖各县陆续成立了青年团县工委。在此基础上，1949年9月，青年团西北工委在西安召开关中新区青年工作会议，总结西安解放以来关中新区近4个月的工作，交流建团工作经验，确定了建团工作以城市为主逐步转向以新区农村为主、兼顾城乡共同发展的方针。会后，建团工作在辽阔的八百里秦川全面展开。

青年团迎接陕南国统区的解放

1949年初，中共关中地委派人到陕南汉中、安康开展秘密建团工作，为迎接解放和接管各地进行准备工作。陕南建团分别从城固、南郑、安康开始，个别吸收，单线联系，逐步发展到洋县、勉县、褒城、宁强、凤县等地。在中共陕南地下党组织领导下，陕南团组织积极发动团员青年开展抗租、抗粮、抗丁、抗款斗争，利用各种机会揭露国民党的反动和腐败，普遍调查国民党党政主要人员和特、宪、警、三青团、帮会骨干和恶霸豪绅的情况，派人打入地方反动武装中做策反工作，建立地下武装和传送情报，为迎接陕南各地解放和接管、建立政权工作做出了积极准备。

解放战争时期，陕西国统区学生运动与全国学生运动相呼应，在党的领导下，通过各种方式反对国民党当局践踏民主的暴行，成功开展了一系列民主爱国斗争，有力地配合了解放军西北战场上的战略进攻，成为解放战争第二条战线的重要组成部分。陕甘宁边区建团的实践，有力支持和推动了陕西国统区的秘密建团工作，陕西国统区在发展地下党组织的同时，率先秘密开展建团工作。陕甘宁边区和陕西国统区的青年团和其他进步青年组织密切配合，共同为陕西全境解放和建立全省统一的青年团作出了积极贡献。

第二章

1949.10

社会主义革命和建设时期

（1949年10月-1978年12月）

1978.12

中华人民共和国成立，开启了中华民族伟大复兴的历史新纪元，标志着中国人民争取民族独立、人民解放的大规模的武装斗争已接近尾声，社会主义改造、社会主义建设的新时期已经到来。取得执政党地位的中国共产党面临政治、经济、军事、文化等多方面新的挑战。作为党的助手和后备军的共青团也必须适应新形势，迎接新任务，在实践中不断探索、创新共青团工作的内容、形式与手段。1950 年 1 月，陕西省全境解放。陕西团组织即以执政党助手和后备军的崭新姿态，在党的路线方针政策指引下，带领全省青少年积极投身实施社会主义改造、建立社会主义制度、探索社会主义道路的新征程，致力于改变一穷二白的落后面貌，在社会主义各项建设事业中受教育、起作用、长才干，充分发挥了生力军和突击队作用。陕西青年是艰苦奋斗的一代、乐于奉献的一代、理想闪光的一代，为陕西经济社会发展奉献了青春力量。

第一节 社会主义过渡时期的陕西青年团工作

一、青年团组织全面发展

中共陕西省委对青年团和青年工作的领导

1949年10月1日，中华人民共和国宣告成立，青年团的工作如何开展、如何发挥执政党的助手作用成为时代的命题。毛泽东在1952年8月下旬两次主持中央会议，讨论青年团的工作，提出两个题目要大家研究：一是党委如何领导青年团；二是青年团如何工作。这两个题目关系到在即将开始的大规模有计划的经济建设时期，如何使青年团发挥党的助手作用，如何使青年一代健康成长的问题。

1949年10月16日，中共西北局发出《关于加强党对青年工作领导的指示》，要求各级党委继续贯彻全党建团的方针，选派思想、作风好的青年干部担任团内领导，经常派负责同志参加青委、团委会议，指导工作。要求未开团代会的地、县、区成立团的工作委员会。1950年初，中共陕西省委和陕西省人民政府成立。为了加强党对青年工作的领导，省委设立了省青年工作委员会（简称省青委），并多次发出关于加强党对团工作领导的指示，经常有针对性地向各级党委转发青年团的有关工作报告等文件，具体指导团组织开展活动。11月，省委发出《关于加强青年团工作的指示》，要求全省各级党组织认真贯彻中央建团方针和中共中央西北局关于加强团的建设的指示，把大力做好青年团的工作作为党的组织工作的重要方针之一，经常研究和主动指导青年团的工作，善于发挥青年团的组织力量去完成党的中心工作，帮助青年团在带领青年参加党的中心工作中注意解决青年特殊问题。在省委和团中央、团西北工委的领导下，陕西团组织一面带领全省青年积极参加国民经济恢复、土地改革等群众运动和斗争；一面结合整党，在整顿和巩固团的组织中积极发展团员，按照团章，召开团代会，健全团的组织，并在全省少年儿童中领导少先队的建队工作。

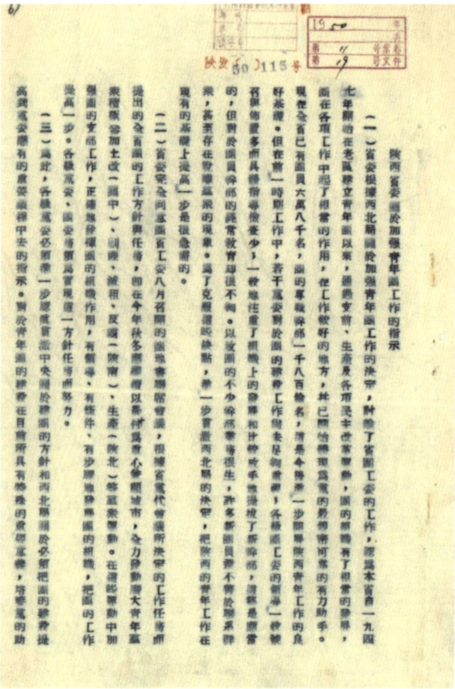

陝西省委關於加強青年團工作的指示

（一）省委根據西北局關於加強青年團工作的決定，討論了省團工委的工作，認為本省自一九四七年開始在老區建立青年團以來，通過支前、生產及各項民主改革運動，團的組織有了相當的發展，團在各項工作中起了相當的作用，在工作較好的地方，并已開始成為黨的最積極可靠的有力助手。現在全省已有團員六萬八千名，團的專職幹部一千八百餘名，這是今後進一步開展陝西青年工作的良好基礎。但在前一時期工作中，若干黨委對於團的建設工作尚未足夠重視，各級團工委的領導一般較召集佈置多而具體指導幫助少，一般地注重了組織上的發展和片面地吸收了新幹部，[illegible]的，但對於團員幹部的經常教育卻很不夠。以致團的不少幹部[illegible]，許多新團員並不[illegible]，甚至存在[illegible]的現象。為了克服這些缺點，進一步貫徹西北局的決定，把陝西的青年工作在現有的基礎上提高一步是很急需的。

（二）省委完全同意團省工委八月召開的團地委書記會議所提出的全省團的工作方針與任務，即在今年秋冬兩季[illegible]以農村為重心，全力發動廣大青年群眾積極參加土改（關中）、剿匪、減租、反霸（陝南）、生產（陝北）等群眾運動。在這些運動中加強團的支部工作，正確地發揮團的組織作用，有領導、有條件、有步驟地發展團的組織，把團的工作提高一步。各級黨委、團委均應為實現這一方針任務而努力。

（三）為此，各級黨委必須進一步認真貫徹中央關於建團的方針和西北局關於必須把團的建設提高到黨委應有的重要議程中去的指示。對於青年團的建設在目前所具有特殊的重要意義，培養黨的助

1950 年 11 月，中共陕西省委发出《关于加强青年团工作的指示》，这是省委成立后第一个加强团的建设的文件。

建立各级团组织

中华人民共和国成立之前，陕西境内建立的团组织有青年团陕北区委、绥德分区筹委会、黄龙地工委、榆林地工委、西安市工委、三原地工委、渭南地工委、邠县地工委、大荔地工委。1949 年 6 月，青年团西北区工作委员会（简称团西北工委）在西安成立。10 月后，又相继成立了青年团咸阳地工委、宝鸡地工委、商洛地工委。以上均直属团西北工委领导。1950 年 1 月，陕西全境解放，此时全省各地已有青年团员 2.55 万多名。4 月，中共陕西省委和团西北工委决定并报经团中央批准，成立了青年团陕西省工作委员会（简称团省工委），同时撤销团陕北区委和团邠县、三原、大荔、黄龙地工委，成立了团延安地委和团陕南区委，除团西安市工委外，原团陕北区委和团西北工委领导的陕西境内的团组织，统一由团省工委领导。团省工委和团西安市工委均隶属团中央和团西北工委领导，并分别接受省委和西安市委领导。团省工委成立后，全省团组织在“巩固地向前发展”的工作方针指导下，开始了有领导、有条件、有步骤的发展。

根据省党代会决议精神，1950 年 8 月，团省工委召开团地委书记联席会议，作出《关于召开各级团代表大会的决议》，建立健全全省各级团的领导机构。12 月底，团省工委印发《关于巩固团的组织的意见》，提出团的发展方针是：老区一般停止发展，重点加强教育；关中土改地区应在运动中锻炼团的组织，密切团群关系，薄弱地区可根据主客观条件适当发展；陕南应有重点、有领导、有步骤地稳步发展。1951 年 9 月，团省工委召开常委会会议，贯彻团中央全国组织工作会议提出的“正确发展团的组织”的要求，研究团组织的整顿和巩固问题，提出了“教育为主，配合整理审查，结合当前中心与实际工作进行”的方针。经过组织整顿和思想教育，全省团组织开始在巩固中继续发展。到 1953 年，除团咸阳地工委撤销外，团省工委共辖渭南、宝鸡、南郑、绥德、榆林、延安 6 个团地委，安康、商洛 2 个团地工委，以及省级直属机关团工委。团省工委逐步建立和完善了领导机构，先后设立了组织部、宣传部、学生部、青工部、军体部、少年部、省团校等工作部门和下属单位。全省建立团支部 6837 个，发展团员 15 万名，其中有 11434 人加入了中国共产党。1954 年 8 月，团西北工委随中共中央西北局的撤销而撤销，1953 年青年团陕西省委成立后由团中央直接领导，团西安市委划归团陕西省委领导。

青年团陕西省第一次代表大会

1952 年底，党中央提出了党在过渡时期的总路线。为了动员广大青年投入全省大规模经济和文化建设，贯彻团中央关于召开各级团的代表大会的决议精神，讨论研究新形势下全省团的工作方针与任务，1953 年 5 月 4 日至 12 日，中国新民主主义青年团陕西省第一次代表大会在西安召开。出席大会正式代表 334 人，列席代表 56 人。团省工委书记李连璧致开幕词，省委书记潘自力作《动员起来，为完成 1953 年的任务而奋斗》的政治报告。团省工委副书记张德立作《进一步贯彻三中全会（团中央一届三中全会）决议精神，切实引导广大青年努力学习，积极参加祖国建设》的工作报告。大会根据省委的工作方针和任务，提出今后团的工作必须面向生产，面向基层，学习与生产相结合，提高团的质量，更加突出地加强对团内外青年学习的指导，引导广大青年掀起一个为建设祖国而努力学习和工作的热潮。大会通过并发出了向毛泽东、中共中央、中国人民解放军、青年团中央的致敬电。大会选举产生了青年团陕西省第一届委员会，一届一次全委会议选出常委 7 人，书记 1 人，副书记 2 人，张德立当选书记，白纪年、张廉当选副书记。

二、巩固新生人民政权中发挥先锋作用

保卫巩固新生人民政权

1950 年 8 月，青年团陕西省工作委员会召开团地委书记联席会议，提出在新形势下各级团组织的工作方针和任务是继续以农村为重心兼顾城市，全力发动组织广大青年群众积极参加土改、剿匪、减租、反霸、生产自救等群众运动，在巩固和发展人民的新生政权中发挥先锋作用。随后，除了积极动员团员青年参加土改运动以外，在发动群众制订爱国公约活动中，在清除旧政权留下的吸毒、赌博、卖淫等旧社会垃圾和流毒活动中，团员青年都发挥了先锋作用。团员青年无论是在参加农会，参加民兵，参加扫盲、识字班等活动中都起着带头作用，特别是在恢复工农生产和镇压反革命活动中更是发挥了巨大的作用，为巩固人民的新生政权作出了积极贡献。

投身抗美援朝运动

抗美援朝战争是第二次世界大战结束后，第一场大规模的国际性局部战争，是中华人民共和国成立后中国人民同世界上最强大的敌人

进行军事较量并取得胜利的一次保家卫国战争。[①] 1950年6月，朝鲜内战爆发，美国公开宣布武装入侵朝鲜，把战火烧到鸭绿江边，妄想把新中国扼杀在摇篮中。10月，中共中央作出“抗美援朝，保家卫国”的战略决策，抗美援朝运动在全国展开。25日，陕西各界发表联合声明，拥护全国各民主党派联合宣言，积极开展抗美援朝运动。

抗美援朝运动初期，青年团陕西省工作委员会根据一部分青年中存在亲美、崇美、恐美的思想状况，通过组织报告会，利用讨论、漫谈、看爱国影片的方式，在青年中普遍开展爱国主义与国际主义的思想教育运动，引导广大青年认识“抗美援朝就是保家卫国”等道理，增强对人民、祖国与共产党的热爱。从1950年12月中旬开始，青年学生们热烈响应祖国召唤，纷纷报考军事干部学校，走上建设国防、保卫祖国的光荣岗位。1953年5月，全省约有110万青年参加了反对美帝重新武装日本的游行示威（占全省青年人口的60%），126万青年在和平呼吁书上签名（占全省青年人口的70%），数万名青年争相报名参加军干校和中国人民解放军与志愿军，直接赴朝作战青年有4万余名。

三原县各界欢送爱国青年参军大会。

① 当代中国研究所：《中华人民共和国史稿》第一卷（1949-1956），人民出版社、当代中国出版社2012年版，第85页。

抗美援朝运动中后期，陕西省一半以上的青年都分别参加了学校（班级）、工厂（车间）、乡村、机关、居民小组及家庭的爱国公约订立和竞赛活动，并把爱国公约作为自己的行动纲领。工厂和农村青年结合订立爱国公约，开展了劳动生产竞赛，涌现出了闻名全省的新秦纺织公司的桑桂英，同官煤矿的王福顺，渭南的关双全等 22 名全省青年劳动模范。在捐献飞机大炮活动中，全省广大青少年除了参加“中国青年号”和“中国少年儿童号”等战斗机的捐献活动外，还积极参加陕西捐献活动。青年学生的捐献活动主要围绕三个方面开展：一是做工捐献；二是节约捐献，大中专院校设立爱国捐款箱，同学们纷纷把节省下来的伙食钱、乘车钱及零用钱，投入到爱国箱里；三是走上社会，向农民、市民进行捐献宣传。截至 1951 年 12 月底，陕西学生共捐款近 1.3 万元人民币，陕西青少年和全省人民一共捐献飞机 41 架。

抗美援朝运动一开始，陕西青年就开展了给志愿军战士写慰问信、送慰问品等活动。青年农民普遍为烈、军属和志愿军家属代耕，极大地鼓舞了在朝鲜前线的陕西志愿军的士气。1954 年 4 月，朝鲜人民访华代表团的一部分青年代表，来到西安进行访问，赵梦桃、郭统绪等陕西工农业战线的劳动模范和先进青年代表，以及来自西北地区的 20 多位各界优秀青少年，和朝鲜代表团代表进行了座谈交流及联欢。

三、参加土地改革和各项民主改革

参与土地改革运动

早在抗日战争和解放战争时期，陕甘宁边区已经先后完成了土地改革。从 1948 年至 1950 年 2 月，黄龙地区解放较早的黄龙、宜君、宜川、洛川、黄陵 5 个县也完成了土改。中华人民共和国成立后，陕西土改主要是在新解放的关中地区和陕南地区进行。

1950 年夏，关中地区土改开始，8 月，青年团陕西省工作委员会召开团地工委书记联席会议，专题部署土地改革工作，要求各级团委在农会统一领导下，有组织有计划地发挥青年在评成分、进行说理斗争、没收和分配土地、维持地方治安等工作中的积极作用。为紧密配合土改运动，团省工委还在土改训练班中，组织团干部学习土改政策与群众工作方法，为土改工作培训骨干。为取得土改中发动青年与团的建设的经验，团省工委和关中各团地委集中一部分干部，参加了党、政组织的土改试办工作队。

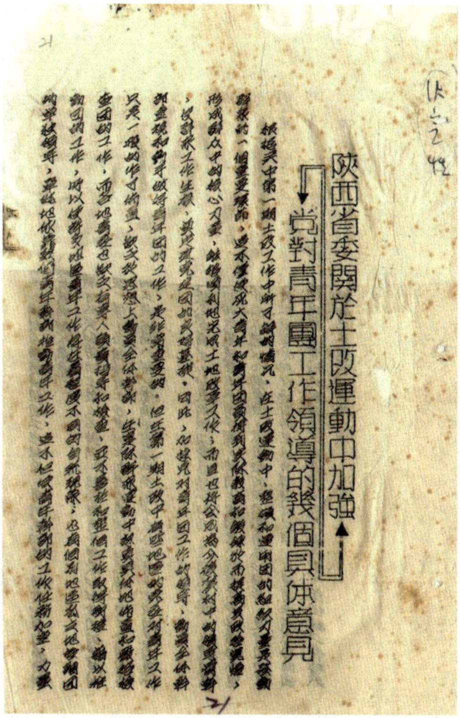
陕西省委關於土改運動中加強黨對青年團工作領導的幾個具体意見

1951 年 1 月，中共陕西省委发出《关于土改运动中加强党对青年团工作领导的几个具体意见》。

1951 年 1 月，中共陕西省委发出了《关于土改运动中加强党对青年团工作领导的几个具体意见》，要求各级党委在土改中发动青年群众，加强青年团的建设，提高和锻炼团干部工作能力，充分发动贫、雇、中农青年积极参加土改斗争，并吸收团的干部参加各级土改委员会及农会的领导工作，把参加农会作为土改中发动青年农民的主要形式。陕南地区土改开始后，1951 年 10 月 4 日，团省工委发出《关于发动陕南区广大青年积极参加土地改革运动的指示》，要求在土改中争取发动 50%—60% 的青年参加农会，15%—20% 的青年加入民兵，使广大青年成为贯彻农会决议、巩固农会组织的重要力量。在关中、陕南新区土改中，广大团员青年接受了土改的教育和锻炼，提高了阶级觉悟，许多地方团员带头参加了农会、民兵。到1952年10月，全省约90万青年农民参加了农会，27万青年参加了民兵，成为全省土改运动中一支积极活跃的不可缺少的力量。

榆林地区长城以内的8个半区56个乡从1951年11月开始土改，1952年2月完成。广大青年在没收地主富农土地财产、分配土地、废除农民封建债务的工作中发挥了积极作用。经过土改运动，青年农民分得了土地、房屋、农具，生产情绪高涨，在农业生产运动中发挥了积极带头作用。

参加“三反”“五反”运动

1951年12月，中共中央决定在县级以上党和政府机关人员中开展反贪污、反浪费、反官僚主义的“三反”斗争。1952年1月，中共中央决定在全国大中城市资本主义工商业者中开展反行贿、反偷税漏税、反盗骗国家财产、反偷工减料、反盗窃国家经济情报的“五反”斗争。

从1952年春天开始，陕西省工矿企业和机关的青年们积极参加“三反”“五反”运动，各级团组织在运动中密切配合党政部门，在宣传政策、调查材料、查账算账、监视“老虎”[①]、斗争大会等工作中发挥了积极作用。青年们勇敢、坚决地向封建把头、不法资本家和贪污分子进行斗争，同时开展增产节约竞赛，学习和推广先进技术及经验，积极提合理化建议。特别在“五反”运动的重点地区西安市，各区团工委相继召开团员大会、青年代表座谈会，组织宣传组，办黑板报、广播站，

① “老虎”，指贪污、盗窃分子。

演剧及布置橱窗漫画等，讲解政策，揭露资方阴谋，打破群众顾虑，发动群众积极参加斗争。同时，在党的统一领导下，对全市店员、学徒、手工业工人进行了较系统的阶级教育。经过教育，广大青年工人、店员、学徒认识了工人阶级劳动的光荣，划清了与资产阶级的界限。青年团在运动中的影响扩大，威信提高，“争取立功入团”成为许多青年店员、学徒积极参加“五反”工作的口号。有的团组织还将积极分子组织起来，成立了战斗组、突击队、检查组，团结广大店员对资本家“违法事实登记表”进行认真审查、讨论，成为推动一般店员、学徒，争取高级店员，搜集材料，给检举者撑腰等方面的活跃力量。这一运动到 1952 年 10 月基本结束。

学习宣传新中国基本法律

1950 年 4 月，中央人民政府颁布了《中华人民共和国婚姻法》，受到广大青年的热烈拥护。在贯彻婚姻法运动中，陕西各级团组织与陕西省妇女联合会组织密切配合，积极带领青年学习、宣传、贯彻婚姻法，帮助青年与旧的婚姻制度作斗争，鼓励青年实行婚姻自主。《陕西青年报》报道了《封建魔爪杀死亲姐妹》等文章，在全省开展了“反对包办买卖，争取婚姻自主”的讨论。团西北工委和西北妇联合编的《婚姻自主》等宣传手册，具体帮助指导青年自由恋爱，建立美满幸福的新家庭。

1954 年 6 月 14 日，中央人民政府公布了《中华人民共和国宪法草案》，要求全民进行讨论。15 日，团中央通知要求各级团组织将此作为一项重要的政治任务来抓，普遍而深入地在团员青年中进行宪法草案的学习讨论与宣传。16 日，青年团陕西省委发出《关于动员团内外青年宣传和讨论中华人民共和国宪法草案的通知》，指示各级团组织在党的领导下，动员组织团员和各阶层青年积极参加宪法草案的宣传和讨论，使广大青年初步了解宪法草案的主要内容和基本精神，以及与自己的切身关系，从而珍惜祖国所给予的神圣权利与义务，提高国家主人翁思想，以积极生产、工作和学习的实际行动来表示对宪法草案的拥护，并在宪法正式公布后自觉地模范地遵守。《陕西青年报》及时发表有关宪法基本内容的通俗文章，报道团员青年学习讨论宪法草案的情况。

1955 年 2 月 15 日，国务院公布了《中华人民共和国兵役法（修正草案）》，18 日，团中央发出《关于讨论和宣传兵役法草案的通知》。陕西团组织根据团中央通知精神，在全体团员青年中开展学习讨论，解释义务兵役制的优越性及重要意义，解释义务兵役制的有关政策。基层团组织采取与部队联欢，请战斗英雄作报告等活动形式，对广大青年和群众进行宣传，提高对兵役法的认识和服兵役的自觉性。7 月 30 日，第一届全国人民代表大会第二次会议通过了《中华人民共和国兵役法》，立即在陕西团员青年中引起了更为广泛深入的反响。广大团员青年通过学习兵役法，爱国热情进一步高涨，纷纷写信给国防部和兵役局，要求服兵役，履行保卫祖国的义务。《陕西青年报》连续发表了通俗的《中华人民共和国兵役法讲话》，帮助青年加深理解《兵役法》内容。12 月 28 日，团省委给全省团员青年发出《青年们！祖国向你们召唤》的公开信，号召全省团员青年认真学习兵役法，为保卫祖国的安全，保卫社会主义建设事业，保卫美好幸福的生活，勇敢地走上保卫祖国的战斗岗位。截至 1956 年 1 月 3 日，陕西省兵役局收到青年来信 1042 件，表示一定要当一名光荣的国防军战士。许多青年寄上照片和体检表，表示愿意把自己的青春献给祖国。长安县郭杜区的青年康旭华把心里话编成顺口溜说：“旭华今年整十八，身强力壮没麻达，赶快给我报上名，我要当兵报国家。”

通过婚姻法、宪法和兵役法的宣传教育，陕西广大团员青年初步树立起了法制意识、合法的权利与义务观念，对以后在广大青年中普及法律知识，增强法治观念，产生了深远的影响。

四、开展青少年思想政治教育活动

马克思列宁主义理论学习活动

中华人民共和国成立初期，陕西团组织的宣传教育工作重点，主要是对团员青年进行马克思主义和革命基本理论的启蒙教育，了解革命是怎么一回事，为什么要革命，革谁的命，怎样革命和革命的前途是什么。

1949 年 9 月，关中新区青年工作会议上，青年团西北工委书记罗毅在《关中新区青年工作的检讨和对今后工作的意见》报告中指出，目前团的教育工作，重心应放在组织团员青年学习马列主义基本知识和中国革命的基本问题，要使每个团员都能初步接触马列主义，懂得革命的道理，从而提高思想政治觉悟。1950 年 1 月，中共西北局书记习仲勋在西安召开的西北第三届青年代表会议上，号召青年开展广泛的学习运动，要求各级党政军里的青年干部们，努力学习马列主义和毛泽东思想与中国革命的基本知识，建立与加强革命的人生观，提高政治理论水平，积极做好工作，要在学习运动中成为推动力量。从此，各级团组织遵照党的号召和上级团委的指示，层层传达贯彻落实，在广大团员青年中掀起了政治理论学习的热潮。这个时期陕西各级团组织的基本理论教育工作是分为知识青年和劳动青年两个层次进行的。

对城市青年干部、青年知识分子和青年学生，主要是通过培训班、短期学习会、听大报告等形式开展学习，内容是马列主义基础理论和党的基本知识。当时有 9000 多名青年参加到干部培训学校中学习革命理论，并初步掌握了马列主义基本理论，后来这些青年干部亲切地称这类学习教育是“我们参加革命的启蒙老师”。1952 年 6 月陕西省团校成立后，团省委陆续对全省团的县、区级干部进行系统的马列主义基础知识培训，使他们了解中国革命和人民民主专政的基本性质，懂得团的基本理论。对广大工厂和农村的劳动青年，主要是通过冬学、民校、读报组、听团课等形式开展学习。据统计，到 1952 年底，全省工厂、农村 54 万青年参加冬学和民校学习，70 万青年参加读报组，除了学习文化和时事政策外，政治理论课程主要是团中央编印的《初级政治常识读本》。为了帮助团员青年学习马列主义基本常识，根据团中央 1950 年 8 月发布的《青年团宣传员工作暂行纲要》，在全省建立了宣传员队伍，以每月一次或两次讲课的方式，帮助青年学习马列主义基本理论和中国革命基本问题等方面的知识。

社会主义教育活动

进行社会主义教育，是中华人民共和国成立后一个时期团的主要思想建设任务和宣传教育工作。教育的内容与要求是：对青少年进行社会主义前途教育、社会主义建设艰巨性的教育。

1953 年，结合对党在过渡时期总路线的宣传教育，陕西各级团组织加强了对团员青年的社会主义思想教育，帮助广大青年提高社会主义觉悟，坚定沿着总路线向社会主义前进。结合农业合作化运动，1955 年，青年团陕西省委在青年农民中着重进行了以社会主义劳动态度对待集体劳动和公共财物，以及安心农业生产的教育。通过社会主义思想大学习、大动员和大宣传活动，广大农村团员青年参加互助合作组织，走社会主义道路的积极性日益高涨。

1957 年初，全省实现农业合作化，生产关系和所有制发生变化，团省委召开农村工作会议，着重研究如何加强农村青年的政治思想教育工作，更好地组织青年建设社会主义新农村。会议要求在组织青年争取大丰收的同时，继续开展争做优秀社员运动，在青年中进行比劳动质量、比爱护公共财物、比团结互助、比讲公道话的“四比”活动，以加强对青年的集体主义和社会主义教育。

反右派运动开始后，1957 年 8 月 17 日，共青团陕西省委发出《关于组织团内外青年积极参加社会主义教育运动的指示》，要求各级团组织动员团员青年积极参加社会主义大辩论，组织团员青年投入打击不法地主、富农和参与对反革命分子的说理斗争。许多团组织还用新旧社会对比的办法，有力地驳斥了“合作化搞糟了”“粮食统购统销搞坏了”等言论，大大提高了青年的思想觉悟，坚定了立场。通过社会主义大辩论，团员青年基本上分清了在粮食问题上的大是大非，生产热情和出售余粮、缴纳公粮的积极性空前高涨，协作互助精神得到极大发扬。

在当时反右派运动扩大化的形势下，对青年的社会主义教育也出现了“左”的偏差。随着“左”的指导思想不断升温，对青年的社会主义教育进一步走向极端化。1959 年底，根据中共陕西省委指示，在全省农村开展的以两条道路斗争和社会主义教育为纲的整社运动中，团省委也向各级团组织发出了深入开展社会主义教育和整团的指示，要求教育团员青年以保卫社会主义为目的，批判资本主义、个人主义和右倾保守思想。1962 年 9 月，中共八届十中全会后，在全国开展的社会主义教育运动中，对青年的社会主义教育被阶级斗争和两条道路斗争所取代，挫伤了青年干社会主义的积极性。这期间，各级团组织配合党政部门，大力发动知识青年回乡参加农业生产劳动，掀起建设社会主义新农村的高潮。他们听党话，扎根农村，艰苦奋斗，为农村的社会主义建设事业贡献着青春和力量。

共产主义教育活动

1951 年 4 月，党中央在《关于整顿党的基层组织的决议》中，要求普遍进行一次关于共产主义和共产党的教育。8 月，团中央作出《关于青年团员参加党的共产主义和共产党的学习的决定》，明确要求："凡是在党进行这种教育的地方，团员均需参加，并应将其作为当前团内教育的主要内容。"

遵照中共中央的决定和上级团委的指示，1952 年，青年团陕西省工作委员会进行了具体部署，要求在进行整党的地区，团的组织应发动全体团员积极参加共产主义与共产党的教育活动，以期加强团员对共产主义与祖国前途的认识，加强对共产党的认识，正确地认识党和团的关系，从而更加自觉地服从党的领导，做好党的助手和后备军。经过对团员进行共产主义和共产党的教育，截至 1954 年底，全省有 6712 名团员光荣地加入了中国共产党。

1955 年 3 月，青年团陕西省委一届三次扩大会议召开，集中讨论了在陕西地区进一步加强对青年的共产主义教育问题。会议提出把发动和组织青年参加党的中心工作，作为加强对青年进行共产主义教育的根本一环。要求各级团组织在实际斗争中对青年进行共产主义教育，把共产主义教育渗透到青年的生产、学习和生活的各个方面，不断提高青年的共产主义觉悟。

1957 年，随着整风及反右派运动的兴起，党、团组织对青年的共产主义理想信念教育进一步加强。5 月 17 日，青年团陕西省委在《关于组织团员积极参加党的整风运动的指示》中指出，团员如果"不以工人阶级思想代替小资产阶级和资产阶级的思想，就不可能真正成为党的后备力量。因此，学习马列主义，不断提高共产主义觉悟，是广大团员最迫切的要求，也是团组织的首要任务。"

1958 年，在全党发动的"大跃进"浪潮中，陕西省委书记处书记白治民在全省第二次青年社会主义建设积极分子代表大会上致词时强调，青年要努力提高共产主义觉悟，发扬共产主义的协作精神，树立起“我为人人，人人为我”的共产主义新思想。要求青年工作要不讲价钱，不计报酬，不图名利，克勤克俭。永远跟着党走，党指向哪里，就奔向哪里，哪里有困难，就到哪里去战斗。共青团陕西省委也多次召开委员扩大会议，部署在青年中开展共产主义教育。11 月上旬，团省委二届六次扩大会议提出以共产主义教育为纲，通过了《关于协助党开展社会主义和共产主义教育运动的指示》，要求各级团组织教育青年“大立共产主义思想，大破个人主义和本位主义思想”，努力实现共产主义化。

1959 年，团省委在青年中开展了以两条道路斗争为纲的社会主义和共产主义教育，要求青年发扬共产主义协作精神。团省委发出《关于在全省青年中普遍开展共产主义劳动态度的大讨论大教育的指示》，对青年进行共产主义劳动态度教育。年底，省委书记处候补书记赵守一在陕西省第三次团代会上，向全体代表作了《立共产主义的大志，做毛主席的好学生》的讲话，鼓励青年立共产主义大志，做共产主义新人，用毛泽东思想武装头脑，向资本主义思想和自然灾害作坚决斗争。

这个时期，由于处在“左”的思想影响下，党、团组织对青少年的共产主义教育逐步脱离实际，出现了对共产主义教育极端化的做法，使这一教育打上了极“左”的烙印。青年中所谓“个人主义”思想和行为也被认为是与共产主义精神格格不入而受到无情批判。

创办团的宣传刊物

中华人民共和国成立后，陕西团组织充分发挥青少年报刊的作用，更好、更大范围地对全省团员青年开展思想政治教育，促进全省团的工作稳序开展。

《陕西青年报》 1955年1月正式创办，是团省委机关报。1960年底因纸张紧缺停刊。该报围绕党的中心任务，注重党和政府关于青年工作指示，突出青年特点，宣传各时期青年典型，反映青年的要求和愿望，探讨青年关心的社会问题，传递各地青年活动信息。报纸图文并茂，标题醒目，语言生动，经常配以大照片、招贴画、讽刺画、漫画、幽默画活跃版面，适合青年特点。先后开辟“时事讲话”“看漫画学时事”“小考场”“科学宫”“团课教材”等栏目或副刊，引起读者兴趣。还与省教育厅合办扫盲副刊，开设“学习成绩公布栏”“光荣榜”“边学边用”等栏目，深受青年读者的欢迎。1985年初，团省委决定恢复报纸，定名为《青年信息报》，出至1986年7月第18期时暂停出刊。1987年1月7日，《青年信息报》又改名为《陕西青年报》，出至1987年底与《当代青年》杂志合并，《陕西青年报》从此停刊。

《红色少年报》 1959年元旦正式创办，是由团省委主管的周刊，宗旨是向少年儿童进行共产主义教育，指导少先队开展活动，帮助新一代从小树立永远跟党走的坚定信念。对象以小学三年级以上的少年儿童为主。在内容上，既给儿童提供红色革命的学习材料，帮助其提高思想政治觉悟，增长知识，又给少先队的大、中、小队介绍经验，帮助其开展活动，搞好工作。报纸坚持通俗化的原则，充分运用少年儿童喜爱的表现形式和儿童自己的创作，做到图文并茂，文短图多，深入浅出，生动活泼，是全省广大少年儿童爱不释手的读物。1960年9月，按照省委关于清理和精简报刊的指示精神，团省委将《红色少年报》停刊。经过清理整顿，《红色少年报》于10月下旬继续出刊，1961年7月由于纸张紧缺停刊。

五、恢复和发展经济中的“青”字号活动

青年增产节约运动

1951 年 11 月，青年团一届二中全会作出了《关于开展增产节约运动的决议》，动员全国团员青年在各条战线开展增产节约爱国运动。1955 年中共中央提出了“厉行全面节约，克服一切浪费”的号召。

1955 年 6 月开始，陕西各级团组织响应党中央和团中央号召，在许多地方纷纷自愿建立和组织起了青年节约队，开展青年节约运动，坚决贯彻“大材不小用，好材不劣用”的原则。8 月 29 日，青年团陕西省委发出通知，要求认真贯彻团中央《关于开展减少粮棉损耗运动的指示》，大力组织、动员广大农村团员青年，在节约粮食和棉花中做出显著成绩。为了加强对青年节约运动的领导，1957 年 3 月 12 日，团省委发布了《关于厂矿企业增产节约运动中团的工作的意见》，对各厂矿企业的团组织提出了六条具体意见。其中特别强调：要发挥青年技职人员在增产节约运动中的骨干带头作用；要强化监督作用，鼓励团员青年大胆地向浪费现象作不懈的斗争；要注重工作实效，切实加强和改进团的基层领导工作。1959 年 4 月，共青团陕西省委结合纪念“五一”“五四”在全省范围掀起了一个“千军万马攻关键，人人动手省材料”，大搞技术革新，提高劳动生产率，超额完成国家经济建设计划的新高潮。11 月底，团省委召开青年勘察、设计和技职人员活动分子会议，把青年增效节约运动引向深入。“文化大革命”期间，青年节约运动被迫暂时停止。“文化大革命”后，青年节约运动又陆续开展起来。新的历史时期，青年节约运动沁透到社会主义现代化建设的各个领域，成为青年健康成长的优良传统之一。

青年监督岗

青年监督岗是厂矿企业团组织根据生产和经济活动的实际需要建立

的，协助党和行政消除生产中的缺点，克服官僚主义，维护生产秩序，巩固职工劳动纪律；使青年工人更多地关心集体、爱护公共财物，同不良现象和行为勇敢地作斗争。青年监督岗的工作方法灵活多样，既有批评，也有表扬，更有内部的协商。从 1955 年 3 月开始，陕西省在铁路、基建、厂矿等单位的许多生产岗位上建立起了青年监督岗（有些单位叫青年检查组）。青年监督岗建立以后，在揭发和克服生产中的缺点，特别是在克服浪费现象方面，发挥了显著作用，同时也注意针对生产中的具体情况提出各种有益的建议。1957 年 3 月，青年团陕西省委关于厂矿企业中团的工作意见中，特别提出要“组织群众性监督活动”，同各种不良倾向和现象作斗争。此后，团员青年群众性监督活动进一步广泛地开展起来，并一直在社会主义建设中发挥着很好的作用。

青年积肥运动

20 世纪五六十年代，我国化学肥料生产尚处于落后状态，为了能够获得充足的肥料，夺取农业大丰收，广大农村青年掀起了声势浩大、规模壮阔的群众性积肥运动。1955 年 10 月 18 日，青年团陕西省委和陕西省农业厅联合发出《关于奖励青年积肥先进集体和个人的决定》，号召全省农村青年在秋冬积肥 25 亿公斤，决定评选奖励 500 个积肥先进集体和 1000 个陕西青年积肥积极分子。决定发出后，各级党、政和有关部门积极支持，农业技术推广站加强对青年积肥运动进行技术指导，全省积肥运动声势更加高涨。广大农村青年在“为了增产粮食，积肥千车万担”口号的鼓舞下，劳动热情高昂，除杂草、扫落叶、掏涝池、换墙土、铲“三道”[①]、搜“三底”[②]，根据各地不同情况，想尽各种

① 三道，指磨道、碾道、街道。
② 三底，指粪堆底、厕所底、圈底。

办法，积极开拓肥源。到本次冬季积肥运动结束时，全省参加积肥运动的农村男女青年达 150 多万人，他们在团支部的领导下，以村或社为单位，共组织起了 3 万多个青年积肥突击队、积肥人队和积肥小组，累计积肥 56.7 亿多斤。为了宣传表彰农村青年在积肥运动中所作出的突出成绩和体现出的宝贵精神，全省各地纷纷召开冬季积肥突击运动颁奖大会，以鼓舞青年干劲。

1956 年、1957 年，为了夺取农业再丰收，各地团组织普遍总结经验，开展辩论，进行深入的宣传和动员，带领广大农村青年积极想办法、找窍门，继续努力积肥。在做好思想工作和组织工作的同时，各地团组织还积极和农业社商讨，采用按质论价、付现款等办法，合理解决了积肥报酬问题，使全省积肥热潮不断，成绩惊人。为了配合冬季农业生产高潮，1957 年冬季，共青团陕西省委作出了《关于动员青年积极参加兴修农田水利和积肥运动的指示》，强调要加强领导，使青年积肥运动健康持续发展。1958 年，中共陕西省委制定了“苦战三年，改变全省面貌的二十条奋斗目标”。为了响应省委号召，7 月 6 日，团省委作出了《关于动员 500 万名青少年大量开展积肥造肥的决定》，决定在七、八月内动员全省 500 万名青少年开展积肥造肥突击运动。决定发出后，各地团组织认真教育青少年认识大量积肥造肥的重大意义，大力组织、动员青少年开展讨论，打破保守思想，学习造肥、施肥先进技术与经验。广大青少年热烈响应号召，积极组建青年突击队，大量沤肥、蒸肥、熏肥、制造土化肥，并不断发明创造新的造肥办法。1959 年，为了贯彻落实省委“在全省范围内开展一个以积肥、造肥和春耕准备为中心的农业生产突击运动”的要求，1 月 29 日，团省委召开会议，要求各级团组织立即发动和组织广大团员青年积极响应党的号召，投入积肥造肥高潮，同时提出了响亮的战斗口号：干劲冲破天，大战肥料关，青年五带头，积肥万万担。会后，各地团组织遵循党的指示，按照团省委的要求，把开展积肥造肥运动当作一项政治任务，在各级党委统一领导和部署下，迅速行动。为把积肥造肥运动不断推向深入，组织队与队、个人与个人之间的社会主义劳动竞赛，抓典型、树榜样，在团员青年中掀起了“学先进、比先进、赶先进”，人人争上游的热潮。全省广大团员青年在团组织的直接带领下，充分发挥带头作用和首创精神，为争取全省农业丰产丰收作出了积极贡献。

青年突击队（手）活动

在热火朝天的社会主义建设中，中国共产党统筹农业、轻工业和重工业的发展比例、步骤和进度，青年团的主要任务是：“动员全体青年团员，站在工业、农业、国防和文化的战线上的最前列，以对祖国对人民的无限忠诚，积极参加建设祖国的伟大事业，在各种工作岗位上努力学习，努力发挥自己的积极性和创造性，并团结全国青年和全国人民一起为完成和超额完成国家工农业生产计划而努力。”[①] 青年突击队的产生，适应了当时经济发展和建设的现实需要，也有它自身产生的必然性。1954 年 6 月，《人民日报》《中国青年报》相继报道了北京展览馆建设工地建立青年突击队的经验，陕西地区各基建单位于 7 月开始试建青年突击队。全国第二支青年突击队、陕西第一支青年突击队——秦岭隧道青年突击队在修建宝成铁路的铁道部第六工程局率先建立，自 1954 年起历时两年，青年突击队勇挑重担、不畏艰险，完成了宝成铁路宝鸡到青石崖段新线建设任务，成就了这一条世界铁路建设史上著名的“观音山展线”。青年团陕西省委及时总结青年突

① 《中国共产党中央委员会关于加强党对青年团的领导给各级党委的指示》(1953 年 10 月)，中央团校青年团工作教研室编：《中国青年运动历史文件选编》，内部资料 1979 年印行，第 188 页。

击队经验，并向中共陕西省委和青年团中央报告了陕西建立青年突击队的情况。1955 年 2 月，省委批转了团省委的报告，从此青年突击队活动在全省蓬勃开展起来。到 1956 年底，全省厂矿企业、基本建设单位的青年突击队已发展到 883 个，另外还建立了 124 个先进青年班组。在党的领导、行政的支持和工会的配合下，经过积极工作，青年突击队基本上做到了慎重组建，稳步发展。团省委常委会还专题讨论了农村青年突击队问题，认为青年突击队是青年团围绕党的中心工作，参与经济建设的具体体现，是激发农村青年劳动热情、推动生产建设的一种好形式。在全省农村建立了诸如青年治虫突击队、青年抗旱突击队、青年夏收突击队等各种类型的突击队。到 1956 年底，全省农村建立了 3 万多个青年突击队，在“急、难、险、重、新”任务中发挥了独特作用，推动了农业生产和第一个五年计划的顺利完成。

1959 年 12 月，共青团陕西省委在秦岭电厂召开全省青年突击队代表会议，出席会议代表 350 人，总结交流了青年突击队成立以来的工作经验。青年突击队的发展，在促进生产、教育培养青年的同时，也丰富了团的工作内容，密切了团和青年群众的关系，激励着一代又一代青年踊跃投身社会主义建设，影响力一直延续至今。

秦岭之巅共青团青石崖车站

宝青段（宝鸡——青石崖）是宝成铁路全线地势最为险峻、地质条件最为复杂、坡度最大、弯道最多的一段路线，所经之处人烟稀少、地势险要、交通困难。青石崖车站始建于 1954 年，是西安铁路局下辖四等站，仅有的两股铁道临崖而建，主要用于南来北往的列车在此避让与暂停。青石崖车站海拔 1304 米，三面环山一面临涧，受当时技术条件限制，宝成铁路在此依山盘旋而上，形成“8”字形线路。在“8”字的交会点修筑车站时，因车站两端被高山阻挡，部分站线需设在隧道之内，高填深挖，采用苏联的先进经验——大量爆破法，用炸药 334 吨，爆破了 26 万余立方米土石方，凿山破石建起了车站，因集宝成线全线海拔最高、曲线半径最小、坡度最大的三个“之最”而知名。1958 年 1 月 1 日宝成铁路通车后，刘少奇、邓小平、贺龙、聂荣臻等党和国家领导人先后到青石崖车站视察。

1974 年 1 月，为保证安全生产，上级领导决定由 8 名共青团员组成基础队伍进驻青石崖站，从此鲜艳的团旗高高升起在白雪皑皑的青石崖车站，一批又一批年轻人前仆后继，踔厉奋发，用青春的汗水擦亮青石崖前行的铁轨，用青春诠释坚守的价值和意义，让青春的梦想飘扬在这大山深处。1979 年，团中央授予青石崖车站“新长征突击队”荣誉称号。1989 年，共青团陕西省委命名青石崖车站为“共青团车站”。3 月，时任全国政协副主席、中顾委常委汪锋为青石崖车站题写“秦岭之巅共青团车站”。青石崖车站被团中央、铁道部、全国总工会、团省委等授予“全国青年文明号”“全国五四红旗团支部”“全国五一劳动奖状”“全路五四红旗车站”“陕西青年五四奖章集体”

秦岭之巅共青团车站

等荣誉称号，被命名为“全路共青团教育基地”。

六、投身实现社会主义改造的洪流

踊跃参加农业互助合作运动

为了迎接农业合作化高潮的到来，1954 年 2 月，青年团陕西省委提出：“今后青年团在农村最中心的任务是协助党积极、稳步地开展互助合作运动，逐步提高农业生产力。”并于当月的团省委一届二次委员扩大会议通过了《关于继续向广大团员青年深入进行总路线的宣传教育的计划》和《关于加强农业互助合作运动中团的工作的指示》。各级团组织根据团省委要求，在全省农村青年中普遍开展了“青年要站在农业合作化运动的最前列”的学习大讨论。到 11 月，全省已有 80% 的农村团员参加了互助合作组织，半数以上的入社团员担任了社内各种领导与管理职务。

1955 年 7 月底，毛泽东发表《关于农业合作化问题》的讲话，合作化运动进入新高潮。9 月，团省委第一书记白纪年在中共陕西省委召开的地县区委书记会议上作了《充分发挥青年团在合作化运动中的组织作用》的发言。此后，团省委在全省青年中开展了“争做优秀社员”的活动，号召全省团员青年“要站在合作化运动的最前列”，激发了广大团员青年入社爱社的热情。到 1956 年，全省有 230 万青年参加了农业生产合作社，成为推动农业合作化运动的一批骨干力量。

建立农村青年生产队

青年生产队是农业合作化时期，农村出现的以青年为主要成员的生产组织形式。根据长安县在农业社统一领导下开始试办适合青年特点的青年生产队的经验，青年团陕西省委提出在全省各地重点试建青年生产队。截至1956年1月，富平、咸阳、临潼、山阳等8个县建立了141个青年生产队。青年生产队不仅带头学习、推广先进生产经验和新的农业技术，而且能够克服困难，在生产薄弱环节和紧急任务中发挥突击作用，在突破生产定额、推动劳动竞赛、不断提高劳动效率等方面起示范作用，青年的社会主义劳动态度、新的思想品质迅速成长。

青年生产队适合青年特点，在生产中发挥了先锋作用，堪称农业生产的一支重要力量。但由于各级团组织对农业合作化之后青年与合作社及家庭的关系认识不足，对各地具体情况的调查研究不深入，忽视了存在的许多困难和实际问题，忽视了对青年和家庭在农业生产中的具体关系的研究，因而把形式当作了任务，不适当地强调了建队的速度和数量，导致建队指标要求过大，发展速度太快，出现了一些脱离生产、生活实际，不按具体条件和实际需要而硬性组织起来的青年生产队。全省1.3万多个青年生产队中，约有30%的青年生产队的问题较多。青年生产队在全国具有共性问题，1956年1月，毛泽东作了“不要普遍建立单独的青年生产队”的批示，邓小平也作了“一不要鼓励，二不要简单解散”和“由合作社决定”[①]的指示。此后，全省各地逐步停止了建立青年生产队的工作，对已经建立的青年生产队，按照既有利于生产、有利于团结，又不挫伤青年积极性的原则，结合整社、扩社、并社，针对不同的情况，实事求是地加以整顿、提高或转换。后来，这一组织形式逐步消失。

陕西省第一次青年社会主义建设积极分子大会

为了更好地发挥青年在国家建设中的积极性和创造性，动员全国

① 邓小平：《青年活动的组织形式不能一成不变》（1956年5月6日），《邓小平文集（1949—1974）》中卷，人民出版社2014年版，第238页。

青年为完成和超额完成第一个五年计划而奋斗，1955 年 2 月，团中央发起“争取做一个社会主义建设积极分子”和“为社会主义建设立功”活动。全省青年职工纷纷修订自己的生产、工作计划，创造新的定额，推行增产节约；农村青年也提出了许多具体的行动口号和竞赛目标。全省工农业生产战线上，涌现了大批热爱工作、虚心学习、不怕困难、联系群众的青年积极分子和青年先进集体，全省先进生产者会议和农业先进生产者会议都有三分之一的代表是青年。

1955 年 9 月 10 日至 14 日，陕西省第一次青年社会主义建设积极分子大会在西安召开，表彰 1953 年以来各条战线上青年积极分子及其所取得的优异成绩。参加大会的有工矿企业中各条战线的青年突击队和青年先进班组的代表，农村青年代表，模范团干部，文化教育、国家机关等岗位上的先进生产者和模范工作者共 486 名。各团地工委、县委和直属厂矿、机关、学校团委书记等 135 人列席大会。陕西省委第一书记张德生、第二书记赵伯平、副书记唐洪澄、省人民委员会副省长时逸之等出席大会开幕式，唐洪澄向大会作《全省青年动员起来，为实现第一个五年计划而奋斗》的报告，团省委第一书记白纪年作《让全省每个青年的青春

1955 年，受到团中央表彰的全国青年社会主义建设积极分子卡毛吉（西北体育学院学生）、谭结实（宝鸡市第三区第二治安委员会主任），归来时受到热烈欢迎。

和智慧，在祖国社会主义建设的伟大斗争中放射出更加灿烂的光辉》的报告。26 名积极分子介绍了他们的先进事迹和经验。会议举办了反映青年劳动功绩的小型展览，奖励了 19 个先进集体和许秀英等 88 名先进青年人物，选出 41 个先进集体代表和积极分子出席全国青年社会主义建设积极分子大会。会议通过了《向毛主席的致敬电》和《给全省青年的一封信》，号召全省青年积极站在社会主义各项建设事业的最前列，为实现第一个五年计划而奋斗。

七、科学文化建设的生力军

青少年扫盲运动

扫除文盲，普及文化，从短期看，是提升当下劳动生产力和民众生活质量的需要；从长期看，是提升民族素质重要的基础性工作。毛泽东早在抗战时期就指出："从 80% 的人口中扫除文盲，是新中国的一项重要工作。"[①] 1950 年，中央人民政府政务院发布一系列关于开展职工业余教育的指示，并在 1952 年掀起了"扫除文盲，普及文化"的高潮。为了满足农村青年再不做"睁眼瞎"的急迫要求，激励青年的学习积极性，推动文化建设事业的发展，1955 年 12 月，团中央发出《关于在七年内扫除全国农村青年文盲的决定》，1956 年 1 月，团中央发出《关于普遍建立青年扫盲队的通知》，指出：组织好一支强有力的扫盲大军，是完成扫除文盲任务的主要条件。陕西各级团组织结合党的中心工作迅速作出扫盲工作规划，主动与有关部门协力合作，积极发动和组织广大农村团员青年加入扫盲的行列，协助政府办起了

① 毛泽东：《论联合政府》（1945 年 4 月 24 日），《毛泽东选集》第 3 卷，人民出版社 1991 年版，第 1083 页。

各种民校、农民夜校、识字班等，在全省范围内掀起了扫盲高潮，一支强大的扫盲大军迅速在全省建立起来。截至1956年3月，全省已经建立扫盲队约3万个，有知识青年和识字青年队员25万人。

1956年3月14日，青年团陕西省委召开第二次扫盲工作座谈会，着重检查春节后的复学情况，讨论扫盲工作中存在的问题，提出解决办法。1957年1月20日，团省委批转《团王益乡总支建立青年扫盲班的经验》，要求各级团委认真学习、大力推广耀县王益乡团总支的经验，争取于春节后开学前，将凡能参加学习的青年都组织起来，凡能建立青年扫盲班的地区都建立起来。当年上半年，各地团组织采取各种措施，利用送字上门，分散学习，带黑板、课本地头田间学习，扫盲与生产、记工相结合等适应生产和群众需要的灵活多样的形式，大力组织动员尽可能多的群众参加扫盲学习。

为保证扫盲工作顺利开展，1957年10月，共青团陕西省委发文，要求各级团委主动与有关部门密切配合，采取有效措施，克服形式主义和松劲情绪，把扫盲工作推向新的高潮。随着大批青年脱盲，广大青年学习的积极性更加高涨，学习文化科学技术知识的要求更加迫切。为了巩固提高青年脱盲率，1959年10月23日，团省委批转团省委宣传部《关于当前农村青年文化学习问题的报告》，提出了克服右倾思想和畏难情绪，大搞群众运动，坚持经常学习，抓表扬奖励，立红旗标兵，采取多种形式组织好青年文化学习的农村扫盲新任务。

1960年，在全省农村的扫盲和业余教育中，掀起了“万人教、全民学”的群众运动。经过一年的努力，有110万人摘掉了文盲帽子，其中青年35万名。此后全省各地团组织贯彻党“两条腿走路”的教育方针，在坚持有计划有组织地开展扫盲工作的同时，积极发展业余教育，大办业余初、中等学校，并不断加强团在业余教育中的作用。

青年读书活动

读书和看报可以增加青年的知识储备，丰富青年的业余文化生活，提高青年的文化水平。党、团组织一贯重视青年文化思想素质培养，根据不同时期形势发展和青少年成长需要，在青少年中开展了许多读书活动。20 世纪 50 年代，陕西团组织协助有关部门研究制定青年所需要的报刊书籍的出版和发行计划，积极向团员青年们推荐《钢铁是怎样炼成的》《卓娅和舒拉的故事》《拖拉机站站长和总农艺师》《把一切献给党》等优秀读物，组织介绍读书经验的活动。通过读书学习，这些英雄人物成了广大青少年非常熟知和学习的榜样，成为一代青少年健康成长的有力精神支柱。此后，随着革命、建设形势的发展，陕西青年围绕《我的一家》《红岩》《青春之歌》《创业史》等著作形成了读书热潮。读书活动极大地激发了青年参加巩固人民政权、参加国民经济恢复和社会主义建设的热情，活跃了团的工作。

向科学进军活动

1956 年 1 月，团中央向全国团员青年发出了“向科学进军”的号召。2 月，青年团陕西省委在西安召开了青年知识分子向科学进军动员大会，要求各级团组织尽快地动员团员青年知识分子在全省范围掀起一个向科学进军的高潮。广大青年特别是知识青年，在“向科学进军”号召的鼓舞下，纷纷订出了切合实际的个人进修计划，并迅速付诸行动，全省努力读书、刻苦钻研的风气空前浓厚。11 月，团省委在西安召开宣教干部会议，省属及西安市属的 103 个比较大的单位参加，集中讨论研究不同职业和不同文化程度在职知识青年如何结合自己业务开展向科学进军活动问题，以及怎样进一步加强团组织在组织动员团员青年向科学进军活动中的领导问题，并且就青年向科学进军活动专题向省委和团中央写了报告。12 月 18 日，中共陕西省委批转青年团陕西省委《关于在职知识青年向科学进军中若干问题的报告》，要求全省各级党组织把指导青年向科学进军的工作列入改进知识分子工作的计划，认真加以研究；要求保证青年的业余学习时间，妥善解决和安排青年的学习条件。此后，陕西各级党委高度重视、积极调动青年学科学的积极性，保证青年的业余学习时间，妥当安排和解决青年的学习条件，引导青年钻研与解决生产、工作中的实际问题。陕西各级团组织在党政统一领导下，进行广泛的动员和宣传，加强对青年进修的辅导工作，并从实际出发，采取自愿的原则，帮助青年建立形式多样的学习组织。

1957年5月27日，团西安市委召开西安市在职知识青年代表大会，800多名代表和100多名团干部出席会议。会议表彰了先进集体和个人，进一步就青年向科学进军的方向和道路问题展开了讨论和研究。1959年11月26日，共青团陕西省委召开青年勘察、设计和技职人员活动分子会议，300多名在职青年技术人员和团干部参加会议，推广交流西北建筑设计院青年技术人员徐永基攻克技术难关的经验，会议号召全省青年技职人员掀起比、学、赶、超徐永基竞赛。

全省青年向科学进军活动在工业、农业生产建设热潮中，不断深入并且起到了非常明显的推动作用。广大团员青年文化科技知识有了很大提高，各种行业的专家、人才不断涌现。随着形势发展变化，青年向科学进军活动逐渐被一些具体的青年科技活动所代替。

徐永基（1935–2019），女，1952年考入青岛工学院土木系学习，在校加入中国共产党。1956年毕业分配到中国西北建筑设计院工作。在工作岗位努力钻研业务技术，被提升为工程师、高级工程师、主任工程师直至院长。1959年她攻克建筑设计方面的尖端技术“薄壳结构设计”，被评为全省青年标兵，出席全国群英会。图为1959年12月27日，《中国青年报》头版刊登《徐永基猛攻尖端大胆创造》的文章。

八、投身植树造林与水土保持活动

五省（区）青年造林大会

20 世纪 50 年代初，陕北老解放区的青年在政府的支持下，开始在荒滩上植树造林。由于陕西青年在植树造林活动中的优异成绩和延安在人们心目中的地位，1955 年 10 月，团中央决定 1956 年 3 月在延安召开陕西、甘肃、山西、内蒙古、河南五省（区）青年造林大会。一个以实际行动迎接大会召开为内容的青年植树造林活动迅速在全省展开。

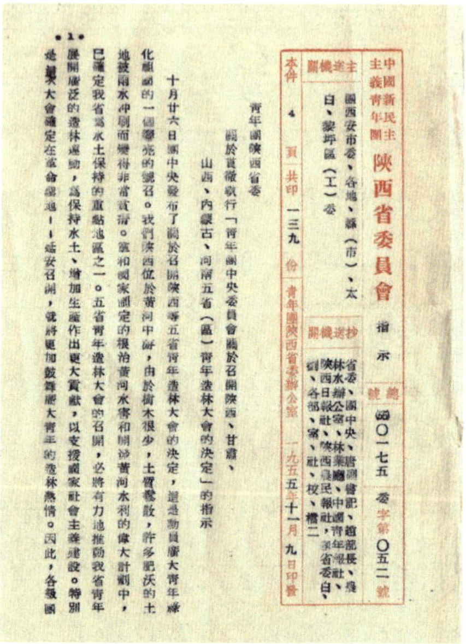
中國新民主主義青年團 陝西省委員會 指示

總號 (55)〇一七五 委字第〇五二號

主送機關：團西安市委、各地、縣（市）、太白、黎坪區（工）委

抄送機關：省委、團中央、唐副書記、趙部長、幾林水辦公室、林業廳、中國青年報社、陝西日報社、陝西農民報社，團省委白、劉、各部、室、社、校、檔二

本件 4 頁 共印 一三九 份 青年團陝西省委辦公室 一九五五年十一月九日印發

青年團陝西省委

關於貫徹執行「青年團中央委員會關於召開陝西、甘肅、山西、內蒙古、河南五省（區）青年造林大會的決定」的指示

十月廿六日團中央發布了關於召開陝西等五省青年造林大會的決定，這是動員廣大青年綠化祖國的一個響亮的號召。我們陝西位於黃河中游，由於樹木很少，土質鬆散，許多肥沃的土地被雨水冲刷而變得非常貧瘠。黨和國家制定的根治黃河水害和開發黃河水利的偉大計劃中，已確定我省為水土保持的重點地區之一。五省青年造林大會的召開，必將有力地推動我省青年展開廣泛的造林運動，為保持水土、增加生產作出更大貢獻，以支援國家社會主義建設。特別是這次大會確定在革命搖籃——延安召開，就將更加鼓舞廣大青年的造林熱情。因此，各級團

·1·

1955 年 11 月 9 日，青年团陕西省委发出《关于贯彻执行〈青年团中央委员会关于召开陕西、甘肃、山西、内蒙古、河南五省（区）青年造林大会的决定〉的指示》。

1956 年 3 月 1 日至 11 日，五省（区）青年造林大会在延安召开，全国 27 个省、市、自治区的 1204 名代表参加。团中央第一书记胡耀邦作了《青年们！把绿化祖国的任务担当起来》的报告，号召全国青年要成为造林运动中一支最积极、最活跃的突击力量。团省委第一书记白纪年作了《为十年绿化陕西而奋斗》的讲话，提出陕西省青少年绿化黄土高原的奋斗目标，并提出每年 4 月和 10 月为全省青少年造林突击月；在榆林地区营造“绿长城”；在延安、关中等地营造“水源林”；在黄河各支流沿岸营造“护堤林”和“护岸林”；在汉中、安康、商洛地区营造经济林和用材林。

会议期间，各级与会领导和全体代表一起，在宝塔山、清凉山、

凤凰山和杨家岭植树 3 万棵，挖水平沟 3.33 万米。延安专区所在地的机关、学校青年，首先在革命旧址杨家岭植树 2 万多株，营造了一处“延安青年林”。参加会议的浙江省代表、24 岁的杭州西湖园林场青年技术员黄根品，毅然向大会提出要留在延安从事绿化革命圣地的工作，当大会宣布他的申请被批准的消息后，代表们激动地把他抬了起来。此后，黄根品在延安一干就是 23 年，实践中努力钻研业务技术，成功地把南方的水杉引种到干旱的黄土高原地区，又首创冻土移栽松柏树的方法和经验，实践了在北方冬季植树的可行性。在 1979 年全国青年造林大会上黄根品受到表彰，被誉为“延河畔上一棵柳”。

1956 年 3 月 8 日，五省（区）青年造林大会在延安王家坪举行誓师仪式。

陕西青少年植树造林活动的蓬勃发展

五省（区）青年造林大会有力地促进了陕西青少年植树造林活动的蓬勃发展，陕西各级团组织纷纷制订计划，组织造林突击队。1956 年 4 月，全省 300 万青少年投入植树造林活动，造林 12 万多亩、植树 1300 多万株，绿化铁路、公路沿线 500 多公里。1958 年，全省沿黄 12 县 10 万青年参加了黄河西岸营造千里黄河护岸林工程。当时在陕西青年中流传着一首憧憬美好未来的歌谣："远山高山森林山，近山低山花果山，拐沟打坝聚湫滩，平川全是米粮川，秃山变绿山，河水灌粮田，骡马成群，牛羊满圈，丰衣足食，人心喜欢。"

陕西青年持之以恒的植树造林活动取得了显著成绩，1965 年，《中国青年报》发表《万里长城绿、黄河两岸青、果木遍秦岭、沙漠变绿荫，陕西植树大军全线出动》长篇通讯，介绍了陕西青年十年植树造林的成果和经验。

陕西省青年绿化黄土高原跃进大会

针对黄土高原水土流失严重的现象，陕西各级团组织在动员青年植树造林的同时，还发动青年开展水土保持活动。为了总结 1956 年造林大会以来植树造林和水土保持运动的成绩和经验，动员广大青少年在植树造林和水土保持中发挥更大的突击作用，1960 年 3 月 10 日至 19 日，共青团陕西省委、陕西省农林厅、陕西省水利厅召开陕西省青年绿化黄土高原跃进大会。陕西造林、水土保持先进集体和先进人物 633 名代表出席大会，还邀请了黄河流域 13 个兄弟省（区）350 名代表参加。陕西省委书记处书记白治民、团中央书记处书记罗毅、国务院水土保持委员会办公室主任屈健等出席大会并讲话。团省委书记惠庶昌作了《青年们，发扬共产主义精神，消灭干旱，治理风沙，控制水土流失，做征服大自然的英勇突击队》的报告。报告总结了

1956 年五省（区）青年造林大会以来全省青年绿化工作的成就和经验，要求绿化战线上的青年，带头响应省委关于开展十万红旗单位百万红旗手运动的号召，因地制宜大搞各种具体活动，促进植树造林和水土保持运动高速度、高标准向前发展。大会通过了《立大志，除“三害”[①]，做征服大自然的英勇突击队》的决议和写给全省青年的一封信《人人做降伏旱魔的红旗手》。团中央和林业部还向陕西、甘肃、山西、内蒙古、河南、青海、宁夏七省（区）黄土高原地区在造林绿化、水土保持、治理风沙斗争中创造出卓越成就的 30 个（其中陕西 9 个）先进单位颁授了奖旗。团省委、省农林厅、省水利厅奖励了陕西省造林和水土保持运动涌现的 356 个先进集体。此后植树造林、水土保持成为陕西团组织的一项传统工作。

第二节 社会主义建设中的陕西共青团工作

一、全省团的代表大会

青年团陕西省第二次代表大会

在陕西全省上下贯彻中国共产党第八次全国代表大会决议精神，开始转入全面的大规模的社会主义建设的形势下，1956 年 11 月 3 日至 10 日，中国新民主主义青年团陕西省第二次代表大会在西安举行。出席大会的正式代表 747 人，列席代表 59 人。陕西省委书记处书记唐洪澄代表省委讲话，传达了中共第八次全国代表大会政治报告中“青年团应当在党的领导下，在团员和广大青年群众中开展更生动的思想

① 三害，指干旱、风沙、水土流失。

工作和组织工作，克服某些团组织不注意采取适合青年特点的工作方式，不用说服教育方法去发挥青年群众的积极性和主动性的缺点”的指示，着重就组织青年开展独立活动的问题发表了意见，要求团组织必须遵照既要团结青年为人民整体事业而奋斗，又要按照青年特点开展独立活动的方针去工作。团省委第一书记白纪年代表第一届委员会向大会作工作报告，指出全省团的任务就是要加强对青年的共产主义教育，按照青年特点，开展既有利于社会主义建设事业，又能帮助青年健康成长，正确发挥青年积极性的独立活动，为提前和超额完成陕西省第一个五年计划和迎接第二个五年计划发挥积极作用。

大会选出青年团陕西省第二届委员会。二届一次全委会议选出常委 13 人，第一书记 1 人，第二书记 1 人，副书记 3 人，白纪年当选第一书记，刘健当选第二书记，刘舒昌、惠庶昌、曹廷甫当选副书记。

青年团的改名

1955 年 9 月，青年团二届三中全会上通过了建议团改名的决议，这个决议得到中共中央的充分支持。党的八大为加强党对团的领导，通过的党章增写了《党同共产主义青年团的关系》一章，明确规定了共青团如何服从中国共产党的领导和党如何加强对共青团的领导。1957 年 5 月，中国新民主主义青年团第三次全国代表大会通过了《关于将中国新民主主义青年团改名为中国共产主义青年团的决议》，指出，“新民主主义革命在我国绝大部分地区早已完成，社会主义革命也已经取得决定性的胜利，中国新民主主义青年团已经完成自己的历史任务，广大团员正在为把我国建设成为一个伟大的社会主义工业强国而辛勤地劳动着，并且把在将来实现共产主义当作自己崇高的思想，在这种情况下，再把我们团的名称继续叫做‘中国新民主主义青年团’

已经不合适了。为了确切地反映我们团所担负的政治任务和广大团员的意志，大会一致通过将‘中国新民主主义青年团’改名为‘中国共产主义青年团’。”《决议》还指出，“为了继承和发扬我国青年运动的光荣传统，应该将改名以后的团的全国代表大会和过去的中国社会主义青年团、中国共产主义青年团以及中国新民主主义青年团历次代表大会相衔接，依照次序加以排列，把下一次团的全国代表大会定名为中国共产主义青年团第九次全国代表大会。”

中国共产党基于马克思主义青年观，基于共产主义运动的经验，从青年的战略地位和作用，党的事业对青年的需要，党的青年工作的使命出发，缔造了中国的青年团。中国共产党从一开始就把青年团作为自己的助手和后备军来打造，把自己的建党精神思想主张，政治原则鲜明灌注到青年团中来，用党在各个时期最硬核的政治标识——社会主义、共产主义、新民主主义为青年团命名，并最终把青年团的名称标定为“中国共产主义青年团”。中国共产党始终高度信任，热忱关怀青年团，始终对青年团寄予厚望，赋予使命，给予大力指导支持。

共青团陕西省第三次代表大会

1959 年 12 月 31 日至 1960 年 1 月 7 日，中国共产主义青年团陕西省第三次代表大会在西安召开，正式代表 507 人，列席代表 55 人。团省委第一书记白纪年致开幕词，陕西省委书记处候补书记赵守一代表省委作《立共产主义大志，做毛主席的好学生》的讲话，团省委副书记刘舒昌代表第二届委员会作《用毛泽东思想武装青年一代，做建设社会主义的突击队》的工作报告。大会通过了《关于组织青年学习毛主席著作的决议》，要求全省各级团组织，继续把学习、宣传毛泽东思想作为自己头等重要的政治任务，动员和组织广大团员做政治战线上的促进派，生产战线上的突击队，文化战线上的急先锋，为把中国建设成具有现代工业、现代农业、现代国防、现代科学文化的伟大社会主义强国而英勇奋斗。因全党整风运动和反右倾斗争尚未结束，根据省委指示，大会未进行选举而暂时休会，团省委工作继续由第二届委员会主持。

1960 年 8 月 25 日至 9 月 2 日，共青团陕西省第三次代表大会复会，省委书记处候补书记赵守一代表省委要求全省团组织和团员青年，把以粮、钢为中心的增产节约运动作为中心任务；团省委书记惠庶昌作《发动全省青年在以粮钢为中心的增产节约运动中冲锋陷阵》的工作报告。

大会选举出共青团陕西省第三届委员会，三届一次全体会议选举常务委员 11 人，书记 1 人，副书记 3 人，惠庶昌当选书记，王乃奇、延焕梧、曹廷甫当选副书记。

共青团陕西省第四次代表大会

1963 年 9 月 3 日至 12 日，中国共产主义青年团陕西省第四次代表大会在西安召开，出席代表 700 名。陕西省委书记处书记严克伦代表省委向大会讲话，团省委书记惠庶昌代表第三届委员会向大会作《高举毛泽东思想伟大红旗，积极参加三项伟大革命运动，把青年培养成为无产阶级革命的新一代》的工作报告，指出全省 4.45 万个团支部大多数是有战斗力的，60 万名团员绝大多数是起模范带头作用的，要求共青团组织要用毛泽东思想武装青年一代，协助党把青年培养成为共产主义的可靠接班人。

大会选举出共青团陕西省第四届委员会，四届一次全委会议选出常委 15 人，书记 1 人，副书记 4 人，惠庶昌当选书记，王乃奇、曹廷甫、延焕梧、王天元当选副书记。

二、团的建设

制度建设

“三会两制一课”[①] 制度是团的组织生活的基本制度，是团的基层支部长期坚持的重要制度，是健全团的组织生活，严格团员管理，加强团员教育的重要制度，是经过长期实践证明的一种行之有效的团组织生活制度。

1954 年 4 月 22 日，青年团陕西省委发出了《关于对农村团员进行团课教育的意见》，要求陕西各级团组织有计划、有重点地逐步建立团课教育制度，争取用一年到一年半的时间对全省所有团员系统地进行一次团章教育，以提高团员的思想理论水平和政治素质。进入社会主义建设时期，许多团员和青年积极分子对团的性质、任务和组织原则认识模糊，有的不知道为什么要做一名共青团员和怎样做一名好团员。面对这种状况，1962 年 8 月，共青团陕西省委三届三次会议要求在全省普遍进行一次团的基本知识教育，逐步恢复和建立团课教育制度，并将之作为加强团组织建设的一项重要工作。从 10 月开始到 1963 年底，利用 15 个月的时间，普遍进行一次集中团员教育活动，通过这一教育活动，使部分原来工作基础较好的支部、公社和团县委，能够把团课制度恢复和建立起来。

组织建设

在社会主义改造和建设时期，陕西各级团组织结合党和政府的

① “三会两制一课”，“三会”指定期召开支部团员大会、支委会、团小组会；“两制”指团员教育评议制度、团员年度团籍注册制度；“一课”指按时上好团课。

中心工作，分别于1951年、1956年、1957年、1959年、1961年、1963年、1965年开展了多次比较集中、有针对性的整团建团工作。1951年底，根据团中央“正确发展团的组织”的要求，青年团陕西省工作委员会在研究团组织的整顿和巩固问题时，提出了“教育为主，配合整理审查，结合当前中心任务与实际工作进行”的方针。至1952年年底，全省团组织普遍进行了整顿和巩固工作，并且结合整党对全省团员进行了共产主义教育。1956年，陕西农村合作化运动进入高潮，但农村团的基层组织还存在着不少问题，组织力量、领导水平及团员的社会主义觉悟不能适应农业合作化和农村各项建设事业的需要。1月21日，青年团陕西省委制定了《关于结合整社建社进行整团建团的规划》，于4月底前，结合整社建社，将全省未进行整顿的5391个农村团支部全部进行一次整顿，以发挥团在农业社会主义改造中的作用，同时积极发展团员。1957年底，结合反右派运动，中共陕西省委批转了共青团陕西省委《关于农村团组织参加整风和进行整团的指示》，要求结合整风对团的组织从政治上、思想上和组织上加以认真整顿，以提高广大团员的思想觉悟，改进团的工作作风，纯洁和巩固团的组织，加强团的战斗力。这次整团中，集中对团员进行了一次社会主义思想和怎样做一个共青团员的教育，健全了团的组织，增强了团员意识，建立了组织生活和学习制度。

1959年11月，结合农村以两条道路斗争和社会主义教育为纲的整风整社运动①，全省农村又一次开始了整团工作。12月初，团省委发出了《关于积极发动农村团员青年参加整风整社运动和进行整团的

① 整风整社运动，让大队干部检查1958年“大跃进”运动的浮夸和强迫命令等错误，让农民各户登记因此造成的损失。

指示》，在一年内对各级团组织进行一次全面整顿，整团的重点是发动团员参加两条道路的斗争，坚定走社会主义道路的信心和决心。经过一年时间的整风整团后，1961年，全省农村团的基层组织好的或比较好的占75%，差的占25%。在加强对新团员的管理和教育中，忽视了对超龄离团工作的管理，团员和留在团内的超龄团员比例失调，团员队伍出现“数量不少、质量不高、成分不纯”的问题。2月20日，团省委向省委和团中央作了《关于结合农村整风整社运动深入进行整团的请示报告》，得到省委和团中央的高度重视和支持，报告强调全省农村整团工作在原来的基础上彻底解决涣散甚至瘫痪的问题，进一步加强了团的基层建设。通过这次整团，广大团员受到了一次深刻的社会主义教育，树立了高速度建设社会主义的思想；纯洁了基层组织，加强了领导核心；农村团员在辩论大是大非问题之后，树雄心、立壮志，进一步认识了农村光辉灿烂的前景。由于“左”的思想泛滥，阶级斗争在团内的反应也很激烈。

1963年10月19日，团省委发出《关于结合社会主义教育运动整顿农村团支部的意见》，要求结合社会主义教育运动，对农村团支部进行再一次的整顿。这次整团工作，配有整团专干（即组织员）和机动团干部，对整个整团工作进行了有布置、有重点、有总结的部署。1965年7月27日，团省委又作出《关于农村“四清”运动中整团工作的意见》，提出这次整团的方针是：“高举毛泽东思想伟大红旗，以阶级斗争、两条道路斗争为纲，以教育为主，提高团员觉悟，整顿壮大团的组织，健全支部工作，建立一个好的领导核心，实现团组织的革命化。”历次的整团建团工作有两个特点：一是大都与同级党组织的整党整风同步进行，有良好的政治氛围和坚强的组织领导；二是每次整顿都有明确的目标且各有侧重。

1961年12月，团中央在南昌召开了12个省、市团委书记座谈会，团中央第一书记胡耀邦提出了“六级团委办支部”[①]的口号。为积极响应团中央号召，并迅速改变陕西省部分团的基层组织松散、严重脱离群众的状况，1962 年初，全省各级团组织展开了“全团办支部”活动，主要内容是抓一个班子（健全的支委会）、一套制度（团内生活的规章制度）、三项活动（生产活动、学习活动和文体活动）、两条原则（民主集中制、团结青年大多数）。为了进一步办好团支部，1962 年 4 月，团省委召开关中地、县（市）团委办支部干部座谈会，提出了全团办支部的基本原则：提倡活办，反对死办；提倡帮办，反对包办；提倡细办，反对粗办；治本为主，标本兼治；自始至终抓好班子；以点带面，点面结合。通过这次全团办支部工作的开展，把加强基层、面向基层、为基层服务等要求落到实处。

20 世纪 60 年代初期，团省委开展创“四好”[②]团支部建设活动。长安县细柳公社晨光大队团支部，是全省成熟较早的一个“四好”团支部标兵。该支部一个人一个人地做细致的思想工作，正好符合当时邓小平同志对共青团关于“精雕细刻、扎扎实实做工作”的指示。同时该支部还注意关心青年利益、照顾青年要求，反映青年意见，同广大青年建立了真正亲密无间的关系。《陕西日报》《中国青年报》对“晨光经验”作了全面介绍,全省各级团组织掀起了学习“晨光经验”的热潮。1963 年初，晨光团支部被团中央作为全国 6 个先进基层组织之一在全团推广学习。1964 年 4 月，团省委又总结推广合阳县雷庄团支部工作经验，雷庄团支部被团中央作为“四好”团支部标兵向全团进行推广，4 月 16 日，《中国青年报》再次在头版专版长篇报道《朝气蓬勃的四好团支部——雷庄》《靠群众创造四好》等经验，雷庄团支部书记被

① “六级团委办支部”，指共青团中央、团省委、团地（市）委、团县委、公社团委、大队团支部。
② “四好”，政治思想工作好、“五好”活动开展好、组织生活健全好、联系群众作风好。

选为共青团第九次全国代表大会代表。“学晨光、赶雷庄、创四好”成为全省团组织的响亮口号。根据省委和团中央的要求，全省团组织将创“四好”团支部活动作为带动和落实团的一切工作的中心环节，更加广泛深入地开展了创“四好”活动。

中国青年报

ZHONGGUO QINGNIAN BAO

1961年 十二月 15 星期五

晨光大队团支部工作经验

一、围绕生产 服务生产

1961 年 12 月 15 日，《中国青年报》报道《晨光大队团支部工作经验》，对晨光经验作全面介绍。

队伍建设

积极发展组织，不断壮大团员队伍，团员在青年中发挥模范带头作用，是团组织在革命和建设中能够很好发挥作用的基础保证和优势。中华人民共和国成立后，陕西各级团组织紧密围绕党的中心任务，积极努力发展团员，团员队伍建设进入新的历史发展时期。

1952 年 6 月，青年团陕西省工作委员会在团委书记联席会议上，要求在对青年进行“组织起来”的教育中，加强和壮大团的组织。团省工委在组织工作计划中强调，团员发展工作以“在巩固原有组织的基础上有计划、有条件、积极而慎重地吸收一批团员”为方针，根据团章规定的入团条件和团中央《关于接收团员的暂行规定》，按照本人申请、支委会审查、支部大会通过、团区委批准等手续，个别发展，分期接收。到 1953 年 5 月，省第一次团代会召开时，全省共有 15 万名团员，有 1.14 余万名团员加入了中国共产党。

随着党在过渡时期总路线的公布，全省广大青年投入到大规模的经济建设中。广大农村青年是农业社会主义改造中一支重要力量，青年团陕西省委提出应在农村中挑选那些成分纯洁、积极响应党和政府号召、积极参加或动员家庭参加互助合作运动、努力劳动生产、在群众中影响较好的青年作为发展团员的对象，并且针对全省女团员占全体团员 20% 的状况，提出培养女青年入团的问题。1956 年 1 月 21 日，团省委制定了《关于结合整社建社进行整团建团规划》，要求在整社中积极发展团员，其对象主要是贫下中农和上中农中间的积极分子。截至 1956 年底，全省团员发展到 51 万人，团员占青年的比例达到 17.1%。

1957 年，团的三大前后，全省各级团组织结合团的改名，普遍向团员进行了一次共青团团章和做合格共青团员的教育活动，组织专题座谈会和报告会，请革命前辈给青年讲革命斗争故事，讲团史，开展“共青团员怎样起模范带头作用”“共青团员是怎样的人”“如何做个共青团员”的讨论，教育团员用实际行动迎接团的改名。之后将开展“做合格团员教育”作为一项经常性的工作，全面系统地帮助团员增强团员意识，时刻注意用团员的标准要求鞭策自己，不断增强做一名共青团员的光荣感和责任感，在本职工作和社会生活的各个方面起带头作用，努力成为执行党的路线、方针、政策的模范，勤奋工作、刻苦学习的模范，遵纪守法和树立一代新风的模范。11 月，共青团陕西省委提出在农村团组织发展中，要求严格控制团的发展，严格掌握团员标准，要做较长期的全面考察。团员数量要按团中央所提比例，控制在青年总数的 15% 以内。1959 年底，全省共有团员 65 万名，占青年总数的 21.26%，基本适应了当时社会主义革命和建设事业飞跃发展的需要。

1960 年以后，面对广大青年空前高涨的政治要求与国民经济的调整整顿局面，以及“政治第一”的影响，发展团员有了更高的要求。其在政治上必须具有较高的共产主义觉悟和坚定的无产阶级立场；并将发展的重心转向贫农、下中农和工农出身的青年，对农村富裕中农家庭出身和城市上层小资产阶级出身的青年入团加以控制，严格审查。到 1963 年，全省团员约有 60 万名。

作风建设

在党和团组织长期培养下，团干部继承和发扬党的优良传统，并在长期的革命和建设实践中，逐步形成团九大高度概括的“实事求是、朝气蓬勃”的八字作风。陕西团组织一直重视团干部作风建设，重视团干部继承和发扬党的优良传统，养成青年化、群众化的作风，重视在实践中培养、锻炼团干部，提高团干部的整体素质，这一做法在中华人民共和国成立初期到“文化大革命”前表现得尤为突出。

为了使团干部各方面能力得到提高，团陕西省委经常有计划地安排干部蹲点、下基层锻炼。蹲点、下基层是团干部联系群众、改造思想、学习本领、增长才干的基本途径，陕西各级团组织形成了制度长期坚持。每年春耕、夏收、秋收季节，团省委抽调团干部参加省上统一组织领导的中心工作、重大任务或群众运动的试点或调查研究外，还组织大批团干部到附近郊县参加劳动。在蹲点、下基层锻炼中，既做好党的中心工作，又按照青年特点开展团的活动，率领团员青年在党的中心工作中受教育、长才干、起作用，并总结出自己所在点团的工作和党的中心工作紧密结合的经验，发现、培养先进典型，总结推广经验。20 世纪五六十年代，团省委明确规定书记、副书记每年深入基层至少三个月,部长、副部长四个月,一般干部半年。机关各部门根据业务分工,把主要精力和时间用在下农村、下工厂、下学校、蹲点调查、联系青年群众上,并定期进行检查评比。团干部也都把深入基层当作光荣任务,响应号召争相报名，有的同志在基层一待就是半年、一年。团省委还进一步完善、推广团干部挂职锻炼和岗位轮换制度，县以上团委机关干部凡缺乏基层工作经历的，都采取离岗挂职锻炼的方式，有计划地到基层进行为期一年以上的锻炼。有的到团地委、团县委担任负责人，有的兼任公社团委书记。还将有的干部由团县委调到团地委，担任一段时间干事以后再派下去当团县委书记,过后再调回团地委或团省委。

1959 年，团省委决定，除部分团干部长期下放劳动锻炼外，组织团干部分期分批下乡当社员一至两个月，帮助基层工作，学习、实践党的群众路线的工作方法，提高思想水平，培养密切联系群众的作风，促进团干部健康成长。在全省团组织内，团干部生活俭朴、吃苦耐劳、不搞特殊化，没有官气、架子和等级观念。上自团省委书记，下至公社、企业、学校基层团干部，相互之间彼此不称职务，见面时直呼其名。各级团干部和青年打成一片，除了承担的工作责任不同外，平时很难从称呼上分出谁是书记、谁是部长、谁是一般工作人员。经过实践和锻炼，团干部提高了政策水平，掌握了一些处理问题的艺术，具有了独立开展工作的能力，逐步形成了良好的工作作风，带来了全省团的工作大活跃。

三、整风运动和反右派斗争

组织团员积极参加党的整风运动

社会主义改造基本完成后,不少人对新的社会制度不能马上适应,再加上党和政府的一些工作部门存在着主观主义、官僚主义作风，这引起了一些群众的不满。为了克服党内一部分党员干部开始滋长的骄傲自满情绪和特权思想，以及官僚主义、主观主义等不良作风，1957年4月，中共中央向全党发出了《关于整风运动的指示》。按照中央的部署，中共陕西省委召开委员扩大会议，在全省机关党组织中正式开展整风运动。全省广大团员青年积极响应号召，向各级领导机关的负责干部提出大量有益的批评和建议。5月6日，青年团陕西省委召开常委会会议讨论整风问题。会议决定组织力量到厂矿、农村和学校去，就全省团的工作主要问题进行调查研究，征求意见。会议要求所有团干部在下乡以后，都应当争取学会几种农业生产技术。5月13日，团省委发出《关于组织团员积极参加党的整风运动的指示》，要求团要教育和组织团员积极地、自觉地参加到党的整风运动中去。5月17日，团省委向各基层团委发出通知，征求基层团委对团的工作的批评意见，以帮助团省委进行整风。

开展反右派斗争

在整风运动中，有极少数资产阶级右派分子乘机鼓吹所谓“大鸣”“大放”“大辩论”“大字报”，向党和社会主义制度发动进攻。为了坚持党对社会主义事业的领导，巩固新生的社会主义制度，党领导群众进行了反右派斗争。1957年6月8日，中共中央发出关于组织力量准备反击右派分子进攻的内部指示。同日，《人民日报》发表题为《这是为什么？》的社论。此后，全国陆续开展了大规模的反右派斗争。

1957年6月下旬，共青团陕西省委召开二届二次委员扩大会议，重点研究讨论中小学毕业生问题，大学生及其他方面青年的思想教育问题，按照整风精神改进领导作风问题，以及增产节约问题。会议针对中小学毕业生未能升学的问题，提出加强劳动观教育，动员他们参加农业生产；教育学生和青年工人要加强政治学习，认清当前形势，稳定情绪；要求团的机关干部下基层和青年实行“五同”[①]。遵照党的八届三中全会关于紧缩机构、组织干部参加体力劳动的决定，团省委要求全省团的干部，凡是没有参加过体力劳动或艰苦斗争考验的，都要经受体力劳动的锻炼，取得劳动农民或工人的资格，以便从根本上改造和加强团的干部队伍，克服团的工作中的主观主义和官僚主义。7 月 27 日，中共陕西省委发出指示，在农村进行一次大规模的社会主义教育。接着，团省委也发出《关于组织团内外青年积极参加社会主义教育运动的指示》，要求各地、县（市）委组织团员青年“直接参加农村大鸣大放，把社会主义大辩论作为当前工作的中心”，批判资本主义思想，克服团内右倾思想，投入打击不法地主、富农和残余反革命分子的说理斗争，特别注意加强对中小学毕业生的教育，同时整顿团的组织，改进团的工作。8 月 9 日，《陕西青年报》发表社论，号召共青团员要站稳立场，坚决跟党在一起，保卫社会主义。此后，全省团组织领导团员青年陆续参加到反右派斗争中。8 月 26 日，团省委机关的反右派斗争随即展开。

由于当时党对阶级斗争的形势和右派分子的进攻作了过分严重的估计，反右派斗争被扩大化，因而团也同时犯了这类错误。团省委机关及下属单位有 10% 的同志被划为右派分子。1958 年 2 月召开的共青团陕西省代表会议，传达贯彻省党代表会议和团的三届二中全会精神，进一步批判右倾保守思想，保证党对团的绝对领导，掀起工农业生产的“大跃进”。这次会议又错误地将 3 名代表划为右派分子，在广大团员青年，特别是在团干部中造成了消极影响。1958 年夏，反右派斗争基本结束。从 1959 年到 1964 年，党先后给 30 余万被错划为“右

---

① “五同”，同吃、同住、同劳动、同学习、同娱乐。

派分子”的人摘掉了帽子。1978年,党中央决定对尚未摘帽的错划为“右派分子”的同志全部摘帽，彻底平反。到1978年8月，全省8476名被错划为“右派分子”的同志全部摘帽平反。

四、紧密围绕社会主义建设开展团的独立活动

青年试验田活动

青年农民作为农业战线的突击力量，在农业生产中发挥了重要作用，他们积极投入农业科技实验，以青年丰产田、试验田、种子田为主的农业科学实验活动不断出现高潮。1955年，陕西省各地有不少农业社建立了青年试验田，平均每亩产量超过农业社的30%—50%，同时还培育出了一批优良品种。青年试验田的成绩，引起了党政的重视。1956年，青年团陕西省委明确提出要普遍建立适合青年特点的青年试验田，并且号召全省农村青年大搞试验田，力争“块块丰产”。在各级团组织领导下，1956年全省20多万农村青年参加了试验田活动，建立了约3万块青年试验田，绝大部分都获得了高额丰产。

1957年，全省各地团组织在党的领导和各方面的支持下，带领青年由小块试验推广到大面积试验，由少数作物试验推广到多种作物试验，由低产作物试验推广到高产作物试验，由平川地试验推广到山坡地试验。一些地方团干部还亲自动手培植试验田。通过开展试验田活动，迅速地提高了农村青年的技术水平，为技术改革培养了大批骨干力量，培养了青年顽强勇敢、刻苦钻研、克服困难的社会主义劳动态度和优良品质。

1958年1月，中共陕西省委根据中共中央指示，作出了在全省推行试验田的决定，并要求各级团干部亲自动手种植试验田，钻研科

学技术，改变一般化的领导方法，克服官僚主义和主观主义。3月19日，共青团陕西省委和陕西省农业厅联合召开陕西青年丰产试验田经验交流大会，表彰奖励了1957年获得高额丰产的青年先进集体和个人，发出了《跨黄河、过长江[①]，试验田块块亩产千斤粮》的倡议书，“1958年在全省1.5%的耕地面积上，建立起20万块试验田，面积百万亩，块块亩产达千斤”。一个“个个搞试验、人人学技术”的实验活动，迅速在全省农村青年中开展起来。4月22日，团省委发出《关于贯彻执行〈中共陕西省委关于各级干部种试验田的决定〉的指示》，要求从团省委书记到乡团委书记，人人参加种植试验田，从而把试验田活动扩大为转变干部作风，形成经常性制度推广开来。这一年各地团组织广泛开展传播先进经验活动，不少地方开展了比技术、比作务、比革新活动。同时，团省委和省水利厅联合发出了《关于推广团扶风县委与渭惠渠灌溉试验站签订“搞试验田的联席协作合同”的经验的通知》，推广了青年试验田活动中合同形式的新作法。由于“大跃进”中“浮夸风”“虚假冒进”的影响，有的青年试验田逐步升级为“卫星田”，存在着浮夸、虚假现象。但是，青年试验田活动在组织青年学习推广先进技术和经验、有效地打破保守思想、创造高额丰产等方面还是起到了一定的作用。

1965年，团省委在全省农村推广了宝鸡县（今宝鸡市陈仓区）西秦大队团总支大搞“三田”[②]的经验。12月，华县赤水公社团委被团中央树立为全国农村青年科学实验的三个先进典型之一，团中央号召

---

① 跨黄河、过长江，1957年制定的《全国农业发展纲要》，根据不同地区实际，就粮食产量制定的三个发展指标，“上纲要”亩产达到400斤，“跨黄河”亩产达到500斤，“过长江”亩产达到800斤。

② “三田”，种子田、试验田、丰产田。

各地农村团组织学习为革命搞科学实验的思想，敢想敢干、敢摸自然规律的大无畏创造精神，不怕困难、不怕失败、坚韧不拔的顽强意志，从生产需要出发，认真实验、实事求是的科学态度，虚心学习、善于走群众路线的工作方法。

青年农具改革和技术革新活动

1958 年 4 月，团中央召开农业技术革新现场会，陕西农村青年响应号召，积极参加以改进农具为主的技术革新活动。他们献计献策，改造、仿造、创造了许多先进农具。渭南县光辉一社团员梁忠凌，在党、团组织和农业社的支持下，带领他的技术研究小组，从 1957 年 4 月研制转筒式颗肥制造器开始，苦心钻研，大胆革新，在一年的时间里，改良和创制了 20 多种农具。共青团陕西省委及时总结推广梁忠凌经验，要求全省农村青年学习梁忠凌的革新精神，在农具改革运动中作出贡献。1958 年 4 月 24 日，团省委作出《关于支持青年的革新精神发动青年积极参加农具改革运动的决定》，号召全省团员青年掀起一个进一步推动向科学进军、促进工农业生产“大跃进”的农具改革和技术革新活动。6 月 8 日至 9 日，团省委在西安召开青年向技术革命和文化革命进军座谈会，梁忠凌、王保京等 17 位科技创新和文化革命积极分子参加会议，大家对农具改革、技术革新以及有关文化革命问题交流了经验。在致全省团员青年的公开信中，号召全省团员青年积极行动起来，在技术革命和文化革命中发挥先锋作用。

在技术革新和农具改革运动中，全省各级团组织以最大的热情关心和支持青年的一切创造，积极培养和扶持青年革新，努力使其迅速成为农具改革运动和技术革命的突击力量。团干部与青年同学习、同研究、同创造。1958 年，团中央通报表扬了一批在工业技术革命中有创造发明的青年先进个人和先进集体。其中有陕西青年工人余万来、张兴运、张秉礼、王文煜，青年农民王保京、梁忠凌，先进集体有西安机械厂15车间青年技术研究小组、西北建筑公司章运良木工小组等，使得这项运动不断发展。

1960年，团省委和省水利厅对青年在兴修水利中发明和推广13种新式工具的197名青年工具革新手进行了奖励表彰。2月，中共陕西省委批转共青团陕西省委《关于在建筑行业开展青年大搞技术成龙配套的技术革新活动的报告》。之后又在林业战线开展了“米丘林[①]活动”，并把这项活动引入全省开展的“万个生产、学习、科学研究三结合红旗青年小组”运动。

陕西省第二次青年社会主义建设积极分子大会

1958年初，在贯彻过渡时期总路线运动中，共青团陕西省委号召全省青年开展劳动大竞赛运动，涌现出了一批青年先进个人和先进集体。10月，团省委在西安召开陕西省第二次青年社会主义建设积极分子大会，青年先进集体和个人代表1021人出席，省青联组织的各界青年学习团30人列席会议。陕西省委书记处书记白治民讲话，号召青年们要努力提高共产主义觉悟，争做又红又专的建设社会主义的多面手。副省长谢怀德作了关于农业等问题的报告。省委书记处书记、省长赵伯平在闭幕式讲话中强调指出，青年积极分子应当和全体青年一道，为提前建成社会主义和逐步向共产主义过渡而英勇奋斗。他要求青年依靠党的领导，依靠群众，拔资本主义白旗，插社会主义红旗。团省委副书记惠庶昌作《做共产主义的新人，做大战钢铁和粮食的突击手》的报告，要求青年大战钢铁和粮食，加速社会主义建设，在实

① 米丘林，苏联植物育种专家，他的理论被命名为米丘林学说。

际斗争中加强锻炼，把自己培养成共产主义新人。省人民委员会给 31 个先进集体颁发了奖旗，团省委给 170 个先进集体和积极分子颁发了奖状。大会通过了《向党的保证书》《给全省青年的一封信》《在全省青年中开展人人做钢铁突击手运动的倡议》和《在人民公社集体福利事业岗位上劳动的青年中开展五好竞赛的倡议》，选出 150 名代表出席全国青年社会主义建设积极分子大会。22 日下午，在西安视察工作的中共中央副主席陈云、国务院副总理李先念和省委第一书记张德生等领导人，接见了陕西省第二次青年社会主义建设积极分子大会全体代表。在“大跃进”的形势下，大会亦受到“左”的思想影响，片面追求高指标、高速度、浮夸风等问题在青年工作中有所滋长。

王保京（1931－），陕西礼泉县人。1952 年开始进行玉米高额丰产试验，将回茬玉米每亩产量提高到 1500 斤，创全国玉米亩产的最高纪录。王保京先后两次出席全国青年社会主义建设积极分子大会，得到党中央和毛泽东的嘉奖，曾 13 次被毛泽东主席、周恩来总理接见。1958 年 7 月 1 日，团中央对其进行通报表彰。1960 年，共青团陕西省委在全省青年中开展学习和追赶王保京等青年农民科学家的活动。王保京的成绩受到国家的重视，荣获全国劳动模范的光荣称号。曾被派往苏联参观学习，在西北农学院学习深造，曾任共青团陕西省委委员、陕西省青联委员、礼泉县委副书记、咸阳市副市长。

五好青年活动

20 世纪五六十年代，陕西团组织在团员青年中普遍开展开展了“五好青年”活动，激励教育广大团员青年为社会主义建设贡献青春力量。1958 年，共青团陕西省委在陕西省第二次青年社会主义建设积极分子大会上，发出了开展“五好青年”竞赛的倡议。1961 年 3 月，团省委又致信全省农村团员青年，要求广泛开展“五好青年”运动，为农业丰收贡献力量。1963 年，团省委三届四次会议，决定在全省各地扎扎实实地开展"五好青年"和"四好支部"活动，把"五好青年"的条件概括为：政治思想好，集体劳动好，技术文化好，维护集体利益好，道德品质好。这一决议在得到中共陕西省委批复同意后，团省委向农村团员青年和团支部发出了题为《争当"五好青年"、"四好支部"，为争取今年以粮食、棉花为中心的农业丰收而奋斗》的动员信。"五好青年"和"四好支部"活动在全省广泛开展起来。全省各级团组织发动青年学习农业技术，大搞科学实验，推广先进经验，使广大农村青年成为夺取秋季全面丰收的一支英勇突击队。与此同时，在工业战线上，发动青年积极参加以"五好"为目标的比、学、赶、帮增产节约运动，努力提高产品质量，增加品种，厉行节约，出色地完成生产计划，不断提高劳动生产率；带领青年学习发扬大庆革命精神，广泛开展"学毛选，练硬功①"争"三手"② 活动，充分调动青年的社会主义劳动积极性。

"五好青年"活动既发挥了青年的积极作用，又解决了青年们的思想问题，提高了思想觉悟，不只是生产活动，更是一场团员青年思想作风教育活动和团的队伍建设活动。

青年红旗手活动

1959 年 2 月 16 日，中共陕西省委在陕西省工业生产大会上，向全省职工发出号召，要求开展一个以技术革命为中心，以突破生产薄弱环节、解决生产关键问题为目的的"红旗手"活动。会后，工业战线团组织带领广大青年职工积极响应省委号召，青年红旗手运动迅速在全省广泛深入开展起来。2 月 24 日，共青团陕西省委在《关于组织

---

① 硬功，指技术操作过硬、掌握工艺过硬、对付难活过硬、维护设备过硬。
② "三手"，指技术能手、优质能手、节约能手。

全省青年为实现〈陕西省人民1959年奋斗目标二十条〉而斗争的计划纲要（草案）》中，专门对青年红旗手活动作了具体的规划。在“红旗手”活动的鼓舞和推动下，先进人物不断涌现，学先进、比先进、赶先进的竞赛日益高涨。8月下旬，团省委根据《关于奖励农业战线上高产红旗队、组，青年高产红旗突击手的决定》，评定出第一批受奖单位376个，给700名红旗手颁发了“青年红旗突击手奖章”。对在1959年秋季获得高额丰产的579个青年先进集体和1074名青年先进个人授予了“高产红旗突击队”和“青年高产红旗突击手”的光荣称号。

1960年，在省委《关于开展十万红旗单位、百万红旗手运动的决定》号召下，青年红旗手活动更加蓬勃地发展起来。各级团组织根据党委部署，围绕中心工作，制定规划、广树标兵、大搞竞赛，迅速在全省范围内掀起又一个学先进、赶先进、你追我赶的红旗竞赛热潮。工业战线上的广大青年，工作不讲条件，劳动不计报酬，见困难就上，见荣誉就让，见先进就学，见后进就帮，到处组织技术革新突击队，大胆进行革新创造，勇敢承担最艰巨的任务，提前完成国家计划。建筑企业的青年开展了先进机具配套成龙活动；青年班组之间开展了生产、学习、科研三结合的红旗小组竞赛活动；青年钳工开展了手工操作基本机械化红旗小组竞赛活动；青年徒工开展了学赶徒工标兵张兴运活动等等。

青年红旗手活动充分体现了团组织的先进性和团员青年在社会主义建设中的突击作用、标兵作用，大大促进了团的领导作风的改进。许多地方的团干部走上第一线，既当指挥员，又当战斗员。不少团委把常委会搬到了现场去开，及时发现、解决问题，传播先进经验。有的厂矿团干部和青年一起干在车间、睡在车间。各级团组织大抓典型，树立旗帜，通过组织先进人物报告团、观摩促进团，深入、广泛地宣传先进人物和先进经验。全省突出地宣传了西北国棉一厂青年女工赵梦桃和赵梦桃小组，西安市莲湖区共青团化工厂，康义隆、李广信、徐永基等生产、学习、科研三结合小组，以及徒工标兵张兴运等先进集体和个人，使红旗手活动不断深化，经验不断完善，积极分子队伍不断壮大，促进“青年红旗手”活动走向更高的发展阶段。

紧密围绕党的中心任务，大力开展适合青年特点的独立活动，是发挥党的助手和后备军作用的基本途径。陕西团组织带领团员青年在社会主义改造和建设的各项活动中，创造性地开展了“争做社会主义建设积极分子”“站在合作化运动的最前列”“红旗手”“五好青年”、青年突击队、丰产试验田、植树造林等一系列形式多样的独立活动，培养了青年热爱集体、勇于创新、艰苦奋斗、战胜困难的品质和能力，掀起了为建设祖国而努力学习和工作的热潮。

五、青年思想教育活动

阶级教育

无产阶级的阶级教育，是青年思想政治教育的一个重要内容。毛泽东针对美国“和平演变”战略，把对青年进行阶级和阶级斗争教育，作为防止“和平演变”的重要手段。结合各项政治运动，陕西各级团组织在对青年的阶级教育中开展了许多活动，提高青年的政治思想觉悟，树立革命的人生观。

1955 年 9 月，青年团陕西省委一届四次委员扩大会议提出：用半年时间，在全省县以上机关、厂矿和中等以上学校青年中，通过团课、讲座、召开肃反斗争积极分子大会、组织青年观看电影和画报等方式开展一次较系统的阶级斗争知识教育。1957 年，在反右派运动中，各级团组织以回忆对比的形式帮助青年明辨是非，坚定走社会主义道路的信心和决心。1959 年省第三次团代会提出，要把“兴无灭资”[①] 作为政治思想工作的总方针，进一步深化对青年的政治教育，提出用阶级分析的观点认识青年，教育青年。

随着 1963 年“以阶级斗争为纲”的社会主义教育运动的全面铺开，“阶级教育”就成了青少年政治思想教育的新内容。1963 年，毛泽东发出“用讲村史、家史、社史、厂史的方法教育青年群众这件事，是普遍可行的”指示。9 月，省第四次团代会提出把“四史”教育当作“传家宝”坚持下去，全省各级团组织在党的领导下，结合社会主义教育运动，将“四史”教育作为一种特殊形式的阶级教育在青年中开展。在开展“四史”教育活动中，共青团陕西省委和一些地方团组织都做过典型调查。指出：“加强对青少年的阶级教育，已经越来越尖锐地摆在各级团组织的议事日程上来了。是培养出一些不知天高地厚，饭来张口，衣来伸手，经不起风吹雨打的新贵，甚至是资本主义的复辟者，还是培养经得起风浪，受得起挫折，吃得起艰苦，挑得起重担的坚强的共产主义接班人，这是一个值得我们注意的问题。”通过调查，各级团组织和广大团干部坚定了开展“四史”教育活动的信心和决心。

1964 年 6 月团九大召开，提出的青年革命化任务，就是以“以阶级斗争为纲”的理论为依据的。大会之后，毛泽东提出：“阶级斗争是青年的一门主课。培养革命接班人的条件，第一条搞马列主义就是要搞阶级斗争，阶级斗争到处有，青年要在阶级斗争的大风大浪中成长。”[②] 陕西各级团组织开展了以“阶级斗争为纲”的革命大讨论。由于受阶级斗争扩大化影响，有些地方对青年的阶级教育只讲“不忘阶级苦，牢记血泪仇”，反复搞“忆苦思甜”，搞人人过关，还认为“这

① “兴无灭资”，指兴无产阶级思想，灭资产阶级思想。
② 佘世光主编：《当代中国的青年和共青团》下册，当代中国出版社 1998 年版，第 130 页。

是‘兴无灭资’的重要一课”；有的在青年中搞“唯成分论”，歧视地主富农出身的子女，不准他们参加团组织开展的社会活动。1965年1月24日，团中央第一书记、中共中央西北局第三书记、陕西省委代理第一书记胡耀邦在西安交通大学作报告，要求正确对待出身不好的知识分子和青年学生，坚持又红又专。

延安革命传统和作风教育

延安在革命战争年代曾是中国共产党的指挥中枢和战略后方，中国共产党在这里运筹帷幄，作出了关系中国革命前途命运的一系列重大决策，为夺取全国政权奠定了坚实基础。这里孕育了以坚定正确的政治方向、解放思想实事求是的思想路线、全心全意为人民服务的根本宗旨、自力更生艰苦奋斗的创业精神为主要内容的伟大的延安精神，是中国共产党的传家宝，是中华民族宝贵的精神财富。运用延安革命旧址及其史迹对青少年进行延安革命传统和作风教育，是陕西团组织开展革命传统教育的一大特色。

1949年10月2日，青年团陕北区委、工会、妇联代表陕北老区人民，致电毛泽东，祝贺中国人民政治协商会议胜利召开及新中国诞生，表示要在中央政府领导下，紧密团结，为建设新中国而奋斗。10月26日，毛泽东复电延安和陕甘宁边区人民："接到你们的贺函，使我十分愉快和感谢。延安和陕甘宁边区，从1936年到1948年，曾经是中共中央的所在地，曾经是中国人民解放斗争的总后方，延安和陕甘宁边区的人民对于全国人民是有伟大贡献的。我庆祝延安和陕甘宁边区的人民继续团结一致，迅速恢复战争的创伤，发展经济建设和文化建设。"①

---

①《群众日报》，1949年10月27日，第1版。

群眾日報

延安和陝甘寧邊區的人民
對全國人民有偉大貢獻
毛主席昨回謝延安各界人民

【新華社北平二十六日電】延安黨政軍民各界在本月二日寫信給毛主席和中央人民政府，熱烈慶賀中華人民共和國中央人民政府的成立。毛主席接到這封信以後，今日打電報回答他們，電報原文如下：

延安的同志們和陝甘寧邊區的同胞們：

接到你們的賀函使我十分愉快和感謝。延安和陝甘寧邊區從一九三六年到一九四八年曾經是中共中央的所在地，曾經是中國人民解放鬥爭的總後方，延安和陝甘寧邊區的人民對於全國人民是有偉大貢獻的。我慶祝延安和陝甘寧邊區的人民繼續團結一致，迅速恢復戰爭的創傷，發展經濟建設和文化建設；我並且希望全國一切革命工作人員永遠保持過去十餘年間在延安和陝甘寧邊區的工作人員中所具有的艱苦奮鬥的作風。

毛澤東 一九四九年十月二十六日

1949年10月27日，《群众日报》头版刊发毛泽东10月26日复电延安和陕甘宁边区人民的全文。

老区干部群众迅速掀起学习贯彻“复电”热潮，陕西各级团组织特别是陕北老区团组织责无旁贷地率先充分利用这一革命资源，重点对广大青少年进行以艰苦奋斗为主要内容的延安革命传统和作风教育。

20世纪50年代中期，农村部分青年产生了不安心农业生产的思想，机关一些青年同志不愿做艰苦工作，不愿深入农村工作，厂矿中有些青年不愿做艰苦工作。加强对青年的艰苦奋斗教育，成为具有现实意义的工作。1956年12月至1957年5月，全省大中城市、厂矿、学校和机关，普遍开展了“继承革命传统，发扬艰苦奋斗精神”的教育。各地团组织在党委的领导和各有关方面的支持配合下，组织讲座或报告会，请各时期老同志、老英雄、老模范和党政军负责同志，以发扬艰苦奋斗精神为主题，向青年讲革命斗争故事或作专题报告。许多团委还组织团员青年阅读报纸、红色书籍，观看有关戏剧、电影，参观各种有纪念意义的革命史迹等。青年中艰苦朴素的风气有了显著增长，“继承革命传统，发扬艰苦奋斗精神”成为广大青年的行动口号，铺张浪费，比吃穿、比阔气、比享受，追求个人名利地位，好逸恶劳，不关心政治等现象得到遏制，劳动和学习的积极性大大提高。

为了向全省青年特别是青年工人、学生、机关干部广泛宣传延安光荣的过去，让青年了解革命先辈曾经走过的道路，继承和发扬艰苦奋斗的光荣传统和作风，团陕西省委和陕西省青联基本每年都组织一些青年到延安参观学习。1957 年 3 月 7 日，团省委作出《关于组织城市青年参观延安的决定》，决定在年内组织 1500 名厂矿、学校、机关青年分期分批前往延安参观访问。延安精神给青年们留下了深刻的印象，深感延安“事事是教材，人人是教师”，到处体现着党的艰苦奋斗的革命传统精神。1957 年 12 月 13 日，团省委发出《关于继续向青年进行艰苦奋斗、勤俭持家的教育的通知》，还协同省人民出版社、美术出版社出版了介绍延安的书籍、画册，收集汇编延安的民歌、延安时期的领袖故事等等。1958 年 5 月至 8 月，团省委协同省文化局先后在西安、咸阳展出了延安革命文物，集中地宣传了党在极端困苦的条件下，克服困难，取得胜利的光辉历程。《陕西青年报》配合参观活动，刊登了大量的介绍延安精神和优良传统的革命回忆文章、革命历史故事及历史小资料。

1960 年，陕西省委书记处候补书记赵守一在省第三次团代会上作了《发扬延安时期作风，培养革命接班人》的报告，要求全省团组织和团员青年，继承和发扬延安作风，艰苦奋斗，发奋图强，大办农业，大办粮食。会后团省委把进行延安时期革命作风教育作为一个较长时期全省团的中心任务。为了引导广大青年正确对待国家经济调整中的困难局面，团省委提出要把延安作风教育和当前形势以及党的方针政策等结合起来，动员青年走向农业生产第一线，并集中开展“红在农村，专在农村，艰苦奋斗建设社会主义新农村”等教育活动。12 月 11 日，省委批转团省委《关于向青年进行延安时期作风教育的报告》，同时要求各级党委领导和支持共青团搞好延安作风教育，引导青年艰苦奋斗，勤俭建国。27 日，团中央向各省（市、自治区）团委批转了共青团陕西省委的报告和中共陕西省委的批语。1961 年 1 月 14 日，《中国青年报》发表《把延安作风变成我们时代青年的风尚》的社论，一个以学习延安作风、发扬革命传统为主要内容的群众性自我教育运动在全国各地广大青年中兴起。

1962 年 1 月，面对严峻的经济困难，省委召开扩大会议，向全省人民发出了“学习延安时期艰苦奋斗精神，发愤图强，自力更生，扎扎实实，埋头苦干”的号召。全省团组织带领广大团员青年积极响应这一号召，又一次掀起了学习和发扬延安精神的热潮。

团省委不断总结经验，发现了向青年进行艰苦奋斗教育的一些不足之处，在给省委和团中央的报告中提出在进行革命传统教育时，要结合青年和当地实际，关心青年生活，区别不同对象，采用正面引导、以理服人及和风细雨的方法开展教育活动，把革命传统教育经常化。

20 世纪 70 年代中期，陕甘宁边区劳动模范杨步浩（图中戴白头巾者）为青年讲延安革命故事。

掀起学习毛泽东著作热潮

早在1940年春，中共中央在延安就创办了以毛泽东名字命名的泽东青干校，要求青年干部“学习毛泽东”。1949年5月，周恩来在中华全国青年第一次代表大会上，发出“学习毛泽东”的号召，要求全国青年“学习毛泽东整个的思想体系”。20世纪50年代初，《毛泽东选集》第一、二、三卷陆续出版发行，青年团陕西省工作委员会及时发出通知，号召团员青年认真学习《毛泽东选集》，全省青年形成了学毛泽东著作热潮。1958年6月，共青团三届三中全会作出了《关于组织广大青年学习马克思列宁主义、学习毛泽东著作的决议》，号召全国青年开展一个学习马列主义理论、毛泽东著作的运动。陕西团组织按照决议要求，广泛组织青年学习马列主义理论、毛泽东著作，全省30万青年以各种不同的方式投入了学习。“读毛主席的书，听毛主席的话，做毛主席的好学生”成为越来越多青年的行动口号。

1960年1月，陕西省委书记处候补书记赵守一在省第三次团代会讲话时强调：“共青团必须把组织青年学习毛主席著作，用毛泽东思想武装广大青年，当作自己头等重要的政治任务。这是团组织思想工作中的基本建设、百年大计。”大会通过了《关于组织青年学习毛主席著作的决议》，要求各级团委成立毛泽东著作学习指导小组；要理论联系实际，学以致用，边学边用；要特别重视组织工农青年学习毛泽东著作，在全省一切基本生产单位普遍成立学习小组，建立学习辅导队伍。会后各级团组织根据省委指示和团代会决议，掀起了第二次学习高潮。各地团组织普遍成立了青年学习毛泽东著作讲师团，广泛开展工农青年登台讲演和大写论文的活动。4月3日，共青团陕西省委和陕西省广播电台联合召开全省青年学习毛泽东著作广播讲演大会，宣传推广了一批学习毛泽东著作先进集体和积极分子。

1963年，随着学习雷锋同志活动的兴起，广大团员青年以雷锋同志为榜样，发扬“钉子”精神，利用一切空闲时间学习，坚持用毛泽东思想武装头脑，由此掀起了第三次学习毛泽东著作的高潮。由于“左”的思想干扰，陕西青年学习毛泽东著作运动也出现了简单化、庸俗化、实用主义的倾向和某些强迫命令的做法。团省委发现问题后及时向省委和团中央作专项汇报。在团省委三届四次全委扩大会议上，向全省各级团组织提出了扎实组织青年学习毛主席著作的十一条要求，并以此形成《关于进一步开展学习毛主席著作运动中几个问题的意见》。1964年5月11日，团中央批转团陕西省委宣传部《当前组织青年学习毛主席著作中几个值得注意的问题》，认为团陕西省委反映的情况很重要，要求各级团组织在带领青年学习中，注意保持清醒头脑，坚决克服和防止形式主义及强迫命令现象；必须不断地启发青年的学习自觉性，使他们保持旺盛的、持久的学习热情；组织学习时要区别对象，抓住重点，全面安排。

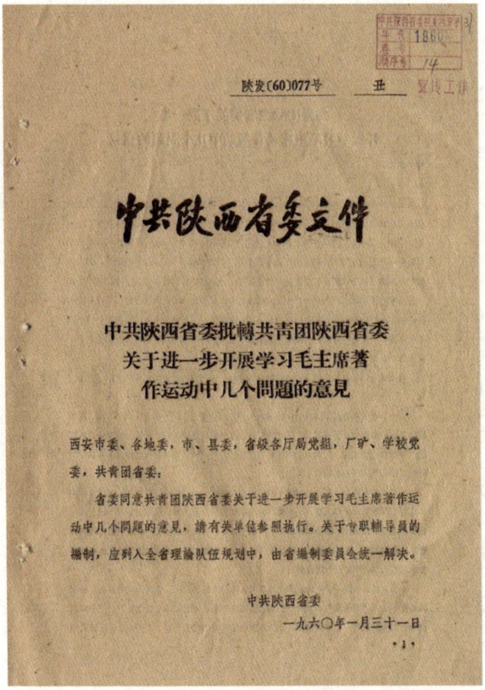
陕发〔60〕077号 丑

中共陕西省委文件

中共陕西省委批轉共青团陕西省委
关于进一步开展学习毛主席著
作运动中几个問題的意見

西安市委、各地委，市、县委，省级各厅局党組，厂矿、学校党委，共青团省委：

省委同意共青团陕西省委关于进一步开展学习毛主席著作运动中几个問題的意見，請有关单位参照执行。关于专职輔导員的編制，应列入全省理論队伍规划中，由省編制委員会统一解决。

中共陕西省委
一九六〇年一月三十一日
·1·

1960年1月31日，中共陕西省委批转共青团陕西省委《关于进一步开展学习毛主席著作运动中几个问题的意见》。

“文化大革命”开始后，全省团组织大部分瘫痪，青年学习毛泽东著作活动被严重扭曲，活学活用、急用先学、立竿见影等形而上学的学风给青年学习毛泽东著作活动造成了不良影响。1973 年团省委恢复后，除“老三篇”[①]、阶级斗争和路线斗争的论述外，要求青年学得最多的是毛泽东的诗词、语录、指示及无产阶级专政的理论。

1976 年 10 月，结合批判“四人帮”[②]活动和《毛泽东选集》第五卷，团省委作出《关于继承毛主席的遗志，在全省团员中迅速掀起学习毛泽东思想群众运动新高潮的决定》，全省青年又一次掀起了学习毛泽东著作的高潮。

青少年是最容易接受新理念、新事物的群体，对他们思想教育的偏差，极容易在其意识中形成心理及政治阴影。在对团员青年的思想教育中，出现了共产主义教育脱离实际和极端化，学习毛泽东著作简单化、庸俗化及实用主义的倾向，以及阶级教育中用所谓“阶级立场”检验青年政治思想表现等问题。这些问题的存在，虽然不能脱离大的历史背景和政治环境，但在团的建设特别是对青少年教育中应引以为鉴。

榜样示范教育活动

用英雄模范和先进人物的事迹激励和引导青少年奋发向上，是陕西各级团组织向团员青年进行宣传教育的一项重要工作内容和方法。从 20 世纪 50 年代起，陕西各级团、队组织充分利用报刊、书籍和报告会、读报组、故事会、儿童流动图书小组等形式，用英雄人物的崇高思想和优秀品质去感化、教育青少年，用榜样的力量激发青少年奋

① “老三篇”，指在抗日战争期间毛泽东所写《纪念白求恩》《为人民服务》和《愚公移山》，分别发表于 1939 年 12 月、1944 年 9 月、1945 年 6 月。

② “四人帮”，指王洪文、张春桥、江青、姚文元四人在“文化大革命”期间所结成的帮派。

发向上，一批为社会主义建设奉献青春的英模人物成为广大青少年学习的榜样。1959 年 3 月，共青团陕西省委发出致全省共青团员、少先队员、青年和小朋友们的一封信，号召在团、队组织带领下，积极开展向救火英雄向秀丽同志学习的活动。1963 年 9 月，省第四次团代会提出，全省的青年都应当熟知李大钊、方志敏、刘志丹、王若飞、刘胡兰、江姐、黄继光、向秀丽、雷锋、王杰等革命烈士的事迹，激励青少年奋发向上。团省委倡导青少年大量阅读红色书籍，以书刊、电影、文艺演出等形式大力宣传英雄人物的事迹。团省委还十分重视树立本省先进典型，培养宣传本省先进青年人物及其事迹，注意用青年身边的先进人物及其事迹教育青年。1955 年 2 月，团省委批转了团大荔县委关于试建光荣簿的报告。1956 年 10 月 9 日，团省委发出《关于在基层团组织中建立光荣簿的通知》，强调在青年中树立起向先进者学习，争取做一个先进者的良好风尚。1959 年中共陕西省委批转了共青团陕西省委《关于在红旗手运动中树立旗帜宣传先进的报告》，要

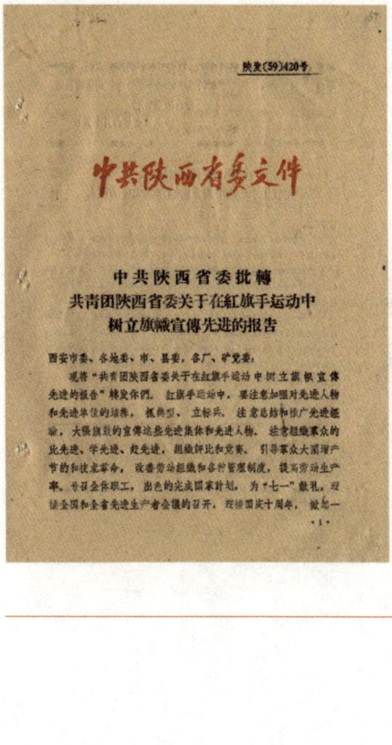

陕发(59)420号

中共陕西省委文件

中共陕西省委批轉
共青团陕西省委关于在紅旗手运动中
树立旗幟宣傳先进的报告

西安市委、各地委、市、县委，各厂、矿党委：

现将"共青团陕西省委关于在紅旗手运动中树立旗幟宣傳先进的报告"轉发你們。紅旗手运动中，要注意加强对先进人物和先进单位的培养，抓典型、立标兵，注意总结和推广先进經驗，大張旗鼓的宣傳这些先进集体和先进人物。注意組織羣众的比先进、学先进、赶先进，組織評比和竞賽。引导羣众大鬧增产节約和技术革命，改善劳动組織和各种管理制度，提高劳动生产率，号召全体职工，出色的完成国家計划，为"七一"献礼，迎接全国和全省先进生产者会議的召开，迎接国庆十周年，做起一

·1·

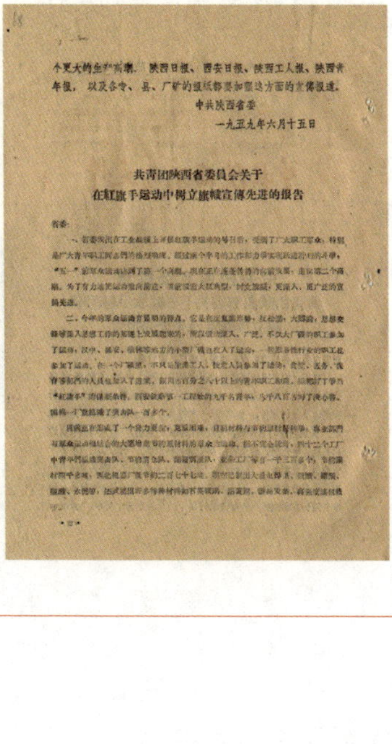

个更大的生产高潮。陕西日报、西安日报、陕西工人报、陕西青年报，以及各专、县、厂矿的报纸都要加强这方面的宣傳报道。

中共陕西省委

一九五九年六月十五日

共青团陕西省委员会关于
在紅旗手运动中树立旗幟宣傳先进的报告

省委：

1959 年 6 月，中共陕西省委批转共青团陕西省委《关于在红旗手运动中树立旗帜宣传先进的报告》。

求各地各厂矿党委加强对先进人物和先进单位的培养，积极宣传和总结先进经验，组织比学赶超先进竞赛。年底，团省委在全省青年勘察、设计和技职人员活动分子会议上掀起比学赶超青年技术员徐永基的竞赛。20 世纪五六十年代，团省委先后推出了赵梦桃、王保京、徐永基、黎坪青年垦殖场等一大批陕西青年模范人物和先进集体，这些先进典型都是在平凡的工作劳动中作出突出贡献的团员青年，他们的事迹不仅在省内引起了强烈反响，还被团中央通过《中国青年报》和《中国青年》杂志，在全国范围进行宣传和推广，极大地褒扬了陕西优秀青年在社会主义建设中的奋发有为和杰出贡献，激励了几代青少年的健康成长。

杨拯陆，杨虎城将军之女 大学毕业后，她自愿报名到边远的新疆去工作，被分配到新疆独子山地质队。由于工作成绩突出，先后被推选为中共新疆石油管理局委员会委员、共青团新疆维吾尔自治区委员会常委，成为新疆青年学习的一面旗帜。1958 年，杨拯陆到三塘湖盆地进行地质普查工作。9 月 25 日，天气突变，杨拯陆和战友在暴风雪中举步维艰，在寒流的袭击下筋疲力尽，无力前进，年轻的生命牺牲在荒原的狂风暴雪之中。杨拯陆的遗体运回后，人们发现她仍将普查记录紧紧抱在衣服内。杨拯陆光荣牺牲后，党组织追认她为“党的优秀儿女、知识分子优秀代表、坚强不屈的模范共产党员”光荣称号。中共新疆维吾尔自治区委员会批准她为革命烈士。

杨拯陆（1936—1958），陕西蒲城县人，杨虎城将军之女。1949 年西安解放，杨拯陆在西安女子中学读书期间加入中国新民主主义青年团，先后担任学校团支部委员、团支部书记、团总支部书记。1953 年考入西北大学地质系，攻读石油地质专业。在校曾任校团委委员，1954 年加入中国共产党。

赵梦桃，陕西咸阳西北国棉一厂细纱挡车工 1953 年 4 月加入中国新民主主义青年团，9 月加入中国共产党。从 1952 年起，她连续 7 年月月全面完成生产计划，帮助 13 名工人成为先进生产者；她倡导的“困难留给自己，方便让给别人”和“不让一个伙伴掉队”的思想作风，被誉为“赵梦桃精神”。在第一个五年计划期间，她为帮助同伴完成生产任务，先后十多次将自己使用的好车主动让给别人，自己开陈旧的“老虎车”，且年年超额完成生产任务。1956 年 9 月，赵梦桃作为纺织工人的优秀党员代表，出席中共第八次全国代表大会。1958 年 10 月出席全国第二次青年社会主义建设积极分子代表大会。她所在的小组被评为全国先进生产集体，本人被评为全国劳动模范，1959 年 10 月出席了全国群英会。1962 年，为了提高棉布质量，消灭布面上的疵点，她摸索出一套科学的巡回清洁检查操作法，使断头减少三分之二，粗细节坏纱比过去减少 70%，对提高棉纱条干均匀度和棉布质量起到了重要作用。陕西省纺织工业局总结推广了她的先进操作方法。所在小组年年被评为先进集体，在纺织行业产生深远影响。20 世纪 50 年代被树为全国纺织战线的一面红旗，在她的影响和带动下，“人人当先进，个个争劳模”蔚然成风。1963 年初，赵梦桃因患重病住院。4 月 27 日，陕西省人民委员会召开表彰赵梦桃及她的小组大会，授予赵梦桃“优秀的共产党员、模范的共产党员、先进的工人典范”荣誉称号，号召全省职工向赵梦桃学习。6 月 23 日，赵梦桃不幸被病魔夺去了年仅 28 岁的生命。

赵梦桃（1935—1963），河南省洛阳市人。在西北国棉一厂工作的 11 年中，曾先后当选为厂党委委员、咸阳市人民代表、市政协委员、省工会委员、省妇联委员。

冯玉萍，铜川市桃园煤矿青年女工、井下压风机司机 1962年2月2日，在机房烈火突起的危急时刻，冯玉萍迎着高温高压气流和烈火狂焰的袭击，奋不顾身关闭风机，使井下工作的矿工幸免于难，保护了矿井机器，年轻的冯玉萍却全身大面积烧伤，容貌全毁，失去了双手，严重致残。在住院期间，她以惊人的意志战胜痛苦，锻炼生活和工作能力，伤愈后又重返工作岗位，在平凡的工作中做出了许多模范事迹，被誉为“救火女英雄”。《工人日报》《陕西日报》专版报道了她的英雄事迹。她说：“人活在世上最愉快的是能劳动。”“只有为集体活着和为集体创造出成绩来才是无限的幸福。”1965年6月9日，中共陕西省委发出《关于学习冯玉萍同志革命精神的通知》，同年7月12日，共青团陕西省四届二次委员扩大会议倡议“全省各级团组织要大张旗鼓地深入扎实地宣传冯玉萍的模范事迹。”会后，西安、咸阳、渭南团组织请冯玉萍向团员青年作报告，并且举办了她的事迹展览。“学习冯玉萍，改造世界观，全心全意为人民服务”成为当时陕西青年一致的口号和行动。1966年2月29日在北京受到周总理等党和国家领导人的亲切接见。1982年被陕西省政府命名为劳动模范。

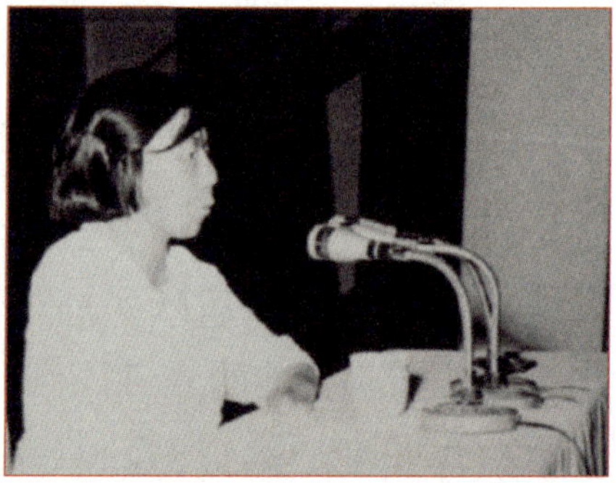

冯玉萍（1934-），河南巩义县人，中共党员。1956年参加工作，1959年调到铜川市桃园煤矿，担任井下压风机司机。先后任矿行政科党支部书记、桃园矿革委会副主任、铜川矿区工会副主席，陕西省第四届、五届人大代表，中华全国总工会第九届、第十届执委会委员。

向雷锋同志学习活动

1963年2月15日，团中央发出了《关于在全国青少年中广泛开展“学习雷锋”的教育活动的通知》，3月5日，《人民日报》《中国青年》《中国青年报》等报刊发表了毛泽东“向雷锋同志学习”的题词。在中共中央倡导下，学习雷锋的活动在全国青少年中迅速形成高潮，在雷锋精神激励下，一批批向上向善的青年茁壮成长。

1963年4月15日，中共陕西省委批转共青团陕西省委、陕西省总工会党组、陕西省妇联党组《关于进一步开展学习雷锋活动的报告》，要求各级党委要认真领导好向雷锋同志学习的活动，要结合党的中心工作进行，实事求是地表扬当地的好人好事，使雷锋精神在全省开花结果。团省委在三届四次全体会议上提出，把“向雷锋同志学习”活动同已经开展的“五好青年”“四好团支部”活动有机地结合起来，推动团的建设，推动学雷锋活动不断走向深入。

“文化大革命”中，学雷锋活动受到严重干扰，但全省青少年学雷锋活动没有中断。全省各级团组织在恢复过程中，把继续深入开展学雷锋活动作为团组织发扬优良传统，活跃团的工作，加强思想建设的一项重要工作开展起来。1973年全省学雷锋活动以毛泽东向雷锋同志学习题词10周年为契机，再次形成高潮。

粉碎“四人帮”后，全省青少年学雷锋活动再次形成高潮。1977年，团省委把开展“继承毛主席遗志，做雷锋式好青年”活动，列为一项重要工作内容。3月初，全省学习雷锋活动经验交流现场会在宝鸡召开，这个会实际是对“文革”期间学雷锋活动的肯定、总结，是新时期的总动员。会上交流了学雷锋活动的经验和体会，同时深入揭发批判了“四人帮”破坏干扰学雷锋活动的罪行，表彰奖励了16个学雷锋活动的先进集体。会议还向全省青少年发出了《高举毛主席的伟大旗帜掀起学雷锋活动的新高潮》的倡议，号召青少年在全省范围掀起一个“人人学雷锋，天天学雷锋，天天做雷锋”的热潮。倡议发出后，全省各地学雷锋活动蓬勃开展起来。3月4日，西安地区1200多名青少年集会，纪念毛泽东给雷锋题词发表14周年，批判“四人帮”干扰破坏学雷锋活动的罪行，交流学雷锋活动的经验和事迹。不久，西安铁路局团委向全国铁路系统团员青年倡议，在揭批“四人帮”和学雷锋活动中开展“五比”[①]竞赛和“六手四小”[②]活动。

六、动员知识青年上山下乡

农村中小学毕业生回乡参加农业生产

随着农业生产合作化高潮的到来，农业技术人员、会计、记工员大量紧缺。为此，党和政府号召未能升学的知识青年回乡参加农业生产，共青团责无旁贷地做好中小学毕业生的回乡务农工作。共青团陕西省委多次召开常委会研究此项工作，以机关刊物为阵地，总结宣传回乡中小学毕业生的先进事迹。1954年春，团省委在《陕西日报》和团刊上宣传了渭南县南郭村回乡高小毕业生郭统绪的事迹，学习推广郭统绪的模范事迹，号召知识青年[③]回乡参加农业生产。接着，团省委发表了《给全省中小学毕业生的公开信》，号召未能升学的中小学毕业生回乡参加农业生产。经过各级团组织的不懈努力，到1956年底，全省已有10多万中小学毕业生回乡从事农业生产。回乡后的知识青年，有不少担任了农业社的会计、记工员、技术员和青年生产队长等职，大多数知识青年参加了扫盲协会和青年扫盲队，有力地推动了农业合作化运动的发展和农业生产力的提高。1957年5月4日至7日，

---

① “五比”，比思想、比干劲、比遵章守法、比技术过硬、比完成任务。

② “六手四小”，生产突击手、技术能手、革新能手、安全能手、节约能手、服务能手以及小建议、小革新、小发明、小创造。

③ 知识青年，20世纪50年代中期，对中小学毕业生称“知识青年”“知识分子”。

陕西省知识青年建设社会主义新农村积极分子代表会议在西安召开，395 名积极分子和 39 名列席代表参加会议。团省委第一书记白纪年向大会作了《热爱劳动，努力学习，立志做第一代有文化的新式农民》的报告，热情地赞颂了回乡知识青年在农业合作化运动中的先锋模范作用。会议一致通过了给全省知识青年和应届中小学毕业生的一封信，作为向党和全省人民以及几十万在乡知识青年的决心书和庄严的宣誓词。陕西省委书记处书记方仲如出席闭幕式并讲话，希望他们虚心向老农学习生产经验，抓紧学习钻研农业科学技术，为建设社会主义新农村而奋斗。20 世纪 60 年代初，陕西省兴平县（今兴平市）高中毕业生韩志刚主动放弃升学机会，回到他的家乡西吴公社北马大队参加农业劳动。他“以农为荣、以农为乐”的事迹被省内外多家报纸宣传报道，成为和邢燕子、董加耕等全国先进典型齐名的人物。1961 年 4 月 8 日，韩志刚在《陕西日报》发表《给全省应届中小学毕业生的一封信》，谈了自己的认识，使更多的知识青年坚定了回农村为农业做贡献的信心。

城市知识青年下乡上山插队落户

1957 年，中共中央发布《一九五六年到一九六七年全国农业发展纲要》，指出“城市的中、小学毕业的青年，除了能够在城市升学、就业的以外，应当积极响应国家的号召，下乡上山去参加农业生产”[①]，第一次明确提出“下乡上山”的概念，并把下乡上山的主体明确为“城市中的中小学毕业的青年”。1965 年后“下乡上山”的提法改为“上山下乡”。

① 中共中央文献研究室编：《建国以来重要文献选编》第 10 册，中央文献出版社 2011 年版，第 579 页。

1957 年 4 月 8 日，《人民日报》发表社论，提出将城市中小学毕业生下乡参加农业生产作为一个就业方向。西安市 39 名家在城市的中小学毕业生积极响应党的号召，率先报名离开城市到农村落户，开了陕西省城镇知识青年下乡上山先河。

为了纠正“大跃进”和人民公社化运动的失误，解决生产建设和人民生活中出现的严重困难，党和政府在 20 世纪 60 年代初对国民经济进行了重大调整，其中一项重大举措就是精简城镇人口，把城镇知识青年下乡上山纳入国家计划。中共陕西省委遵照中央精神，严格落实知识青年下乡上山的方针政策。1962 年 7 月 13 日，省委印发《关于继续精简职工和减少城镇人口的通知》，要求在条件好、投资少、收效快的地方新建一些农场、牧场、林场、渔场，安置一批职工和不能升学的城市学生，首次在全省提出不能升学的城市学生的就业安置问题。在选择插队对象时，尽量选择政治觉悟较高、年龄在 16 周岁以上、家庭生活贫寒、具有劳动和独立生活能力的青年。插队地点大多选择领导力量强、地多劳力少、生产门路多、文化缺少、有发展远景的地区。随着知识青年下乡人数的增多，为加强党委领导和管理，1964 年 3 月，陕西省安置城市下乡青年领导小组办公室（简称省安置办）成立，各级党委、政府及共青团、教育等有关部门密切配合全省知识青年下乡上山工作，下乡上山、插队落户知识青年的口粮、自留地、做饭、住房、看病、劳动工具、票证补助等生活问题基本得到妥善解决，知识青年们的劳动和学习得到合理安排，特长能够正确发挥。在各级党、团组织和政府的关心帮助下，知识青年在农村取得了很大进步：在日常的田间作务、向各种自然灾害作斗争中，学到了农业技术知识；在和贫下中农的接触中，思想认识也发生了很大变化，很多人成了生产队干部，成了模范、人民代表，受到广大社员的称赞。

为了表彰先进、激励后进，1964年7月5日至11日，共青团陕西省委、陕西省教育厅和陕西省安置办联合召开城镇知识青年下乡上山积极分子座谈会。39名参会积极分子汇报了自己的劳动、学习和工作情况，交流了成长经验。会后，团省委、省教育厅和省安置办联合组织了城镇知识青年下乡上山积极分子巡回报告团，促进了全省知识青年下乡上山参加农村社会主义建设。

黎坪青年垦殖场

20世纪50年代，团中央积极响应毛泽东关于知识青年下乡上山、大办农业的指示，向全国广大青年发出“到农村去，到边疆去，到祖国最需要的地方去”的号召。从1955年开始，先后有数万名青年组成志愿垦荒队，到祖国边远和落后地区开荒种田。北京青年志愿垦荒队率先把团中央第一书记胡耀邦亲自授予的队旗插到黑龙江省萝北县境内的一片亘古荒原上，上海青年志愿垦荒队请求赴江西九江鄱阳湖畔，温州青年志愿垦荒队请求赴浙江大陈岛等地开荒。陕西团组织也积极行动，在汉中组建黎坪青年垦殖场，一群风华正茂的青年，锄耕犁耙，走出了一条自力更生，艰苦创业之路。

黎坪位于汉中西南部和四川省交界的大巴山深处。1962年适逢国家困难时期，汉中地委决定由农校、水校、技校的城镇青年学生组建黎坪青年垦荒队。1962年6月，团汉中地委副书记周沪和当地公社党委书记余世彦带领汉中市第一批40多名机关干部和城镇知识青年，怀着建设山区的雄心壮志，离开城市和家庭，克服种种困难和阻力，徒步跋涉100多里崎岖山路，进入汉中市西南海拔1400到1800米荒无人烟的大巴山黎坪山区开垦荒地。

1964、1965年，第二、三批知识青年又先后来到黎坪。从1962年到1971年，195名知识青年在黎坪这片热土上书写着青春。他们中既有独生子女，也有兄弟姐妹同行的，最小的年仅 16 岁。经过知青近 10 年的艰苦奋斗，昔日的荒山改变了模样：造地 1200 余亩，育林 4000 余亩，饲养牲畜近 800 头，栽植花椒树 8000 余株，培植中药材党参、乌药 200 余亩，苹果树、梨树 20 余亩，引水试种水稻 5 亩；种植农作物玉米、大豆，蔬菜、肉类自给有余；勘察设计修建了场部至元坝镇的公路 3.5 公里；建窑烧制砖瓦，修建了办公室、会议室、职工宿舍和篮球场；利用自然条件自己发电，定期放映电影，既活跃了青年的业余文化生活，又对青年进行了寓教于乐、潜移默化的思想教育。他们顶寒风，战天斗地，艰苦奋斗，自力更生，为国分忧，用顽强的拼搏精神创造出了一个新天地，建立起了以青年为主体，以粮食自给为立足点，以畜牧、林业、多种经营为发展方向的综合性国营垦殖场——黎坪青年垦殖场。

1965 年 4 月 1 日《中国青年报》以《黎坪山区的青春之歌》为题，

·2· 1965年4月1日 中国青年报

知识青年们，到农村去，到山区去，到祖国最需要的地方去！

黎坪山区的青春之歌

记陕西汉中一批知识青年创建黎坪垦殖场的英雄事迹

1965 年 4 月 1 日，《中国青年报》报道《黎坪山区的青春之歌》，介绍黎坪垦殖场青年们的先进事迹。

介绍了黎坪垦殖场青年们的先进事迹：

“青年们，到农村去！到山区去！
到祖国最需要的地方去！
我们是知识青年先锋军，
我们是毛泽东的好儿女。
不图安逸，不享现成；
以农为乐，以农为荣；
为建设新农村而战斗终生！”

黎坪的知识青年树起了陕西省知识青年大办农业、开发山区的样板，创造积淀出“坚定信念、敢为人先、艰苦创业、无私奉献”的黎坪精神，成为陕西省青年学习的榜样。全国 19 个省（市）的青年给报刊和黎坪垦殖场写信，表示向黎坪青年学习，到山区去，到祖国最艰苦最需要的地方去。一个“全国知青学黎坪”的群众性活动迅速在全国掀起。1965 年春，周恩来总理在全国安置工作会议上给予黎坪青年很高的评价，称他们为“黎坪山上有志人”，要求大力宣传。7 月 27 日，共青团陕西省委在汉中召开黎坪垦殖场现场会，总结推广他们的成功经验。陕西省委书记处书记严克伦在报告中，赞扬了黎坪垦殖场青年战胜困难、占领山头、建设山区的革命精神，号召全省团员青年学习他们占领山头，建设社会主义新山区的革命精神；红在山区，专在山区，决心做社会主义时代的新愚公精神；干部和青年同甘共苦，艰苦创业的精神。9 月 10 日，省委发出了《关于学习黎坪垦殖场青年建设山区的革命精神》的通知，号召全省人民学习黎坪垦殖场青年建设山区的革命精神。此后，全省普遍开展“学习黎坪垦殖场青年革命精神，做社会主义时代新愚公”的活动。

选树先进典型，用榜样的力量激励青年。在陕西经济建设中，陕

黎坪垦殖场青年们在田间地头劳动、建设山区。

西团员青年不断发挥突击队和生力军的作用，涌现出了纺织战线的一面旗帜赵梦桃、农业战线的全国劳动模范王保京、向科学进军的青年标兵徐永基、模范团员杨拯陆，以及被周恩来总理赞誉“黎坪山上的有志人”的黎坪垦殖场青年等一大批青年模范人物和先进集体，激励和带动了陕西青年勇于向科学进军，向困难进军，向荒原进军，展现出敢于拼搏、辛勤劳动的精神风貌。“把青春献给祖国”“到最艰苦最需要的地方去”成为这一时期青年响亮的口号。

第三节 “文化大革命”时期的陕西共青团

一、“文化大革命”初期陕西共青团遭受破坏

西安红卫兵运动兴起

1966年5月至1976年10月，一场由领导者错误发动，被反革

命集团利用，给党、国家和人民带来严重灾难的“文化大革命”内乱，给陕西各级团组织和广大团员青年带来了严重的冲击。

1966 年 5 月底，北京清华附中学生成立了全国第一个“红卫兵”组织，并贴出“革命就是造反”等内容的大字报，随后红卫兵运动席卷全国。8 月 30 日，西安市 130 多个大中学校逾万名红卫兵召开西安市红卫兵大会，推动了全省红卫兵组织的建立和红卫兵运动的发展，开始了全省“破四旧”①“立四新”②、横扫一切牛鬼蛇神的造反运动，开始了全国大串联活动。在“炮打司令部”和批判“资产阶级反动路线”中，西安大中专学校先后成立了“西安地区大中院校文化革命统一指挥部”（简称统指）和“西安地区红卫兵革命造反司令部”（简称红造司），成为西安地区最早成立的以学生为主体的造反组织，全省开始出现动乱。这两大学生造反组织和随后成立的“工联”“农民文革总会”等造反组织一起，开始了在全省的“全面夺权”。1966 年 11 月 1 日凌晨，1000 多名红卫兵分多路查封了省、市委各部门和团省委等 40 多个单位的文件档案。1967 年初，上海夺权风暴迅速在全国掀起，陕西红卫兵和各造反组织紧跟全国形势，开始在全省实施“全面夺权”，任意冲击党政机关，揪斗领导干部，“横扫”“火烧”“炮打”“罢官”、烧毁文书档案之风遍及全省。

陕西团组织遭受严重破坏

1967 年初，陕西县级以上团的领导机关在红卫兵冲击下，大多被“造反派”非法夺权，全省团组织陷入瘫痪状态。共青团陕西省委领

---

①“破四旧”，1966 年 6 月 1 日《人民日报》社论提出的破除几千年来一切剥削阶级所造成的毒害人民的旧思想、旧文化、旧风俗、旧习惯。

②“立四新”，立新思想、新文化、新风俗、新习惯。

导班子被造反组织非法夺权，团省委机关处于无政府状态，各职能部门无法履行正常职责，工作被迫停止，组织完全瘫痪。各地（市）县团组织也陆续被冲击，大部分团组织瘫痪，广大团员被迫停止组织活动；大批团干部和团员青年先进集体和个人受到株连；全省青联、学联被迫停止活动；红小兵代替了少先队；红卫兵代替了团组织。西安“摧旧团联络站”还于1967年12月召开全国部分省区“摧旧团”座谈会。但在农村，仍有相当数量的基层团组织，在当地党组织的领导和群众的支持下，坚持正常活动。1968年以后，实行党、政、军、群、财、文“一元化”领导的陕西各级革命委员会（简称革委会）[1]相继成立，陕西青少年工作交各级革委会政工组（群工组）代管。

1968年9月19日，团省委机关成立了“斗批改”领导小组，统管团省委机关党、政、财、文权，宣布团省委机关所有印鉴一律作废。为了加强对斗批改工作的统一领导，按照省斗批改领导小组部署，团省委机关撤离原址，被集中到建国路原张学良公馆旧址和省总工会、省教育学院组编成一个连队进行斗批改工作。期间，工宣队进驻团省委机关，全面负责团省委斗批改运动和日常工作的领导职能。

二、知识青年上山下乡运动

陕西知识青年上山下乡

“文化大革命”打乱了上山下乡活动的正常进程，工厂停止招工，大学停止招生，初高中毕业生既不能升学，也没有工作，成为突出的社会问题。1968年底，毛泽东发出“知识青年到农村去，接受贫下中

---

① 革命委员会，在“文化大革命”期间建立的临时权力机构。

农的再教育，很有必要”的指示，上山下乡、插队落户从主要解决就业问题的社会活动，演变成“接受再教育”的运动。陕西和全国一样，迅速掀起了上山下乡运动的高潮，其规模也大大超过了“文化大革命”之前。从 1969 年底，老三届初高中毕业生[①] 上山下乡开始，到 1973 年应届初高中毕业生逐年到农村插队落户，直至 1979 年夏结束。

为加强对知青工作的管理，全省各级党委专门设立知青工作领导小组和办公室。全省各级团组织积极协助党政组织参与接待、安置、教育、管理和落实知青政策，不断加强下乡知青的思想政治工作。协助党支部办好政治夜校、文化室（俱乐部）、科学实验室（组）等，关心他们的生活，积极培养，大胆使用，积极推荐他们担任广播员、故事员、教员、记工员、会计等工作。并坚决同残害知青的坏人坏事作斗争，带领知青参加农业生产建设。1973 年 7 月，省委知青办、团省委、省教育局联合召开知青函授教育座谈会，安排在全省知青中试点业余函授教育工作，解决知青的学习问题，为高考制度恢复后知青很快投入学习打下了一定基础。1974 年 12 月 20 日，《人民日报》刊登题为《做好下乡知识青年工作的一个好办法——中共西安市委选派干部带领下乡知识青年的调查》的通讯员文章。1976 年 1 月，陕西省上山下乡知识青年农业学大寨积极分子代表大会在西安召开，中共陕西省委作出《关于表彰上山下乡知识青年农业学大寨先进集体和先进个人的决定》。

1979 年 7 月 28 日，省委知青办召开上山下乡知识青年代表座谈会，省革委会副主任刘庚在会上指出，今后在继续动员一部分知识青年到农村去的同时，要逐步缩小上山下乡范围，扩大留城面积。随着拨乱

① 老三届初高中毕业生，“文化大革命”爆发时，在校的 1966 届、1967 届、1968 届三届初高中毕业生。

反正不断深入，全省范围的知青开始陆续返城安排工作，由此知青上山下乡和插队落户活动告以终结。

北京知识青年在延安

1969 年初，在中央领导人的倡导下，经北京市革委会和陕西省革委会协商安排，北京部分知青分赴陕西延安地区插队落户。1969 年初，省革委会政工组发出《关于欢迎北京知青来我省延安插队落户的通知》。第一批来延安的有 1000 多名北京初高中毕业生，此后陆续到达的近 3 万名，分别被安排在延安地区的 12 个县的生产队，从事农业生产，包括养猪、放羊、开荒、造林等各种农活。

北京知青来到贫穷落后的陕北黄土高原生活和劳动，农村的“脏”“苦”“累”三大难关不容易闯过，加之人地两生，很长一段时间不能适应。为了做好北京知青来延安插队的组织安排工作，延安地、县两级安置办公室抽调 100 余名干部负责北京知青的政治、生产、生活指导工作。经过多方面工作和他们自己的刻苦努力，特别是在当地老区农民的关心、帮助下，绝大部分知青慢慢地安下了心，不少人能和当地老百姓打成一片，逐渐地变成了“延安人”。

延安人民欢迎北京知青。

由于正处在“文化大革命”中，北京知青在延安也出现了不少问题。既有伤亡事故，还有坏人乘机残害知青的事件，更有生活、医疗、婚姻等方面的困难，虽然也采取了一些紧急措施，但无法彻底解决这些实际问题。1970年3月10日，国务院在北京召开了延安地区插队青年工作座谈会，陕西省革委会、延安地区和12个县的革委会负责人、北京市革委会和7个有关区的负责人出席会议，国务院总理周恩来接见了到会代表并作了重要讲话，特别提出延安要带头恢复延安精神。会议通过了《纪要》，加强对北京知青插队延安的领导，要高度重视，有关地县要有专人抓，社、队要有专人管；做好扎实细致的政治思想工作；耐心帮助北京知青，合理安排，注意安全；解决好他们生活、学习、劳动中的实际困难。北京市革委会按照中央领导要求，决定抽调一批干部到延安，一面插队劳动锻炼，一面协助当地政府做好北京插队知青工作。3月26日，周恩来、李先念、余秋里等中央领导在中南海专门接见了在延安插队的北京知青代表，勉励他们要学好延安革命传统，热爱延安，建设好延安。

北京知青为延安的建设、发展奉献了自己的青春和才华，作出了突出的贡献。至1971年12月，北京知青有3000多人担任宣传组长，1200多人担任了“赤脚医生”，数以千计的人担任了小学教师，有270多人加入了共产党，2900多人加入了共青团。栗建国和张正秋从担任基层团委书记到担任团延安地委书记、团省委副书记。张艳、时玉存、徐继华光荣地参加了国庆20周年观礼。作为数万名来陕西的北京知识青年中的一员，习近平在延川县插队时，和大家一起劳动，一步一步锻炼成长起来，习近平曾深情自述：“我的成长、进步应该说起始于陕北的七年”。[1] 延川县吴家庄北京插队知青孙立哲，担任赤

① 习近平：《我是黄土地的儿子》，《西部大开发》2012年第9期。

脚医生3年，以窑洞作手术室，木板作手术台，用几件简易的手术工具，为群众做大小手术千余次。党的十一届三中全会以后，按照党的政策规定，他们中绝大部分人都陆续返回了北京或被安排于其他大城市工作，其中不少人在各个领域作出了突出贡献。

三线学兵连

1964年，中共中央作出了建设三线、加强国防、进行备战的战略决策，开启了大规模的三线建设[①]。1970年3月，陕西省革命委员会召开陕南地区三线建设问题座谈会，提出大力支援陕南三线建设的具体任务。为了实现国家的战略决策，落实省革委会的要求，8月，西安市、宝鸡市、咸阳市2.58万名69届、70届初中毕业学生，奔赴安康，参加三线建设中重点动脉工程之一的襄渝铁路建设，并成为当时知识青年上山下乡的一种特殊形式。

这些学生平均年龄17岁，其中最小的仅14岁，被编为141个连队，隶属于铁道兵工程10师和11师，分别驻扎在安康、紫阳、旬阳三个县。由于他们有别于同一工地上的民工、部队，被称作“三线学兵连”，这些青年学生在秦巴山区与铁道兵指战员以及当地民工在一起，一方面参加着繁重的体力劳动，一方面经受着艰苦环境的磨炼，接受严格的军事管理制度。

襄渝铁路工程分布于自然条件非常艰苦的秦巴山区，学兵们住在山坡上临时搭起的帐篷和茅草棚中，既要承受酷暑、严冬的考验和风雨、泥石流的侵袭，又经常受蚊虫、毒蛇、野兽的危害，生活供应更

① 三线建设，20世纪60年代初，中央根据各地区战略位置的不同，将其分为一、二、三线，一线是沿海和边疆的省市区，二线是介于一、三线地区的省市区，三线包括云、贵、川、陕和青海等地区，是国家战略后方基地建设，包括交通运输、国防工业、基础工业为主体的建设。

是极端困难。学兵们始终坚守在工作岗位上，克服种种困难和险阻，创造出了惊人的成绩，如期完成任务。4900 多名女学兵被单独编制为 26 个连，承担了陕西境内 177 个隧道、117 座桥梁、上千个涵洞的沙石备料工程，打破了中国传统的封建保守观念，树立了新时代新女性的英勇形象。

学兵连英雄连队、劳动模范和劳动英雄不断涌现，人们称这些学兵是铁路建设中的“铁军”。1972 年 6 月 17 日，19 岁的学兵吴南在安康枫树垭隧道塌方事故中，为抢救战友英勇牺牲，社会反响非常强烈。上级党组织和有关部门追认吴南为中国共产党党员，追记二等功，授予“模范共青团员”光荣称号，被批准为革命烈士。1973 年 5 月 17 日，共青团陕西省委发出了《关于开展向吴南同志学习活动的通知》，决定在全省团员、青年、红卫兵和少年儿童中开展向吴南学习的活动。

1973 年 6 月，作为三线工程的襄渝铁路陕西段竣工，陕西的两万多名“三线学兵”完成了任务。1998 年，团省委联合有关部门监制的九集电视专题片《三线学兵连》，真实展示了 20 世纪 70 年代初陕西省 2.5 万多名中学毕业生响应祖国召唤，奔赴陕南参加三线建设，修

吴南（1953—1972），1970 年 8 月中学毕业后，参加了襄渝铁路建设工程，编在三线学兵 17 连三排担任排长。1972 年 6 月 17 日，吴南带着战友们进隧道出渣、放炮，遇险塌方，命令战友马上出洞，在最后一刻用力把一位战友推出隧道时牺牲，年仅 19 岁。1973 年 6 月，共青团陕西省委授予吴南“模范共青团员”称号。1975 年 12 月 11 日，陕西省革命委员会民政局授予吴南革命烈士称号。

三线学兵连学兵在施工劳动

建襄渝铁路的动人故事。该片在全省各地播映，在“以史育人”的社会功能方面作出成功的尝试。

三、陕西团组织的恢复与活动

整团建团

1969 年下半年，根据毛泽东在九届一中全会上关于整团建团的指示，全国开始了整团建团工作。陕西省革委会结合整党建党，从 1969 年下半年开始整团建团工作试点。1970 年 7 月 12 日，中共中央发出《关于整团建团的通知》，陕西加快了整团建团步伐。1970 年 11 月、1971 年 8 月，省革委会先后两次召开整团建团工作座谈会，研究如何落实中央关于整团建团工作通知的精神。宝鸡县磻溪公社红旗大队总结了《从思想教育入手，整好建好团支部》的经验，被中央组织宣传组作为全国整团建团的典型。从整团建团开始到1971年9月底，全省开展整团建团的团支部达4.16万个，新建团支部3.29万个，接纳新团员13.4万名，并为4.8万名超龄团员办理了离团手续，此时，全省共有团员90.7万名。

在这次整团建团中，除建立、恢复基层团支部外，还进行了建立团县委的试点工作。1971年4月，全省第一个团县委——共青团宝鸡县委在试建中正式恢复。1972年10月，中共中央批转了中共上海市委关于筹建团上海市委的请示报告，要求各省、市、区在绝大部分基层团组织建立的基础上，在条件具备时建立省、市、区级团委。截至1973年3月，陕西省各地市、县、区相继召开了团代会，重新建立起团地（市）、县（区）委。由于整团建团是在“左”倾方针指导下进行的，陕西团组织恢复后，又受到“四人帮”的干扰，团的建设存在着唯成分论、突击入团、集中离团和思想不纯、组织不纯等问题。加之林彪、“四人帮”的干扰破坏，一些中学依然有团组织和红卫兵组织并存的现象，小学生组织仍为红小兵。

共青团陕西省第五次代表大会

1973年4月28日至5月4日，中国共产主义青年团陕西省第五次代表大会在西安召开，出席大会的代表1250名。陕西省委常委、陕西省团代会筹备领导小组组长周茂芹向大会作了题为《继承和发扬延安青年运动光荣传统，沿着毛主席的无产阶级革命路线奋勇前进》的工作报告。大会指出，从1970年团的整顿恢复以来，全省团支部已建立了97%，基层团委成立90%以上，有53万多名先进青年入了团，有5万多名团员入了党。大会选举出共青团陕西省第五届委员会，五届一次全委会议选出常委17人，书记1人，副书记4人，韩志刚当选书记，卜克义、罗桢祥、杨梦云（女）、栗建国（女）当选副书记。

根据中共陕西省委的指示，共青团陕西省委建立了党的核心小组。至此，重建了长期处于瘫痪状态的各级团组织，陕西各级团组织全面恢复，在团的发展历史中有一定的积极意义。但团组织仍处于“一无纲、二无章、三无团中央”的不正常状态，江青反革命集团在团内的追随者不断策划红卫兵和共青团并存的阴谋，依然在中学保留了红卫兵组织。

省团代会后，一方面抓团干部队伍培训。1973 年 7 月，经报省革委会政工组批准，在原省团校开办了陕西省团干部学习班。另一方面组织全省广大团员青年，紧紧围绕党的中心工作，开展适合青年特点的活动。在“工业学大庆”“农业学大寨”运动中，成立了以团员青年为主体的各种突击队，大搞农田水利基本建设和植树造林、青年“三田”活动；开展了出满勤、干满点、攻难关、苦干巧干、技术革新、增产节约等竞赛活动。不少团干部自觉抵制来自“左”的指导方针的干扰，坚定地带领团员青年为陕西的经济建设作贡献。

陕西青年悼念周恩来　反对“四人帮”运动

1976 年 1 月 8 日周恩来总理逝世，陕西省广大团员青年和干部群众以各种形式悼念周总理，表达自己的哀思，痛斥“四人帮”的罪行。从 3 月下旬开始，全省一些工厂、机关、学校的干部群众和青年学生就开始制作花圈，表达悼念之情。4 月 2 日，西安交通大学师生在街头贴出悼念周恩来的标语，还有人在校门口贴出“悼念周总理”等大标语。署名“延安儿女”的人张贴诗歌，“清明时节泪霖霖，九州几曾欲断魂。借问苍天情何在，哀思难托思念情”。为了表达对首都人民的支持，陕西部分青年学生和群众前往北京天安门广场开展悼念活动，更多的人则在省内各地向群众朗诵流传的革命诗作，作慷慨激昂的演说，用诗歌和语言表达对周总理的怀念、对“四人帮”的不满和愤怒。西安钟楼上挂满花圈、挽联，贴了许多诗词、漫画，表达着对周恩来的怀念，有的则指名道姓痛斥“四人帮”。4 月 4 日至 5 日，西安青年学生和市民在钟楼附近和新城广场举行悼念周恩来活动，送花圈 120 多个，悼念队伍从早到晚络绎不绝，人数最多时钟楼附近聚集约万人。陕西青年学生和人民群众悼念周恩来的活动，引起“四人帮”及其在陕西代理人的恐慌，他们运用所掌控的舆论宣传工具，极力歪曲事实，发出种种禁令，阻挠群众悼念活动。4 月 4 日清明节，天安门广场的悼念活动达到高潮，在江青等人的操纵下，被定性为反革命事件。5 月 6 日，根据公安部的紧急电话通知，中共陕西省委要求各地追查与“总理遗言”有牵连的人员，全省随即追查“反革命”谣言，部分传抄者受到错误批判和处理。

第四节 全省共青团工作的拨乱反正

一、揭批“四人帮”与整团整风

整团整风

1976 年 10 月，中共中央一举粉碎了“四人帮”，从动乱中挽救了党和社会主义事业，也使共青团获得新生。28 日，西安地区 2 万多名团员青年举行集会游行，欢呼庆祝中央粉碎“四人帮”反革命集团斗争的伟大胜利。11 月 26 日至 12 月 3 日，中共陕西省委召开宣传工作会议，作出《关于彻底揭发批判“四人帮”篡党夺权罪行的安排意见》，部署了在全省揭发批判“四人帮”的斗争。省委及时撤销了“文革”期间靠“造反起家”进入团省委的一名副书记的职务，并陆续对团省委领导班子进行了调整。1977 年 2 月 17 日，团省委在《陕西日报》发表《“四人帮”是毒害青年的最大教唆犯》，批判“四人帮”企图改变团的性质、任务和组织原则，破坏青年学习马列毛泽东著作，反对青年走又红又专的道路、走与工农相结合的道路，在青少年中煽动无政府主义的罪行。6月，团省委召开五届五次委员扩大会议，决定在全省团员青年中深入揭发批判林彪、“四人帮”，开展学习雷锋和社会主义劳动竞赛活动，并根据省委关于整党整风的决定，开始整团整风试点工作。1978年1月，团省委分别召开农村、工厂整团试点工作汇报会，交流基层团组织调查摸底情况和整团试点经验。会议根据“文革”结束后团的基层组织存在“软、散、瘫”状况，提出整顿的重点是解决“四人帮”的干扰破坏导致的团的思想、组织、作风不纯等问题，通过揭发批判“四人帮”、整顿班子、评议团员、加强支部班子建设等基本方法，对全省团组织全面进行了整顿，初步澄清了被“四人帮”颠倒了的路线是非，明确了团的工作任务。

陕西省第三次青年社会主义革命和建设积极分子代表大会

1978年5月4日至9日，共青团陕西省委在西安举行陕西省第三次青年社会主义革命和社会主义建设积极分子代表大会，1200名代表出席大会。陕西省委书记于明涛、李尔重[①]等出席会议。会议学习了中共中央关于召开共青团第十次全国代表大会的通知及有关文件精神，听取了省委书记李尔重代表省委、省革委会作《关于努力完成新时期的总任务，为在二三十年内实现四个现代化而奋斗》的讲话。团省委书记韩志刚作《青年们，动员起来，为实现新时期的总任务贡献青春》的报告，表彰了在建设事业中作出显著成绩的30个青年先进集体和20名青年标兵。大会通过了给全省团员青年的倡议书，号召全省青年进一步动员起来，努力学习文化科学知识，用科学理论武装头脑，站

① 1971年3月至1984年8月期间，陕西省委设省委第一书记、第二书记、书记若干人、副书记若干人。

在新长征的前列，争当新长征突击手，为实现新时期的总任务贡献自己的青春。

二、共青团十大迎来青年工作新局面

迎接共青团第十次代表大会的召开

经过揭、批、查，“四人帮”强加在共青团头上的诬蔑之词被推倒，被颠倒的路线是非得到初步澄清，青年运动在经历长达十年的干扰破坏之后，又拨正了航向，重新走上健康发展的道路。

1978 年 5 月，中共中央发出《关于召开中国共产主义青年团第十次全国代表大会的通知》，对新中国成立以来共青团的工作给予充分肯定，明确指出“共青团不愧为党的忠实助手，不愧为我国社会主义革命和社会主义建设的一支英勇突击队，不愧为青年学习马列主义、毛泽东思想的学校”，强调指出“共青团是党团结教育青年一代的核心。做好青少年工作，是关系到革命未来的千秋事业。各级党委务必采取有力措施，加强对共青团的领导”。共青团陕西省委在全省整团工作基本结束时召开了五届六次委员扩大会议，选举产生了陕西省出席团十大的 59 名代表，决定召开各级团代会，加强团的各级领导班子建设，号召全省团员青年投入争当新长征突击手活动。根据中共中央转发团十大筹委会《关于红卫兵问题的请示报告》和关于取消红小兵组织、恢复少先队的精神，从 1978 年暑期开始，全省团组织顺利结束了陕西各中等学校红卫兵组织的工作，各小学的红小兵全部转为少先队员，红小兵辅导员转为少先队辅导员。10 月恢复了陕西省团校，开始了对团干部和少先队辅导员正规培训工作，1988 年 5 月 20 日，国务院副总理习仲勋为陕西省团校题字：实事求是，勤奋学习，把青年培养成为四有新人。1978 年 10 月团十大召开，结束了“文化大革命”时期共青团“一无纲，二无章，三无团中央”的不正常现象，确定了新时期团的任务和青年的光荣使命，在中共陕西省委领导和团十大精神指导下，全省青年工作进入了一个新的历史时期。

努力为陕西经济社会发展作贡献

陕西各级团组织恢复之后，在同级党组织领导下，顶住压力，排除干扰，带领全省团员青年积极发展工农业生产、开展技术革新和科学种田的劳动竞赛，与全省人民共同努力，稳定陕西社会、经济、工作秩序，减少“文化大革命”对陕西的破坏程度。1977 年下半年全国恢复高考制度，“文化大革命”中被迫中断学业的万千青年学生看到了希望，重新燃起了学习科学知识、报效祖国的愿望，积极参加高考。1978 年 4 月，中共陕西省委在西安召开陕西省科学大会，全省青年学习科学文化知识的热情高涨，一个向科学技术现代化进军的群众运动在全省青年中蓬勃发展。全省各级团组织把组织青年学科学、学技术、学文化作为一项重要任务，协助有关方面办起各类业余学校，把文化

1978 年，陕西省向科学技术现代化进军的群众运动蓬勃发展，图为西安交通大学学生在图书馆勤奋学习。

科学知识学习与生产实际结合起来。各级学校再次以“三好”[①]为目标，以学习为中心，开展了各种活动。面对即将开启的新的历史时期，陕西团员青年焕发出充满活力的青春朝气，展现出勇于创新创造的特质，全省团组织积极贯彻落实党的路线方针，引导和组织广大团员青年投身到社会主义现代化建设中。

① “三好”，指品德好、学习好、身体好。

第三章

1978.12

改革开放和社会主义现代化建设新时期

（1978 年 12 月—2012 年 11 月）

2012.11

党的十一届三中全会开启了改革开放和社会主义现代化建设新时期，陕西共青团紧跟时代步伐，在拨乱反正中迅速实现全省团的工作重心转变，由“以阶级斗争为纲”转为“以四化建设”为中心，全面活跃陕西青年工作，不断创新青年组织新形式和活动新方式，使党的青年工作在开拓中创新，在改革中前进，形成了全党重视、全社会齐抓共管的青少年工作的格局。全省广大团员青年积极响应党的号召，踊跃投身改革开放的社会主义现代化建设实践，持续开展为“四化”贡献青春的新长征突击手活动，在推进“跨世纪青年文明工程”和“跨世纪青年人才工程”中精心打造“青”字号品牌，在现代化建设各条战线上勇立潮头，展现出敢闯敢干、引领风尚的精神面貌，为陕西改革开放和社会主义现代化建设贡献了青春力量。

第一节 伟大历史转折中的陕西共青团工作

一、党的十一届三中全会给共青团工作带来生机与活力

真理标准大讨论

1978 年 5 月 10 日，中央党校内部刊物发表了《实践是检验真理的唯一标准》一文，之后《光明日报》《人民日报》《解放军报》等报纸陆续予以转载。由此，在全国范围内掀起了关于真理标准问题的大讨论，否定了“两个凡是”，打破了盛行已久的个人崇拜的精神枷锁。12 月 13 日，在中央工作会议闭幕会上，邓小平同志讲道：“关于真理标准问题的争论，的确是个思想路线问题，是个政治问题，是个关系到党和国家的前途和命运的问题。”

1978 年 10 月 19 日，中共陕西省委召开了各部、委、局负责人和宣传理论干部 700 多人参加的关于实践是检验真理的唯一标准的座谈会，共青团陕西省委领导参加了这次大会。在省委统一领导和部署下，团省委把这一活动作为在揭批“四人帮”、拨乱反正的基础上，进一步解放思想实行改革开放的大事，动员全省各级团组织和广大团员青年投入这场大讨论中。通过讨论，加深对邓小平一系列讲话思想和精神的理解；进一步划清大是大非的界限，彻底肃清“文化大革命”“四人帮”流毒影响，进而突破“两个凡是”的束缚，打破长期以来思想僵化的局面；通过辩论实现团的思想上历史性的大解放、大变革和大转折。

陕西共青团紧跟党转移工作重心

1978 年夏，在陕西省团员青年以实际行动迎接共青团十大活动中，共青团陕西省委向全省青年发出站在新长征前列，争当新长征突击手、

为“四化”贡献青春的号召。团十大提出了新时期青年的光荣使命，号召团员青年为伟大的新长征贡献青春。1978 年 12 月，党的十一届三中全会重新确立了马克思主义思想路线、政治路线和组织路线，果断把党和国家的工作重点转移到社会主义现代化建设上来，为共青团工作指明了正确的政治方向。陕西共青团紧跟党的步伐，继续拨乱反正，在以“四化”为中心全面活跃团的工作中，逐步打开了工作局面，陕西青年运动和青年工作进入了新的历史阶段。

1979 年 4 月，团省委召开了团地（市）委书记及部分县、社团委书记会，专题讨论在全党工作重点转移的过程中，如何做好共青团工作重心转移的问题和怎样配合党的工作重心转移加强团员青年思想政治教育的问题，强调共青团从以参加政治运动为主转到以参加生产建设活动为主，团的工作重心由“以阶级斗争为纲”转为“以四化建设”为中心。12 月 16 日，团省委在商洛召开全省团的基层组织工作会议，传达了团中央全国组织工作座谈会精神，再次讨论了团的工作重心转移问题。会议决定新时期的青年工作要把全团思想统一到党的基本路线上来，把青年的思想教育从阶级斗争转移到经济建设上来，围绕“四化”中心开展“创先进团支部”活动，从而在思想上、组织上、行动上全面实现工作重心的转移。

党对青少年工作的领导

塑造一代新人，培养合格的接班人，是党长期思考的问题。党的十一届三中全会之后，要把青年培养成“有理想、有道德、有文化、有纪律”的“四有新人”，成为各级党政和社会组织加强青少年思想教育工作的主题。中共陕西省委和全省各级党组织高度重视青少年教育工作，进一步加强了对共青团工作的领导。1980 年，省委成立了中共陕西省委青少年教育工作领导小组，各地市县区委的青少年教育工作领导小组也陆续成立。7 月，中共陕西省委发出《关于加强青少年教育的通知》，要求各级党委切实加强领导，动员社会各方面力量，共同做好青少年教育工作。11 月，省委青少年教育工作领导小组召开全省青少年教育工作经验交流会，总结 1979 年以来青少年教育工作的成绩和经验，研究青少年的新特点和进一步开展青少年教育的方法，讨论青少年活动阵地建设、业余文化生活、违法犯罪青少年教育转化工作等问题。为动员全社会关心少年儿童的健康成长，1981 年 6 月上旬，在省委和省政府的领导下，省妇联、省委科教部、省委宣传部、团省委组成陕西省儿童和少年工作协调委员会，组织、协调、指导、沟通、促进社会各部门加强对少年儿童教育工作。1990 年 9 月 28 日，省委成立了陕西省关心下一代工作委员会，有组织、有领导地以多种形式开展对青少年的理想信念和革命传统教育。各级党组织的青少年教育工作领导小组、儿童和少年工作协调委员会和关心下一代工作委员会，为共青团做好团结教育青少年工作，帮助青少年树立健康向上的人生观、价值观和培养良好的道德品质，创造了良好的社会环境，形成了全党重视、全社会齐抓共管的青少年健康成长的工作格局。

二、开展青少年政治思想教育活动

四项基本原则①教育

为了贯彻落实党的十一届三中全会会议精神，推动社会主义现代化建设发展，针对社会上出现的资产阶级自由化现象，1979 年 3 月 30 日，邓小平在中央理论工作务虚会上发表了《坚持四项基本原则》

① 四项基本原则，指必须坚持社会主义道路；必须坚持人民民主专政；必须坚持中国共产党的领导；必须坚持马列主义、毛泽东思想。

的重要讲话。4 月，共青团陕西省委先后召开高校、厂矿企业团委和团地（市）委书记会议，提出共青团要抓好青年的四项基本原则教育，防止极端民主化。1980 年 5 月初，陕西省委书记严克伦在纪念五四运动 61 周年座谈会上指出，由于林彪、“四人帮”极“左”路线的严重干扰，少数青少年对社会主义制度、无产阶级专政、共产党的领导、马列主义和毛泽东思想产生怀疑和动摇，盲目向往西方所谓的民主、自由和“人权”，一味追求资产阶级腐朽的生活方式。因此，要有针对性地对青少年进行四项基本原则教育。1981 年 2 月下旬，团省委召开工作会议，讨论通过了《关于加强青年思想政治工作的决议》，提出当前团的思想政治工作总体要求是教育青年坚持四项基本原则，清除封建主义余毒，抵制资产阶级的思想侵蚀，引导青年成为有理想、有道德、有文化、有纪律的一代新人。1985 年 9 月，针对中日关系以及经济体制改革中出现的一些问题，西安部分高校学生进行游行、罢课、演讲、散发传单，团省委负责人深入各高校与学生代表进行座谈对话，向学生进行坚持四项基本原则、反对资产阶级自由化的教育。12 月 4 日，团省委举行纪念一二·九运动 50 周年座谈会，省长李庆伟、省人大常委会副主任李连璧在座谈中勉励新时期的青年学生要坚信党的领导，时刻关心国家的前途和命运，珍惜安定团结的局面，为“四化”建设创造良好的环境。1987 年初，结合反对资产阶级自由化斗争，团省委连续举办了两期“团干部理论读书班”，重点学习《坚持四项基本原则，反对资产阶级自由化》和《建设有中国特色的社会主义》等理论材料。1989 年春夏之交的政治风波，影响波及到陕西。1989 年 12 月团省委七届四次全委（扩大）会议召开。会议认为在这次政治风波中，全省团组织经受了一次严峻的考验。在省委、团中央及各级党委的正确领导和指导下，全省绝大多数团组织保持坚定的政治立场、清醒的政治头脑，与党同心同德，在复杂严峻的政治斗争面前站稳脚跟，较好地把握住了这场斗争的方向，做了大量工作，发挥了积极作用。

“五讲四美三热爱”[①]活动

1980 年 6 月，中共中央提出在思想上、政治上和社会风气上来一个“五讲”。1981 年 2 月 25 日，团中央、全国总工会、全国妇联、中国文联等 9 个单位联合倡议在全国特别是青少年中开展“五讲”“四美”文明礼貌教育。11 月下旬，团中央要求各地团组织把“三热爱”教育当作一件大事来抓。从此，“五讲四美三热爱”活动成为对全国青少年进行思想政治教育的重要内容，很快在全国各地开展起来。

1981 年 3 月 13 日，共青团陕西省委发出《关于响应全国总工会、团中央、全国妇联等 9 个单位〈关于开展文明礼貌活动倡议〉的通知》，决定在全省青少年中开展“五讲四美”、学雷锋树新风活动。为了把“五讲四美”活动扩展到工厂、企业，5 月 21 日，团省委又在国棉五厂召开了创建职工文明宿舍现场经验交流会，介绍推广了国棉五厂青工从文明宿舍做起的文明礼貌活动经验，通过抓组织、抓制度，把“五讲四美”活动引向深入。在团省委召开的六届三次委员扩大会议上，团省委及时提出在全省范围开展“三热爱”教育活动。1982 年 2 月 5 日，团省委响应中央九单位倡议，决定把每年的 3 月定为文明礼貌月。2 月 27 日，西安地区 24 所高校 2 万多名学生走上街头，拉开陕西省首个文明礼貌月活动序幕。3 月，全省 900 万青少年以“向最脏的地方进军，在最乱的地方使劲，到群众最需要的地方服务”为口号，参加了文明礼貌月活动。1983 年第二个文明礼貌月期间，“五讲四美三热爱”活动再次掀起高潮，团省委决定在继续治理“脏、乱、差”的

---

① “五讲四美三热爱”，五讲指讲文明、讲礼貌、讲卫生、讲秩序、讲道德；四美指心灵美、语言美、行为美、环境美；三热爱指热爱祖国、热爱社会主义、热爱中国共产党。

基础上，重点开展“三优”（优良服务、优质秩序、优美环境）“一学”（学雷锋树新风）活动，得到全省广大团员、青少年的热烈响应。1984 年第三个文明礼貌月到来之际，团省委、团西安市委于 2 月 29 日在西安组织 15 万人走上街头，参加建设文明古城西安的大型活动，陕西省委书记董继昌，团中央书记处第一书记王兆国、书记处书记刘延东、候补书记李克强等领导参加了这次活动。

1984 年 5 月，共青团中央在西安召开全国街道团的工作会议，重点推广西安市柏树林街道团组织带领辖区机关、企事业单位的团员青年积极投身创建“三优一学”[①]先进单位和个人的经验，受到与会人员的热烈欢迎。团中央书记处候补书记张宝顺会前专门到柏树林街道调研，并在会议上高度赞扬团干部和团员青年的良好精神面貌。1985 年初，团中央在全国提出和推广“您好、请、谢谢、对不起、再见”文明礼貌用语十字活动，“五讲四美三热爱”活动不断被充实新内容。中共中央《关于社会主义精神文明建设指导方针的决议》公布后，为已经开展的“五讲四美三热爱”一系列青少年社会主义精神文明建设活动指明了方向，使得这项活动更加密切配合社会主义现代化建设和精神文明建设向着更为深入的方向发展。团省委还培养树立了个人和集体的先进典型，进一步推动“五讲四美三热爱”活动开展。

人生观大讨论

邵小利和张华是 80 年代初陕西大地冉冉升起的两颗闪耀共产主义道德光辉的新星。邵小利是陕西中医学院“三好”学生。1982 年 6 月 17 日，她因为抢救一名落水儿童而英勇牺牲，时年 22 岁。1982 年 6 月 30 日，中共陕西省委召开表彰大会，追认她为中国共

① 三优一学，“三优”指优质服务、优良秩序、优美环境。“一学”指学雷锋树新风活动。

产党党员和革命烈士，并作出决定，号召全省人民向她学习。在邵小利舍己救人事迹的引发下，一场关于“人生的价值到底是什么”的大讨论在全省热烈展开。当时有人提出“邵小利以一个大学生的生命去换取一个小学生，不合乎价值规律”，西安第四军医大学学生、共产党员张华坚决反对。他说：“这种计算方法是错误的、庸俗的，落后于起码的文明道德。我如果遇到邵小利这样的事，决不去计算价值，人和动物的价值区别就在这些方面”（见《罗健夫、张华、邵小利传记》）。1982 年 7 月 11 日，西安市康复路一名老人不慎落入粪池，张华奋不顾身跳入粪池抢救老人，献出了年仅 24 岁的生命。张华牺牲后，他的英雄行为和高尚品格，在全社会引发了强烈反响。当时有人说：一名风华正茂的大学生去救一个 69 岁的老人不值得。1982 年 8 月 5 日，《光明日报》在头版报道了张华的感人事迹，同时配发编者按，高度肯定这是一曲“社会主义精神文明的赞歌”。10 月 20 日，《光明日报》又发表长篇通讯《新一代的理想之歌——记当代优秀大学生张华》，由此张华的英雄事迹在广大青年学生中再次引发了“人为什么活着”的大讨论，为 20 世纪 80 年代青年树立正确的人生观、价值观，起到了积极的引导作用。中央军委授予张华“富于理想、勇于献身的优秀大学生”荣誉称号，并号召全军以张华为榜样，努力把自己锻炼成为“有理想、有道德、有文化、有纪律”的革命军人。中共陕西省委和共青团陕西省委分别发出通知，号召全省干部、群众、青年向张华学习。许多团组织结合“英雄的力量从哪里来”“人生的价值是什么”“我们的青春应当如何度过”等问题组织团员青年讨论。有些团组织还在团员青年中提出“三比”：一与英雄比思想，树立革命的人生观；二与英雄比环境，继承和发扬艰苦奋斗的创业精神；三与英雄比贡献，增强主人翁责任感。全省团员青年通过人生观大讨论受到很大教育，邵小利、张华成为团员青年学习的榜样。

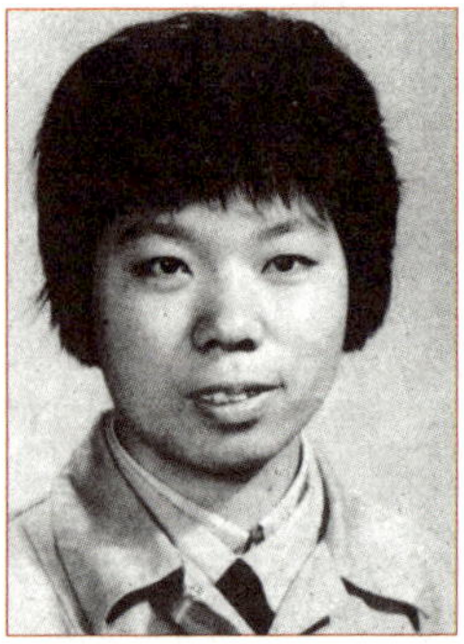

邵小利，(1960—1982）女，陕西富平县人。1974年加入中国共产主义青年团。1982年6月17日，她因为抢救一名落水儿童献出年仅22岁的生命。中共陕西省委科教部、共青团陕西省委、省卫生厅等联合举行表彰大会，追认邵小利为中共正式党员，追授“模范共青团员”称号。陕西省政府批准她为革命烈士。

张　华（1958—1982），黑龙江虎林人，中共党员，第四军医大学学员。1982年7月11日，张华为抢救一名落入粪池的老农而献出了年仅24岁的生命。10月28日，时任中央军委副主席的叶剑英为《张华烈士专集》题名《新一代的理想之歌》。第四军医大学给张华追记一等功，追认他为革命烈士。2009年，当选“100位新中国成立以来感动中国人物”，2019年9月25日，入选“最美奋斗者”个人名单。

1983年5月1日，正是旅游高峰时期，西岳华山游人拥挤，十多人从登山险道千尺幢的陡峭崖梯上跌落，现场出现严重堵塞、踩踏，游人随时都有跌入深谷的危险。紧急关头，在张华精神的感召下，第四军医大学100多名学生和西安体育学院的数名学生及其他群众，自发组成抢险战斗集体，冒着生命危险，手挽手，架起一道安全屏障，抢救伤员，保护群众。经过他们的顽强奋战，数千游人被安全疏散下山，伤员得到及时救治，挽救了许多人的生命。以第四军医大学学生为主体的“华山抢险”英雄集体的英勇行为，展示了20世纪80年代大学生和青年崭新的精神风貌，在建设社会主义精神文明中为青少年树立了楷模。1983年9月，他们被中央军委授予“华山抢险战斗集体”荣誉称号；1984年2月29日，共青团中央在西安举行命名大会，授予第四军医大学学生华山抢险群体“全国新长征突击队”称号，团中央书记处书记刘延东宣读了表彰决定，团中央书记处第一书记王兆国作了题为《肩负历史责任 争做时代先锋》的讲话，省委第一书记马文瑞、省长李庆伟等领导和陕西1800多名高校学生、团干部参加表彰大会。

1983年5月1日，中国人民解放军第四军医大学学员、西安体育学院学生、青年工人及其他群众合力抢救华山遇险观光游客，与后来发生在太原迎泽湖、石家庄沉绿湖的抢救遇险游人的青年合并称为“一山两湖”英雄青年集体。

1979年2月17日，遵照中央军委命令，中国边防部队对侵犯中国领土的越南军队进行自卫还击作战。1985年10月，西安音乐学院团委邀请老山英模来校作报告，前线战士无私的奉献精神和可歌可泣的英雄事迹，震撼了声乐系八二级学生徐良的心灵。11月21日，徐良等团员青年组成拥军慰问团，来到即将赴滇作战的47军139师地炮团慰问官兵。徐良看着“誓死保卫南疆”“保家卫国，血沃中华”等600多份血写的请战书心潮起伏，肃然起敬。返回学校的第二天一早，徐良强烈要求参军入伍，参加保卫祖国边陲的战斗，为了表决心，徐良剪去了他心爱的卷发，理了小平头。

到前线后，徐良又做了第二次抉择，部队原打算把他留在战地文艺宣传队，在徐良“我是来打仗的，既然上战场，我就要到前沿去战斗”

的强烈要求下，他被分到某步兵团六连。1986 年 5 月 2 日晚，徐良发现四个敌人正在企图偷袭指挥所，在与敌军的对战中，越军的子弹击中了徐良的左大腿，股动脉被打断，血流如注。5 月 3 日晚，徐良被送到昆明医院，尽管医务人员做出了巨大努力，但徐良的下肢大部分肌肉已坏死，不得不做高位截肢手术。当得知这一消息时，徐良说："为了继续走我的路，截吧，等伤好后，我首先要拄着双拐回前线，不能上一线，我就在二线听听枪声炮声。"徐良负伤后，国家安全部、新华社、中国人民革命军事博物馆、中共陕西省委科教部及所在部队的领导都给他发了慰问电或慰问信，给他以高度评价，兰州军区为徐良记一等功。

徐良，1985 年毕业于西安音乐学院，同年参军。1986 年 5 月 2 日晚，在云南老山前线战斗中负伤，中国人民解放军一级战斗英雄、一等功臣。

1997 年春晚，徐良演唱了一首《血染的风采》，"也许我倒下，将不再起来，你是否还要永久的期待？如果是这样，你不要悲哀，共和国的旗帜上有我们血染的风采"，唱出了军人的心声和风采。伴随着充满渲染力的歌声，徐良在 80 年代青年中引起了强烈反响，他无愧于当代大学生的典范，成为了青年学生的楷模、老山军人的榜样，用自己的青春谱写人生壮丽的篇章，用热血为共和国的旗帜增添光彩。

理想纪律教育

1985 年团中央思想政治工作会议提出，对广大青年开展"四有"教育活动，重点突出理想纪律教育。9 月，共青团陕西省委决定，用一年左右时间，在全省 125 万团员和 1000 多万青年中，集中开展一次理想纪律教育，以促进两个文明建设（物质文明建设和精神文明建设）的迅速发展。主要内容是：教育团员青年树立共产主义远大理想和人生观，进一步明确自己的奋斗目标，反对不讲理想、只顾个人私利，盲目追求“自我价值”的错误思想，自觉为国家富强、人民富裕奋发进取、建功立业；教育团员青年加强组织纪律和法制观念，自觉遵守党和国家的政策、法令，遵守社会公德，推动社会风气的好转。此后，各地团组织围绕“人生的价值”“远大理想与本职岗位”“大学生的历史使命”“理想与家乡建设”等专题开展活动，教育青年坚定理想信念，摆正个人理想和社会理想的关系，树立革命人生观。

1986 年 5 月，中共陕西省委作出《关于加强青少年教育工作的指示》，强调“要把树立共产主义理想作为青少年教育的根本内容，贯穿于教育工作的始终”。要求对少先队员进行以“爱祖国、爱人民、爱劳动、爱科学”为主题的理想和传统教育；对中学生进行共产主义和党、团基本知识教育，结合发展团员和建立团组织的工作，使学生在校期间逐步确立共产主义信念；教育和引导大学生结合生产、工作、学习实践，深刻理解和掌握马克思主义基本原理，自觉地把共产主义远大理想同个人奋斗目标融为一体。

爱国主义教育

中共十一届三中全会以后，爱国主义教育向有形化、规范化发展。1983 年 1 月，共青团陕西省委工作会议提出，各级团委都要联系本地区、本单位的实际，引导青年把爱国之情化为报国之志，帮助青年完成从爱国主义到共产主义的思想升华。团西安市委将爱国主义教育具体化、基地化和社会化，1984 年通过开展“把古城装扮得更美丽”等活动，帮助青少年了解西安、认识西安，激发青少年热爱西安、建设西安的劳动热情和生产积极性。

1985年，全省团组织在广大青年中广泛开展了“祖国在我心中”“共和国与我”系列活动，利用对越自卫反击战英雄和各条战线的英雄模范事迹，以及身边的先进人物，通过报告会、座谈会、征文活动、演讲比赛、和老山战士通信等生动活泼的形式，激发青年的爱国主义情感。

1989年，新中国成立40周年之际，团省委、省青联、省学联、省少工委联合举办“祖国颂”革命歌曲比赛。全省各高校团委以歌颂祖国、颂扬新中国40年取得的巨大成就为主题，纷纷举办了新中国成立40周年成就图片展览、革命歌曲演唱会、征文、文化书市、革命历史电影回顾展等百余项活动。10月初，为庆祝中国少先队建队40周年，西安市5000名少先队员汇集新城广场，举行“共和国在我心中”主题队会，使青少年在浓郁的文化活动氛围中受到爱国主义思想的熏陶和影响。

1991年4月5日至6月25日，为庆祝建党70周年，团省委和省委宣传部、省总工会、省妇联在全省范围内开展了一次“在党旗下成长”的演讲活动。为开展这项活动，各级团组织采用多种方式，组织团员青年、干部群众认真学习党的基本知识和基本理论，重温党的历史，学习为党的事业作出突出贡献的优秀党员的模范事迹，回顾总结自己在党的培养、教育下不断成长进步的实践和体会，畅谈在新的历史条件下更好地在党的旗帜下前进的认识和打算。

1992年3月至4月，为庆祝建团70周年，团省委在全省团员青年中开展了以“缅怀光辉历史，回顾奋斗足迹，思考现实生活，展望美好未来”为主题的“光荣的共青团”演讲比赛，演讲者呼吁广大青年朋友“祖辈立国、父辈建国、我辈何为”，要做时代的弄潮儿，用自己的智慧和汗水建设我们的祖国。5月3日，团省委、省青联联合召开“纪念五四青年节暨中国共产主义青年团建团70周年联欢会”，省委副书记安启元在会上讲话，殷切希望“全省团员和青年，要进一步振奋精神，充分发挥自己的积极性、主动性和创造性，不断提高工作水平，把共青团工作做得更活跃、更扎实、更富有成效”。各级团组织也举办了“伟大的党光荣的共青团”演讲比赛、“举团旗跟党走，光荣的70年”知识竞赛、“忆团史，思党情，颂改革，赞新人”文艺汇演、书法、摄影等活动，动员全省团员跟党走，为陕西省各项事业发展做出积极贡献。

1999年为纪念五四运动80周年，全省各级团组织以“唱响祖国颂、社会主义颂、改革开放颂”为主题，陆续举行了全省青年学习邓小平理论经验交流会、纪念五四运动80周年大会、表彰十大杰出青年、18岁成人仪式、学习中央纪念五四运动80周年大会精神座谈会、大学生演讲赛、理论研讨会等活动。

2001年围绕中国共产党成立80周年，各级团组织以“党在我心中”为主题，组织开展了党史知识学习、“三个代表”学习教育、青少年文化教育、“为奉献者奉献”青年志愿者服务、“寻革命足迹、颂丰功伟绩、做四有新人”主题团队日活动、“创建五四红旗团委，我为团旗添光彩”以及网上青少年教育等八大系列活动。团省委牵头组织万名共青团员举行为实现陕西省“十五”计划宣誓仪式，与省电视台联合举办世纪阳光“五四”专题晚会，与浙江、贵州等省联合开展“南湖红船圣地行”活动，与广东、江西、湖南、广西、贵州等五省区联合开展“党在我心中”大型纪念活动等，在社会上产生强烈反响。

窑洞大学

1984年，共青团陕西省委根据中共陕西省委指示，在全省团员和青少年中开展了各种形式的延安精神再教育活动，全年赴延安参观学习的青少年达到12万人次。1990年，共青团陕西省委在全省团员青年中广泛开展“学习延安精神，继承革命传统”的主题教育活动，全年共组织团员青年到延安参观达2万多人。

1991年，在延安精神教育活动中，团省委、省委宣传部、省教育工委在延安创造性地举办了对大学生进行革命传统和理想信念教育的新的实践载体——“窑洞大学”。“窑洞大学”是一所大学生在延安进行体验式学习延安精神的特殊学堂，每期为 5 至 7 天。学员们统一食宿在窑洞，集中教学上大课，分散组织去考察。“窑洞大学”的办学条件非常艰苦，8 到 10 位学员挤住一间窑洞；吃饭没有足够的餐桌，就蹲在地上用餐，10 人共享一盆菜；教室为延安大学的学生食堂，每位学员以一张旧报纸当凳子，学员有时移到大操场席地而坐听讲。

1991 年暑期，“窑洞大学”第一期开学典礼在延安大学举行，来自全国各地 10 所高校的同学参加。“窑洞大学”开学的消息经《人民日报》《中国青年报》等媒体报道后，立即引起全国各地大学生的广泛关注。省内外的大学生或乘火车，或骑自行车纷纷赶到延安，参加学习。既有学校组织的，也有自发前来的；既有专科生、本科生，也有硕士生、博士生，还有青年教师。

“窑洞大学”以延安精神教育为主题，以党中央在延安十三年为素材，以延安的革命纪念地、纪念馆及延安山水为课堂，融报告、讲座、走访、座谈、参观考察、咨询、劳动等多样形式为一体。为“窑洞大学”授课的有跟随毛主席长征到延安的老红军，也有发扬延安精神建设新延安的干部群众、研究延安精神的专家学者。西北林学院的几位同学在去枣园的路上，遇到两位农民打扮的老人，没想到他们竟是 1938 年以前参加革命的历史见证者。同学们问老人：“国家现在给你们什么照顾？”老人不解地答道：“抗日战争、解放战争我们牺牲了那么多人，他们有什么照顾？而我们还活着，还有双手，怎能向国家要什么照顾？”话不多，声音不大，却掷地有声。同学们说：“我们的精神受到了强烈的震撼。”延安人质朴的语言，给天南地北的学生以心灵的洗礼。

1992 年暑期，来延安“窑洞大学”参加学习的大学生更多，清华大学、中国人民大学等参加过第一期学习的许多大学又派团队前来学习，参加的高校超过了110所，学员4000多人。“窑洞大学”受到社会各界、各新闻媒体的极大关注，在全国的影响越来越大。新华社、《人民日报》《光明日报》《中国青年报》《中国教育报》《瞭望》等媒体分别进行了跟踪报道。1995年7月21日，中共中央政治局委员、国务院副总理李岚清到陕西考察，看望“窑洞大学”学员，在听取学员的学习汇报后，送给同学们四个字——“后生可喜”。

改革开放之初，陕西各级团组织通过学习贯彻党的十一届三中全会精神，紧跟党中央工作重心的转移，坚定了走改革开放和社会主义现代化建设道路的信心和勇气；开展四项基本原则教育、“五讲四美三热爱”、理想纪律教育、爱国主义教育、延安精神教育等，引导团员青年从思想上明辨是非，树立共产主义远大理想和革命人生观。

三、改革开放新形势下全省团的建设

共青团陕西省第六次至第十一次代表大会

1980年12月10日至16日，中国共产主义青年团陕西省第六次代表大会在西安召开。出席大会的代表1248名。大会的任务是：把全省团员青年进一步动员起来，以饱满的政治热情站在调整和改革的前列，认真学习党的十一届三中全会决议，探索和研究共青团在新的历史时期如何更好地工作的问题，选举共青团陕西省第六届委员会。省委书记严克伦代表省委向大会致辞，要求各级共青团抓好广大团员青年党的路线、方针、政策教育，要把思想政治工作同解决实际问题结合起来。团省委书记赵含璘代表第五届委员会作了《做调整和改革的促进派，为“四化”建设贡献青春》的工作报告，提出全省团组织今后的工作任务是：加强团的思想政治工作，坚持四项基本原则的教育，抵制资产阶级思想的侵蚀，增强思想教育的效果；引导青年努力学习文化科学技术；深入开展争当新长征突击手活动；团组织要代表和维护青年利益；加强团的建设，增强团的战斗力。大会选举产生共青团陕西省第六届委员会；六届一次全委会议选出常委 15 人，书记 1 人，副书记 4 人，赵含璘当选书记，王兆亭、王文清、岳松华、霍绍亮当选副书记。1982 年 6 月，黄莺（女）接任团省委书记。

1986 年 3 月 26 日至 29 日，中国共产主义青年团陕西省第七次代表大会在西安召开。出席大会的正式代表 880 名。省委书记白纪年在开幕式上讲话，向团干部强调了学习问题和表率作用问题。省委副书记牟玲生代表省委在大会上讲话，肯定 5 年来全省团的工作在各级党委领导下有了新发展，摸索了一些新时期团如何工作的新经验、新路子，指出了共青团要特别重视加强自身建设，以担负历史赋予的重任。团省委书记蒲长城代表第六届委员会作了《高举改革旗帜，在四化建设的伟大实践中造就一代新人》的工作报告。大会选举产生共青团陕西省第七届委员会，七届一次全委会议选出常委 7 人，书记 1 人，副书记 2 人，蒲长城当选书记，姚毅、张正秋当选副书记。

1992 年 10 月 7 日至 9 日，中国共产主义青年团陕西省第八次代表大会在西安召开。出席大会的正式代表 598 名。省委副书记安启元代表省委向大会致祝词。团省委书记蒲长城代表第七届委员会作了《解放思想，迎接挑战，为我省经济上台阶奉献青春》的工作报告，并指出，在维护安定团结的政治局面、投身改革开放的实践中，全省青年的精神面貌发生了可喜的变化。大会表彰奖励了 10 个红旗团委、10 个红旗团支部、100 个先进团委、162 个先进团支部等。大会选举出共青团陕西省第八届委员会，八届一次全委会议选举出常委 9 人，书记 1 人，副书记 3 人，蒲长城当选书记，田晓光、田杰、刘碧芳（女）当选副书记。

1998年12月5日至7日，中国共产主义青年团陕西省第九次代表大会在西安召开。出席大会的正式代表600名。省委书记李建国代表省委、省政府在开幕式上讲话，省委副书记范肖梅在闭幕式上讲话。团省委书记田杰代表第八届委员会向大会作了《高举邓小平理论伟大旗帜，团结带领全省团员青年，为实现陕西跨世纪宏伟目标而奋斗》的工作报告，并指出，全省各级团组织始终把学习邓小平理论作为青年思想教育的核心内容，开展了丰富多彩、富有青年特点的主题教育活动。大会对全省10个红旗团委、10个红旗团支部、48个先进团委、92个先进团支部以及99名优秀团干部和193名优秀团员进行表彰。大会选举出共青团陕西省第九届委员会，九届一次全委会议选出常委11人，书记1人，副书记4人，田杰当选书记，庄长兴、王建军、闫超英、井剑萍（女）当选副书记。

2002年12月28日至31日，中国共产主义青年团陕西省第十次代表大会在西安召开。出席大会的正式代表600名。省委书记李建国代表省委、省政府致词。省委副书记张保庆在大会闭幕式上讲话。团省委书记庄长兴代表第九届委员会作了《全面贯彻“三个代表”重要思想，认真落实党的十六大精神，团结带领全省青年为建设西部强省而英勇奋斗》的工作报告。大会选举出共青团陕西省第十届委员会，十届一次全委会议选出常委11人，书记1人，副书记4人，庄长兴当选书记，井剑萍（女）、唐利如、尉俊东、程勉贵当选副书记。

2007年11月29日至12月1日，中国共产主义青年团陕西省第十一次代表大会在西安召开。出席大会的正式代表600名。省委书记赵乐际代表省委、省政府讲话。团中央向大会发来贺信。团省委书记卫华代表第十届委员会作了《传承延安精神，推动科学发展，团结带领全省青年为实现西部强省宏伟目标而努力奋斗》的工作报告。大会表决通过《关于团结带领全省广大团员青年为构建和谐陕西，建设西部强省而奋斗的决议》，表彰了2007年度先进集体和个人。大会选举出共青团陕西省第十一届委员会，十一届一次全委会议选举出常委11人，书记1人，副书记4人，卫华（女）当选书记，尉俊东、李豫琦、张小平、段小龙当选副书记。

实行团员证制度

团员证制度是新形势下团的工作机制深化改革的新举措，是团员管理、教育的新思路。实行团员证制度目的在于探索改造和加强团员教育，帮助团员树立商品经济条件下的团员意识，使广大团员有一个发挥模范作用的思想基础，有一个规范自己在改革开放环境中的观念准则。团员证内容包括：团员自然情况、团籍注册、组织关系变化、团员荣誉记录、超龄离团、备注等栏目，并附有团费收缴卡。

1988年1月27日，共青团陕西省委发出《关于做好共青团体制改革调研和试点工作的通知》，着手在一些地区的团组织中展开团员证制度试点工作。8月4日，团中央在西安召开全国实行团员证制度工作会议，团中央书记处第一书记宋德福出席会议。8月31日，团省委在渭南召开陕西省团员证制度工作会议，决定从9月起在全省实行团员证制度，用3年时间完成这项工作。陕西的颁证工作分两个阶段完成，第一阶段从1988年9月到1989年6月，为集中颁证阶段，截至1989年初，全省颁证率已超过50%。第二阶段从1989年7月到1991年，把团员证制度和团组织经常性建设有机结合在一起正常开展工作。

实行团员证制度是团员教育工作观念的一大转变，有助于形成科学的团员管理机制。团员证制度实行后，增强了团员荣誉感和责任感，使团员更加严格要求自己，而且有利于团员管理多元化及社会区域性团员管理网络的建立。

坚持党建带团建

党建带团建是在改革开放新形势下，党在加强共青团领导中进一步做好共青团建设和工作的重大举措和有效途径。

1992年，陕西各级党委认真贯彻中央和中共陕西省委文件精神，加强和改善了党对共青团工作的领导。各级团委抓住党建有利时机，制订党建带团建工作计划，促进了团的自身建设。中共大荔县委坚持党的基层组织建设与团的基层组织建设相结合，坚持党、团组织“整体建设，配套发展”的工作方针，把全县党组织开展的党支部班子“达标升类”活动和团组织开展的“双合格”建设结合起来。在新成立党组织时，同时成立相应的团组织；在整顿党组织时，同时整顿团组织，做到了同整同建，齐抓共管。

2000年11月，省委组织部和团省委联合下发《关于进一步加强基层党建带团建工作的意见》，推出加强团建工作的新举措：一是提出党建带团建的总体目标。要求从2001年到2003年底，使“五个有”① 基层团组织在学校、机关、事业单位和国有企业中所占比例达80%以上，在农村、城市社区达到60%以上，在非公有制经济组织和新型社会组织达到50%以上；二是对按期集中统一换届工作提出新要求。规定从2001年起，全省县、乡、村团组织必须在同级党组织换届结束半年之内完成换届；三是规定了团干部任职条件和待遇。要坚持干部“四化”方针和德才兼备的原则，不断改善团干部的年龄、知识和专业结构；四是明确了团干部的任职年龄。科级以下专职团干部最高年龄不应超过33周岁；五是提出落实目标任务制度。要求各

① “五个有”，指有一个好的班子尤其是好的书记；有一支能够发挥模范带头作用的团员队伍；有围绕党的中心工作开展的适合团员青年的活动；有一套行之有效的团组织工作制度；有保证工作正常开展的必要经费和阵地。

级党组织要层层建立“党建带团建”责任制、工作联系点制度、工作考核制度，并以此作为考核各级党、团组织及主要领导人工作成绩的重要内容。

2004年，全省各级团组织继续坚持党建带团建，进一步完善工作机制，整体推进团的基层组织建设。积极实施《陕西省团干部和少先队辅导员培训计划》，深化创建“五四红旗团委”活动，推动县市团委、基层团委、团支部三级团组织整体联动。2007年，全省基层组织“三级联创”活动成效显著，涌现出了一批全国、全省“五四红旗团委”“五四红旗团支部”和全国团建先进县（市、区）。2007至2008年，全省整顿基层团组织5300多个，换届8500多个，新建团组织7300多个，初步探索出产业建团、协会建团、社团建团等新型团建模式，实现了团组织多重覆盖。

2009年5月至9月，团省委采取听汇报、查阅台账、实地考察、召开座谈会、现场督导等多种形式，分三次对全省基层开展“党建带团建”工作全面检查调研，查找各级团组织自身建设方面的突出问题，有针对性地提出整改建议，与各市（区）党委协调解决了一批基层团组织在干部配备、经费保障、工作指导等方面的重点、难点问题。截至2010年底，全省已有60%的村团支部和70%的乡镇团委达到“五好”标准。

推优入党

“推优入党”工作是团组织积极向党组织推荐优秀团员作为党的发展对象。1995年1月18日，共青团陕西省委发出《关于认真贯彻落实全省组织工作会议精神的通知》，要求全省各级团组织在加强团的基层建设的同时，努力使全省城市80%以上、农村60%以上的基层团组织能够开展“推优入党”工作并取得实际成效。全省各级团组织明确了在“推优入党”工作中所担当的责任，建立健全了“推优入党”工作制度。

1995年，全省共有12240名团员经团组织推荐入党。1997年，全省共培养团员积极分子9192人，有4000多名团员被吸收入党。2003年至2007年，全省经过团组织推荐入党的团员有12万名。2010年，推优入党的团员达7500多人。“推优入党”工作逐渐步入制度化、规范化轨道。

加强新经济新社会组织①团的建设

新经济组织和新社会组织，简称“两新”组织。20世纪90年代后期，陕西非公有制经济进入大发展、大繁荣的时期。随着非公有制经济组织数量的增加和规模的不断扩大，在非公有制经济组织中建立党和团的组织成为一项重要任务。针对全省乡镇企业迅猛发展，吸纳和聚集了一大批团员青年的实际，1996年11月18日，共青团陕西省委和省乡镇企业局联合发出了《关于加强乡镇企业团的建设的意见》，规范和加强乡镇企业团的建设。

针对农村团员青年和城市下岗青工向非公有制经济组织流动的实际，按照团中央把团建工作的重点放在非公有制经济组织中的要求，2001年9月21日，省委组织部、团省委联合发出《关于加强非公有制经济组织团的建设的意见》，明确了非公有制经济组织团建工作的指导思想和任务要求：力争用三年时间，在已建立党组织并符合建团条件的非公有制经济组织全部建立团组织；要求未建立党组织，但符

① 新经济新社会组织，新经济组织指私营企业、外商投资企业、港澳台商投资企业、股份合作企业、民营科技企业、个体工商户、混合所有制经济组织等各类非国有集体独资的经济组织；新社会组织指社会团体和民办非企业单位的统称。

合建团条件，规模较大，团员青年数量较多（28 周岁以下青年职工在 30 人以上）的非公有制经济组织，建团率达到 80% 以上；规模较小，团员青年数量较少（28 周岁以下青年职工在 30 人以下）的非公有制经济组织，建团率达到 70% 以上。

改革开放以来，陕西民办高等教育事业迅猛发展，民办高校吸纳、聚集了一大批团员青年。加强民办高校团的建设，成为广大团员青年的迫切愿望和共青团工作的重要内容。1998 年 1 月 12 日，省委教育工委和团省委联合发出《关于加强民办高等学校共青团建设的意见》，明确了建立、健全、调整民办高校团组织的设置，团组织在高校工作中的任务及民办高校团员和团干部队伍建设等问题。截至 2000 年 12 月，全省经教育行政部门批准的 47 所民办高校，有 35 所建立了团委，5 所建立了团总支、团支部，建团率达到 87%，支部总数达到 2252 个，民办高校初步建立了团的基层组织网络。

青少年和青少年工作研究

1983 年 11 月，共青团陕西省委根据团中央、中共陕西省委党史资料征集委员会的有关精神，成立团省委青运史研究室，负责陕西青年运动历史资料的征集、研究、编写工作，运用青运史资料进行“以史育人”的宣传教育工作。1994 年 9 月，团省委在原团省委青运史研究室的基础上成立陕西省青少年研究中心，实行职能转换，从而形成了共青团工作专题研究、当代青少年问题研究、青年运动史研究“三位一体”的青少年研究格局。2016 年 9 月，陕西省青少年研究中心与陕西省青少年法律服务中心合并，组建陕西省青少年发展研究中心。主要负责全省青年运动史研究、编纂全省共青团史志等工作；青少年问题调查研究工作；开展青少年保护、维权方面的服务工作；完成团省委交办的其他工作。

团省委青运史研究室在青年运动史资料收集和研究的基础上，公开出版和内部出版了一批专著和书籍。

《安吴古堡的钟声》 1987年1月由共青团中央青运史研究室、共青团陕西省委青运史研究室合编，全书20万字，向全国发行。内容包括安吴青训班历史综述、历史文献、青训班部分学员回忆文章、青训班创建大事记及部分老照片等资料。

《西安事变前后和抗战初期陕西国统区青年运动》（陕西党史资料丛书第九） 由中共陕西省委党史资料征集研究委员会和共青团陕西省委青运史研究室合编。陕西人民出版社1989年9月出版，全书约40万字，内容主要包括民先队、青救会的成立和活动情况，西安事变前后西安学生运动情况。

《西北民主青年社与陕西国统区学生运动》（陕西党史资料丛书第十） 由中共陕西省委党史资料征集研究委员会和共青团陕西省委青运史研究室合编，陕西人民出版社1989年9月出版，全书16万字，内容主要是1945年4月至1947年底，西北民主青年社的活动情况和当时国统区青年抗日救亡运动反内战、反运动情况。

《土地革命战争时期共青团陕西省委和陕西青年运动》（陕西党史资料丛书第二十） 由中共陕西省委党史研究室和共青团陕西省委青运史研究室合编，1992年5月出版，全书41万字，对考察和了解1927年至1934年期间陕西青年团工作和青年运动具有参考价值。

《生命·青春·奉献》 陕西人民出版社1988年出版，由共青团陕西省委青运史研究室和青农部编辑，本辑是对社会主义时期，陕西青年植树造林活动的全面总结和具有代表性的研究成果。全书27万字，对了解陕西青年32年为之不懈奋斗的植树造林历史，对于进一步振兴共青团工作，培养新一代成长，极富意义。

《中国共产主义青年团陕西省组织史资料》（1924.6—1989.12）由共青团陕西省委青运史研究室编，陕西人民出版社1993年8月出版，41万字，从组织史的角度对1924年6月至1989年底，陕西青年团组织的状况作了系统、完整、全面的勾勒，对这一时期团组织状况发展的历史沿革和本时期团的重大事件，活动特点都进行了全面概括，附录有关地图和原始档案，是一部比较权威的参考资料。

《伟业胜迹》 由共青团陕西省委员会和陕西省文物事业管理局合编，陕西人民出版社1991年3月出版，全书24万字，被列入“陕西文博系列丛书”。对遍布于全省各地的革命遗址进行了专门介绍，特别充实和加强了青年团的革命史迹和陕西青年革命运动史迹的介绍。

《团旗从这里重新升起》 由共青团陕西省委青运史研究室编，陕西人民出版社1991年6月出版，全书21万字，收录了1946年至1950年4月，新民主主义青年团在陕甘宁边区从试点到普遍发展的主要资料。

《陕西青年运动纪事》 由共青团陕西省委青运史研究室编写，陕西人民出版社出版1993年3月出版，全书23万多字，以中共中央的两个关于若干历史问题的决议精神为准绳，以史实为依据，遵循历史唯物主义基本原则，按照历史分期和编年体与纪事本末相结合的方法编纂，以时为经，以事为纬，一事一记，对各个历史时期的情况作了尽可能客观准确的记录。

《共青团在陕甘宁苏区》 由共青团陕西省委青运史研究室编，陕西人民出版社1993年10月出版，全书15万多字，收录编辑了土地革命战争时期陕甘宁苏区包括陕北苏区、陕甘边苏区的共青团组织，协助党组织和红军创建、发展、保卫苏区，带领青少年参加武装斗争、土地革命和抗日民族统一战线，以及共青团组织发展、建设和改造的资料汇集。对了解1927年到1937年期间陕甘宁苏区共青团组织活动有重要的参考价值。

《热血沃三秦》 由共青团陕西省委青运史研究室编，陕西人民出版社1994年2月出版，全书21万字，按照历史顺序和各个时期大的斗争形势和特点记述新中国成立以前陕西青年运动。在具有丰富资料的基础上，以讲述的笔法，对建国前陕西青年团的历史进行系统、全面、完整的编纂、概括，具有生动、具体和通俗性，是对当代青年进行革命传统教育的好教材，而且对以后青运史研究具有很高的参考价值。

《陕西青少年工作年鉴》（1993—1995） 由陕西省青少年研究中心编写，陕西人民出版社1998年4月出版，全书42万字，反映1993—1995年度青少年工作和共青团事业的新情况、工作状态和发展趋势。

在纪念抗日战争胜利50周年活动中，陕西省青少年研究中心撰写了《从安吴青训班看党的抗日民族统一战线的伟大作用》《青训班——在领袖关怀下成长》《重建青年团的前前后后》等文章，其中《从安吴青训班看党的抗日民族统一战线的伟大作用》获省委纪念抗战胜利50周年征文三等奖。

陕西青少年研究工作始终遵循“以史为鉴，以史育人”的方针，坚持历史研究为现实工作服务的原则，奠定了陕西青少年现实问题研究和青运史研究工作的坚实基础。为了适应改革开放的深入发展，团省委从1988年4月起到1988年7月底止，在全省各级团组织中开展了一次大规模的“改革开放十年陕西青年工作征文”活动，并将其中优秀论文汇编成《改革开放十年陕西青年工作》一书。1995年，陕西省青少年研究中心承担了中国青少年研究中心下达的“中国青年素质大调查”在陕西的问卷工作，下发、收回1000份调查问卷，在调研的基础上收到36篇调研论文；结合团的现实工作，围绕青少年思想教育，挖掘青运史上有意义的课题，撰写并发表了《对新时期青年思想政治教育的反思》《改革开放以来我省大学生社会实践活动的回顾》等论文，同时为中国青少年研究中心提供有关大学生社会实践活动资料约15万字。2001年1月，团省委编辑、由陕西人民教育出版社出版了《思考探索奋进——青少年问题及工作研究文集》。2002年12月，团省委编辑印发《当代陕西杰出青年人物志》，书中收录了党的十三届四中全会（1989年）以来，获“陕西青年五四奖章”“陕西十大杰出青年”“陕西省优秀共青团干部”“陕西省优秀共青团员”“陕西省新长征突击手”等荣誉称号的141名杰出青年的简要事迹。2007年11月，团省委将2003年以来全省青少年和青少年工作研究课题调研成果和陕西在团中央“全团调研奖”评选活动中的获奖调研报告汇编成《陕西青少年和青少年研究课题成果集》出版。截至2008年9月底，团省委承担的规划研究课题完成结题，其中15项课题被纳入团中央2008—2009年度青少年和青少年工作研究规划，占全国立项课题总数的4%，位居全国前列。2010年，大力开展全省共青团和青年工作调研，业务不断提升，《基层团组织吸引力和凝聚力研究》一文获全团调研奖。

《陕西省志·共青团志》（1924—1989）由共青团陕西省委编纂，陕西人民出版社2007年11月出版，全面记述了陕西团组织65年的发展历程。全志由图照、概述、组织篇、建设篇、活动（运动）篇、宣传教育篇、会议篇、人物篇、大事记、附录等十大部分组成，共计80余万字、近百幅照片。

《陕西省志·共青团志》（1990—2010）由共青团陕西省委编纂，陕西新华出版传媒集团、三秦出版社2017年10月出版。全面反映1990至2010年全省共青团和青少年工作的历史全貌。全志由图照、概述、组织篇、建设篇、活动篇、表彰篇、会议篇、人物篇、大事记、附录等十大部分组成，共计 70 余万字、126 幅照片。

2007 年 12 月 1 日，共青团陕西省委在西安举行第一轮《陕西省志·共青团志》首发式。

团的体制改革

共青团陕西省委积极进行团组织改革的调查研究和试点工作，在岗位责任制的基础上，推行团的属地化管理，在宝鸡等地市按属地和行业关系，建立了各种形式的共青团协作指导委员会，改变了过去团组织按隶属关系单线联系的组织形式。汉中市等团组织改变过去按行政关系设立部门科室的习惯模式，尝试按青年工作特点、青年利益、青年工作职能设立团的指导机构，实行机关在职工作人员的双向选择。许多基层团委还实行了团委民主生活会旁听制度、团的工作质询制度、团委书记述职制度。在深化改革过程中，团省委还加强了团的外围组织建设，1989年3月召开陕西学联第五次代表大会，发起成立了陕西省青年社会科学工作者协会、陕西省中等专业学校共青团工作协会、陕西省青年乡镇企业家协会、西安高中等学校假日社会实践指导中心，建立了多种青年组织互相联谊的青年工作组织体系。

全面加强团的自身建设是党对新形势下共青团组织和团干部的必然要求，是共青团组织和团干部应对社会变革和青年变化的现实需要，也是团干部健康成长的自身需求。党的十一届三中全会以后，陕西各级团组织处于恢复健全阶段，部分基层组织仍处于瘫痪状态。“打铁还得自身硬”，陕西各级团组织从加强自身建设入手，完善团的各级代表大会制度；整顿瘫痪及后进的基层团组织；试行团员证制度，增强团员荣誉感和使命感；不断完善团员推优入党工作制度，调动广大青年的上进动力。把团的建设纳入党的建设总体规划之中，使党的建设和团的建设衔接起来，以党建带团建的新模式带动、促进团的建设。持续进行团的体制等改革，在岗位责任制基础上推行团的属地化管理，建立了各种形式的共青团协作指导机构和团的外围青年组织，延伸了共青团工作手臂，加大在新经济组织、新社会组织以及民办高校中建团的力度，全面扩展团组织的覆盖面，使共青团的战斗力不断增强。

四、引领青年在振兴陕西经济建设中发挥生力军作用

新长征突击手（队）活动

党的十一届三中全会后，全国各项工作重点转向社会主义现代化建设。1978年10月，共青团第十次全国代表大会提出“要把争当新长征突击手活动广泛、深入、持久地开展下去”。1979年3月1日，团中央作出《关于在全国青年中开展争当新长征突击手活动的决定》。

陕西省团员青年怀着为社会主义现代化贡献青春的光荣使命，把争当新长征突击手作为行动口号和时代追求，英勇奋斗在各条战线。

1979 年 8 月 13 日，共青团陕西省委作出了《关于命名新长征突击队红旗、新长征突击手的决定》。8 月 20 日，团省委在西安举行表彰大会，命名表彰在争当新长征突击手（队）活动中涌现出的 14 个红旗单位，105 名标兵，70 个突击队和 816 名突击手。省委、省革委会主要负责人于明涛、马青年、林茵如、孙作宾等到会为获奖集体和个人颁奖。9 月 19 日，团中央首次召开全国新长征突击手命名表彰大会，榆林补浪河女子民兵治沙连被树为“全国新长征突击队红旗”，铜川矿务局三里洞煤矿“五四”青年掘进队被树为新长征突击队标兵，宜川县寿峰公社卓里大队党支部副书记张革、铁道部第一铁路工程局一处二段十四队工人徐二厚被树为新长征突击手标兵。1985 年 4 月 3 日，团省委在省体育馆举行陕西省青年群英大会，各地青年新长征突击手(队)代表及西安各界青年 7000 余人参加大会。大会表彰命名了 15 个新长征突击队红旗、145 个新长征突击队，78 名新长征突击手标兵、517 名新长征突击手、16 名优秀团干部。陕西省委书记白纪年在讲话中号召广大团员青年带头清“左”破旧、为建设现代化的社会主义祖国贡献青春。

1986 年，省委对获得各级新长征突击手荣誉称号的，明确规定按下一级劳模对待。此后全省各级团组织每年都对各条战线、各个领域和各次重大社会活动中涌现的优秀青年进行表彰，从新长征突击手（队）、新长征突击手标兵发展到三好学生、学雷锋标兵、技术标兵，再到 1989 年开始的十大杰出青年、1997 年开始的青年五四奖章、各界杰出青年（杰出青年农民、杰出青年卫士、优秀青年企业家等）、优秀团员、优秀团干部、优秀少先队辅导员、十佳少先队员等，青年先进、模范、英雄层出不穷。

2001 年 11 月 15 日，团省委书记办公会议决定，将“陕西省新长征突击队（手）”改名为“陕西省青年突击队（手）”。同样，对同年份评选出的“陕西省十大杰出青年”“陕西省杰出青年农民”“陕西省杰出（优秀）青年企业家”等以及在重大体育比赛中取得优异成绩的运动员及在其他工作中取得突出成绩者，也同时授予“陕西省青年突击手标兵”或“陕西省青年突击手”称号，其团队授予“陕西省青年突击队”称号。“陕西省青年突击队（手）”评选、表彰活动于 2010 年停止。

补浪河女子民兵治沙连

20 世纪六七十年代，在“植树造林，绿化祖国”群众运动中，全国各地成立专业队、突击队，治沙连、治滩连等群众组织。在“南治土、北治沙”的大背景下，1974 年 5 月 14 日，榆林地区榆林县补浪河公社党委响应县委、县革委会“向荒漠进军，改变自然面貌”的号召，成立补浪河公社“长城姑娘治沙连”，后更名为补浪河女子民兵治沙连，由全公社 16 个生产大队平均年龄只有 18 岁的 54 名未婚女青年组成，女民兵排着队，扛着铁锨，高举红旗，由补浪河公社出发，来到名叫大水湾的地方，安营扎寨，开始了育苗造林的战斗。

起初，造林用的树苗，是人力每天往返 40 多里路翻沙越梁背来的。夏天，沙窝里气温有时高达 40 度，姑娘们踩着滚烫的沙子担水，为新栽的树苗浇水。冬天，她们在刺骨的寒风中继续干活。除生产劳动外，每天晚上还要学习文化知识，由插队知识青年担任文化课辅导员，很多不识字的姐妹从只会写自己和连队的名字，到很快就认识了树种和农机具的名字。在姑娘们的共同努力下，治沙造林取得了综合效益，使昔日的荒漠变成了林带成网、田地成方、渠系配套、粮食自给、农林牧副全面发展的新绿洲。

几十年来，补浪河女子民兵治沙连发扬“自力更生、艰苦创业、乐观向上、无私奉献、团结协作、创新进取”的治沙连精神，一茬接着一茬干，一任接着一任干，将人迹罕至的“黑风口”变成了“生命的绿洲”，用实际行动展示了一种迎难而上、忘我奋斗的铁姑娘精神。补浪河女子民兵治沙连先后被团中央、全国妇联、国家林业部等命名为“全国新长征突击队红旗”“全国三八红旗集体”“全国绿化祖国突击队”“全国防沙治沙标兵单位”等光荣称号。大漠无言，林海有声。补浪河女子民兵治沙连，也是榆林人民群众沙漠化治理的一个缩影。在党和政府的领导下，当地群众成为毛乌素沙漠治理的重要力量。

榆林县补浪河乡54名女民兵在风沙侵蚀严重的黑风口安营扎寨，搏战风沙，植树造林。

提高青年职工文化科技素质

共青团十大提出把用马列主义、毛泽东思想武装青年和用现代科学文化知识武装青年的“两个武装”作为共青团的基本任务。党的十一届三中全会后，陕西省各级团组织始终把提高青年文化科技素质作为共青团服务改革开放、服务经济建设的突破口。

1979 年 8 月 22 日，中共陕西省委批转了省委工交部、财贸部、农工部、省教育局、劳动局、团省委、省总工会《关于迅速恢复和发展职工教育的意见》，要求在文化和科学知识方面，对青壮年职工，要争取在两三年内扫除文盲，并在 1985 年以前，使现有文化程度不到初中毕业水平的职工 60%—80%达到初中毕业水平；使现有初中毕业文化程度的职工三分之一达到相当于高中或中专毕业的水平；现有大专程度的技术人员和经济管理人员，也应作出学习计划，掌握新的科学技术和现代经营管理知识。1982 年，省工农教育委员会、省文教局、省劳动局、省总工会、团省委联合发出《关于青壮年职工文化、技术补课有关问题的补充通知》，要求对 1968 年至 1980 年初、高中毕业而实际文化水平达不到初、高中毕业程度的职工和未经专业技术培训的三级工以下的职工，分别进行文化技术补课。5 月，省委、省政府又批转了省工农教育委员会《关于进一步加强职工教育工作的意见》，全省以青年职工为主体的职工教育有了新的发展。团省委不但委托《陕西青年》杂志社于 1982 年创办了陕西青年自学大学，由省委书记张方海担任校长，还与陕西师大联合创办了为在职团干部进行学历教育的专业班。多渠道、多层次、多规格的办学形式大量出现，广播电视大学、函授大学、夜大学、自学考试等普遍开展，为在职青年自学成才创造了良好的学习进修条件。

黑河引水工程中的团员青年

水，是生命的源泉，是民生之本。中华人民共和国成立后，西安城市人口剧增，供水缺口逐年增大，“水荒”一度肆虐古城。1990 年，西安市日供水需求已达到 100 万吨，每天缺水 40 万吨，影响 50 万人口的生活用水。1995 年春夏，西安久旱无雨，高温不断，长达 150 多天的大旱更是西安人的痛苦回忆。

黑河是渭河南岸的最大支流，水量充沛，水质优良，是得天独厚的理想水源。1980 年，西安市政府向陕西省政府报送了《关于解决西安城市用水需要，开发黑河水源的报告》。1987 年 12 月 19 日，黑河引水工程项目正式落地。1990 年 2 月 26 日，在国家“七五”重点项目黑河引水工程西安市翠华北路工地上，来自西安市 400 多个单位团组织的 4.2 万多名团员青年，经过 11 天的奋战，完成 840 米的管线开挖任务，完成土方 8000 立方米。3 月，团省委和省学联组织西安 30 所大专院校和市属企事业单位共 6.7 万名团员青年参加共青团黑河引水义务劳动，17 天完成了 2.8 万土方任务，受到市政府的奖励。1994 年，输水渠道工程正在向黑峪口挺进，由于资金不足和交通问题的制约，城区配水管网建设相对滞后，成为引进田峪河径流的瓶颈。6 月 5 日，团省委、陕西学联下发《关于组织西安地区大、中专学生参加黑河引水工程义务劳动会战的安排意见》，组织西安地区 32 所大、中专院校的学生进行突击战，开挖配水工程，此项任务由各大中专院校党委领导，团委学生会组织安排，采取工程分段包干办法完成。6 月 10 日、11 日、12 日三天时间，大、中专院校的学生开挖配水管沟 500 米，完成土方 3500 立方米，替政府分忧给工程解难。1994 年 12 月，西安人民喝上了渴盼 8 年的黑河水。1996 年 6 月 28 日，石头河西安供水工程全线竣工。2004 年，黑河金盆水利枢纽工程竣工，标志着以西安黑河金盆水库为主要供水水源，石头河水库为补充水源，石砭峪水库为应急水源，田峪河径流、峪河径流、长安河径流、甘水库为季节性补充水源，七水并流向西安城市供水的供水格局和黑河供水系统的形成。至此，历时十数载，被人们赞为“西安的生命线”“新时代郑国渠、都江堰”的黑河引水工程全面告竣，每年向西安市供水 4 亿吨，日供水规模 110 万吨。

护城河清淤和护坡植草中的团员青年

西安护城河，不仅是文化和生态景观长廊，同时还承担着城区防洪和雨水调蓄功能。曾几何时，河道淤泥淤积、河水污染严重、污染物排放无序、水利设施老化、水质差、树木老化等问题，让护城河不堪重负。为此，西安市分别于1983年、1984年、1998年、2003年开展护城河清淤和护坡植草行动，护城河污染得到改善，水质得到提升。

1983年，西安开始了中华人民共和国成立后首次大规模的环城建设，全市人民总动员，古城墙在这座城市及人民的共同努力下，得以重现拱卫古城的雄姿。共青团陕西省委组织高校大学生、机关青年干部利用周末休息时间投身护城河清淤劳动，彰显了青年的担当和责任。

1984年3月，根据中共中央、国务院发布的《关于深入扎实地开展绿化祖国运动的指示》和全国第三个文明礼貌月活动，陕西省委、省政府发出《深入扎实地开展春季造林绿化运动》通知。3月11日，团省委组织200多家单位近2万名团员青年、西安23所大专院校学生参加护城河护坡植草义务劳动，团员青年们一边清理杂物平地，一边接过草苗精心将其植入护坡，充分展现了广大团员青年热情高、干劲大、敢担当、善创新的特点和主人翁的高度责任感。

1998年，西安市再次针对护城河开始大规模清淤、疏浚河道。先后有5000余名解放军青年指战员奋战在护城河齐腰深的淤泥中，200多个日日夜夜，大规模艰苦卓绝的奋战，他们用辛勤的付出，为西安打造出一条环绕城区的“翡翠项链”。此次共清理河底污泥21万立方米，河道扩宽修整，河水水质得到改善。

2003年，西安护城河及环城林带改造提升工程全面启动，开始了“标本兼治”的综合改造“大手术”。广大团员青年发挥生力军

1986 年 3 月，参加西安南门护城河清淤的“青年突击队”。

和突击队作用，积极参与护城河改造提升工程，用青春建设美丽西安。提升改造后的护城河及环城公园，不仅为市民游客提供休闲娱乐的闲适场所，还将历史文化巧妙地渗透进市井生活，整个景区呈现出堤固、岸绿、河畅、水清、景美，人水相亲、人水和谐的城市水环境画卷，将一个展示美丽西安、生态西安形象的城市绿色生态景观长廊呈现在广大市民面前，美丽的西安护城河景观带成为西安一张靓丽的城市名片。

农村青年实用技术培训

随着社会主义建设的不断发展，根据农业生产的迫切需要，青年技术学习和培训工作朝着实用技术培训方向发展。1986 年 4 月，团中央、全国科协、全国妇联召开全国农村青年实用技术培训工作经验交流会，通过了《“七五”期间农村青年实用技术培训规划要点》，要求把全国农村 1.2 亿初、高中毕业青年列为实用技术培训的主要对象，“七五”期间计划分期分批培训 1 亿人，使他们掌握一两项本地适用的先进生产技术，并使 5% 的人达到农民技术员的水平。农村青年实用技术培训工作由此成为农村科技普及和农村成人教育的一项主要工作。

陕西省农村青年的实用技术培训工作成为农村团组织的重点工作，县、乡两级普遍成立了组织领导机构，因地制宜，确定培训项目，制定培训规划。

陕西农村青年实用技术培训工作表现出多形式、多层次的特点。一是农村青年科技夜校，既进行文化补课，又进行实用技术培训，采取农闲讲基础、农忙讲急需，课堂讲授和实际操作相结合的教学模式；二是实用技术培训学校，以乡（镇）文化站为基础，为村级举办培训进行示范、培训师资力量和技术骨干；三是职业中学，为进行实用技术培训提供良好的场所和较好的师资力量；四是实用技术培训中心，由县级以上负责筹办，为县、乡、村培养师资；五是实用技术实习场（站），对接受培训人员进行综合性操作训练。

截至 1988 年底，全省已有 135 万名农村青年接受各类技术培训，有 7 个县（区）团委被团省委评为实用技术培训工作标兵县，22 个县（区）团委被团省委评为实用技术培训工作先进县，45 个县（区）团委被团省委评为实用技术培训工作达标县。30 人被团中央、农业部联合评为“全国农村青年科技示范户标兵”。通过实用技术培训，拓宽了农村青年成才致富的途径，给当地带来了明显的经济效益，也使一代新型农民不断成长起来。

农村青年脱贫致富小开发活动

按照团中央统一部署，从 1987 年开始，共青团陕西省委在全省农村团组织和广大团员青年中开展了农村青年脱贫致富“小开发”活动。这项活动主要由贫困地区的农村团组织以扶贫开发、脱贫致富为工作重点，以“包项目、扶能人”为主要方式组织开展的一项活动。截至

1988年底统计，全省贫困地区团组织共承包“小开发”项目358个，69个贫困县共有77万名青年参加了“小开发”活动。团员青年共办小农场、小林场、小果园、小牧场、小渔场、小加工厂、小运输业、小建筑业、小服务业等600多类2700多项。在活动中，团省委还按照团中央“东西互助”活动要求，加强了省内各市、县的协调互动以及兄弟省市的横向合作。据不完全统计，全省贫困地区团组织向外地输出劳务2.5万人，不仅提高了经济收入，还从外地学到了经验，培养了人才。

根据团中央《关于开展脱贫致富小开发的意见》要求，1988年11月12日，陕西省贫困地区经济开发领导小组办公室和团省委联合发出《关于贫困地区共青团组织承包开发项目深化青年“小开发”活动的意见》，提出了深入开展这项活动的意见：因地制宜，认真确定和落实开发项目；狠抓服务，充分发挥团组织的积极作用；加强协作，积极落实生产、培训资金；抓好典型，加强科学管理。要求全省农村各级团组织和广大团员青年认真贯彻落实，以保证这项活动健康持续发展下去。

1988年3月18日至21日，团中央在安康召开全国贫困地区青年“小开发”活动汇报会。

培养农村青年星火带头人

1988年7月，团中央和国家科委决定共同组织开展培养农村青年星火带头人活动。活动旨在推动“星火计划”[①]的实施，开发农村人力资源，提高农村青年素质；培养一大批高素质的农村青年科技人才；培养一大批懂科技、善经营、会管理，有商品经济观念和知识的青年乡土人才，并通过他们扩散科技星火，带动更多农村青年用科技致富。9月，共青团陕西省委、陕西省科委要求，各地在对农村青年进行“星火计划”培训和实用技术培训的基础上，对已具备一定的商品生产技能的青年进行较高层次、比较系统的培训，培养一大批适应现代农业发展的科技带头人。

活动中，陕西各级团组织着力宣传、表彰了一批不同层次、不同行业、各具特色、富有说服力和影响力、具有较高科技层次和较强技术扩散能力的种植业、养殖业、加工业及其他从事“两高一优”[②]农业项目的带头人，通过树立典型在全省农村青年中形成了学先进、赶先进、超先进的良好氛围。

服务万村致富兴团工程

陕西团组织按照团中央“服务万村致富兴团工程”的统一部署，把服务农村青年致富成才、脱贫致富奔小康与加强农村基层团组织建设紧密结合在一起，通过领办推广项目、开展实用技术培训、培养青年星火带头人、厂（校、院所）村结对等形式，通过团的各级组织直

① “星火计划”，是经国家批准实施的第一个依靠科学技术促进农村经济发展的计划。1985年5月，国家科委向国务院提出了“关于抓一批短、平、快科技项目促进地方经济振兴”的请示，引用了中国的一句谚语“星星之火，可以燎原”，因而誉名为“星火计划”，意为科技的星星之火，必将燃遍中国农村大地。1986年初，国家批准实施这项计划。

② “两高一优”，指高产、高效、优质。

接联系农村基层团支部，取得经验和成果，辐射和带动全省农村基层团组织，为陕西扶贫攻坚奔小康作贡献。

1995 年 3 月，共青团陕西省委在全省农村实施“服务万村致富兴团工程”。一是全面布点，找准项目，落实服务。团省委在全省十地市选择了 100 个村作为省上联系点，启动 2000 个村作为各地（市）、县联系点。二是积极创建青年星火培训基地，深入开展实用技术培训。三是搞好厂村、校村、所（科研院所）村挂钩，相互结对。9 月中旬，上海富民毛纺织发展总公司、上海蒸淀工业总公司的企业家一行 4 人来陕西，就“服务万村致富兴团工程”进行了广泛交流、考察，并和蒲城县陈庄乡白卤村结为友好扶贫对子。

1996 年，全省各级团组织以“服务万村致富兴团工程”统揽农村团的工作，紧紧抓住选项目、培养人、抓服务、增活力等关键环节，有重点、有步骤地开展工作。一是选村布点，落实任务。团省委以农村种植业、养殖业为重点，指导县乡选准项目，申请省扶贫办配套资金。二是创建基地，注重培训。全省各级团组织结合各自实际，在原有培训基地的基础上，有重点地创建一批培训基地。三是搞好结对，实现互补。3 月，团省委在西安举行服务万村厂（校）村结对签字和捐赠机动车仪式。四是培育典型，示范带动。各级团组织狠抓青年星火带头人的培养，注重在具有较高科技层次和较强技术扩散能力的农业项目中评选青年星火带头人，发挥他们在服务万村行动中的典型带动作用。五是寻找依托，提供信息。全省大部分团地（市）委都建立了信息服务组织。

1996 年 11 月，团中央、国家科委、农业部、国务院扶贫开发领导小组联合发出《关于积极动员大力扶持团组织领办科技推广项目，带动服务万村行动深化的意见》，要求各级团组织，特别是县以上团的领导机关，都要因地制宜领办一批科技含量较高，能够辐射一定区域的科技推广项目，帮助农村青年脱贫致富，促进农村经济社会发展，促进农村团的工作全面活跃。陕西省“共青团领办科技推广项目”在8年培养青年星火带头人活动的基础上正式启动。

青年岗位能手活动

青年岗位能手活动是为引导广大青工弘扬艰苦创业和敬业爱岗精神，立足本职岗位，提高职业技能，争创一流成绩，努力成为跨世纪的熟练劳动者和合格人才，推动企业发展进入到依靠科技进步和提高劳动者素质的轨道上来的活动。1994年初，由团中央、国家经贸委、劳动和社会保障部联合组织开展，企业党政直接领导，以共青团组织牵头组织协调、协同企业各部门一起实施，以企业青年职工为主体，以岗位为基本单位，以提高岗位文明、岗位技能、岗位效益为基本内容，以培养为中心环节，以规范、考核、评定、奖励为主要手段。总体目标是在企业中普遍开展青年岗位能手活动，使多数青工成为技术熟练、作风过硬的各级青年岗位能手，同时造就一大批品德优良、技能精湛、贡献突出的优秀青年人才。

“水利振兴杯”竞赛

1994年11月，中共陕西省委、陕西省政府提出在全省范围内组织开展以“水利振兴杯”为主要内容的水利建设竞赛活动。为广泛动员农村团员青年积极参加水利建设，团省委和省水利厅决定在农村团员青年中组织开展以“水利振兴杯”为主要内容的“青春立功活动”，在全省组织1000个青年突击队，大战100天，和广大人民群众一起，共同完成水利建设任务。在开展“青春立功活动”的基础上，各级团组织配合水利部门选择一些重点水利建设项目作为“青”字号水利工程和青年突击队的定点工程，与管理部门签订共建合同，作为基层团组织的长期任务，既承担抢险突击，又负责日常维修与管理，使“青”字号水利工程和青年突击队在全省水利建设中长期发挥作用。

东西互助——劳务协作

东西互助——劳务协作，主要是通过开展青年劳务活动，把东部和西部、城市与乡村、乡村与乡村、经济发达地区与经济欠发达地区连接起来，实现资源互补，促进生产力的发展，以达到携手同奔富裕路的目的。1994 年 2 月，共青团陕西省委同共青团山东省委签订互助协议书，由团陕西省委组织人员赴山东学习实践，以使陕西青年更新观念、掌握技术、增加收入。这是全国首例达成的省际人员输送意向。

1997 年 4 月，团陕西省委与团江苏省委签订《关于组织开展扶贫协作和加强工作交流的协议》。团江苏省委为陕西省兴建一批青年科技图书站，援建一批“希望小学”，结成一批“手拉手”书屋，结一批“手拉手”对子，帮助引进一批投资小、见效快的项目，优先介绍使用一批青年劳务人员，每年免费为陕西培训一批团支部书记和农村青年致富带头人，为贫困村在物力、资金上提供一些支持。之后，团陕西省委组织部分基层团干部赴浙江考察劳务协作工作，并分别同浙江、山东、福建、广西等省区建立了长期劳务协作关系，为农村青年致富成才提供服务。

为加大全面推动东西互助——劳务协作力度，1995 年，团中央在国家级贫困县先行启动了“中国青年扶贫致富行动”，陕西省丹凤、山阳、蓝田、佳县被列为试点县，团省委与省扶贫办联合发文，要求认真实施“中国青年扶贫致富行动”，提高试点工作的成功率。团省委派干部赴试点县实地考察项目进展和实施状况，听取基层组织及群众对共青团开展服务万村致富项目的意见及建议。经过努力，为试点县争取到扶贫贴息贷款 300 余万元，并帮助建立起丹凤县庾岭肉牛青年养殖场、山阳县土娘娘庙万亩连片板栗园、佳县楼家坪村青年淀粉加工厂等。

第二节 改革开放大潮中推进“跨世纪两大青年工程”

1993 年，共青团十三大召开后，团中央开展了“新时期我国青年工作的现状与发展战略”的大型调研活动，在调研的基础上制定了《在建立社会主义市场经济体制进程中我国青年工作战略发展规划》，提出了实施“跨世纪青年文明工程”和“跨世纪青年人才工程”。这两项工程是新形势下落实团十三大精神的重要工作载体，是共青团适应社会主义市场经济体制在运作机制上的创新。“跨世纪青年文明工程”从 1992 年 12 月开始，相继推出了青年志愿者行动，青年文明号活动，青年文化园活动，“手拉手”互助活动，希望工程以及发现、培养、评选和表彰优秀青少年的制度。跨世纪青年人才工程的宗旨是：高举“科学技术是第一生产力”的旗帜，通过参与生产经营、推动技术进步的实践，促进科技成果向现实生产力的转化，培养一代适应社会主义市场经济要求，掌握过硬实用技能的熟练劳动者和面向 21 世纪具有较高科学文化素质的青年人才。在实施过程中，形成了 6 个主干项目，即 18 岁成人仪式教育活动、培养青年岗位能手活动、培养青年星火带头人活动、实施大学生跨世纪素质发展计划、举荐优秀青年人才和杰出人才以及跨世纪中国少年雏鹰行动。

一、推进跨世纪青年文明工程

青少年文化阵地建设

团属刊物，是指导和服务团工作的重要刊物，是各级团组织和广大团干部学习业务、交流经验，广大团员青年思想教育、增长知识的重要思想舆论阵地。

《陕西团讯》 1955年2月创刊，是青年团陕西省委指导全省团的工作的不定期内刊，主要刊登省委有关青年工作的指示、决定，团中央和团省委的工作决定、指示、重要通知、通报，以及结合各个时期党的中心工作，介绍本省团的工作的重要情况、经验、批评和建议、团的知识问答；发表有关加强团的工作的意见；转载其他地区团的工作经验。1960年9月，按照中共陕西省委精简报刊的精神《陕西团讯》停刊。为了及时向党反映各个时期党的方针、政策的贯彻执行情况、青年的思想动向和青年运动，以及团的工作中出现的新人、新事、新问题，1960年6月在团省委办公室《情况简报》的基础上创办了《新人新事新问题》不定期内刊。1965年2月16日经省委批准，《新人新事新问题》改名为《陕西团讯》继续出版。“文化大革命”期间，《陕西团讯》停刊。1973年9月27日，团省委再次复刊《陕西团讯》。为适应改革开放和共青团工作社会化的需要，1988年1月，《陕西团讯》更名为《陕西青年工作通讯》。1988年6月，《陕西青年工作通讯》改名为《陕西青年工作》，作为指导陕西省共青团工作的机关内部刊物，主要栏目有“工作向导”“团的改革”“团学研究动态”“科技兴陕”“团干部百花园”“共青团信息港”等，2016年12月停刊。

《当代青年》 共青团陕西省委主管主办的社会综合类青年期刊。其前身是《陕西青年》，1975年7月省委批准，1976年1月正式出刊。1985年1月，更名为《当代青年》。1989年5月，陕西省编制委员会批准，《当代青年》编辑部变更为《当代青年》杂志社。《当代青年》杂志1995年6月被中共陕西省委宣传部、陕西省新闻出版局评为“陕西省一级期刊”；1997年入选“中国精品期刊资料库”，并被中国期刊协会选为赠送全国百家期刊阅览室刊物；2001年进入“中国期刊方阵”，成为国家新闻出版总署认定的双效期刊。2005年1月，《当代青年》分为上半月刊和下半月刊。上半月刊（青年与青年工作版）侧重于服务青年成长成才；下半月（高中版）侧重于高中青年学生的思想教育、价值引领和心理辅导。《当代青年》始终坚持正确的办刊方向，以弘扬主旋律、传播正能量为己任；以教育引导青年听党话、跟党走为宗旨，在向青年进行政治思想引领、社会主义核心价值观教育等方面发挥了积极作用。

1976年1月，共青团陕西省委创办的《陕西青年》创刊号封面。

《少年月刊》 共青团陕西省委主管主办的少先队队刊。其前身是《陕西少年》，1978年正式出版。1986年10月，《陕西少年》更名为《少年月刊》。根据读者阅读需求和市场细分变化，分别在2004年、2010年改刊期为半月刊、旬刊，逐渐形成了小学低年级、小学高年级、初中三本风格不同、内容各具特色的刊物。《少年月刊》栏目设置有“队旗下成长”“智慧加油站”“星星火炬”“大开眼界”“小有才华”“欣赏”“写作”“世界”等，反映少年生活，帮助少年学习，助力少年成才，是一本思想性、文学性、知识性、趣味性并重，内容亲切生动，活泼多样的综合性少儿刊物。

《青年学刊》 创刊于1988年，是由陕西省团校主办的理论性青年学术季刊。以服务教学、科研，研究青年理论，反映当代青年思想、精神风貌为宗旨。1994 年改名为《陕西青年管理干部学院学报》，2007 年改为《陕西青年职业学院学报》。开设的主要栏目有“共青团工作”“观察与思考”“青年研究”“团的建设”“发展与科学”“经济学探讨”“文史苑”等。

陕西共青团网站 团省委推进团的工作信息化的主要抓手，是陕西共青团开展工作的主要阵地之一，也是宣传陕西共青团工作的主要窗口，1999 年正式开通，其英文域名为 www.sxgqt.org.cn。2003 年陆续接入陕西省希望工程网、陕西省青年联合会网、陕西志愿服务网 3 个链接,并与其他相关网站建立友情链接,如中国共青团、各省(市或区)共青团、西部网及陕西志愿者在线等官方网站。网站在团十六大召开时开设专栏，全面反映团十六大召开盛况和陕西团员青年学习贯彻团十六大精神情况。在汶川特大地震发生后即开设抗震救灾专栏，全面及时反映陕西团员青年奉献爱心、踊跃抗震救灾的精神风貌。2008 年奥运会、残奥会举办期间，团省委网站不间断反映陕西青年志愿者的辛勤奉献精神。同年，团省委利用网络平台建立用工信息库，实现用人单位信息和大学毕业生就业信息的有效对接，为大学生创业就业服务。2009 年 3 月 3 日，全省“共青团县县上网”工程全部完成，107 个县（市或区）团委全部建立并开通团属网站，在全国率先实现“共青团县县上网”。2010 年起，陕西共青团网站经过 3 次改版升级，对网站版面、内容发布、数据服务等进行升级拓展，进一步发挥网站团青学习阵地、信息发布平台、人员信息管理的作用。版面方面，科学调整版面，增加共青要闻、头条展示、视频新闻、矩阵链接、工作专栏等栏目板块，使网站版面更干净，用网更便捷。内容方面，出台《“陕西共青团”网站信息管理规定》，明确网站信息发布、审核、修改流程，确保每条信息有出处、有依据、可溯源；将宣传学习习近平新时代中国特色社会主义思想作为重点内容，建立首页常驻专栏，每日发布相关内容；根据每年团中央主题教育内容，在首页醒目位置先后设置“学党史 强信念 跟党走”“学习二十大 永远跟党走 奋进新征程”等话题专栏，专题刊发全省各级团组织学习工作动态。数据服务方面，按照团中央办公厅《关于做好“共青团数据采集系统”软件推广使用工作的通知》要求，将“共青团基本信息管理系统”端口嵌入网站，实现全省团组织及团干、团员基本信息管理；利用管理系统，开发“陕西好青年”“青年讲师团”“青年好网民”等信息管理程序，扩展相关工作申报参与渠道，动态管理相关人员信息；开发建立网络安全保密防护系统，设立密级网络“发文系统”，有效防止网络泄密。

青年之家 最初称“青年活动室”“青年文化室”“青年俱乐部”。20 世纪 60 年代在农村开展“四好团支部”活动时，“青年之家”既是农村基层团组织的办公场所，又是团员青年文化娱乐活动、科学研究活动以及进行学习和培训的阵地。“文化大革命”后，不少“青年之家”不复存在。1980 年，中共中央下发文件号召建设“青年之家”，开展对青少年细微深入的思想教育工作。5 月，中共陕西省委提出采取 5 项措施保证恢复青少年活动阵地。陕西各级团组织认真贯彻落实指示精神，不论农村还是城市，都涌现出了一大批办好活动阵地，加强青少年教育的先进典型。团大荔县委就是大面积办好“青年之家”的一个突出典型，截至 1981 年 6 月底，全县已有 331 个大队办起了“青年之家”，占全县大队总数的 94%，加上县、社机关和企事业单位，共创办“青年之家”412 个。1981 年 10 月 23 日，团省委召开六届二次会议，通过了《关于学习推广大荔经验，大办“青年之家”的决定》。随后在大荔县召开了加强青少年活动阵地建设和活跃青年业余文化生活现场会，决定利用冬春两季，在全省范围把青少年活动阵地建立起来。据统计，仅 1982 年，全省“青年之家”1.13 万个。“青年之家”通过经常开展丰富的、积极的、健康的、高尚的文体活动，在团结教育青少年、抵制精神污染以及活跃和加强团的工作等方面发挥了积极作用。其中，大荔县雷北大队青年之家等108个单位在1983年被评为“陕西省模范青年之家”。

团属青少年宫 共青团组织开展青少年社会教育的重要阵地，是青少年成长成才、全面发展的学校，是加强未成年人思想道德建设、推进素质教育、建设社会主义精神文明的重要场所，是专门面向青少年提供实践教育和社会教育活动的公共文化服务设施，是共青团、少先队组织直接服务青少年的工作平台。1980年5月21日，省委召开专题会议，研究加强全省青少年活动阵地建设的措施，要求各地尽快为青少年开辟活动场所，为青少年开展文化、体育、科技活动提供阵地。1986年，根据团省委的请示，省委具体规划了城市青少年宫建设，决定拨出基建投资专款扶持各地（市）青少年宫建设。1986年6月1日，西安市青少年宫建成，隶属团西安市委，全国政协原主席邓颖超及省、市领导为落成剪彩，中共中央原总书记胡耀邦题写宫名。西安市青少年宫位于西安市新城广场西侧，是西北地区最大的综合性青少年校外教育基地，内有各类大厅13个，教室、活动室95间，设有图书馆，青年舞厅，科技、文学艺术及书画专业活动室，体育项目训练厅等，可同时供3000名青少年参加各类活动，是全市青少年文化活动、智力开发和思想教育中心。宝鸡市青少年宫、延安市青少年宫、榆林市青少年宫、安康青少年宫等地（市）青少年宫也相继建成并投入使用，成为青少年校外教育、文化娱乐活动的阵地。由共青团领导的青少年活动阵地还有商洛市青少年活动中心、靖边县青少年文化宫、石泉县青少年宫等，由教育部门领导、共青团指导的有莲湖区少年宫（陕西省小天鹅艺术团）、碑林区少年宫、新城区少年宫等。

夏令营 暑假期间提供予儿童及青少年的一套受监管的活动，青少年可从活动中寓学习于娱乐，具有一定的教育意义。进营队员年龄一般是12岁至15岁，包括露营、旅行、采集标本、学习科学知识等。1992年7月6日至9日，团省委、省少工委、省教委、省残联举办陕西省残疾少年夏令营，80多名7至14岁聋哑、轻度残疾少年参加夏令营。7月，团省委、省教委、省青联举办陕西省首届少数民族中学生夏令营，来自全省回、满、蒙、苗、壮、土等六个民族的80名中学生参加。1997年8月，团省委、省未保委举办由特殊困境的孤儿、残疾儿童、革命烈士子女以及权益受到侵害的未成年人组成的“保护明天阳光夏令营”，30人参加活动。2004年7月15日至29日，团省委、省少工委联合北京、上海、湖南、青海、宁夏等省（市或区）团委、少工委在延安举办“红领巾革命圣地延安行”夏令营，团中央书记处书记张晓兰，省委副书记杨永茂先后发表讲话。2010年7月6日，团省委、省少工委在西安举办“陕西省暑期少年儿童平安自护营”示范活动，50多名进城务工人员子女免费参加。除夏令营外，还有冬令营。2005年2月16日至18日，团省委、省学联在西安举办了首届陕西省中学生素质拓展冬令营。

2004年7月15日，举办全国“红领巾革命圣地延安行”夏令营开营仪式。

陕西省大学生艺术团 1995年成立，接受省教委、团省委领导，由省学联具体负责日常工作，团长由每年“校园之春”大学生文化节团体总分第一名的院校学生担任。以服务大学生成长成才为宗旨的群众性文艺团体，通过开展丰富多彩的文艺活动，培养大学生文艺骨干队伍。陕西省大学生艺术团的成立活跃了大学生业余文化生活，加强了对大学生文化娱乐活动的指导,完善了高校校园文化活动阵地建设，推动了陕西校园文化生活向着更加有序、繁荣、健康的方向发展，为陕西1996年承办全国大学生运动会作了准备。

青年中心 团中央根据社会主义市场经济发展，青年流动性强的现状，加快扩大覆盖青年面，创新引导、教育、服务青年手段而提出的一项重要任务。2003年初，团中央在全国部分地区开展试点。2004年12月17日，共青团第十五届中央委员会第三次全体会议通过团中央《关于加强青年中心建设的决定》。团省委按照组织建设好、项目发展好、队伍建设好、阵地依托好、机制建设好的“五个好”标准，相继在全省城乡建立了一批青年中心。宝鸡市是第一个建立农村青年中心的市，先后建立岐山县蔡家坡镇岐星村青年中心、千阳县水沟镇青年中心。西安市、咸阳市、汉中市也分别建立了碑林区三学街社区、秦都区古渡街道、城固县桔园镇等一批青年中心。其中西安市碑林区三学街社区青年中心是全省第一家城市社区＋企业＋社会组织＋志愿者模式的青年中心。

乡村青年文化节

1999年,按照团中央开展首届“乡村青年文化节”活动的统一部署，陕西各级团组织积极行动，广泛开展了内容丰富、形式活泼、青年欢迎的科技大集、文体大赛和卫生大扫除等活动，有力地促进了农业科技推广，丰富了青年文化生活，改善了农村卫生环境，增强了基层团组织的活力。2004 年，以“激扬青春奔小康”为主题，开展陕西省第六届乡村青年文化节，有 4 个县（市、区）被评为全国乡村青年文化活动先进县，5 个活动被评为优秀活动项目，7 人获“全国乡村青年文化名人”称号。从 1999 年到 2010 年，团省委在农村团员青年中连续举办了十二届“乡村青年文化节”。团省委每年对“乡村青年文化节”活动中涌现出来的先进单位和优秀活动项目予以通报表扬，以总结经验，推动“乡村青年文化节”活动深入开展。

“校园之春”大学生文化节

“校园之春”大学生文化节是 1990 年由团省委、省委教育工委、省学联发起，在大学生中开展的具有广泛群众基础，在社会上具有较大影响的导向性、示范性、骨干性校园文化建设活动。“校园之春”大学生文化节每年举办一届，文化节的各项比赛、交流、展览把大学生群众性精神文明创建活动和自主性素质拓展活动推向高潮。

鲜明的时代主题 1995 年“校园之春”大学生文化节，以“爱国、奉献、争做跨世纪优秀人才”为主题，歌颂党、歌颂社会主义、歌颂改革开放的成就，组织开展各项活动。2001 年，“校园之春”大学生文化节 10 周年，以“当代学子心向党，携手创建新世纪”为主题，举办第十一届陕西省“校园之春”大学生文化节。2009 年第二十届以庆祝新中国成立 60 周年，纪念五四运动 90 周年为背景，以“继承优良传统，展现青春风采”为主题，开展校园歌手大赛、社团成果展演、舞蹈大赛、《祖国颂》诗歌朗诵大赛等各种文化艺术活动。2010 年第二十一届以“青春耀校园，和谐促成长”为主题，把德育、智育、体育、美育有机结合起来，开展丰富多彩、积极向上的学术、科技、体育、艺术和娱乐活动。

广泛的学生参与度 1997 年“校园之春”大学生文化节，参加人数达13万之多。1998年“校园之春”大学生文化节，近千名大学生参与了省上组织的20多场比赛，近万人参加了本校开展的各类竞赛活动，直接观众达五万人次，民办高校首次组织学生参加这一活动。2010年第二十一届“校园之春”大学生文化节，创新组织形式，分别由长安大学、西安欧亚学院、西京学院、西安美术学院、西安交通大学、第二炮兵工程学院承办相关比赛，大学生的参与性更为广泛。

多样性的活动内容 1997年“校园之春”大学生文化节，大学生们开展舞蹈、校园歌手比赛、辩论赛及健身操等，举办“迎97香港回归祖国陕西大学生即兴演讲大赛暨陕西电视台五四特别节目”等系列活动。1999年，以纪念五四运动80周年、庆祝中华人民共和国成立50周年、喜迎澳门回归等重大事件为契机，组织“迈向新世纪”电视演讲大赛、舞蹈、配乐诗朗诵、迎“四城会”健美操比赛、跨世纪大学生风采综合素质竞赛等活动，展示了跨世纪大学生的精神风貌。2001年，结合第三届陕西省大学生课外学术科技作品竞赛终审决赛、五四青年节、庆祝建党80周年等，用歌曲、舞蹈等艺术形式讴歌中国共产党80年来的丰功伟绩，汇报了高校共青团、学生会组织实施大学生素质拓展计划取得的成果。

青年文明号

1994年起，团中央在全国开展了创建“青年文明号”活动。该活动是以青年为主体，在生产、经营、管理和服务中创建以体现高度职业文明，创造一流工作成绩的青年集体、青年岗位和青年工程的活动。自创建以来，各级“青年文明号”集体积极倡导职业文明，自觉践行“敬业、协作、创优、奉献”的理念，成为践行社会主义核心价值观的亮丽青春风景线。

1994年初，共青团陕西省委在青工战线启动了“青年文明号”活动，以青年岗位、青年群体和青年工程的各项活动为主，将全省原有的共青团班组、共青团岗台和其他以共青团命名的青年集体和青年工程，纳入了“青年文明号”的序列，并对已命名的“青”字号岗台、班（柜）组和工程进行摸底登记，规范了命名标准和程序，实行定期评比、挂牌、授旗。3月，团省委首次命名一批“青年文明号”单位，并及时下发《关于在全省公交系统开展创建“青年文明号”活动的通知》。12月进行表彰总结，统一颁奖授牌，并推荐优秀者参加全国表彰。1995年初，团省委在全省公安系统全面开展创建“青年文明号”活动，口号是“燃文明之火，铸青春警魂”。至此，创建“青年文明号”活动在全省各行业、系统、地区深入开展起来，掀起争、学、比、优、超的热潮，收到显著的社会效益和经济效益。

1996年，团省委在商业、金融、邮电等9个行业的439个“青年文明号”集体中推行“青年文明号服务卡助万家”活动，以进一步深化“青年文明号”活动。1997年，创建“青年文明号”活动朝着促进职业文明建设方向发展。西北电管局团委在国家重点建设工地宝鸡二电厂一期工程接近完工的关键时刻，举行近2000名一线青工参加的包括“青年文明号”“青年岗位能手”“青年志愿者”“青年突击队”“青年文化园”为一体的“青”字号工程启动誓师大会，发出“优质高效创一流”的动员令，有力地促进了

1997年7月15日，陕西省重点建设工程首批“青年文明号”命名表彰大会在西安举行。图为受表彰的“青年文明号”集体代表。

重点工程建设。

2001年，以创建“青年文明号”活动为载体，率先在全省叫响“陕西人，请拿出你的微笑来”的口号。在全省组织1700多家“青年文明号”集体和万余名青年职工，开展以“信用第一，信誉至上”为主题的声势浩大的“‘青年文明号’信用建设示范行动日”活动和“百城万店‘青年文明号’社会监督日”活动，充分发挥青年群体在改善投资环境中的带头作用。2006年是团中央确定的“青年文明号”管理年，为了提高全省“青年文明号”活动的创建水平，加大“青年文明号”活动的创建力度，实现“青年文明号”活动管理的标准化、规范化、科学化，省创建“青年文明号”活动组委会于10月24日在西安举办全省“青年文明号”单位负责人培训班。来自全省公安、工商、税务、财政、交通、金融、旅游、电力等20多个行业的140多名“青年文明号”负责人参加培训班。

青年志愿者行动

青年志愿者服务，是指不以获取报酬为目的，利用自己的智力、体力、技能和时间等，自愿、无偿服务社会和帮助他人的公益性活动。从1981年2月“五讲四美三热爱”活动到1982年第一个“全民文明礼貌月”活动，逐渐与“学雷锋、树新风”活动相融后，进而发展为青年志愿者行动。1993年底，团中央决定实施中国青年志愿者行动，是“跨世纪青年文明工程”的重要组成部分。2000年，团中央、中国青年志愿者协会决定，把每年的3月5日作为“中国青年志愿者服务日”。

1994年3月6日，按照团中央的统一部署，共青团陕西省委在全省各地全面开展“青年志愿者学雷锋奉献日”活动，成千上万的青年志愿者以“新春热心行动”为标志，在车站、机场以及社区的千家万户，学雷锋、送温暖，第一次向社会展示了青年志愿者的旗帜。1995 年 3 月 2 日，陕西省青年志愿者协会暨大中学生志愿服务总队在西安成立。陕西青年志愿者队伍大体分为两类：一类是能经常性、长期性从事志愿服务的相对稳定的队伍，如参加“一助一”长期结对服务、扶贫接力计划和成人预备期志愿服务的志愿者，这是青年志愿服务事业的基本队伍；另一类是响应团组织或青年志愿者组织的临时性招募，或一次性参加服务的青年志愿者，如为大型活动提供服务及参加其他各种临时性、突发性服务活动的青年志愿者。

“一助一”长期服务计划 即一支青年志愿者服务队或一名青年志愿者，与一个人或一个家庭建立固定联系，并长期提供其所需要的经常性服务。这项计划以孤寡老人、残疾人、生活困难的离退休人员和下岗职工、特困学生、国家优抚对象等困难群众为主要服务对象，通过团组织和青年志愿者组织牵线搭桥，在青年志愿者和服务对象之间建立起长期稳定的关系。1995 年 2 月，团省委、省委老干局、省教委、省人事厅、省民政厅、省公安厅联合发出《关于实施陕西青年志愿者“一助一”长期服务计划的通知》，要求在全省老干、民政、教育、人事、公安等部门配合支持下，由基层团组织具体实施“一助一”服务计划。1996 年 5 月，团省委、省学联发出《关于实施“大学生志愿者社区援助”的意见》，号召大学生志愿者利用周末课余时间，深入城市社区，开展多种形式、多方面的援助服务；建立适当的机制，使大学生志愿者社区援助逐步走向规范化、阵地化、长期化；建立“校园社区事务志愿者”制度。1997 年 3 月，在全省团组织开展的“青年志愿者扶贫济困送温暖活动”中，全省 20 余万青年志愿者走上街头，为群众提供家电修理、法律咨询、医疗咨询、科技咨询、维护交通秩序、清除非法张贴物、打扫环境卫生等各种便民服务活动，“一助一”长期结对服务面得到不断拓宽。

青年志愿者扶贫接力计划 倡导"奉献、友爱、互助、进步"志愿者精神，服务经济建设和社会发展，促进良好的社会风气形成。该计划面向贫困地区实际需求，从发达地区公开招募具有一定技术专长的青年志愿者，采取定期轮换、长期坚持的接力机制，到贫困地区开展为期一年的医疗卫生、基础教育、农业科技等方面的扶贫志愿服务。

成人预备期志愿服务 青年志愿者行动与18岁成人仪式教育活动有机结合的成功实践,是公民意识教育和中学生实践教育的有效载体。该活动抓住16至18岁的中学生向成年公民过渡的关键时期，把成千上万的中学生动员起来，把对青少年进行公民意识教育、公民道德教育和引导青少年履行公民义务统一起来，在成人预备期号召青少年开展每年不少于48小时的志愿服务。

大型赛会志愿服务 在全国第五届大学生运动会、全国第四届城市运动会、中国科学技术协会2000年年会、中国西部论坛、第三届特奥会、欧亚经济论坛和每年的公祭轩辕黄帝典礼及北京奥运会、上海世博会等所有事关陕西形象的大型活动中，每次都有少则500人，多则1万余名青年志愿者深入车站、机场、宾馆、饭店、活动场馆等，为来自省内外、海内外各界宾客提供热情全面周到的服务，充分展示出陕西青年热情、文明、开放的新形象。

1996年8月28日至9月4日，由国家教委、国家体委、团中央主办，陕西省政府承办的第五届全国大学生运动会在西安举办。第五届大运会是新中国成立以来第一次在陕西省乃至西北地区举行的全国综合性运动会。团省委承担以"继承革命传统，弘扬中华文明，献身科技，奋发成才"为主题的大运会火种采集和传递以及开幕式《奔向新世纪》大型团体操的排演任务。1996年5月4日，各界青年代表分别在中华民族始祖黄帝陵、革命圣地延安、西安卫星测控中心采集象征文明、革命、科技的3把圣火，10多万名高校师生和各界青年参加"世纪之光"火炬传递宣传教育活动。8月28日，陕西省十多所高校的6000多名大学生参与第五届全国大学生运动会开幕式《奔向新世纪》大型文体表演。

1999年9月11日至20日，中华人民共和国第四届城市运动会（简称“四城会”）在西安举行。团省委、省学联承担了本届四城会的志愿服务和大型团体操排演活动。团省委、省青年志愿者协会迅速组建起有5000名青年志愿者参加的队伍。各地市团组织都积极投身到四城会青年志愿者行动中，共招募到紧密型、松散型志愿者逾两万人，参与迎火种仪式，咨询宣传，分发证书，接送来宾，清理环境卫生，传唱四城会歌曲等志愿服务，10月26日，四城会青年志愿者表彰大会在西安举行，9个青年志愿者服务大队荣获“四城会青年志愿者先进服务大队”称号，50名青年志愿者荣获“四城会杰出青年志愿者”称号，417名志愿者荣获“四城会优秀青年志愿者”称号。

2008年北京奥运会、残奥会期间，团省委、省青年志愿者协会选拔、培训的96名志愿者忙碌于赛场内外，他们优秀的表现赢得了普遍赞誉，在全世界面前树立了陕西青年志愿者的良好形象。

2008年8月8日，参加服务北京奥运会、残奥会的陕西青年志愿者在北京交通大学驻地合影。

大学生志愿服务西部计划 共青团中央、教育部、财政部、人力资源和社会保障部等部委于2003年共同组织实施的大学生基层就业计划。按照公开招募、自愿报名、组织选拔、集中派遣的方式，到西部基层开展为期1至3年的教育、卫生、农技、扶贫等志愿服务。西部计划2003年开始在陕西实施。2003年8月6日，西部计划派遣协调会在西安召开，会议从四个方面作出工作安排：一是做好志愿服务岗位的对接工作。服务县（区）项目办、团委要准确掌握基层对人才的实际需求，合理安排志愿者的工作和生活，确保人尽其才；二是加强管理。各服务县（区）要尽快制定科学规范的项目实施管理办法、考核评估办法、经费管理办法等规章制度；三是抓好协调工作。各项目办要主动协调各有关部门、单位落实好相关政策和服务措施；四是抓好宣传工作。按照公开招募、自愿报名、组织选拔、集中派遣的方式，招募大学生志愿者赴陕西部分市县的教育、医疗卫生、农业科技等领域开展志愿服务。2004年5月，省大学生志愿服务西部计划管理办公室制定了《陕西省大学生志愿服务西部计划志愿者管理办法（试行）》，

2005年7月26日，共青团陕西省委举行陕西省大学生志愿服务西部计划出征送行仪式。

为西部计划科学、规范地实施提供了制度保证。从 2009 年开始，陕西省在继续实施“西部计划”全国项目的同时，开始启动实施“西部计划”陕西省地方项目，日常管理由省西部计划项目管理办公室承担。大学生志愿服务西部计划实施以来，涌现出一大批“陕西省杰出志愿者”和“陕西省优秀志愿者”。通过志愿服务锻炼，实现了“志愿者长才干，老百姓得实惠，全社会树新风”的目标，在高校毕业生中唱响“到西部去，到基层去，到祖国最需要的地方去”的时代主旋律。

博士服务团活动 选派博士服务团是中组部、团中央贯彻落实西部大开发战略和人才强国战略，为西部地区提供人才支持和智力服务的一项重要举措。2000 年 1 月，“百名博士西部行”活动在西安正式启动，此项活动在陕西接力服务 10 余年。

2000 年 1 月，“百名博士西部行”活动在陕西启动，来自海内外的 59 名博士，作为“百名博士西部行”的首批人员云集西安，共商西部大开发大计。团中央书记处第一书记周强、常务书记巴音朝鲁，陕西省委书记李建国、副书记范肖梅参加活动并讲话。59 名博士以成果发布、咨询论证、专题讲座、技术服务、项目合作等形式，深入到 30 余家企业、院校、科研单位，发布了近 200 项最新科技成果，签订了 33 项经济技术合作协议，协议金额达 3000 万元。截至年底，博士们帮助 5 家企业突破了 8 项技术难题，有 7 家企业的合作意向进入实质性启动阶段。2005 年，来自中科院、水利部、交通部、上海财经大学等单位的 12 位博士组成“博士服务团”，在陕西进行为期一年的挂职服务。“博士服务团”分别赴杨凌农业高新技术产业示范区、安康、宝鸡、延安、榆林等地进行省情考察。9 月底，将《关于我国南水北调中线工程陕西省区水源地保护的对策与建议》等一批考察调研报告编印成《西部情结——第五批中央博士服务团在陕西》论文集。2008 年，团省委从西安交通大学等 12 所高校选出道路桥梁、农业经济等 20 余个专业的136名博士，分赴7个地市、23个县（区）一线基层岗位和灾后重建地区开展为期一年的服务锻炼，为灾后重建、贫困地区经济发展献计出力。5月，根据基层产业发展和农村青年实际需求，开展博士服务团培训农村青年"领头雁"活动。来自西安交通大学、西北农林科技大学、陕西科技大学等三所高校的蔬菜学、果树学、动物营养学、营销学等专业的24名博士，分三个服务队赴全省5市6县（区），开展农业技术、营销、管理指导、返乡农民工和农村青年人才培训。2011年7月14日至17日，省委在西安举办中央赴陕博士服务团回访活动，51名各届博士服务团成员交流十年服务工作经历和感受。博士服务团成员依托自身知识优势和专业特长,充分发挥科技参谋作用、桥梁纽带作用和培养人才作用，积极为地方经济社会发展贡献才智，赢得了良好的声誉。

2000年7月，西安交通大学"三下乡"博士团在基层开展志愿服务。

西安最美丽的女孩——熊宁 从2007年起，熊宁坚持每周到西安市儿童福利院做义工，在节假日到福利院为孩子们发糖果、讲故事、辅导功课、做饭洗澡，孩子们亲切地称她为“熊宁妈妈”。在她的感召下，周围的许多朋友也纷纷加入关爱孤残儿童的志愿服务活动。一次去青海的旅游，让熊宁和藏族同胞结下了深深的情缘。此后，她先后4次前往青海玉树藏族自治州，为当地贫困儿童捐款捐物、筹资助学，参加志愿服务活动。2008年春节后，熊宁赶往青海玉树援助受雪灾群众，途中不幸遭遇车祸去世，年仅29岁。熊宁的事迹在网络上传开，上千名网友留言寄托哀思，他们把熊宁称为“西安最美丽的女孩”，熊宁成为当代青年学习的楷模。

熊宁（1978—2008），陕西西安人。2008年3月10日在自愿赴青海省玉树救助雪灾群众时，不幸遭遇车祸身亡。先后被追授陕西省优秀青年志愿者、青海省优秀青年志愿者、中国杰出青年志愿者、中国青年五四奖章、全国三八红旗手，入选中国好人榜。2008年感动中国候选人。2015年当选为“德耀中华·第五届全国道德模范助人为乐模范”候选人。图为2007年，熊宁在青海玉树义务支教时与藏族孩子在一起。

2008年3月15日，团省委组织协调多家媒体刊发题为《陕西需要更多像熊宁这样的志愿者》的文章。3月18日，省委常委、省委组织部部长李锦斌批示“要注意总结和宣传熊宁这样的优秀志愿者典型，在全社会大力弘扬爱心精神”。3月20日，由团中央、中央党史研究室、国家档案局主办，中国青年志愿者协会、共青团陕西省委、共青团青海省委协办，团中央信息办、中国青少年社会服务中心和共青团西安市委承办的网上“熊宁纪念馆”正式开通。3月21日，团省委发出《关于在全省团员青年中广泛开展向优秀青年志愿者熊宁学习活动的通知》，号召广大团员青年向熊宁学习。4月28日，省委作出《关于开展向熊宁同志学习活动的决定》。学习熊宁活动在陕西乃至全国轰轰烈烈地开展起来。

“向熊宁学习”活动开展后，全省团员青年乃至社会各个阶层人群中，运用各种形式，宣传、学习熊宁的先进事迹。2008年3月27日，团省委在西安举行熊宁与志愿精神研讨会，来自北京、青海、陕西三地的专家、共青团工作者和杰出青年、志愿者代表等，追忆学习熊宁“助人为乐、大公无私、团结友爱、拼搏进取”的高尚精神，表示要把熊宁未竟的公益事业坚持下去，把她用爱心诠释的志愿精神传承下去。4月3日至6日，团陕西省委联合团青海省委举办“网上祭熊宁，共铸中华魂”网上公祭活动，通过网上“熊宁纪念馆”向“西安最美的女孩熊宁”敬献鲜花、抒写感言，表达深切的缅怀和思念。7月28日，由团省委、陕西人民广播电台、青海人民广播电台共同发起组织的“重走熊宁路——陕西广播志愿者希望之行”启程，8天时间里，71名志愿者冒着平均海拔4200米的高原缺氧危险，为青海省海南州共和县倒淌河镇哈乙亥寄宿小学的藏族学生送去文体用品。

红围巾温暖行动给孩子们带去欢乐。

2009年冬，陕西部分地区遭受多年不遇的冰雪灾害，团省委响应省委、省政府号召，决定12月1日至24日在全省范围内深入开展“我们是熊宁——红围巾温暖行动”主题活动，给困难人民群众，特别是山区（灾区）困难群众、经济困难大学生、城乡贫困青少年、进城务工青年及其子女等群体做实事、办好事、解难事。

青春建功新农村——百村行动 按照工业反哺农业、城市支持农村的思路，落实省委、省政府提出的“一村一品”千村示范、万村推进工程和全省扶贫开发工作，发挥共青团的组织优势，整合资源，形成合力，重心下移，动员各级团队组织、青年文明号、青年企业家、青联委员与帮助扶持的100个村开展“城乡手拉手”活动。团省委机关带头落实负责帮扶的结对村，并积极开展帮扶活动。团省委希望办的帮扶结对村为杨陵区李台乡南崖村，了解到胡家底小学（南崖村村民的子女就读学校）校舍破旧等问题，将该小学列为希望办重点援建学校，并将其列入结对村帮扶方案的项目之一。汉中市城固县刘家营村是团省委青农部的牵头帮扶村，调研组先后对许家庙小学（刘家营村村民子女就读学校）、刘家营村进行了实地考察，了解刘家营村存在的主要困难，团省委与其他结对帮扶单位开展帮扶工作。

“服务青少年月”活动 2008年1月，团中央发出《关于开展共青团2008年“服务青少年月”活动的通知》，元旦、春节期间，各基层团组织在开展好“真情助困进万家”活动的基础上，集中力量开展“服务青少年月”活动，为广大青少年特别是家庭经济困难大学生、进城务工困难青年、城市社区和农村困难青少年等做实事、办好事、解难事。团省委按照团中央的要求，制订《共青团陕西省委2008年“服务青少年月”活动方案》，开展了以下活动：

服务家庭经济困难大学生。团省委举办“2008年西安地区高校寒假留校学生新春茶话会”并发放慰问金；团省委发动青联委员、企业家及其他青年组织，开展“百城万企进校园”活动，为家庭经济困难大学生提供寒假期间勤工俭学岗位，为困难大学生解除后顾之忧。

服务进城务工困难青年。开展为进城务工困难青年送一张电话卡、送一次体检、送一张回乡车票、送一册《进城务工青年通用读本》、送一堂技能培训课的“五送”活动。

服务城市社区困难青少年。团省委组织“青年文明号”集体采取“一助一”“多助一”等形式集中开展“青年文明号”结对帮扶活动；组织注册志愿者深入街道社区，为社区困难青少年提供义务家教、心理健康咨询、医疗服务、法律援助、文体娱乐、信息咨询等志愿服务；组织企业团委送文艺演出进社区，开展“社区志愿服务和谐行动”；动员社会力量，组织驻在区企事业单位和青年企业家通过送慰问金，捐赠棉衣、被褥、鞋帽、粮油等生活用品和书本、体育器材等学习体育用品，开展帮扶社区特殊困难青少年活动。

服务农村困难青少年。开展“助困进农家”活动，深入农村，为单亲家庭、因灾因病因伤致贫家庭青少年送去过节用品；依托各类职业技能培训学校和团属阵地，针对农村贫困青年开展免费技能培训，为他们就业创业提供切实帮助。开展“写一封信、赠一本书、互访一次、学一样自护本领”等服务农村留守少年儿童“手拉手”活动，为留守少年儿童赠送“爱心包”500个。

青年文明社区创建活动

“青年文明社区”是指在城市区、街为基础的特定区域内，团组织作为主要力量，配合党政有关部门，动员组织广大青少年积极参与社区物质文明建设和精神文明建设，建立具有良好的社区秩序、优美的社区环境、完善的社区服务、和谐的社区人际关系的社区。1996年10月，团中央开始在全国推广这项活动。

1996年，共青团陕西省委联合省民政厅、省建设厅、省工商行政管理局在全省开展“青年文明社区”创建活动。各级团组织紧紧围绕群众生产、生活和青年成长成才所需，在社区经济、社区文教、社区卫生和社区秩序等方面开展“户户讲道德、店店无假货”等各种社区服务活动，推出了一批“青年文明社区”示范点。6月，团省委发出《关于在全省城镇深入开展创建“青年文明社区”活动的意见》，要求从社区为青年服务、青年为社区服务两个方面，构建优质便捷的社区服务网络和文明健康的社区文化体系，以社区团建为基础，全面活跃社区团的工作。10月，团省委在宝鸡市召开全省创建“青年文明社区”暨社区团建工作现场会，进一步交流探讨创建“青年文明社区”暨社区团建工作的经验，提出以创建“青年文明社区”统揽城市团的工作全局的思路。2000年1月，团省委与省委组织部联合下发《关于加强社区共青团建设的意见》，在建立社区党组织的同时，建立社区共青团组织，社区团工委书记原则上由街道分管共青团的党委书记担任。西安市被团中央确定为首批15个建设“社区青少年服务中心”的城市之一。2000年，团中央决定在陕西等7个省、市重点启动“青年文明社区大家乐”活动。此后，各级团组织充分发挥自身潜力，整合社区资源，以社区团建为基础，以活动为载体，以青年志愿者服务队、青年文明号、大学生社会实践、青少年维权岗、少先队雏鹰假日小队为依托，为社区群众提供力所能及的服务。到2000年底，全省创建全国“青年文明社区”7个，省级“青年文明社区”26个。

希望工程

1989年10月30日，由共青团中央、中国青少年发展基金会发起的以“助农民的后代人人有书读”为使命的“希望工程”在全国正式启动实施。1992年初，共青团陕西省委成立了陕西省实施希望工程办公室（简称“省希望办”），各市、县（区）也相继成立了希望工程实施机构。2011年12月，为贯彻中国慈善事业法规，筹资建立省级公募慈善组织，成立陕西省青少年发展基金会（简称“省青基会”）。从1989年希望工程在陕启动以来，陕西希望工程实施系统募集捐款、捐物5.3亿元，援建希望小学、希望图书室、希望工程电脑教室等项目1200个；资助大、中、小学生11万余名，累计培训希望小学教师4436人；援建希望卫生室134所和乡镇“希望卫生院”10所；建设保护母亲河工程项目37个。省希望办先后被省委省政府记“集体一等功”“陕西省地震灾后恢复重建工作先进集体”，省青基会被民政部授予“全国先进社会组织”“5A级社会组织”，“陕西希望工程三年攻坚公益计划”荣获民政部全国最高奖“中华慈善奖”。

援建希望小学 对农村地区乡村小学予以资助，帮助其改造危旧校舍或新建学校。以改善乡村小学的办学条件，使学生告别危旧、拥挤的校舍，在安全、宽敞、明亮的校园中学习、生活，接受公益理念，促进身心健康，提高学业水平；以带动地方政府对贫困地区基础教育的投入，提高学校管理和教学水平；以唤起全社会对贫困地区乡村小学的持续关注与资助热情。

1991年5月25日，陕西省镇安县贫困山区12岁女孩卿远香含泪写下“我要上学”，成为中国首个公益广告，刊登在《人民日报》上。1992年，由中共中央直属机关33个部委的干部职工捐款援建的陕西省第一所希望小学——延安希望小学落户延安市宝塔区。国家主席杨尚昆亲笔题写校名并担任名誉校长。国务院总理李鹏为学校的“谢子长英雄中队”题写队名。1995年，时任福州市委书记的习近平发起“千家企业建千校”爱心活动，福州爱心企业捐资援建延安市杨家岭福州希望小学。习近平总书记在陕西考察工作时先后两次到访杨家岭福州希望小学，两次向福州希望小学师生回信，传递出浓浓的为民情怀。

陕西希望工程圆梦·牵手行动大型公益助学活动 为了帮助陕西省

经济困难家庭大学生渡过难关，实现上大学的梦想，为青年成长发展提供新助力、播种新希望，2005 年，开展陕西“希望工程圆梦 · 牵手行动”大型公益助学活动，积极动员社会力量参与资助品学兼优的低收入家庭大学新生圆梦大学，帮助他们解决从家门到校门的实际困难。截至 2023 年，累计筹资超过 2 亿元，帮助陕西省 76961 名贫困学子圆大学梦，为贫困学子提供 13950 余个爱心助学岗位，已成为陕西共青团服务困境青少年成长成才重要平台和品牌工程。

希望工程电脑教室 为贫困地区小学建设希望工程电脑教室，弥补贫困地区小学电脑教学的缺失，使学生有机会掌握电脑实用知识，享受优质教育资源，以适应数字化信息社会的发展。陕西希望工程向西藏阿里地区 40 所学校捐赠价值 1350 万元的教学物资和资金，全部用于学校的科技小屋——创客 (梦想) 教室的建设。

希望卫生室 2009 年，陕西在全国首创希望工程“希望卫生室”公益项目启动，对偏远农村村级卫生室进行房屋新建或改 (扩) 建，更新、添置医疗设备，培训医技人员，资助其建设成为基本公共卫生、基本医疗服务、基本药物和新农合制度四位一体的村级卫生室。2010 年 6 月，希望卫生室全国现场会在榆林召开，陕西省副省长郑晓明参加现场会，省委组织部部长李锦斌致信此次活动，肯定了希望卫生室项目改善了陕西农村医疗卫生条件，为解决贫困地区农民群众“看病难、看病贵、看病远”问题探索出了新路子，为社会力量协助政府发展农村医疗卫生事业开创了新模式，已经成为共青团组织和希望工程服务新农村建设、传播卫生健康文化的新平台、新载体，为基层组织建设注入新活力。截至 2020 年，全省各级团组织共募集资金 1100 余万元，援建希望卫生室 134 所，希望卫生院 10 所，培训希望卫生室从业医生 3 期 52 人次，为贫困地区农民提供医疗服务近 20 万人次。

“手拉手”互助活动

“手拉手”互助活动开始于20世纪90年代初，由共青团中央、全国少工委联合有关部门共同发起，是引导少年儿童团结互助、共同进步的一项有意义的实践教育活动。城市和农村少年儿童手拉手、富裕地区和贫困地区少年儿童手拉手、身体健康的和有残疾的少年儿童手拉手、各民族少年儿童手拉手，在不同环境、不同状况的少年儿童中架起了沟通的桥梁。“手拉手”活动通过交一个“手拉手好朋友”、写一封“手拉手交友信”、寄一本好的书报或文具、为小伙伴做一件好事、有条件的看望一次小伙伴等“五个一”具体活动，在陕西省少年儿童中广泛开展起来。

为了进一步加强城市与农村之间，发达地区与贫困地区之间少年儿童的联系，使贫困地区更多的少年儿童得到帮助，1994年10月12日至14日，共青团陕西省委、陕西省少工委在西安举办“爱心连着你和我——红领巾手拉手好朋友相会在古城”活动，邀请延安、榆林、商洛、安康、汉中5地（市）和蓝田县共34名失学儿童或家庭确有困难的小朋友来西安，与西安部分学校的34名在“红领巾手拉手”活动中做出优异成绩的先进集体和先进个人代表结成手拉手好朋友。省委书记张勃兴、副书记支益民邀请参加活动的68名少先队员到省委做客，并代表省委给小朋友赠送了学习用品。1998年5月31日至6月2日，团省委、省少工委再次举办“红领巾手拉手相聚在古城”活动。邀请延安、榆林、商洛、安康、汉中等10个地市和省国防、纺织系统的30多名家庭贫困的小朋友来西安，与西安30余名优秀少先队员结成手拉手好朋友。活动期间，孩子们参观了杨凌示范区，西北农业大学动植物标本、蝴蝶展览馆，访问了周尧等老科学家，听取老红军王玉昆爱国主义教育报告，参加了西安市青少年宫的活动，参观了陕西历史博物馆，游览了钟楼。贫困家庭的小朋友还被邀请到省委、西安饭庄和西安市小朋友家做客，同吃、同住、同活动，使他们度过了一段充实而又难忘的时光。

为推进陕西省少年儿童阅读百种爱国主义教育图书活动的深入开展，推动社会主义精神文明建设，深化“手拉手”活动，1996 年 10 月 10 日，陕西省少工委在礼泉县石潭乡车家小学举行“建书屋、读好书、交朋友”手拉手爱国主义图书捐赠仪式。团省委、省少工委和西工大附小等学校向石泉小学、车家小学捐赠各类图书 2500 多册以及篮球、乒乓球、足球等文体用品。1997 年六一前夕，团省委、团西安市委、市少工委分赴商洛地区及周至、蓝田、长安等 10 个贫困县区举行手拉手“三个一”（捐献一元压岁钱、捐献一个用过的书包、捐献一个用过的文具盒）捐赠活动，用少先队员所捐压岁钱购买各类图书 1.33 万多册，建立红领巾“手拉手”书屋 38 个，并为近 10 万贫困少年儿童送去学习用具及生活用品，帮助他们解决生活和学习上的困难。

为促进贫困地区智力开发、文化扶贫事业的发展，1997 年 3 月 16 日，团省委、省少工委举行全省少先队“手拉手情系贫困小伙伴”活动启动仪式。活动号召城市（城镇）少先队员将不再使用的图书、报刊、文具、衣物等物品收集、捐献出来，或者用回收废品等劳动所得，购买一些物品，使贫困地区小伙伴有书看、有报读。团省委和省少工委强调对贫困地区小伙伴的帮助以“一对一”的形式为主，在尚无固定小伙伴的队员中通过统一组织开展支援

陕西省希望工程——“手拉手”快乐梦想活动现场。

活动；强调深化以“捡回一个希望，创造一个奇迹”的主题教育活动，表达城市少先队员的爱心；强调互助互爱，平等交往，并通过“小手拉大手”进一步推动辅导员之间、学校之间乃至家长之间的“手拉手”，不断拓宽“手拉手”互助活动的范围，深化“手拉手”的教育内容。

2000年8月，省少工委与天津市少工委签订“手拉手”活动协议，津陕13所学校进行“手拉手”结对。2001年3月11日，两省（市）少工委在长安县联合举行“陕津少先队员手拉手，保护母亲河共建世纪林”活动。陕西有100所贫困学校的1000名学生与天津市建立了稳定的“手拉手”助学活动关系。

二、推进跨世纪青年人才工程

大学生科技竞赛

“挑战杯”陕西省大学生课外学术科技作品竞赛 1989年起由团中央、中国科协、全国学联主办，国内多所大学和新闻机构联合发起，在国家教委支持下组织开展的“挑战杯”全国大学生课外学术科技作品竞赛活动在陕西大学生中产生了热烈反响。在1997年举办的第五届全国大学生“挑战杯”课外学术科技作品竞赛中，陕西高校取得了较好的成绩，并荣获团中央和中国科协、全国学联颁发的“优秀组织奖”。同年12月，为了进一步激发大学生“崇尚科学、追求真知、勤奋学习、迎接挑战”的拼搏精神，营造“爱科学、学科学、用科学”的良好舆论氛围，充分挖掘陕西大学生的潜力，使大学生课外学术科技作品竞赛活动向着更深入的方向发展，团省委、省学联和省科协首次举办陕西省大学生“挑战杯”课外学术科技作品竞赛活动，作品分为科技发明制作、理工农医类学术论文、社会科学类调查报告和学术论文三大类。“挑战杯”陕西省大学生课外学术科技作品竞赛每两年举办一届。

第七届“挑战杯”全国大学生课外学术科技作品竞赛在陕西举办 2001年9月18日至23日，由团中央、中国科协、陕西省政府、全国学联共同主办，西安交通大学和共青团陕西省委承办的第七届“挑战杯”全国大学生课外学术科技作品竞赛终审决赛暨作品展示在西安交通大学举行。全国各高校团委，高校学生、指导教师，企业界及新闻界近2000人参加本次竞赛。本届竞赛，无论是参赛高校、参赛师生、参赛作品均创历史之最，其中唯一一所民办院校即西安外事学院首次参赛，台湾地区首次选送作品参展格外引人注目。第七届“挑战杯”竞赛共收到全国31个省、自治区、直辖市294所高校报送作品933件，香港、澳门特别行政区高校选送作品54件，台湾新竹交通大学选送作品1件。陕西共15所高校参赛，选送作品52件，经过初审，有29件作品参加终审展示。本届“挑战杯”竞赛，直接转化大学生科技作品价值达7000万元人民币。

“挑战杯”陕西省大学生创业计划竞赛 1999年起由团中央、中国科协、全国学联主办的“挑战杯”中国大学生创业计划竞赛活动，激发了大学生参加课外学术科技活动的热情，并在此基础上发现和培养了一批学业上有作为的优秀人才。为更广泛地在陕西大学生中开展创业活动，2002年，团省委、省委教育工委、省学联等共同主办“挑战杯”陕西省大学生创业计划竞赛首届比赛，此后每两年举办一届。首届“挑战杯”陕西省大学生创业计划竞赛由西安交通大学承办，西安高新区管委会协办。经过全省21所高校470多个大学生创业团队3个月的激烈角逐，共有17所高校参加省级决赛，提交作品94件。作品覆盖电子信息、生物医学、新材料新能源、网络、服务等领域。

陕西省青工技能振兴计划

2004年，共青团陕西省委、陕西省劳动和社会保障局、陕西省知识产权局、陕西省科协等单位决定，2004 年至 2009 年在全省企业 35 岁以下青年工人中实施陕西省青工技能振兴计划。陕西实施青工技能振兴计划分为四个阶段。

动员启动阶段（2004 年 7 月至 2005 年 7 月），通过调查摸底，制定计划，广泛动员，在全省企业中开始实施青工技能振兴计划，使全省 80% 以上的企业青工参与活动。

逐步推广阶段（2005 年 7 月至 2006 年 7 月），力争使全省 40% 以上参加计划的青年技术工人岗位技能水平在现有基础上提升一个技术等级。

全面推进阶段（2006 年 7 月至 2008 年 7 月），力争使全省 70% 以上参加计划的青年技术工人（35 周岁以下）岗位技能水平在现有基础上提升一个技术等级。

深化提高阶段(2008 年 7 月至 2009 年 7 月)，督促检查，查遗补缺，全面完成五年计划。总结经验，树立典型，建立活动开展的长效机制，为此后工作的进一步深化打下政策基础并提供实践依据。

2005 年，为深入推进青工技能振兴计划，团中央、人社部联合举办首届“振兴杯”全国青年职业技能大赛，作为“青工技能振兴计划”的重要内容，推动各地广泛实施青工普训、市级大赛、导师带徒、技能鉴定、典型引路等举措，引领广大青年技术工人在不同岗位苦练技能，在全国掀起了技术练兵、技能比武的热潮。陕西众多知识技能型、技术技能型、复合技能型的“青年工匠”脱颖而出。

成人仪式教育

18 岁成人仪式教育活动，是共青团贯彻中共中央《爱国主义教育实施纲要》，加强青少年爱国主义教育的重要措施，是落实《跨世纪青年人才工程实施计划》的重要内容。1995 年，根据团中央关于五四期间全国主要城市都要举行 18 岁成人仪式的要求，共青团陕西省委按照“先试点，后推广，先城市，后农村”的原则，编印《18 岁成人纪念册》，5 月 4 日，18 岁成人仪式在西安举行，2000 多名 18 岁青年代表参加。9 月 18 日，全省 18 岁成人仪式教育活动经验交流会暨观摩会在安康召开。此后，活动在全省普遍展开。

1996 年 4 月 25 日，省委宣传部、团省委、省教委、省关工委联合发出《关于在全省开展 18 岁以上成人仪式教育活动的实施意见》，进一步明确了 18 岁成人仪式教育的目的、意义、要求及实施办法，修改补充了陕西省《18 岁成人纪念册》。截至 1997 年底，18 岁成人仪式教育活动在全省普及并走向正规化，城市普及率达 85%、农村普及率达 60%。

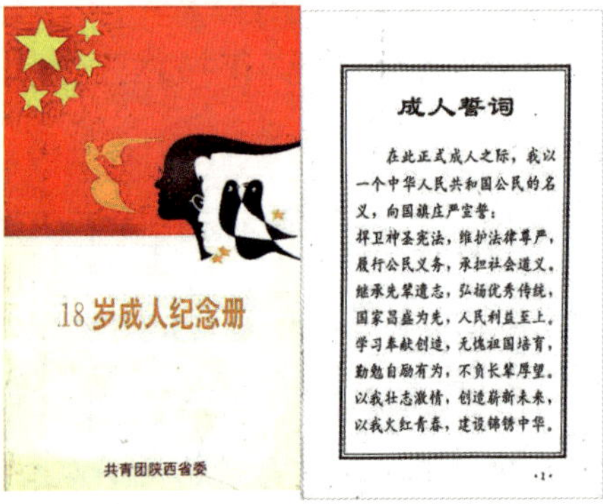

1995 年，共青团陕西省委印发《18 岁成人纪念册》。

2008 年 3 月 5 日，团省委、省学联联合发出《关于在全省中学生中开展“迈入青春门，走好成人路”主题教育活动的通知》，要求各级团组织认真贯彻落实党的十七大精神、《中共中央国务院关于进一步加强和改进未成年人思想道德建设的若干意见》及省委、省政府的实施意见，以开展中学生 14 岁迈入青春门教育活动、16 岁公民素质教育活动、18 岁成人仪式教育活动为载体，引导青少年在不同成长阶段，珍惜青春年华，增强公民意识、法制意识和社会责任感，树立奋发成才、报效祖国的远大志向，在自理自护、帮助他人、服务社会的实践中经受锻炼、提高素质，成长为中国特色社会主义事业的合格建设者和可靠接班人。

大中学生社会实践活动

20世纪80年代初，团中央号召全国大学生暑期开展社会实践活动。20世纪90年代，大学生社会实践活动内容更为丰富，形式更加多样。1992年，全省大学生社会实践活动主题为“陕西青年科技行动”，各高校团委和学生会除组织大学生上街开展科技咨询外，重点放在用科学技术扶助贫困村、户。1994年暑期，团中央、全国学联决定组织实施“万支大、中专学生志愿服务队暑期科技文化行动”。共青团陕西省委、陕西学联组织了500支大、中专学生志愿者服务队，深入农村、学校、机关、厂矿和城镇区街等基层单位特别是农村贫困地区，在教育、科技、法制、文化、民政等领域开展志愿服务。1995年6月，省委教育工委、省教育厅、团省委决定连续四年组织实施“陕西大中学生志愿者扫盲与科技文化服务行动”。每年组织1万名左右的大学生志愿者和3万名左右的中学生志愿者参与活动，每年使8万名左右的青壮年文盲受到识字和科技培训，实现到1998年全省基本扫除青壮年文盲的目标。

1996年12月，中宣部、国家科委、农业部、文化部、团中央等十部委联合下发《关于开展文化科技卫生“三下乡”活动的通知》，文化下乡包括图书、报刊、戏曲、电影、电视下乡，开展群众性文化活动；科技下乡包括科技人员、科技信息下乡，开展科普活动；卫生下乡包括医务人员下乡，扶持乡村卫生组织，培训农村卫生人员，参与和推动当地合作医疗事业发展。大学生“三下乡”是指文化、科技、卫生下乡，是各高校在暑期开展的一项旨在提高大学生综合素质的社会实践活动。陕西从1997年开始实施大学生“三下乡”活动，并蓬勃发展起来。

陕西大学生“三下乡”活动紧扣时代主题，围绕学习邓小平理论、“三个代表”重要思想、科学发展观，服务农村促和谐等内容开展社会实践活动；围绕党和政府的中心工作，开展以延安精神代代传实践教育、农村经济社会协调发展实践服务、科学发展观宣讲、农村中小学学生乡土夏令营、未成年人思想道德建设等为内容的社会实践活动。重视广泛参与，采取点面结合的形式，仅 2010 年全省 20 多万大中专学生奔赴 10 个市区，其中省级重点团队 100 余支、校级重点团队 1000 余支开展“三下乡”活动。

“走进社会大课堂”中学生暑期实践教育活动，是团中央 2001 年组织的一项重要活动，是对已开展 10 多年的中学生实践教育活动的深化和发展。团省委根据团中央的部署，下发《关于开展“走进社会大课堂”中学生暑期实践教育活动的通知》，成立了“走进社会大课堂”中学生暑期实践教育活动组委会，开展丰富的教育活动。

以“党在我心中”为主题，开展寻访营活动 各级团组织充分利用夏令营及各种社会实践教育基地，组织中学生奔赴革命老区，参观访问革命圣地、革命历史博物馆、革命历史遗址及寻访、慰问老红军、老干部等，并采取实地考察农村改革开放成果、与基层党员干部座谈等形式，住农家屋，吃农家饭，了解社情民意，加深对“没有共产党，就没有新中国”的理解，坚定跟党走的信念和决心。

以素质训练为核心，开展生活体验活动 各地团组织遵循中学生身心发展规律，开展军事训练营、少年军校、“新世纪我能行”、磨砺训练、青春自立生活体验、生存技能培养等活动，引导中学生自觉了解生活常识，掌握基本生活技能，将书本知识和社会现实统一起来，锻炼独立生活能力，培养团队合作意识，提高社会适应能力和运用书本知识解决实际问题的能力。

以“环保、科普、敬老”为主题，开展暑期“每周一小时自愿服务”活动 如以扶贫帮困、助残抚孤为内容的“爱心行动”；以爱护地球、保护生命为内容的“绿色行动”；以植树护绿、美化环境为内容的“环保行动”；以科普宣传、学习科学为内容的“科技行动”；以走访敬老院、看望离退休教师为内容的“慰问行动”等。“每周一小时自愿服务”

活动丰富了中学生的假期生活，使同学们增强了“奉献社会，服务他人”的公民意识。

以“走进社会大课堂”为主题，开展实践教育征文活动 西安、宝鸡、咸阳等地组织中学生深入到当地研究所、农科城、工厂、农村参观访问，亲身感受科技发展为各个领域带来的巨大变化，亲眼目睹祖国的繁荣富强。中学生用自己的所见所闻，抒写自己的所思所感，在实践中进一步了解国情，受到教育，增长了才干。

青少年读书活动

1983 年 10 月，共青团陕西省委发出通知，号召广大团员青年积极参加“全国青年读书活动”。为更好地开展这一活动，团省委、省青联、省学联联合成立了读书活动指导小组。随后省总工会、团省委等 9 个单位联合发起陕西省职工读书活动，全省中青年职工踊跃参加。1984 年 3 月，省总工会、团省委联合举行职工读书活动汇报演讲会，并从中评选出优秀演讲员分赴陕南、陕北进行巡回讲演。在读书热潮中，一批青年职工走上了自学成才的道路。通过学、演、展、赛等方式，读书活动搞得有声有色，有效地提高了中青年职工觉悟。1986 年 4 月全省第二届读书自学表彰会上奖励了 100 名自学成才典型，由陕西人民出版社出版了《自学成才者的足迹》一书。1987 年 3 月 9 日至 31 日，团省委、省学联、省出版总局举办西安地区首届大学生书市，省、市 20 多个出版发行单位进行了展销，每个书市书种达两三千种，数万名大学生参加了选购。1992 年，渭南市城市石油化工厂助理工程师、渭南地区“青年十杰”张清锁，在《自学报》《中华英才》《解放军报》《工人日报》《中国青年报》《科技日报》等 15 家单位联合举办的全国自学成才优秀人物评选活动中，被评为“全国自学成才优秀人物”，其事迹编入《中国自学人才荟萃》一书。

1998年12月，团中央又启动实施了中国青少年新世纪读书计划。全省各级团组织开展了生动活泼的主题读书活动，启动了帮助家庭困难的青年学习知识、提高技能的青年助学行动，建立了一大批青少年新世纪书屋、青少年读书俱乐部、青少年精品书架、青少年读书基地，通过“优秀图书推荐榜”“读书论坛”“读书征文”“专家指导团”以及“读书节”等多种形式引导青少年多读书、读好书，在全社会营造浓厚的读书学习氛围，取得了扎实的成效。西安铁路局青少年读书协会俱乐部、安康铁路分局青少年读书协会俱乐部被评为中国青少年新世纪读书计划优秀青少年读书俱乐部，陕西师范大学马列理论读书社“三个代表”书屋被评为优秀青少年新世纪书屋。

“千校百万”外来务工青年培训

改革开放以来，随着经济建设的蓬勃发展，大批农村青年到城市和发达地区务工经商。为了加强对外来务工青年的教育管理和服务，进一步提高他们的整体素质，1997年6月，团中央、公安部、司法部、劳动部等8个部门决定在全国范围内共同实施社区“千校百万”外来务工青年培训计划。

1998年3月，共青团陕西省委和陕西省公安厅、陕西省司法厅、陕西省劳动厅等7家单位联合发出《关于实施城市社区“千校百万”外来务工青年培训计划的意见》。陕西“千校百万”进城务工青年培训工作，在专业设置上一方面紧紧围绕当地经济建设对技术人才的需求，另一方面从进城务工青年的实际出发，使专业特点和市场实际需要相结合。在培训时间上坚持宜长则长，宜短则短，长短结合。2001年4月，各地建立各类培训机构65个，开设了服装加工、美容美发、机械维修、烹饪、家政服务、计算机操作与运用、建筑装潢、广告设计、驾驶、礼仪服务、护理、计划生育、幼儿教育、煤矿开采、市场营销等20多种专业，对农村青年、外来务工青年进行职业技能培训，其中培训进城务工青年14万余人。

中国少年雏鹰行动

“中国少年雏鹰行动”是为提高少年儿童的综合素质，面向全国少年儿童开展的一项少先队活动，是少先队组织配合基础教育实施素质教育的重要组成部分。其核心内容是借鉴国际上通行的通过各种训练来获得相应奖章的方式，达到提高少年儿童综合素质的教育目的，即组织少先队员通过定章、争章、考章、颁章、护章等环节争获各种“雏鹰奖章”。

1992年，“中国少年雏鹰行动”正式启动。1994年，陕西少先队工作以城区学校的少先队组织为重点，以“五自”[①]和“手拉手”互助活动为龙头，全面实施“中国少年雏鹰行动”。各级团队组织通过开展“一本书寄友情”“省下压岁钱，助建希望小学”等活动，发动城区少先队员主动同农村少年儿童手拉手交朋友，组织城乡少年儿童互通书信，互访互学，互助互爱，共受教益。

国家实行每周五天工作制后，在校的少年儿童每年有160多天的节假日，占全年天数的44%。为此团中央1997年提出，“广泛调动社会、学校、家庭的积极性，推广‘雏鹰假日小队’等活动形式，建立万支示范小队，努力形成社区少先队活动的模式，推动少先队校外教育社会化进程，把‘五自’教育落到实处。”9月，团省委与省少工委发出《关于在全省少先队组织中开展“雏鹰假日小队”活动的意见》，要求各级团组织、各地（市）少工委通过“雏鹰假日小队”的形式，把节假日休闲在家的少先队员组织起来，以“提高素质、培养能力、发展个性”为目标，以小队为单位，以少年儿童为参与主体，借助社区和校

① “五自”，指自学、自理、自护、自强、自律。

外活动阵地，开展一些融思想性、知识性、趣味性为一体的有益活动，引导少先队员“学会生存、学会服务、学会创造”，充实节假日生活，增强集体观念。

全省各级团组织紧密围绕振兴陕西经济战略部署，创造性地开展适应青年特点的活动，最大限度地调动团员青年参与经济建设和改革开放的积极性，带领团员青年向“四化”进军。在经济和社会建设的主战场，各级团组织通过实施青年新世纪读书计划、大学生科技竞赛、“千校百万”外来务工青年培训、东西互助劳务合作、开展青年岗位能手活动等，大力推进“跨世纪青年人才工程”和“跨世纪青年文明工程”。通过开展新长征突击手（队）活动、农村青年脱贫致富“小开发”活动、大中学生社会实践活动、青年就业创业活动等，全面调动青年投身社会主义现代化建设积极性，既为国家积累了财富，个人增长了才干，又增强了共青团组织的号召力、凝聚力和战斗力。

第三节　西部大开发[①] 中的陕西共青团工作

一、青年环保行动

青年营造黄河防护林工程

党的十一届三中全会后，全党的工作着重点和全国人民的注意力转移到了社会主义现代化建设上来，植树造林、绿化祖国逐渐成为一

① 西部大开发，是党中央面向新世纪的一项重大战略，目的是“把东部沿海地区的剩余经济发展能力，用以提高西部地区的经济和社会发展水平、巩固国防。”1999 年 6 月，江泽民总书记发出了西部大开发的号召，在政策优先度上，陕西是西部大开发的第一阶梯，陕西和西安是西部大开发的桥头堡。中共陕西省委根据中央和国务院的战略部署，提出了把陕西建设成为西部经济强省的指导思想。共青团陕西省委及时调整全省青年工作思路，将工作重心迅速转移到服务和投身西部大开发中来，于 2000 年初制定了《西部大开发时期陕西共青团工作战略》。

项常抓不懈的基本国策。1979 年春，团中央与林业部在延安召开全国青年造林大会。会议号召全国青少年集中力量搞好西北、华北、东北西部的“绿色万里长城”建设。陕西各级团组织把植树造林活动作为对青少年进行爱国主义教育和社会主义精神文明建设的实际行动，更加扎实深入地开展起来。西安市渭河沿岸 6 个县的团组织带领广大青少年，坚持数年营造的渭河林带工程已初具规模。1984 年，团中央、林业部、水利电力部实施青年营造黄河防护林工程（简称“营黄工程”），旨在保护黄河堤防、治理黄河、改变生态环境、促进经济发展。该工程分为三期实施。1990 年完成了一期工程，在每年的春秋造林季节里，黄河沿岸团旗猎猎，万头攒动，以“我为黄河披绿装”“我为团旗添光彩”“青春在黄河岸边闪光”为主题的各种形式的团日活动在黄河岸边展开。一期工程（1984—1990 年）造林 126.54 万亩，全省沿黄林地总面积达到 166.4 万亩，森林覆盖率由 13.4% 提高到 34.2%，控制水土流失面积 108.47 万亩。

1979 年 3 月，国务院副总理王任重（前排中间）出席在延安召开的全国第二次青年造林大会，期间与代表们一起植树，勉励青少年立志成才。

1991 年开始青年黄河防护林二期工程建设，范围北起府谷县墙头乡，南至潼关县港口乡，全长 739 公里，宽 5 公里，总面积 572.23 万亩。二期工程本着保护植被、发展林果、利用优势、开发资源、兴办实体、突出重点、综合建设，不断提高生态效益、经济效益和社会效益的原则，坚持实事求是、因地制宜、因害设防、先易后难、由近及远、紧密结合群众利益的方针，实行“乔、灌、草结合，带、片、网结合”，使生态效益和经济效益紧密结合起来。到 1994 年底，共计完成造林任务 59.33 万亩，建成经济生态示范村 52 个，建绿色企业 7 个，进一步扩大了植被面积，提高了林木覆盖率，改善了黄河沿岸的经济、生态面貌，取得了明显经济效益，加快了“营黄工程”地区脱贫致富奔小康的步伐。

1995 年底启动青年黄河防护林三期工程，继续实行“按规划上项目，按项目搞设计，按设计进行施工，按标准检查验收，按项目实施情况投放资金”的原则。1997 年 3 月 3 日至 4 日，省青年营造黄河防护林工程第八次协调会暨全省青少年植绿护绿行动动员会在大荔县召开。要求青年“营黄工程”1997 年新造林 8.01 万亩，每个县（市）要有一处以上有一定规模的青少年绿化基地，继续搞好“红领巾林”“成人林”等青年志愿者绿化活动，并对活动人员、地块、树种进行落实。1998 年初，响应江泽民总书记“再造一个山川秀美的西北地区”的号召，团省委下发通知，要求沿黄地区将“营黄”工程建设与创建青年绿色文明园建设结合起来，高标准、高质量、高科技建园。三期工程造林 46.64 万亩。

青年营造黄河防护林工程建设，初步改善了黄河沿岸原有面貌，形成了多林种结合，片、网、带结合，林、渠、路结合，防护效益和经济效益结合的综合防护林体系。黄河防护林已成为全省最大的“青”字号绿色工程和扶贫工程，在沿黄地区产生了良好的社会影响，为共青团赢得了荣誉。1999 年 3 月，“保护母亲河行动”正式启动后，青年营造黄河防护林工程与“保护母亲河行动”紧密结合在一起，各级团组织逐步形成了工程化造林、项目化管理、群众化参与、社会化操作的青少年绿化祖国、治理水土流失、保护生态环境的工作模式。

保护母亲河行动

西部大开发面临的一个突出问题就是生态环境的保护和治理。1997 年 8 月，江泽民在《关于陕北地区治理水土流失，建设生态农业的调查报告》上批示：历史遗留下来的这种恶劣的生态环境，要靠我们发挥社会主义制度的优越性，发扬艰苦创业的精神，齐心协力地大抓植树造林，绿化荒漠，建设生态农业去加以根本的改观。经过一代一代人长期地、持续地奋斗，再造一个山川秀美的西北地区。1999 年初，团中央、水利部、国家林业局等部委推出了跨世纪绿色希望工程——“保护母亲河”行动，由保护母亲河宣传教育活动、保护母亲河工程和保护母亲河基金三部分组成。主要目的是动员包括青少年在内最广大的社会力量，在哺育中华民族的母亲河——长江、黄河等江河湖泊流域植树造林、保持水土、防治污染，倡导和树立绿色文明意识、生态环境意识和可持续发展意识，为国家生态环境建设作贡献。

陕西省青少年“保护母亲河”行动是由团省委、省绿化委员会、省林业厅、省山川秀美办公室、省水土保持局、黄河上中游管理局、省军区政治部、省财政厅、省科委、省扶贫办、省环保局等单位共同组织实施的一项以青少年为主体、群众性参与生态环境建设的社会公益事业。1999 年 3 月 5 日，“保护母亲河”行动在陕西启动。在西安市新城广场、钟鼓楼广场，“保护母亲河——跨世纪的绿色希望工程”大横幅悬挂空中，“5 元捐植一棵树，200 元捐植一亩林”的宣传板立于道路两旁。团省委领导和省直机关的团员青年头戴“保护母亲河”

宣传帽，向过往群众散发宣传材料并热情讲解。同一天，全省 11 个地市（区）大约 10 万名青少年走上街头，对“保护母亲河”行动进行宣传，增强了社会各界保护环境的意识。

2000 年，陕西作为全国“保护母亲河”行动的首批启动省份，确定了全国“保护母亲河”行动重点项目——延河项目，建设规模为 3 万亩。各级团组织通过国家投一点、社会捐一点、部门拿一点、财政挤一点的办法，多层次、多渠道筹集资金，为重点工程项目筹款 20 多万元。各级团组织还配合“山川秀美工程”，广泛组建青少年志愿者植绿护绿队，开展“一队一林（绿地）”活动，建设青少年绿色文明园；组织青年志愿者到重点工程开展义务服务，围绕节日开展栽植各种纪念林、纪念树活动。2001 年 3 月 5 日，陕西省青少年“保护母亲河”行动工作会议在西安召开，形成了“545”工程[①] 建设格局。3 月 12 日，团陕西省委、省少工委和团天津市委、市少工委在长安县内苑乡联合举行“陕津少先队员手拉手、保护母亲河行动共建世纪林”活动启动仪式，号召少先队员积极参加废品回收活动，用卖废品的钱捐种一棵树，以实际行动在陕西建造“红领巾手拉手千亩世纪林”。省青联开展的捐建青联世纪林纪念林活动，得到包括港澳委员在内的广大青联委员的积极响应，募集资金 5 万余元。省青联被省“保护母亲河”行动指挥部授予“特殊贡献奖”。

从 2002 年起，团中央确定每年的 3 月 9 日为全国“保护母亲河日”。陕西团组织每年积极开展“保护母亲河”系列活动。2002 年 3 月 11 日，省青少年保护母亲河行动指挥部办公室组织省直机关团工委、科技团工委、国防团工委、企业团工委、教育团工委、省军区等单位

① “545”工程，5 年中，争取全国重点项目 5 万亩，安排省级重点项目 4 万亩，规划市、县重点项目 50 万亩。

和团省委机关干部职工 400 多人，在长安区滦镇陈北路两旁开展植树造林活动。2004 年 3 月 3 日，保护母亲河——中日青年生态绿化工程潼关项目启动，团中央书记处书记尔肯江·吐拉洪致辞，省委副书记杨永茂宣布项目启动，并种植中日友好纪念林。2005 年春，全省各级团组织以延河、渭河、汉江等流域为重点治理目标，以“为同一条河，献同一份爱”为主题，深入开展“保护母亲河月（日）”活动；开展“请跟我来，天天环保”活动，集中打响“同一条河”生态文化品牌；以“建设青少年绿色家园”、营建纪念林为主要形式，建设好保护母亲河示范工程。2006 年 9 月 5 日，由团中央、水利部、国家林业局、国家旅游局以及陕西省委、省政府主办的“保护母亲河行动——2006 中国青年延安壶口黄河文化节”在黄河壶口瀑布岸边举行，正式启动“保护母亲河壶口纪念林”造林工程。2007 年暑期，由西北工业大学“星星火”社团和西北农林科技大学“绿色营”社团的 33 名大学生志愿者组成的考察队，围绕“关注水环境，关爱母亲河”的主题，采取乘车、徒步走和骑自行车的方式，分别对陕西、甘肃两省沿渭河 21 个地区的生态环境、水质状况、环境保护现状进行了为期 26 天的实地考察和环保宣传活动。2008 年 3 月 3 日，中日青年“保护母亲河”植绿护绿实践活动暨“小渊基金”生态绿化潼关第五期项目在潼关县代字营乡西姚村正式启动。2009 年 8 月，由香港和西安基督教青年会与陕西省定边县共同组织的关注全球暖化环保研讨营活动在定边县举办。活动通过研讨、劳动实践、参观等生动活泼的方式，共同探讨全球暖化及环保等有关问题，增强青年的环保意识，增进香港与内地青年的交流与沟通。2010 年 5 月 9 日，“关爱大秦岭保护母亲河”陕甘豫环保志愿者行动正式启动。团陕西省委分别与甘肃、河南两省团委及陕西 12 个省级部门沟通后，联合下发活动实施方案文件，活动分市县活动、青少年活动、社会环保志愿者活动、公益宣传活动四大板块，集中在秦岭沿线 8 个市开展环保实践活动。

2010 年 5 月 9 日，“关爱大秦岭·保护母亲河”陕甘豫环保志愿者“百团行动”暨陕西省环保登山活动启动仪式在宝鸡举行。

二、青年就业创业活动

下岗青工创业行动

下岗青工创业行动，是团组织服务下岗青工再就业的重要形式，它以通过创业实现再就业为导向，以培养、扶持青年兴业领头人为突破口，以就业服务和转岗培训为手段，以促进下岗青工再就业为目标，培养一批青年兴业领头人。

20 世纪 90 年代，随着企业改革的深化，企业职工下岗分流成为大势所趋，下岗职工再就业成为亟待解决的社会问题。1997 年，共青团陕西省委成立“陕西省下岗青工再就业和解困工作领导小组”，召开实施再就业工程动员会，各地市团委书记和部分有实力的青年企业家参加。会议向全省青年企业家发出倡议，动员广大青年企业家以实际行动支持国有企业改革的不断深入，为社会稳定作出贡献。6月18日，团省委、省青企协召开陕西省下岗青年职工创业行动推进大会。7月27日，团省委联合省总工会、省工商联举办了来自西安各企业5000多名下岗职工和80多家用工单位进行现场洽谈的供需见面会，1800名下岗职工和用工单位签订就业意向，其中1400名下岗职工和用工单位签订了用工合同。1997年全省有近万名下岗青工在各级团组织的帮助下，找到了重新就业的机会。

1998年5月，团省委制定了全省团组织推进下岗青工创业行动三年规划，提出从1998年到2000年，培养1000名各级青年兴业领头人，团省委直接培养100名省级青年兴业领头人；培训下岗青工1万名，团省委直接培训500名；安置下岗青工3万名；建立下岗青工创业行动专项资金。同时，团省委和省劳动厅联合下发《关于实施培养陕西省青年兴业领头人计划的通知》和《关于开展下岗青工创业行动活动的通知》，对工作的原则、方式、措施和任务分解等作了具体规定，使各级团组织明确了工作任务和目标。为推动青工再就业工作深入发展，2002年12月9日，团省委“工岗快递”行动①启动仪式在西安举行，同时成立陕西省青年就业服务中心。

青年成功创业计划

2005年底，共青团陕西省委、陕西省劳动和社会保障厅启动实施青年成功创业计划。计划用三年时间，通过开展创业培训、推进创业导航、实施创业见习、进行创业孵化等措施，对1万名青年进行创业本领培训，扶持1000名青年成功创业。重点扶持下岗失业青年、高

① “工岗快递”行动，是团组织发挥自身优势，在用工单位和广大青年之间搭建的对接平台。

校毕业生、返乡青年的创业。

2008 年，团省委建立省级青年就业培训基地，为青年就业创业提供技能培训、信息咨询服务；推进成功创业计划开展，聘请导师结对帮扶青年创业；实施“陕西青年创业小额贷款项目”，帮助青年解决创业过程中的资金问题；利用网络平台建立用工信息库和大学生人才信息库，实现用人单位和大学毕业生的有效对接；举办校园招聘会和网上专场招聘会，为大学毕业生提供岗位 6000 余个；积极与发达地区团组织联系，提供就业岗位 2470 个。

2009 年 6 月，团省委成立陕西省青年就业创业服务指导中心，致力于青年就业信息咨询、登记，协调、联系，指导全省各级团组织做好青年就业创业见习基地相关工作，开展创业指导、技能鉴定等工作。

农村青年公司化创业行动

农村青年公司化创业行动，是以各级团组织为主导，联合有关部门共同开展的以帮助扶持农村青年创办具有龙头企业性质的公司（产业化大户、中介组织）为主要形式，以农村主导产业为主要创业领域，以推动农业产业化发展，促进农业增效、农民增收和农村稳定为目的的农村青年创业活动，重点在果业、畜牧业、蔬菜业等 10 多个领域，帮助创建各类青年产业发展公司、社会化服务公司和中介组织。

2002 年 3 月，共青团陕西省委联合陕西省计委、陕西省财政厅、陕西省农业厅等 11 个部门发出《关于组织开展农村青年“公司化创业行动”，推进我省农业产业化发展的意见》，在全省范围内开展了农村青年公司化创业行动，促进农村青年增收成才，为全国团组织首创。各成员单位推出优惠政策和服务措施，积极为创建活动提供政策、资金、技术、信息、立项审批、财政税收和组织协调方面的服务，把党和政府各项优惠扶持政策落实到创建活动中去。

农村青年公司化创业行动后改名为农村青年产业化创业行动。在该项活动推进中，团组织积极探索出了六种不同的抓建方式：出面组织，直接创建公司；鼓励注册，变大户为公司；实行扩张，变小公司为大公司；外引内联，引能人带资下乡办公司；依托挂靠，借大企业组建小公司；积极尝试，团组织直接领办公司。通过深化抓建活动，抓建的公司由少到多，由小到大，由弱到强，并从单一结构向综合性结构发展。随着数量的逐步增加，初步形成农村青年产业体系。

根据党的十六大和中央一号文件精神，结合陕西实际，团省委制定了2004至2006年《共青团陕西省委促进农村青年增收成才计划》，成立陕西省促进农村青年增收成才领导小组，从而为农村青年产业化创业行动提供强有力的组织保证。到2004年底，基本达到每个乡镇建成一个以农村青年为带头人的具有龙头企业性质的农业产业化公司、中介组织或经营大户。在全省初步形成青年带头人冲锋在前，带领周围农户致富奔小康的可喜局面。

青年就业创业见习基地

青年就业创业见习基地是经团中央、省级团委、市级团委或县级团委、学校团委等审核建立的，为青年提供10个以上见习岗位的企事业单位，以应届大中专毕业生、已毕业未就业大中专毕业生、下岗失业青年、进城务工青年为服务对象。

2009年初，团中央发出《关于建立共青团“青年就业创业见习基地”的指导意见》和《关于做好共青团“青年就业创业见习基地”对接工作的通知》。根据通知精神，1月15日，共青团陕西省委下发《关于做好陕西省首批共青团“青年就业创业见习基地”的推荐和签约工作的通知》。2月10日，陕西省首批共青团“青年就业创业见习基地”签约仪式在中国移动通信集团陕西有限公司举行。3月24日，团省委举行“青年就业创业见习基地”岗位对接仪式，为省首批“青年就业创业见习基地”企业代表授牌，为大学生代表现场发放见习通知书。团省委还专门建立陕西省“青年就业创业见习基地”网络服务平台，为岗位对接提供全程服务。同时团省委决定在全省范围内建立一批学校战线共青团“青年就业创业见习基地”，原则上每所高校建见习基地不少于5个，用于招聘本校应届毕业生见习，岗位有空缺时可在高校间横向调剂，实行自建自用，自行管理，优先考虑家庭经济困难、有创业意向的应届毕业生。6月20日，陕西省首家大学生创业基地在西安新城区伊雅商业有限公司成立,为大学生提供了一个集学习、实践、就业、创业为一体的全新模式的大学生创业平台。

青年创业实践示范活动

2008年，受全球金融危机影响，陕西和全国一样，大学生就业、农民工返乡就业形势和压力异常严峻。为了鼓励青年通过创业实现人生价值，2009年2月24日，共青团陕西省委、陕西省青年“双就业”示范工程办公室联合华商报社共同推出“寻找陕西的创业先锋”活动，通过创业实践示范活动引导青年创业就业。“寻找陕西的创业先锋”活动通过征集的方式，面向社会征集10名大学毕业生、返乡农民工创业实践者。从200名创业实践报名者中遴选出10名创业先锋（分为两组，即5名大学毕业生、5名返乡农民工）。活动主办方给予参赛选手每人3000元创业金，帮助创业实践者迈出第一步。该活动通过媒体跟踪报道选手创业实践过程，引导和示范青年如何创业，如何面对创业中遇到的问题，从而提升青年创业信心和热情，带动青年“双就业”示范工程在全省的开展。

2009年3月至6月，团省委、省青年企业家协会、省学联联合陕西人民广播电台和华商报社共同主办“激情青春·创业英雄进校园”

活动，在各高校举行了100场报告会，一批具有创业经验的青年企业家、大学生创业典型、具有感人经历的创业者走进大学校园，用亲身经历鼓励、引导大学生自主创业。由团省委推荐的大学生创业典型钱俊冬入选全国大学生建功立业事迹报告团，随团在北京、上海、广州、西安等地高校作巡回报告。

三、培养合格建设者和可靠接班人

“我与祖国共奋进”主题教育实践活动

2006年3月21日，团中央发出《在全团开展“我与祖国共奋进”主题教育实践活动的通知》。4月18日，团中央就全团推进社会主义荣辱观教育、开展“我与祖国共奋进”主题教育实践活动作出部署。自此，该活动在陕西团组织中全面展开。

共青团陕西省委针对不同青年群体开展各具特色的“我与祖国共奋进”主题实践教育活动。在社区以“明辨荣辱，自强奋进”青少年系列教育活动为主要内容，引导青少年自觉树立和践行社会主义荣辱观；在科研院所和企业以“勇攀科技高峰，致力自主创新”活动为主要内容，发动青年职工踊跃参与，提升企业自主创新能力和青工技能水平；在小学开展庆祝六一儿童节暨“祖国发展我成长”主题队日活动，引导少年儿童勤奋学习、快乐生活、全面发展；在中学集中开展“迈入青春门，走好成人路”活动；在大学办好大学生“校园之春”文化艺术节，引导青年学生坚定理想信念，增强责任感、使命感，在改革开放和社会主义现代化建设中成长成才、建功立业。

2007年3月，团中央发出《关于深入开展“我与祖国共奋进”主题教育实践活动的通知》。根据通知精神，团省委开展“我与祖国共奋进”主题教育实践活动，重点围绕党的十七大、建团85周年、迎接北京奥运会、纪念改革开放 30 周年及“5·12”四川特大地震抗震救灾等重大事件、纪念日等，以体验教育为基本途径，以文化建设为综合载体，深入开展形式多样的主题教育实践活动。2009 年 6 月，在庆祝中国共产党成立 88 周年之际，团西安市委联合西安市教育局、西安市文明办举行“我与祖国共奋进，我与西安同发展”主题教育活动启动仪式。通过开展公益实践、暑期网络知识竞赛以及读一本好书等活动，鼓励学生不断学习探索，追求新知；培养学生养成爱学习、善学习的良好习惯；引领青少年积极向上，培育健康的校园文化和网络文化。

青年马克思主义者培养工程

2007 年 5 月，团中央启动“青年马克思主义者培养工程”，旨在通过教育培训和实践锻炼等形式，不断提高大学生骨干、团干部、青年知识分子等青年群体的思想政治素质、政策理论水平、创新能力、实践能力和组织协调能力，使他们成长为中国特色社会主义事业的合格建设者和可靠接班人。

7 月初，共青团陕西省委、陕西学联成立“陕西大学生骨干培养学校”，利用暑假举办培训班，首期培训班于 7 月 16 日开学，全省各高校的 94 名优秀学生干部、理论学习骨干、优秀社团和红色网站负责人参加了培训。

2008 年，团省委制定《陕西省“青年马克思主义者培养工程”实施纲要》，构建省、市（区）、高校团委三级培养格局。各市（区）和高校团委按照《纲要》要求，高度重视，精心组织，认真实施。丹凤县、洛南县、佛坪县等团县委分别举办了多期青年马克思主义者培训班，西安交通大学、西北大学等学校建立了比较完备的培养体系，陕西师范大学与长安区委共同实施大学生骨干挂职锻炼工程，杨凌示范区团工委和西北农林科技大学积极推动大学生担任村主任助理，这些积极的探索为青年马克思主义者培养工程积累了经验。

第四节 青年投身抢险救灾

一、投身陕西抢险救灾

抢险救灾

1998 年 3 月 5 日，陕西省西安市最大的液化气储存区——西安市煤气公司液化石油气管理所的液化气罐泄漏并连续多次发生闪爆。事故发生后，公司迅速开展抢险救援并报警，但由于液化气的气化温度很低，泄漏速度快，喷出的消防水变成了水雾。西安市公安消防支队指挥中心迅速派出辖区消防七中队赶赴现场，针对液化石油气泄漏后的危险性和可能造成的严重后果，又派出四、五、六、九中队，11 部消防车，77 人奔赴现场，并迅速成立灭火抢险总指挥部，组织消防、公安、120 急救医护人员进行救援，同时紧急疏散方圆数公里以内的市民。

就在抢险堵漏取得初步效果时，泄漏的液化气突然发生第一次闪爆，大地轻微震颤，爆炸现场一片火海，在不到一个小时的时间里，又发生了第二次、第三次闪爆，冲天火光接二连三映红了西郊的天空。在全体参战人员连续奋战了几十个小时后，3 月 7 日晚 7 时 05 分，火魔终被降服，保住了液化气储存区球型储罐、卧罐以及残液罐，扑灭 8 辆液化石油气槽车和 4 个有可能发生爆炸的储罐的余火及被闪爆引燃的 3507 厂棉花仓库火灾，使液化气储存区附近的国家财产和人民生命得到保护。在奋勇扑灭火灾的过程中，战斗在最前线的西安市消防支队副政委贺军胜和别渭涛、李海宁、冯骥、杨小宏、马军武、刘军元 6 名消防员及 7 名煤气公司员工不幸壮烈牺牲，31 人受伤。

1998年3月18日，公安部批准贺军胜、别渭涛、李海宁、冯骥、杨小宏、马军武、刘军元7位勇士为革命烈士，并追记个人一等功。同日，团省委追授别渭涛等6名年轻的消防战士“陕西省模范共青团员”称号，授予西安市消防第七中队“陕西省新长征突击队标兵”称号。1999年3月30日，省政府追授“抢险灭火勇士”称号。

1998年3月18日，西安煤气公司液化气球形罐爆炸事故中牺牲的7名消防勇士被批准为革命烈士。

抗洪救灾

1981年9月2日，宝鸡、汉中地区遭受特大洪水灾害。9日，共青团陕西省委发出通知，号召全省团组织和团员青年站在支援灾区和生产自救的最前列。11日，团中央、全国青联致电团陕西省委和陕西省青联，慰问灾区广大团员青年，号召全省青年同灾区人民一道努力奋战，尽快恢复生产，重建家园，夺取抗灾斗争的胜利。

1983年7月27日起，汉中、安康地区连降暴雨，8月1日，洪水涌进安康县城，交通、供电、通讯中断，共计死亡870人，倒房3万余间，直接经济损失达4亿元。灾害发生后，团省委及时向全省团员青年发出“捐钱捐物，支援灾区”的号召，救济安康受灾群众。11月29日，团省委在安康举行陕西青年抗洪救灾表彰大会，表彰奖励8月1日安康遭受特大洪水灾害时，抢救国家财产和被洪水围困的群众的青年集体和个人。

2010 年夏，大暴雨再次突袭安康，山体滑坡、泥石流、塌方等地质灾害非常严重。7 月 18 日凌晨，在伸手不见五指的夜色中，在随时遭遇灾害的危难中，坚守在山区、乡间最基层的党员干部、共青团员，不辱使命，不畏艰险，靠“人盯人”“人叫人”“人背人”“人拉人”等方式，在暴雨中与时间赛跑、在灾害中与死神较量，抢救人民的生命财产，有的奉献出了宝贵的生命。其中的杰出青年代表温光旭、罗春明、冉本义被团中央追授“中国青年五四奖章”，被团省委、省青联追授“陕西青年五四奖章”。为宣传英模事迹、弘扬英模精神，团省委结合创先争优活动，组织开展“我与祖国共奋进，创先争优勇担当——陕西省抗洪救灾青春故事会”活动。宝鸡、渭南等地团组织陆续开展抗洪救灾故事巡讲活动。

7 月 22 日，团省委发出紧急通知，要求全省各级团组织和广大团员青年紧急行动起来，按照省委、省政府的统一部署，迅速投入灾区人民生产自救工作之中。7—8 月，团省委、陕西人民广播电台、省希望办联合举办 2010 年“希望工程圆梦·广播爱心情系陕南灾区贫困学子”活动，筹集资金 100 余万元，资助陕南受灾贫困家庭学子 603 名。随后，团省委下发《共青团陕西省委关于进一步强化创先争优意识组织动员全省广大团员青年积极投身抗洪救灾和灾后重建工作的通知》，号召全省各级团组织和广大团员青年把抗洪救灾、灾后重建作为创先争优活动的主战场，为夺取抗洪救灾和灾后重建的全面胜利作出积极贡献。团省委发挥自身优势，整合社会资源，参与灾后重建和恢复生产活动。一是启动实施“双千行动”，在重灾县（区）免费培训农村青年“领头雁”1000 人次，为 1000 名农村青年提供灾后恢复生产小额贷款；二是大力实施“希望工程”，为受灾地区援建 3 所希望小学，并对贫困大学生提供资助；三是组建青年突击队，组织团员青年积极参与灾后重建；四是广泛组织青年志愿者为受灾群众提供志愿服务，动员相关领域的青年文明号立足岗位，为灾后重建作贡献；五是实施“陕西省青少年保护母亲河”环保项目陕南灾区资助行动，提供生态修复项目资金；六是启动10项青年创业项目，扶持灾区青年恢复生产；七是开展青年企业家灾区援助等活动，全力支援灾区灾后重建工作；八是积极与部分企业联系，提供农村青年外出务工岗位，增加受灾农户收入。

抗震救灾

2008年5月12日，四川汶川发生8.0级特大地震，地震波及陕西，汉中、宝鸡、安康震感强烈，民房及公共设施遭受严重损坏，并造成人员伤亡。地震发生后，共青团陕西省委于5月12、13日两次开会传达党中央、国务院及省委、省政府有关要求，要求全省各级团组织在各地党委、政府的领导下，紧急行动起来，组织动员广大团员青年充分发挥生力军和突击队作用，投身到抗震救灾工作中去。5月14日，团省委下发《关于组织动员全省广大团员青年积极投身抗震救灾工作的紧急通知》，要求全省各级团组织要把抗震救灾工作作为当前一项事关全局的重大而紧迫的任务全力抓好，采取组建青年突击队、开展志愿服务等方式，组织团员青年迅速投入到抗震救灾中去，广泛开展生产自救、重建家园等工作。受灾地区团干部站在抗震救灾第一线，发扬不怕牺牲、不怕疲劳、连续作战的作风，冲锋在前，当好表率。积极动员青年企业家、青年致富带头人和青联委员发扬“一方有难、八方支援”的精神，发挥组织优势，广泛开展捐款、捐物、慰问等活动。省希望办联合新闻单位发出募捐倡议，设立专门账号，紧急组织动员和吸纳社会捐款，为灾区提供物资保障。青工、学校系统紧急动员青工和大学生志愿者，组织开展“传递生命，传递爱”无偿献血活动，为灾区提供血源保障。16 日下午，团省委、省电力公司、省血液中心共同组织的“传递生命，传递爱”陕西省抗震救灾青年义务献血应急志愿服务队在西安成立，500 余名志愿者进行了血型检测和登记，以实际行动表达对灾区群众的一份真诚，一份爱心。

“5·12”特大地震发生后，汉中市 11 县（区）不同程度受灾，1102 所学校不同程度受损，331742 名学生无法正常就学，直接经济损失达 7.39 亿元。灾情发生后，团省委高度重视，迅速展开募捐行动，紧急给团汉中市委下拨 40 万元抗震救灾专款，用于组织动员广大团员青年开展抗震救灾工作；成立多支青年志愿者抢险队、应急队、服务队、突击队，投身抗震救灾第一线。得知汉中学校受损非常严重时，团省委加大募捐希望学校工作力度，将筹集到的 400 多万元希望工程援助资金送到灾区，在宁强、略阳两县援建 10 所希望小学、2 所共青团中学。

宝鸡也是这次地震的重灾区。5 月 12 日晚，在临时搭建的帐篷中，团市委、市青年志愿者行动指导中心在第一时间召开紧急会议，研究部署青年志愿者抗震救灾工作，并通过市级新闻媒体第一时间公布了抗震救灾志愿者报名电话，号召广大青年志愿者迅速组织起来，捐款、捐物、献血，参与抗震救灾志愿服务活动。据统计，宝鸡市抗震救灾志愿者报名热线公布不到 5 天时间，报名人数已达 4000 余名，他们中有大学生、机关干部、个体从业人员、厂矿职工。5 月 16 日，宝鸡市青年志愿者抗震救灾“黄丝带”行动启动仪式暨维护公共秩序小分队出征仪式在宝鸡举行。团市委组织青年志愿者成立了宣传、维护公共秩序、慰问、文艺、募捐、医疗救护、心理咨询、应急抢险等 8 支小分队，分赴市区各个角落开展抗震救灾志愿服务活动。地震灾害发生后，宝成铁路运输中断、川陕公路运力达到饱和，近 2000 名着急回家的四川籍旅客滞留宝鸡火车站、汽车站，为稳定他们的情绪，做好慰问服务，每天安排 160 名青年志愿者分两组、三班运转深入火车站、汽车站为滞留旅客和司乘人员提供服务。青年志愿者们分别在站前广场、临时候车大棚搭建爱心服务台，免费为旅客提供开水、豆浆、绿豆汤、稀饭等防暑降温饮品，协助工作人员耐心解答滞留旅客的各种问题，及时提供震情灾情和交通信息，开展心理疏导等。

此外，团省委、省希望办联合陕西人民广播电台启动实施了“托起希望——灾后学校重建行动”“希望工程——广播爱心书库”捐助活动，在全省共青团员、青年学生、社会各界爱心人士中共募集抗震救灾捐款 2249 万元，物资价值 500 余万元，捐建希望工程广播爱心书库 104 个，价值 100 余万元；发起“红手套温暖行动”，发动社会力量为汉中灾区小朋友捐赠价值 300 余万元手套、围巾、棉衣、棉被等过冬物资。团省委还组织开展灾区学生帮扶活动，向来自地震灾区家庭受灾严重的 245 名大学生发放生活补助 12.25 万元。各高校积极行动，西安电子科技大学、长安大学、西安建筑科技大学等 26 所高校组织了 39 支大学生社会实践重点服务队赴灾区帮助灾后重建。团省委

2008 年 5 月，陕西省 12355 灾区青少年心理康复援助专家志愿团成员在赴地震灾区开展心理援助工作出征仪式上宣誓。

联合《华商报》开展“传递温暖传递爱”志愿服务活动，招募献血志愿者、医护志愿者、心理辅导志愿者深入伤员安置医院，开展“一助一”志愿服务活动，组织12355灾区青少年心理康复援助专家志愿团赴灾区开展志愿服务。

2008年9月16日，团天津市委书记率领天津青年企业家考察团赶赴陕西省汉中市，实地走访了在“5·12”大地震中受灾严重的宁强、略阳等地，慰问了受灾群众，并代表团天津市委与团陕西省委签署了《天津共青团系统支援陕西省地震灾区相关建设工作的框架协议》。双方商定，天津共青团系统将在青少年文化教育建设、医疗卫生服务、劳务培训与输出、信息化建设、公益助学、青少年文化及共青团工作交流等领域与陕西共青团开展紧密合作。这是天津举全团之力参与陕西地震灾区援建工作的重大举措，最大限度帮助解决灾区青少年工作与生活问题，使其更有力地服务于陕西现代化建设，服务于祖国西部大开发。

二、支援外省抢险救灾

支援1998年抗洪救灾

1998年7月，长江、嫩江、松花江流域部分地区出现了百年不遇的特大洪水，一些地区受灾十分严重。灾情发生后，共青团陕西省委发出《关于在全省团员中开展缴纳特别团费的通知》，要求各级团组织迅速动员本地区、本系统、本单位共青团员向灾区人民奉献一片爱心，贡献一份力量，把开展缴纳特别团费作为重要工作抓紧抓好。全省各级团组织召开动员会、举办团的活动日，为支援灾区重建家园缴纳特别团费，奉献爱心。青年企业家也纷纷解囊相助，翠生、福乐、丹尼尔、海拓普等知名企业捐款捐物共计51.37万元。

省青联委员先后捐款、捐物达2260万元，总额名列全国各级青联之首。

支援“4·14”青海玉树抗震救灾

2010年4月14日晨，青海省玉树藏族自治州玉树县连续发生两次地震，最高震级7.1级。强震导致80%的房屋倒塌，2698人遇难、270人失踪。4月15日，团中央发出《关于组织动员团员青年积极投身青海玉树抗震救灾工作的紧急通知》，共青团陕西省委迅速行动，采取有力措施，策划多种活动，组织全省青年积极参与支援青海玉树抗震救灾。

团省委号召全省各级团组织开展爱心捐助活动。4月16日，团省委、省实施希望工程办公室、省青年志愿者协会联合《华商报》等省内媒体启动“希望工程紧急救灾劝募行动”。团省委把支援玉树抗震救灾和志愿者活动紧密结合起来，号召并组织志愿者投入到玉树抗震救灾工作中去。伟志青年志愿者抗震救灾服务队，带着18万元现金及四车价值40余万元物资的车队，前往青海玉树灾区。经过两天的挖掘救援后，志愿者们第三天着手搭建用来开设“爱心教室”的帐篷，为灾区儿童送去希望和温暖。

2010年“雨滴行动”

从2009年秋冬到2010年春，中国西南地区遭遇历史罕见的特大旱灾。灾情发生后，共青团陕西省委、陕西省少工委、陕西省希望办迅速响应团中央、全国少工委号召，组织动员全省广大团员和少先队员积极参与抗旱救灾的“雨滴行动”。

2010年3月29日，团省委、省少工委、省希望办在《陕西日报》《华商报》《三秦都市报》、省广电新闻频道、陕西电视台、西安电视台等省内主要媒体发出《关于号召全省团员青年、少先队员参与“雨滴行动”抗旱救灾活动的倡议》，要求全省各级共青团、少先队组织广泛开展节约资源、保护环境的宣传活动，树立环保和珍惜资源的意识，积极参与保护母亲河、植树造林绿化等活动，为建设节约型社会作出贡献，用实际行动支持西南地区抗旱救灾工作。同时，团省委、省少工委、省希望办向社会公布抗旱救灾热线电话和捐助方式，特别邀请陕西人民广播电台青春频道、《华商报》《三秦都市报》等新闻媒体开设专题栏目，对“雨滴行动”进行系列报道。各市（区）团委募集的款项按照捐方意愿通过定向捐助、手拉手学校援建等方式陆续拨付西南旱区用于当地抗旱救灾工作。

第五节 党对青少年工作的领导和青少年立法维权

一、加强和改善党对共青团领导的新举措

加强和改善共青团工作的意见

随着改革开放不断深入，党对共青团给予了巨大关怀。1989 年中央发出《中共中央关于加强和改善党对工会、共青团、妇联工作领导的通知》，提出在稳定政治、经济、社会的关键时期，发挥工青妇作用、开创群众工作新局面的指导方针，为进一步改善共青团工作提供了政策保证。1990 年，中共陕西省委发出《关于贯彻〈中共中央关于加强和改善党对工会、共青团、妇联工作领导的通知〉的意见》文件，全省各级党委和工青妇组织结合本地区、本部门的实际，认真学习讨论，制定措施，为加强和改善党对工青妇工作的领导，密切党与群众组织的联系，做了大量工作。在省委统一安排下，团省委派出三批干部到各地、市、大型企业和大学检查贯彻落实情况。各级团组织采取办学

习班、培训班等多种形式组织学习，建立和完善了有关工作制度。各级党委普遍重视和加强了对共青团工作的领导。到 1991 年初，全省有 9 个地、市委和 52 个县（区）委根据中央、省委文件精神，结合实际，制定了贯彻意见，把团的工作纳入党建目标考核之中，使全省团的工作外部环境得到了改善。

1991 年 11 月 29 日，省委举行全省工青妇工作座谈会，各地（市）、县（区）党委书记，工青妇部门负责人参加了会议。会议强调要从反和平演变的高度，深刻认识工青妇工作的重要性和紧迫感；要正确认识和把握党组织对工青妇工作实行统一领导与工青妇组织依照法律和章程独立开展工作的关系；要进一步重视和加强工青妇干部队伍建设，允许从优秀工人、农民和企事业单位中选拔优秀干部充实基层和工青妇各级领导机关；要帮助解决工作中遇到的实际困难和问题。省委副书记牟玲生作《进一步加强和改善党对工青妇工作领导的几个问题》的讲话，要求各级党委要切实把工青妇工作放到重要日程上来，完善党对工青妇工作领导的基本原则，指导和帮助工青妇搞好干部队伍建设，要进一步完善和发展工青妇组织对政府工作的民主参与、民主监督制度。团省委书记蒲长城作了《坚持党的领导，是做好共青团工作的根本保证》发言。

2001 年 7 月 9 日，省委发出《关于进一步加强和改善共青团和青年工作的意见》，提出充分认识加强共青团和青年工作的重要性；发挥团员青年在两个文明建设中的作用，积极支持共青团组织实施的“三秦青年创业兴陕”等活动，维护青少年权益，保障青少年切身利益；不断增强基层团组织的活力，把基层团支部建设和整顿纳入基层党支部建设和整顿之中，统一部署要求和考核验收；切实搞好共青团干部队伍建设，基层团组织正、副书记按同级党委（行政）职能部门或下一级党组织主要负责干部的条件配备，享受相应的政治、生活待遇，团干部的选调使用推行“公开招聘、竞争上岗”，团省委正副书记任职年龄最高不超过 42 岁，团地（市）委正副书记最高不超过 38 岁，团县（市、区）委正副书记最高不超过 33 岁；加强对共青团和青年工作的领导，县以上党委要有一名副书记分管共青团和青年工作，各级党委每年召开一至两次专门研究解决共青团和青年工作中的问题的会议，各级人大、政协常委会的组成中要有共青团和青联的代表，政协要设共青团、青联界别组，按照财政分级管理的体制和建立共青团财政框架的要求，逐步加大对共青团和青年工作的经费支持。

省委专题研究共青团工作

2010 年 4 月 30 日，陕西省委召开省委常委会会议，研究部署全省青年工作。会议要求全省各级共青团和青联组织，要围绕全省大局思考和谋划工作，贴近青年实际部署和开展工作，团结带领全省共青团员和各界青年为富民强省贡献更多的智慧和力量。要创新工作方式方法，把握时代发展和青年脉搏，勇于探索创新活动载体，丰富活动内容，不断增强青年工作的针对性和有效性。要把继承与创新结合起来，弘扬优良传统，学习先进经验，进一步健全工作机制，不断提升青年工作科学化水平。要坚持以青年为本，加强指导、搞好服务，真诚帮助团员青年解决学习、工作、生活中的实际问题，切实维护广大青年的合法权益，促进社会公平正义。要发挥青年主体作用，尊重青年劳动创造，切实把青年的积极性和创造性最大限度地调动起来、发挥出来。

会议强调要围绕青年人才工作这条主线，努力发现、有效吸引、大力培养、积极举荐人才，把优秀青年选拔出来。要坚持建功与育人相结合，引领青年自觉担当时代赋予的光荣使命。要认真研究新时期青年工作的基本特征，深刻认识规律、科学把握规律、自觉运用规律，在服务青年中增强共青团和青联的吸引力、凝聚力和战斗力。各级团干部、青联常委和委员要按照“让党放心、让青年满意”的要求，带头刻苦学习、带头苦干实干、带头严格自律，做广大青年的表率。

会议要求各级党委和政府要加强和改进对青年工作的领导，支持共青团和青联依法依章独立自主开展工作，及时帮助解决工作中遇到的实际困难，确保青年工作的正确方向。

二、推进陕西青少年法律体系建设

《陕西省实施〈中华人民共和国未成年人保护法〉办法》

1991 年 9 月 4 日，七届全国人大常委会通过了我国第一部关于保护青少年的法律《中华人民共和国未成年人保护法》（简称《未成年人保护法》）。

《未成年人保护法》实施以后，共青团陕西省委积极推进有关陕西青少年法律法规的建立和健全工作，数次就实施《未成年人保护法》、制定陕西省青少年保护法规向省人大常委会提交议案。1992 年 5 月 26 日，团省委向省委、省人大常委会上报了《关于起草〈中华人民共和国未成年人保护法陕西省实施细则〉的请示》，省委、省人大法制委员会委托团省委承担起草任务。在省人大法制委员会的具体指导下，团省委会同省级有关部门成立起草小组，1994 年 4 月 26 日，《陕西省实施〈中华人民共和国未成年人保护法〉办法》（简称《实施办法》）经省八届人大常委会第六次会议审议通过并颁布施行，对于保障全省未成年人的合法权益，增强全社会依法保护未成年人的意识，形成有利于未成年人健康成长的社会环境，发挥了重要作用。

《实施办法》分为总则、家庭和学校保护、社会保护、司法保护、法律责任和附则共 6 章 43 条，既坚持了《未成年人保护法》的基本原则和基本精神，又结合陕西实际，具有较强的地方特色和可操作性。特别是在“总则”一章中，明确规定“省、市（地）、县（市或区）、乡（镇）人民政府、街道办事处设立未成年人保护委员会，其办事机构设在同级共产主义青年团委员会”。同时赋予未成年人保护委员会“协调、指导、检查、监督”的职能，为《未成年人保护法》及其《实施办法》的贯彻落实提供了组织保证，也为团组织维护青少年合法权益提供了法律依据。1994 年，团省委正式设立专项职能部门——维护青少年权益部。1995 年 12 月，经省政府批准，成立了省未成年人保护委员会（简称“省未保委”），办公室设在团省委。

随着经济社会的深入发展，原有的《实施办法》已经不能完全适应青少年实际状况的变化。2008 年 1 月，在省第十一届人代会第一次会议上，省人大常委会将修改《实施办法》的议案列入当届人大常委会的立法规划。团省委、省人大内务司法委员会和省未保委联合开展了立法调研和起草工作，在反复征求公、检、法、司、工商、教育、文化、新闻出版、广电等单位意见的基础上，新修订的《实施办法》于 2009 年 5 月 27 日在省第十一届人大常委会第八次全体会议上表决通过并颁布施行。新修订的《实施办法》吸收了中央关于未成年人校外活动场所、校园周边环境、网吧监管、文化产品管理、互联网协会自律等规定。在立法指导思想上，注重与国家法律法规的衔接，着重解决未成年人保护工作中存在的突出问题，比较全面地反映了未成年人保护工作的最新进展，进一步扩大了未成年人权益保障的范围，进一步明确了执法主体，充实和细化了有关内容，增强了针对性和可操作性。《实施办法》审议通过后，团省委举办培训班，开展了形式多样的宣传活动，并通过执法检查，督促各市、县（区）贯彻实施。

《陕西省实施〈中华人民共和国预防未成年人犯罪法〉办法》

《中华人民共和国预防未成年人犯罪法》（简称《预防未成年人犯罪法》）经1999年6月28日九届全国人大常委会第十次会议通过，自1999年11月1日起施行。《预防未成年人犯罪法》颁布实施以后，共青团陕西省委作为预防未成年人犯罪的主要工作部门，立即确定1999年11月为“预防未成年人犯罪宣传月”，联合新闻、出版、广电、文化、教育、工商等未保委成员单位及部分高校，采用多种形式宣传《预防未成年人犯罪法》。

2000年1月，陕西省第九届人民代表大会第三次会议召开，部分代表提出建议制定《陕西省实施〈中华人民共和国预防未成年人犯罪法〉办法》（简称《陕西省实施办法》）的议案。团省委、省未保委积极回应代表们的建议，拟提请省人大常委会制定《陕西省实施办法》。6月，陕西省综治委预防青少年违法犯罪工作领导小组成立，第一次全体会议讨论了《陕西省综治委预防青少年违法犯罪工作领导小组成员单位主要任务》和《关于进一步加强预防青少年违法犯罪工作的意见》，安排部署预防青少年违法犯罪工作，为起草《陕西省实施办法》作前期准备工作，团省委协同有关部门在省内外深入调研，广泛征求各方意见。

2005年6月，省第十届人大常委会第十九次会议审议通过了《陕西省实施办法》，自2005年9月1日起施行。《陕西省实施办法》的施行，构建起了陕西省“两法两办法”的青少年法律建设体系，为保护全省青少年的健康成长提供了重要的法律保障。2005年，团省委制定《陕西省预防青少年违法犯罪工作考核办法》，预防青少年违法犯罪工作机制得到加强和完善。全省11个市（区）都成立了工作机构，将预防青少年违法犯罪工作纳入当地综合考评体系，做到与综治工作“同部署、同落实、同检查、同奖惩”。

2006年，省教育厅、司法厅、公安厅等部门，在全省各中小学校开设并强化了法制教育课，做到计划、课时、教材、师资“四落实”。在中小学校普遍开展配备法治副校长和法制辅导员工作，全省107个县区落实基层民警受聘担任辖区法治副校长的任务，全省中小学配备法治副校长和法制辅导员1.9万余名。省未保委、团省委、省妇联等部门，以预防未成年人违法犯罪为重点，实施“为了明天——预防青少年违法犯罪工程”，集中开展法制宣传教育活动，法律知识竞赛，法律咨询活动。并以学校和社区为重点，建立社区青少年法律学校、青少年法制教育基地，开展“知心律师进校园活动”。省关工委也积极发挥“五老”[1]作用，配合司法、公安等部门认真做好刑满释放、解除劳教和问题青少年的帮教工作。

“两法两办法”的颁布实施，对于保障全省未成年人的合法权益，增强全社会依法保护未成年人的意识，形成有利于未成年人健康成长的社会环境发挥了重要作用。

《陕西省志愿服务促进条例》

1993年，团中央正式发起中国青年志愿者行动，掀开了志愿服务事业的大幕。陕西青少年志愿服务影响逐年深入，取得了较大的成绩，但还存在着社会认知度不够高，社会公众参与率比较低，志愿服务组织和志愿者的行为不够规范，政策保障不够到位，志愿服务中遇到的诸多涉及个人正当权益等问题，缺少明确的政策、法律保障等等，亟需通过地方立法予以规范。

共青团陕西省委作为《陕西省志愿服务促进条例》（简称“《条

---

① “五老”，指老干部、老战士、老专家、老教师、老劳模。

例》”）的提案单位，与省人大内务司法委员会、省人大法制委员会共同组织了《条例》的起草工作。经过广泛调研、反复征求各方意见、多次修改，《陕西省志愿服务促进条例（草案）》（简称“《条例（草案）》”）于2010年9月提交陕西省第十一届人大常委会初审，随后进行立法调研，修改和补充完善后的《条例（草案）》于2010年11月25日经省第十一届人大常委会审议通过，并决定于12月5日起正式实施。《条例》分7章42条，厘清了“志愿服务”“志愿者”“志愿服务组织”概念；明确了所有年龄段人群的志愿服务都列入条例调整范围；明晰了政府、志愿服务组织、志愿者这三方在志愿服务中的角色定位；明确了志愿服务活动的契约化；规定了全面而详细的志愿服务范围，提倡优先为残疾人、未成年人、老年人、失业人员和其他有困难需要帮助的社会群体和个人提供志愿服务；从法律层面强化了志愿服务的保障和激励机制；规定了每年3月5日所在周为全省志愿服务活动宣传周。《条例》的颁布实施，标志着陕西省志愿服务事业发展进入一个有法规鼓励、保障和规范的新阶段，是陕西省志愿服务事业的重要里程碑。

《条例》颁布实施以后，全省各级团组织、志愿服务组织以及广大志愿者严格按照《条例》开展工作。各级团组织依托党政部门，充分利用共青团在志愿服务工作中的文化资源、品牌资源、人才资源，积极开展青年志愿服务工作，完善青年志愿服务体系，建立健全志愿服务长效机制，推动《条例》的贯彻实施。

三、维护青少年合法权益

共青团与人大代表政协委员面对面

2008年6月，团十六大提出了“要探索建立依靠各级青年人大代表和青年政协委员发挥作用、维护青少年合法权益的有效方式”的要求。团中央《共青团工作五年纲要（2009－2013）》进一步明确提出，“建立共青团与各级人大代表、政协委员的沟通协调制度。开展深入的调查研究，广泛听取青少年意见，形成充分的、有说服力的成果，通过各级人大、政协反映青少年的普遍性利益诉求”。“共青团与人大代表、政协委员面对面”（简称“面对面”）活动在全国启动。2008年，在陕西省县（区）以上团组织中陆续开展。

2009年1月13日，共青团陕西省委组织开展“陕西各界青年与省人大代表、政协委员面对面”座谈，就大学生所关心的就业和发展问题征求代表和委员的意见，反映他们的心声和诉求。座谈会上，省人大代表、团省委书记卫华代表青年界别提出《关于推动学校体育设施在节假日依法免费开放的建议》和《关于缓解就业压力招募优秀大学生做社区社会工作志愿者的建议》与代表、委员展开讨论。与会代表和委员认为，这两个建议是想青年之所想、急青年之所急，真正体现了共青团服务青年、代表青年、维护青年权益、表达青年诉求的职能，表示全力支持。12月14日，团省委在西安召开陕西省“面对面”工作会议，要求各市区按照名称、主题、时间段“三统一”的要求，切实制定好活动方案。12月25日，省人大常委会办公厅、省政协办公厅、团省委联合发出《关于在全省开展“共青团与人大代表、政协委员面对面”座谈会的通知》，对活动进行具体部署。

2010年，团省委初步建立与人大、政协的工作合作机制，扩大共青团提案的影响面，同时将“面对面”活动覆盖面扩展到县区。10月21日，团省委发出《关于确定重点县区开展2011年“共青团与人大代表、政协委员面对面”活动的通知》，要求各市区确定3—4个县区作为2011年开展“面对面”活动的重点县区，同时规范了县级开展“面对面”活动的工作流程，不断拓展解决青少年普遍性利益诉求的渠道和方式，引导青少年有序开展政治参与。

保护明天行动

保护明天行动是团中央联合中宣部、全国人大内司委、国家教委、司法部于1994年开始实施的以“孩子·明天·责任”为主题的一项重大活动。该活动以宣传贯彻《中华人民共和国未成年人保护法》为重点，通过开展一系列活动，努力增强社会各方面和广大公民依法保护未成年人的责任感，提高未成年人自理、自学、自律、自护、自强的能力，动员社会各方面的力量，为保护未成年人办实事，进一步优化社会环境，促进青少年健康成长。依托5月29日全国“保护明天行动”宣传日等形式，陕西各级团组织调动社会各方面力量，依托未成年人保护委员会，不断拓宽维权工作领域，为维护未成年人合法权益，保障青少年健康成长做了大量工作。共青团陕西省委以解决家庭教育和文化环境中存在的影响未成年人健康成长的问题为切入点，通过组织报告会、文艺晚会、演讲会、知识竞赛、模拟法庭、主题队会等活动，广泛宣传《中华人民共和国未成年人保护法》和《陕西省实施〈中华人民共和国未成年人保护法〉办法》。

1995年3月，省委宣传部、省人大法制委员会、团省委、省教委、省司法厅联合发文，制定“保护明天行动”实施方案，并于5月再次在全省各地开展了一次普及《未成年人保护法》的宣传教育活动。1996年7月，团省委、省文化厅、省广播电视厅、省公安厅、省工商行政管理局五家单位联合签发《关于在未成年人不宜进入场所统一悬挂禁入标志的通知》，并在西安举行启动仪式，在西安市部分娱乐场所悬挂警示牌，参加启动仪式的领导、学生及过往群众在18米长的条幅上签名，以示响应、支持。1997年，开通全省第一条青少年法律服务热线。2000年10月，省、市综合治理委员会，团省委，省未保委共同举办为期一个月的“托起明天的太阳——陕西省暨西安市预防青少年违法犯罪展览”，参观的青少年纷纷在“遵纪守法、拒绝毒品、告别三厅[1]”的大型条幅上签名。经过几年的探索与实践，陕西省青少年权益保护工作取得显著成绩。

2006年11月16日，共青团陕西省委开展社区青少年“珍爱生命远离毒品”宣传活动。

创建优秀青少年维权岗

青少年维权岗，是1998年由团中央、中央综治委办公室联合最高人民法院、最高人民检察院、公安部、司法部等部门在全国范围内共同开展的一项青少年权益保护活动。优秀“青少年维权岗”是指与青少年事务直接有关的基层单位中自觉履行法律和政策赋予的职能，为维护青少年合法权益作出突出贡献的单位。

1999年1月，共青团陕西省委会同陕西省综治委、陕西省未保委联合发出《关于在全省开展创建优秀“青少年维权岗”活动的意见》，并成立省创建优秀“青少年维权岗”组委会。3月，团省委、省未保委分别联合相关单位在各系统成立创建领导小组，各系统制定具体实

① 三厅，指舞厅、录像厅、卡拉OK厅。

施办法，将创建优秀“青少年维权岗”活动纳入系统的考核之中。5月18日，团省委、省未保委在省法院举行省法院系统创建优秀“青少年维权岗”活动启动仪式，拉开了陕西创建优秀“青少年维权岗”活动的帷幕。之后，这项活动在各委员单位及10个地（市）迅速开展起来。

为规范优秀“青少年维权岗”的评选和管理，有效发挥优秀“青少年维权岗”的示范作用，2002年，团省委会同省法院、省检察院、省公安厅等省创建优秀“青少年维权岗”组委会委员单位联合发出《陕西省优秀“青少年维权岗”管理办法（试行）的通知》，要求各级团组织和各系统认真按照申报标准和评比程序进行申报评审，严格按照管理复核要求进行管理，对不符合优秀“青少年维权岗”标准的单位可取消荣誉称号。2008年，团省委、省未保委、省综治办、省法院、省检察院、省教育厅、省公安厅等单位联合修订《陕西省创建优秀“青少年维权岗”活动实施办法》，从组织领导、创建标准、申报评比、命名表彰、管理复核等方面进一步提出具体要求。团省委多次举办省优秀“青少年维权岗”创建单位负责人培训班，深化优秀“青少年维权岗”的创建工作。

第六节 陕西青少年交流活动

一、与国际青少年的交流活动

中日青年大联欢和友好交往活动

早在1965年9月，日本青年法律家协会代表团、日本宗教青年代表团、日本歌声代表团等日本民间团体代表300多人就应邀来西安访问。共青团陕西省委组织其到八路军西安办事处旧址、大雁塔、半坡博物馆、陕西历史博物馆、延安参观，和有关大专院校学生进行联欢。9月6日，在临潼华清池组织西安各界青年4000多人参加中日青年联欢活动和游园活动。10月5日，日本青年文化代表团一行16人来西安访问，省、市青联在西安人民大厦组织了中日青年友好文化艺术交流活动。共青团陕西省委组织其到西安八路军办事处旧址、大雁塔、半坡博物馆、陕西历史博物馆、延安参观，和有关大专院校学生进行联欢。9月6日，在临潼华清池组织西安各界青年4000多人参加中日青年联欢活动和游园活动。10月5日，日本青年文化代表团一行16人来西安访问，省、市青联在西安人民大厦组织了中日青年友好文化艺术交流活动。

1979年，应日本三个友好青年组织邀请，团中央从全国各地选派一批青年技术人员赴日研修，团陕西省委在电器仪表、汽车修理、钣金三个专业选派了4名青年技术人员赴日本进行科学技术研修。1983年8月19日，团省委副书记、省青联主席岳松华率陕西省中学生友好代表团一行26人，应日本四国地区青年协议会邀请赴日访问，受到日本友好人士的热情欢迎，与日本青年进行了友好交流。

1984年，在中共中央总书记胡耀邦的邀请下，3000名日本青年朋友来中国进行友好访问，团中央作出《为维护世界和平，加强同各国青年的友谊和团结而奋斗的决议》，在全国举办中日青年大型联欢活动。根据团中央统一部署，陕西负责接待第三路的800名日本青年代表，10月3日至5日在西安举办了中日青年友好联欢活动。省委、西安市委和团省委、团西安市委专门成立“陕西省中日青年友好联欢筹备委员会”。省委书记白纪年、省长李庆伟、省委副书记董继昌、省对外友好协会会长李连璧等出席欢迎招待会和联欢营火晚会。代表团分多路参观游览了秦始皇兵马俑博物馆、华清池、碑林、大雁塔、半坡遗址、青龙寺等西安13处名胜古迹，了解了中国古代灿烂的文化；代表团还深入到西电公司、国棉四厂、西安仪表厂等24个基层单位访问座谈；与陕西青年举行了书法、绘画、茶道、花道表演等交流活动，种植了友谊树。期间，日本京都府青年代表团、奈良县青年代表团、德岛县青年代表团等还分别拜会了省、市人民政府。代表团离开西安时，受到 1000 多名西安青年代表的欢送。

1984 年 10 月，中日青年友好联欢活动任务完成后部分工作人员合影及中日青年友好联欢营火晚会指挥标志。

中日青年大联欢及开展的中日青年交流活动增进了中日青年相互了解，增强了中日青年之间的友谊，为以后陕西和日本建立各种友好地方关系、开展广泛经济合作打开了局面。

政治交流

1999 年 10 月，由全国青联邀请的以日本众议院议员中田宏为顾问、日中友好协会全国本部副理事长铃木重郎为团长的日本青年代表团一行对西安进行了为期 4 天的友好访问。2000 年 4 月，应全国青联邀请，陕西省青联在西安接待了美国青年政治领袖理事会代表团一行 7 人，双方就中国加入 WTO、台湾、人权、环保等问题进行了广泛交流。2006 年 5 月下旬，应团中央邀请，以土耳其正义与发展党（简称“正发党”）青年团[①] 副主席马赫穆特·阿尔斯兰为团长的土耳其正发党青年团代表团一行 7 人在陕西进行为期两天的友好访问。双方交换对青年问题的意见，交流青年工作的经验，进一步拓展两国青年领域的交流与合作，加深了两国人民和青年的相互了解和友谊。为纪念全国青联与美国青年政治领袖理事会建立交往关系 30 周年，应全国青联邀请，2009 年 8 月美国青年政治领袖理事会派由美国民主、共和两党人士组成的美国青年领导人代表团一分团来陕参观访问。代表团与陕西有关人士就中国司法制度、政治制度、医疗卫生、新农村建设、环境保护及宗教问题等进行坦诚、深入的交流。此外，陕西省青联还先后接待了日本青年政治家代表团（2001 年）、俄罗斯青年联盟代表团（2004 年）、泰国青年代表团（2007 年）等。

经济文化交流

1991 年 6 月，应苏联拉脱维亚列宁共产主义青年团国际青年旅游部的邀请，陕西青年企业家协会组织 12 名青年厂长、经理赴苏，前往莫斯科、哈巴罗夫斯克进行为期 8 天的友好访问和经济考察。了解中苏经济技术合作和贸易现状，参观中苏合资企业和苏联部分工厂，与苏联青年企业家进行对口交流和业务洽谈，促进和加强了陕西青年与苏联青年之间的相互了解和友谊。

1993 年省青联两次组团出访日本，同日本福岛县会津工建社、八

① 土耳其正义与发展党青年团，由土耳其正义与发展党内 30 岁以下的青年党员组成，共有团员 125 万，占党员总数近三分之一。

洲运输株式会社和日本中小企业协会等日本企业界和社团组织积极联系，为选派研修生赴日学习交流开辟渠道。1994 年 8 月 8 日，团省委、省少工委组织陕西少儿代表团 130 人，赴朝鲜元山参加中朝少儿国际夏令营，增强了中朝两国少年儿童的友谊。

21 世纪初，随着改革开放的不断深入，青少年对外交流的范围不断扩大，人数不断增加。2001 年 9 月，为落实《中俄睦邻友好合作条约》精神，应全国青联邀请，俄罗斯 100 名青年来华访问并参加中俄青年联欢节活动，其中 28 名代表团成员于 9 月 25 日至 27 日访问西安。此外，省青联还先后接待越南胡志明共青团代表团（2001 年）、韩国青年工作者代表团（2004 年）、日本高中生代表团（2007 年）、美国耶鲁大学百名师生代表团（2007 年）、英国青年文化代表团第四分团（2009 年）、沙特青年代表团（2010 年）等多个国家青年代表团的来陕访问，加深了国家之间的传统友谊，推动了同各国青年与青年组织的友好交往。

志愿服务交流

以“保护母亲河”和“希望工程”为纽带的志愿服务活动是陕西青少年国际交流活动的一大特色。

2000 年 5 月，应全国青联邀请，新加坡义安理工学院青年志愿者代表团一行 42 人赴白水县开展中新青年志愿服务活动，出资 6 万元翻新大杨乡张王庄小学教室，并参加修缮劳动。2004 年 3 月 3 日，团渭南市委、渭南市青联联合潼关县成功引进并有外国青年参与的“青少年保护母亲河行动”大型生态环境治理工程，“保护母亲河 · 中日青年生态绿化工程潼关项目”启动。2005 年 4 月 29 日，“中法少年儿童文化交流活动”内容之一的“中法少年儿童文化交流晚会”在西安举行，300 多名中法少年音乐爱好者参加晚会。“中法少年儿童文化交流活动”是中国青少年发展基金会社区与文化委员会和陕西省实施希望工程办公室、西安市青少年宫共同组织的一次民间少年文化交流活动，是中国少年和世界少年交流的一个文化品牌。

二、与港澳台青少年的交流活动

与香港澳门青少年的交流活动

1994 年至 1999 年间，陕西省青联先后接待 500 多名港澳青年的考察访问，帮助两地青年实地了解中华民族的悠久历史和灿烂文化，并组织数百名陕西各界青年赴港澳学习参观，宣传“一国两制”方针。

2001 年 4 月，省青联八届二次常委（扩大）会议增补了 12 名香港地区青年为省青联常务委员或委员，为省青联的工作拓宽了活动视野。4 月 30 日至 5 月 4 日，由省青联副主席王建军率领的省青联代表团一行 8 人赴香港、澳门两地进行访问交流活动。期间参加香港青年联会、香港青年会、澳门中华总商会青年委员会庆祝五四青年节的系列活动，拜会部分青年组织，看望了陕西省青联香港特邀委员。7 月 29 日至 8 月 15 日，由陕西省“十佳”少年、陕西省优秀少先队员、优秀少先队辅导员和少儿教育工作者代表 170 人组成的陕西省“新世纪我能行”小记者赴港澳采访团，分两批对香港和澳门进行采访。在香港、澳门的童军营地，小记者和港澳的童军开展文艺联欢、智力竞赛等多项活动。

2002 年 7 月，应香港培侨中学、澳门濠江中学邀请，陕西省国际青年交流中心、西安交大附中联合组织“西安交大附中师生友好交流团”一行 79 人赴港澳进行友好访问，与培侨中学学生共同举行“培侨与交大附中庆祝香港回归祖国五周年大会”，并进行文艺联欢、座谈交流等。

2005 年 1 月 5 日至 8 日，团省委、省青联组团参加团中央、全国青联组织的部分省（自治区）庆祝澳门回归 5 周年庆祝活动。8 月 1 日至 7 日，由全国少工委、香港游乐场协会主办，陕西省少工委承办的以“同根同祖，爱我中华”为主题的第四届内地香港少年手拉手体验交流营在陕西举行。来自香港的 35 名少年、5 名少年工作者在陕西进行体验交流活动，与陕西的少年朋友结下深厚的友谊。

2007 年 7 月 2 日，在香港回归祖国十周年之际，陕港青年交流促进会成立庆典暨第一届董事会就职仪式在香港举行。7 月 31 日至 8 月 4 日，由团省委、省青联和香港国民教育促进会、陕港青年交流促进会等共同主办，汇聚香港地区 150 多名大、中学生的“香港青少年红色之旅陕西行”代表团到陕开展活动。在陕期间，代表团赴革命圣地延安，参观了枣园、杨家岭、宝塔山等革命旧址，聆听革命历史讲座，了解中国革命历史，并与当地驻军、武警举行军民联欢晚会，庆祝中国人民解放军建军 80 周年；在黄陵举行香港青少年黄陵祭祖大典；在西安游览大雁塔等名胜古迹，与陕西部分青联委员、大学生代表举行陕港青年联欢晚会等。

2008 年 7 月，以陕港青年交流促进会主席袁汉源为团长的龙愿——陕港澳台大学生历史文化交流团暨 2008 北京奥运与民族命运研讨会访问团来陕访问。2010 年 7 月，由全省 120 余名优秀青少年代表和少先队工作者代表组成的陕西省青少年交流代表团，在港澳进行为期 5 天的交流活动。代表团通过开展互动交流、文艺联欢和参观体验等活动，深入了解港澳青少年的学习和生活状况。

与台湾青少年的交流活动

20 世纪 90 年代初，陕西省青联与台湾青商会建立长期友好交往的联系，在台举办了陕西中青年书画展，并选派书画名家赴台湾讲学、举办画展，加深了大陆与台湾青年的文化沟通。

1995 年 8 月 20 日至 27 日，由全国台联、团中央、全国少工委、台湾企划人协会、台湾创价学会共同主办，省台办、省台联承办的台湾第三届和平小天使大陆访问团的古都之旅活动在陕西举行，岛内 51 位平均年龄12岁的少年儿童到黄帝陵举行祭祖仪式，参观了秦始皇帝陵博物院、西安飞机制造公司，还与学生们交流、联欢。8月26日，海峡两岸24名小朋友在西安市青少年宫共同绘制10米长的“跨21世纪荣耀”彩图，用自己不同的构思和构图，表达了对祖国悠久历史文化的热爱和对祖国统一的期盼。1996年9月16日至23日，海峡两岸第三届和平小天使陕西青少年艺术访问团一行42人，赴台回访交流，以民间少年歌舞等节目表现了中华民族深厚的文化底蕴。团员主要来自陕歌学员班、省小天鹅艺术团、西安音乐学院附中、西安市青少年宫、西安市石榴花艺术团。

2001年3月21日至24日，台湾高雄市“中国青年创业协会”代表团一行10人访问西安，参观了西安高新开发区、西安科技园区、长安滦镇旅游科教产业园及西安开元集团、海拓普智能公司等企业，并与部分青年企业家就企业的投资与发展进行了座谈和交流，增进了对西部开发、西部投资政策和环境的了解。

2005年7月2日至6日，由省青联、港台青年交流促进会、澳门中华新青年协会、台湾中华青年企业家协会共同组织的“爱我中华”青年大汇聚“文化探索之旅”交流团，在陕西进行为期5天的交流访问活动。来自港、澳、台地区的223名大学生与西工大50名大学生共同交流、参观、座谈。

2010年7月5日，来自台湾高雄等11个县市的67名青年志愿者和陕西的43名青年志愿者齐聚古城西安，举行“两岸青年志工陕西行”活动启动仪式，来自两岸的4名青年志工代表介绍了经验。在陕期间，台湾伊甸社会福利基金会成员一行21人在渭南市三张中学开展了为期12天的支教活动。

陕西与台湾青年在经济社会教育文化等诸多领域的交流互动，促进了中华文化认同和国家认同，深化了两岸青年的心灵契合，推动着两岸融合向前发展。

第四章

2012.11

中国特色社会主义新时代

（2012 年 11 月—）

2012年11月党的十八大召开，标志着中国特色社会主义进入新时代。青年兴则国家兴，青年强则国家强。习近平总书记关于青年工作的重要思想，提出的一系列新观点新论断新要求，深刻回答了新时代培养什么样的青年、怎样培养青年，建设什么样的共青团、怎样建设共青团等方向性、全局性、战略性课题，为做好新时代党的青年工作指明了前进方向，提供了根本遵循。

风雨兼程，青春如歌。新时代陕西共青团深入学习贯彻习近平新时代中国特色社会主义思想，认真贯彻落实习近平总书记来陕考察重要讲话重要指示精神，牢牢把握根本任务、政治责任、工作主线，从“围绕一个目标，实施四项计划，狠抓五个着力”的工作思路，到构建“大宣传、大服务、大权益、大公益、大组织”的工作体系，再到形成“聚焦为党育人使命、聚焦服务中心大局、聚焦桥梁纽带作用、聚焦强化自身建设、聚焦全面深化改革、聚焦全面从严治团”的工作布局，一以贯之，一脉相承，与时俱进，切实履行引领凝聚青年、组织动员青年、联系服务青年职责，不断提升陕西共青团引领力、组织力、服务力和服务大局贡献度，推动陕西团组织建设和工作取得突破性进展。贯彻党的群团工作会议精神，推动团青学少及团属事业单位改革和从严治团工作落地落实，在改革创新中彰显政治性，在政治引领和价值引领中彰显先进性，在狠抓基层组织建设中彰显群众性，开创了青年工作的新局面。

全省广大团员青年坚定不移听党话、跟党走，与祖国共奋进，与人民同奋斗，展现出自信自强、刚健有为的精神风貌，在实学实干中长志气、强骨气、厚底气，在脱贫攻坚主战场、科技攻关最前沿、疫情防控第一线、保卫祖国哨位等各领域各方面工作中展现勇当先锋的青春气质，用实际行动践行着“请党放心、强国有我”的青春誓言，在推进中国式现代化建设的陕西新篇章中挺膺担当、勇毅前行。

第一节 拥抱新时代

一、中国特色社会主义进入新时代

党的十八大以来，改革开放和社会主义现代化建设取得历史性成就，我国发展站到了新的历史起点上，中国特色社会主义进入新的发展阶段。党的理论创新实现了新飞跃，党的执政方式和执政方略有重大创新，发展理念和发展方式有重大转变，发展环境和发展条件有重大变化，发展水平和发展要求变得更高。从社会主要矛盾看，我国社会主要矛盾已经由人民日益增长的物质文化需要同落后的社会生产之间的矛盾，转化为人民日益增长的美好生活需要同不平衡不充分的发展之间的矛盾。这一重大历史性变化，对发展全局产生了广泛而深刻的影响。从奋斗目标看，党的十九大到二十大是“两个一百年”奋斗目标的历史交汇期，我们既要全面建成小康社会、实现第一个百年奋斗目标，又要乘势而上开启全面建设社会主义现代化国家新征程，向第二个百年奋斗目标进军。

习近平总书记在党的十九大报告中指出“中国特色社会主义进入了新时代”[①]。从中华民族复兴历史进程来看，中国特色社会主义进入新时代，意味着近代以来久经磨难的中华民族迎来了从站起来、富起来到强起来的伟大飞跃，迎来了实现中华民族伟大复兴的光明前景；从科学社会主义的发展进程看，中国特色社会主义进入新时代，意味着科学社会主义在21世纪的中国焕发出强大生机活力，在世界上高高举起了中国特色社会主义伟大旗帜；从人类历史进程看，中国特色社

① 《决胜全面建成小康社会，夺取新时代中国特色社会主义伟大胜利》（2017年10月18日），《习近平谈治国理政》第三卷，外文出版社2020年版，第8页。

会主义进入新时代，意味着中国特色社会主义道路、理论、制度、文化不断发展，拓展了发展中国家走向现代化的途径，给世界上那些既希望加快发展又希望保持自身独立性的国家和民族提供了全新的选择，为解决人类问题贡献了中国智慧和中国方案；从中国近现代历史和世界历史来看，中国特色社会主义进入的新时代，是中国必将实现中华民族伟大复兴中国梦的新时代，是科学社会主义必将大放异彩的新时代，也是改革开放不断深入、富强民主文明和谐美丽的社会主义现代化强国必将建成的新时代。

党的十八大以来，我们经历了对党和人民事业具有重大现实意义和深远历史意义的三件大事：一是迎来中国共产党成立 100 周年，二是中国特色社会主义进入新时代，三是完成脱贫攻坚、全面建成小康社会的历史任务，实现第一个百年奋斗目标。这是中国共产党和中国人民团结奋斗赢得的历史性胜利，是彪炳中华民族发展史册的历史性胜利，也是对世界具有深远影响的历史性胜利。从现在起，中国共产党的中心任务就是团结带领全国各族人民全面建成社会主义现代化强国、实现第二个百年奋斗目标，以中国式现代化全面推进中华民族伟大复兴。

二、党对共青团和青年提出新要求

党的十八大与中国梦的提出

2012 年 11 月，中国共产党第十八次全国代表大会在北京召开。这是在全面建设小康社会的关键时期和深化改革开放、加快转变经济发展方式的攻坚时期召开的一次十分重要的大会。党的十八大《坚定不移沿着中国特色社会主义道路前进 为全面建成小康社会而奋斗》报告中针对“全面提高党的建设科学化水平”强调：支持工会、共青团、妇联等人民团体充分发挥桥梁纽带作用，更好反映群众呼声，维护群众合法权益。对青年一代提出明确要求：中国特色社会主义事业是面向未来的事业，需要一代又一代有志青年接续奋斗。全党都要关注青年、关心青年、关爱青年，倾听青年心声，鼓励青年成长，支持青年创业。广大青年要积极响应党的号召，树立正确的世界观、人生观、价值观，永远热爱我们伟大的祖国，永远热爱我们伟大的人民，永远热爱我们伟大的中华民族，在投身中国特色社会主义伟大事业中，让青春焕发出绚丽的光彩。

11 月 29 日，党的十八大新当选的新一届中央领导集体走进国家博物馆，参观《复兴之路》展览。习近平总书记发表重要讲话，用“雄关漫道真如铁”“人间正道是沧桑”“长风破浪会有时”回顾了中华民族的昨天，展示了中华民族的今天，宣示了中华民族的明天，首次提出中国梦，实现中华民族伟大复兴，就是中华民族近代以来最伟大的梦想。

2013 年 3 月，习近平总书记在第十二届全国人民代表大会第一次会议闭幕会上，全面阐述了中国梦的内涵、意义与实现路径：实现全面建成小康社会、建成富强民主文明和谐的社会主义现代化国家的奋斗目标，实现中华民族伟大复兴的中国梦，就是要实现国家富强、民族振兴、人民幸福，既深深体现了今天中国人的理想，也深深反映了我们先人们不懈追求进步的光荣传统。①

党的十九大对群团工作提出新要求

2017 年 10 月，中国共产党第十九次全国代表大会在北京召开。

① 习近平：《在第十二届全国人民代表大会第一次会议上的讲话》（二〇一三年三月十七日），《习近平著作选读》第一卷，人民出版社 2023 年版，第 97 页。

大会的主题是不忘初心、牢记使命，高举中国特色社会主义伟大旗帜，决胜全面建成小康社会，夺取新时代中国特色社会主义伟大胜利，为实现中华民族伟大复兴的中国梦不懈奋斗。习近平总书记代表第十八届中央委员会向大会作了题为《决胜全面建成小康社会，夺取新时代中国特色社会主义伟大胜利》的报告。报告强调，青年兴则国家兴，青年强则国家强。青年一代有理想、有本领、有担当，国家就有前途，民族就有希望。中国梦是历史的、现实的，也是未来的；是我们这一代的，更是青年一代的。中华民族伟大复兴的中国梦终将在一代代青年的接力奋斗中变为现实。全党要关心和爱护青年，为他们实现人生出彩搭建舞台。广大青年要坚定理想信念，志存高远，脚踏实地，勇做时代的弄潮儿，在实现中国梦的生动实践中放飞青春梦想，在为人民利益的不懈奋斗中书写人生华章！①

五四运动 100 周年党指出新时代中国青年运动的方向

2019 年 4 月 30 日，纪念五四运动一百周年大会在北京举行。习近平总书记发表重要讲话，强调五四运动以来的一百年，是中国青年一代又一代接续奋斗、凯歌前行的一百年，是中国青年用青春之我创造青春之中国、青春之民族的一百年。② 新时代中国青年运动的主题，新时代中国青年运动的方向，新时代中国青年的使命，就是坚持中国共产党领导，同人民一道，为实现“两个一百年”奋斗目标、实现中华民族伟大复兴的中国梦而奋斗。

习近平总书记指出，青年是整个社会力量中最积极、最有生气的

① 习近平：《习近平谈治国理政》第三卷，外文出版社 2020 年版，第 55 页。
② 习近平：《在纪念五四运动一百周年大会上的讲话》（二〇一九年四月三十日），《论党的青年工作》，中央文献出版社 2022 年版，第 208 页。

力量，国家的希望在青年，民族的未来在青年。今天，新时代中国青年处在中华民族发展的最好时期，既面临着难得的建功立业的人生际遇，也面临着“天将降大任于斯人”的时代使命。新时代中国青年要继续发扬五四精神，以实现中华民族伟大复兴为己任，不辜负党的期望、人民期待、民族重托，不辜负我们这个伟大时代。①

习近平总书记对新时代中国青年提出六点要求。一是新时代中国青年要树立远大理想。二是新时代中国青年要热爱伟大祖国。三是新时代中国青年要担当时代责任。四是新时代中国青年要勇于砥砺奋斗。五是新时代中国青年要练就过硬本领。六是新时代中国青年要锤炼品德修为。

习近平总书记强调，各级党委和政府、各级领导干部以及全社会都要充分信任青年、热情关心青年、严格要求青年，关注青年愿望、帮助青年发展、支持青年创业，做青年朋友的知心人、青年工作的热心人、青年群众的引路人。②

习近平总书记指出，共青团要毫不动摇坚持党的领导，增强“四个意识”、坚定“四个自信”、做到“两个维护”，坚定不移走中国特色社会主义群团发展道路，不断保持和增强政治性、先进性、群众性，坚持把培养社会主义建设者和接班人作为根本任务，把巩固和扩大党执政的青年群众基础作为政治责任，把围绕中心、服务大局作为工作主线，认真履行引领凝聚青年、组织动员青年、联系服务青年的职责。③

① 习近平：《在纪念五四运动一百周年大会上的讲话》（二〇一九年四月三十日），《论党的青年工作》，中央文献出版社 2022 年版，第 209 页。
② 习近平：《在纪念五四运动一百周年大会上的讲话》（二〇一九年四月三十日），《论党的青年工作》，中央文献出版社 2022 年版，第 214 页。
③ 习近平：《在纪念五四运动一百周年大会上的讲话》（二〇一九年四月三十日），《论党的青年工作》，中央文献出版社 2022 年版，第 217 页。

中国共产党成立100周年党对青年寄予殷切期望

2021年7月，习近平总书记在庆祝中国共产党成立100周年大会上指出："一百年来，在中国共产党的旗帜下，一代代中国青年把青春奋斗融入党和人民事业，成为实现中华民族伟大复兴的先锋力量。新时代的中国青年要以实现中华民族伟大复兴为己任，增强做中国人的志气、骨气、底气，不负时代，不负韶华，不负党和人民的殷切期望！"[①]

庆祝大会上首次由共青团员和少先队员代表集体致献词，充分体现习近平总书记和党中央对共青团员和少先队员的关心厚爱。在党的百年庆典上共青团员和少先队员代表集体致献词这一议程有着深远政治考量、重大政治意义和特殊政治关怀，共青团要进一步增强为党做好新时期青少年工作的光荣感，责任感，使命感，始终聚焦为党育人的主责主业，着力发挥党、团、队相衔接的育人工作链条的政治功能，更好地团结引领新时代中国青年以中华民族伟大复兴为己任，为实现第二个百年奋斗目标贡献青春力量。

共青团成立100周年党对共青团和青年提出新要求

2022年5月，庆祝中国共产主义青年团成立100周年大会在北京人民大会堂隆重举行。习近平总书记在会上发表重要讲话强调，青春孕育无限希望，青年创造美好明天。[②]历史和实践充分证明，中国共青团不愧为中国青年运动的先锋队，不愧为党的忠实助手和可靠后备军。

习近平总书记强调，一百年来，共青团坚定理想、矢志不渝，形

① 习近平：《新时代的中国青年要以实现中华民族伟大复兴为己任》（二〇二一年七月一日），《论党的青年工作》，中央文献出版社2022年6月版，第237页。

② 习近平：《在庆祝中国共产主义青年团成立一百周年大会上的讲话》（二〇二二年五月十日），《论党的青年工作》，中央文献出版社2022年版，第1页。

成了宝贵经验。这是共青团面向未来、再立新功的重要遵循。[①]百年征程，塑造了共青团坚持党的领导的立身之本，塑造了共青团坚守理想信念的政治之魂，塑造了共青团投身民族复兴的奋进之力，塑造了共青团扎根广大青年的活力之源。

习近平总书记指出，在新的征程上，如何更好把青年团结起来、组织起来、动员起来，为实现第二个百年奋斗目标、实现中华民族伟大复兴的中国梦而奋斗，是新时代中国青年运动和青年工作必须回答的重大课题。习近平总书记给共青团提出四点希望：第一，坚持为党育人，始终成为引领中国青年思想进步的政治学校。第二，自觉担当尽责，始终成为组织中国青年永久奋斗的先锋力量。第三，心系广大青年，始终成为党联系青年最为牢固的桥梁纽带。第四，勇于自我革命，始终成为紧跟党走在时代前列的先进组织。[②]

习近平总书记强调，追求进步，是青年最宝贵的特质，也是党和人民最殷切的希望。新时代的广大共青团员，要做理想远大、信念坚定的模范；要做刻苦学习、锐意创新的模范；要做敢于斗争、善于斗争的模范；要做艰苦奋斗、无私奉献的模范；要做崇德向善、严守纪律的模范。[③]

习近平总书记指出，团干部要铸牢对党忠诚的政治品格，高扬理想主义的精神气质。要自觉践行群众路线、树牢群众观点，同广大青年打成一片，做青年友，不做青年“官”，多为青年计，少为自己谋。要培养担当实干的工作作风，不尚虚谈、多务实功，勇于到艰苦环境

① 习近平：《在庆祝中国共产主义青年团成立一百周年大会上的讲话》（二〇二二年五月十日），《论党的青年工作》，中央文献出版社 2022 年版，第 5 页。
② 习近平：《在庆祝中国共产主义青年团成立一百周年大会上的讲话》（二〇二二年五月十日），《论党的青年工作》，中央文献出版社 2022 年版，第 7 页－9 页。
③ 习近平：《在庆祝中国共产主义青年团成立一百周年大会上的讲话》（二〇二二年五月十日），《论党的青年工作》，中央文献出版社 2022 年版，第 10 页。

和基层一线去担苦、担难、担重、担险，老老实实做人，踏踏实实干事。要涵养廉洁自律的道德修为，心有所畏、言有所戒、行有所止，不断锤炼意志力、坚忍力、自制力，做一个一心为公、一身正气、一尘不染的人。①

习近平总书记指出，各级党委（党组）要倾注极大热忱研究青年成长规律和时代特点，拿出极大精力抓青年工作，做青年朋友的知心人、青年工作的热心人、青年群众的引路人。各级党组织要落实党建带团建制度机制，经常研究解决共青团工作中的重大问题，热情关心、严格要求团干部，支持共青团按照群团工作特点和规律创造性地开展工作。②

党的二十大提出青年工作战略

2022 年 10 月，中国共产党第二十次全国代表大会在北京召开，大会主题是高举中国特色社会主义伟大旗帜，全面贯彻新时代中国特色社会主义思想，弘扬伟大建党精神，自信自强、守正创新，踔厉奋发、勇毅前行，为全面建设社会主义现代化国家、全面推进中华民族伟大复兴而团结奋斗。习近平总书记代表第十九届中央委员会向大会作了题为《高举中国特色社会主义伟大旗帜 为全面建设社会主义现代化国家而团结奋斗》的报告。习近平总书记对共青团和青年工作提出新要求，“青年强，则国家强。当代中国青年生逢其时，施展才干的舞台无比广阔，实现梦想的前景无比光明。全党要把青年工作作为战略性工作来抓，用党的科学理论武装青年，用党的初心使命感召青年，做青年朋友的知心人、青年工作的热心人、青年群众的引路人。广大青年要坚定不移听党

① 习近平：《在庆祝中国共产主义青年团成立一百周年大会上的讲话》（二〇二二年五月十日），《论党的青年工作》，中央文献出版社 2022 年版，第 10 页－11 页。

② 习近平：《在庆祝中国共产主义青年团成立一百周年大会上的讲话》（二〇二二年五月十日），《论党的青年工作》，中央文献出版社 2022 年版，第 12 页。

话、跟党走，怀抱梦想又脚踏实地，敢想敢为又善作善成，立志做有理想、敢担当、能吃苦、肯奋斗的新时代好青年，让青春在全面建设社会主义现代化国家的火热实践中绽放绚丽之花。”①

三、共青团号召青年全面推进中华民族伟大复兴

共青团十七大吹响中国梦青春奋斗号角

2013年6月，共青团第十七次全国代表大会在北京召开。来自全国各地的1500多名团员代表出席大会。习近平、李克强、张德江、俞正声、王岐山、张高丽等党和国家领导人到会祝贺。中央政治局常委、中央书记处书记刘云山代表党中央发表《在实现中国梦的伟大实践中谱写壮丽的青春篇章》的祝词，指出，为实现中华民族伟大复兴的中国梦而奋斗，是中国青年运动的时代主题。共青团作为党的助手和后备军，必须牢牢把握党的要求，主动适应时代发展要求和当代青年特点，全面履行各项职能，切实担负起团结带领广大青年为实现中国梦而奋斗的历史使命。团中央书记处第一书记秦宜智代表共青团第十六届中央委员会作了《高举团旗跟党走奋力实现中国梦》的报告。大会认为，党的奋斗目标、当代青年的历史使命，决定了共青团的光荣责任。大会强调，共青团要围绕这一主题创造新的时代业绩，就必须牢牢把握八个基本要求：必须始终坚持党的领导；必须始终坚持围绕中心、服务大局；必须始终坚持发挥优势、凝心聚力；必须始终坚持以人为本、融入青年；必须始终坚持强基固本、狠抓基层；必须始终坚持改革创新、锐意进取；必须始终坚持勤奋学习、提高本领；必须始终坚持脚踏实地、埋头苦干。

---

① 习近平：《高举中国特色社会主义伟大旗帜 为全面建设社会主义现代化国家而团结奋斗——在中国共产党第二十次全国代表大会上的报告》（2022年10月16日），人民出版社2022年版，第71页。

6月20日，习近平总书记在中南海同团中央新一届领导班子成员集体谈话。习近平总书记指出，当前，全党全国各族人民正在为实现党的十八大提出的奋斗目标而奋发努力，正在朝着实现中华民族伟大复兴的中国梦而奋勇迈进。这是党和国家工作大局，也是中国青年运动的时代主题。[①] 团的工作要把握住根本性问题，把培养中国特色社会主义事业建设者和接班人作为根本任务，把巩固和扩大党执政的青年群众基础作为政治责任，把围绕中心、服务大局作为工作主线。团的工作要把握住广大青年的脉搏。要提高团的吸引力和凝聚力，关键是要高举理想信念的旗帜。共青团要做好青年思想引导工作、增强吸引力和凝聚力，必须站在理想信念这个制高点上。只有思想上精神上的吸引力和凝聚力，才是内在的强大的持久的。共青团要努力帮助广大青年树立远大理想，坚定走中国特色社会主义道路的人生信念，用科学的理论武装青年，用历史的眼光启示青年，用伟大的目标感召青年，用光明的未来激励青年，使他们不断增强道路自信、理论自信、制度自信，不断增进对党的信赖、信念、信心。要扩大团的工作有效覆盖面，关键是要把工作延伸到广大青年最需要的地方去。青年在哪里，团组织就建在哪里；青年有什么需求，团组织就要开展有针对性的工作，努力使团组织成为联系和服务青年的坚强堡垒。团组织要努力做广大青年值得信赖的贴心人，深入青年之中，倾听青年呼声，把青年安危冷暖挂在心上，发挥组织优势，调动社会资源，千方百计为青年排忧解难，使团组织成为广大青年遇到困难时想得起、找得到、靠得住的力量。

习近平总书记对加强团干部队伍建设提出明确要求，强调推动共青团事业不断开创新局面，关键在团干部。团的干部必须坚定理想信

---

① 习近平：《团结带领广大青年在实现中华民族伟大复兴的征途中续写新的光荣》（二〇一三年六月二十日），《论党的青年工作》，中央文献出版社2022年版，第27-28页。

念；必须心系广大青年；必须提高工作能力；必须锤炼优良作风，为做好团的工作提供坚强作风保证。

习近平总书记指出，各级党委要从巩固和扩大党执政的青年群众基础的战略高度，加强对团的工作的领导，认真研究解决团的工作中的实际问题，及时制定和完善政策措施，为团组织提供良好工作环境和条件。[①] 各级党委要热情关心、严格要求团干部，帮助他们树立正确的世界观、权力观、事业观，做他们建功成才路途上的良师益友。

共青团十八大提出深化改革从严治团

2018 年 6 月，共青团第十八次代表大会在北京召开。1500 多名来自全国各地的代表出席大会。习近平、李克强、栗战书、汪洋、赵乐际、韩正等党和国家领导人到会祝贺。中央政治局常委、中央书记处书记王沪宁代表党中央发表了题为《乘新时代东风，放飞青春梦想》的致词。致词指出，习近平总书记关于青年工作的重要思想，深刻阐明了党的青年工作的地位作用、目标任务、职责使命、实践要求，深刻回答了新时代培养什么样的青年、怎样培养青年，建设什么样的共青团、怎样建设共青团等方向性、全局性、战略性重大课题，把我们党对青年工作的规律性认识提升到了新的高度，为做好新时代党的青年工作指明了前进方向、提供了根本遵循。当代青年既生逢其时，也重任在肩，既是追梦者，也是圆梦人。我国广大青年要牢记紧跟党走的初心，牢记习近平总书记的谆谆教诲，勇当实现中华民族伟大复兴的生力军，奏响新时代的青春之歌。团中央书记处第一书记贺军科代表共青团第十七届中央委员会作《高举习近平新时代中国特色社会主义思想伟大旗帜 奋力谱写

① 习近平：《团结带领广大青年在实现中华民族伟大复兴的征途中续写新的光荣》（二〇一三年六月二十日），《论党的青年工作》，中央文献出版社 2022 年版，第 40 页。

决胜全面建成小康社会 全面建设社会主义现代化国家的壮丽青春篇章》的报告。报告分为 8 个部分：进入新时代的中国青年和共青团；强国时代青年的历史使命；用习近平新时代中国特色社会主义思想统领共青团工作；培养担当民族复兴大任的时代新人；青春建功新时代；大力促进青年发展；共青团改革再出发；全面从严治团。

7 月 2 日，中共中央总书记、国家主席、中央军委主席习近平在中南海同团中央新一届领导班子成员集体谈话并发表重要讲话。习近平总书记指出，共青团是党的助手和后备军，这是很高的政治定位，这体现了我们党对共青团的高度信任和殷切期望。团的所有工作，归结到一点，就是要当好这个助手和后备军。关键是要抓住三个根本性问题，就是必须把培养社会主义建设者和接班人作为根本任务，把巩固和扩大党执政的青年群众基础作为政治责任，把围绕中心、服务大局作为工作主线。① 要加强对青年政治引领，要广泛动员青年建功新时代，要更好联系服务青年。② 扩大团的工作覆盖面，强化服务意识、提升服务能力，千方百计为青年排忧解难，落实好《中长期青年发展规划(2016—2025 年)》，做广大青年信得过、靠得住、离不开的贴心人，增强团的吸引力和凝聚力。

共青团十九大提出新时代中国青年运动主题

2023 年 6 月，共青团第十九次代表大会在北京召开。来自全国各地的近 1500 名团员代表出席大会。习近平、赵乐际、王沪宁、丁薛祥、李希等党和国家领导人到会祝贺，中央政治局常委、中央书

① 习近平：《党旗所指就是团旗所向》（二〇一八年七月二日），《论党的青年工作》，中央文献出版社 2022 年版，第 155 页。

② 习近平：《党旗所指就是团旗所向》（二〇一八年七月二日），《论党的青年工作》，中央文献出版社 2022 年版，第 155 页 – 160 页。

记处书记蔡奇代表党中央发表了题为《在强国建设民族复兴新征程上书写壮丽青春篇章》的致词。致词指出，在党中央坚强领导下，团十八大以来，共青团坚持以习近平新时代中国特色社会主义思想为指导，认真贯彻习近平总书记关于青年工作的重要思想，全面从严管团治团，团的政治性、先进性、群众性不断增强，引领力、组织力、服务力不断提升。广大团员和青年听从党和人民的召唤，用青春的激情奏响了“清澈的爱、只为中国”的时代强音，用青春的行动践行了“请党放心、强国有我”的铮铮誓言。中国青年和中国青年运动，从来都是在担当时代使命中彰显青春的使命，在推动时代进步中实现自身的进步。全面建成社会主义现代化强国、实现第二个百年奋斗目标，以中国式现代化全面推进中华民族伟大复兴，是党的中心任务，也是新时代中国青年运动和青年工作的鲜明主题。广大青年要牢记习近平总书记的谆谆教导，立志做有理想、敢担当、能吃苦、肯奋斗的新时代好青年，为强国建设、民族复兴挺膺担当，继续创造无愧于时代、无愧于人民、无愧于历史的新的青春业绩。共青团要坚持不懈用习近平新时代中国特色社会主义思想凝心铸魂，时刻对标对表党中央决策部署谋划和推动工作，更好团结带领广大青年奋进新征程、建功新时代，严于管团治团，在全方位、高标准锻造中焕发共青团昂扬向上的精神风貌，奋力书写新时代中国青年运动和青年工作的壮丽篇章。团中央书记处第一书记阿东代表共青团第十八届中央委员会作了题为《在习近平新时代中国特色社会主义思想指引下 动员引领广大青年为全面建设社会主义现代化国家而团结奋斗》的报告。报告分为 10 个部分：在革命性磨砺中奋进的中国共青团；新时代中国青年的使命担当；用习近平新时代中国特色社会主义思想统领共青团工作；大力加强青年思想政治引领；组织青年争当中国式现代化建设的生力军；竭诚服务青年成长发展；巩固和扩大青年爱国统一战线；汇聚起构建人类命运共同体的青春力量；纵深推进共青团改革；坚定不移全面从严治团。

6 月 26 日，习近平总书记在中南海同团中央新一届领导班子成员集体谈话并发表重要讲话。习近平总书记强调，把党的中心任务作为中国青年运动和青年工作的主题和方向，这是一百多年来中国青年运动和青年工作的一条基本经验。共青团作为党的助手和后备军，必须紧紧围绕党的二十大确定新时代新征程党的中心任务来开展工作，把住方向，奋发有为。实现强国建设、民族复兴宏伟目标，需要全党全国各族人民包括广大青年团结一致、全力以赴，继续爬坡过坎、攻坚克难。共青团要把牢新时代青年工作的主题，最广泛地把青年团结起来、组织起来、动员起来，激励广大青年增强历史责任感和使命感，激发强国有我的青春激情，在强国建设、民族复兴伟业中勇当先锋队、突击队。要着力加强对广大青年的政治引领。青年人有理想、敢担当、能吃苦、肯奋斗，中国青年才会有力量，党和国家事业发展才能充满希望。要加强对广大青年的理想信念教育，引导广大青年树立共产主义远大理想，坚定中国特色社会主义共同理想，坚定听党话、跟党走的政治信念，在强国建设、民族复兴的历史潮流中确立正确的人生目标，为一生的奋斗奠定基石。共青团要把加强对广大团员和青年的政治引领摆在首位，努力培养社会主义建设者和接班人，源源不断为党输送健康有活力的新鲜血液。要抓好面向广大团员和青年的主题教育，引导团员和青年认真学习领会新时代中国特色社会主义思想，努力掌握这一科学思想的世界观和方法论，善于运用贯穿其中的立场观点方法分析问题，提高对党的基本理论、基本路线、基本方略的领悟力。[①]

① 习近平：《切实肩负起新时代新征程党赋予的使命任务　充分激发广大青年在中国式现代化建设中挺膺担当》，《人民日报》，2023 年 6 月 27 日，第 01 版。

广大团干部要倍加珍惜为党做青年工作的宝贵机会，不断提升政治能力、理论素养、群众工作本领，心无旁骛干好本职工作，用实打实的业绩赢得党的信任、赢得社会尊重、赢得青年口碑。各级党委（党组）要坚持党管青年工作原则，加强对共青团工作的领导和支持，建立和完善在党的领导下各部门齐抓共管青年发展事业的工作格局，支持共青团创造性开展工作。各级领导干部要倾注热忱做青年朋友的知心人、青年群众的引路人。

四、省委对共青团和青年寄予厚望

省委擘画全省奋斗目标

2012 年 5 月，中国共产党陕西省第十二次代表大会在西安召开。大会主题是：高举中国特色社会主义伟大旗帜，以邓小平理论和“三个代表”重要思想为指导，深入贯彻落实科学发展观，坚持不懈解放思想，坚定不移改革开放，继续推动科学发展，不断富裕三秦百姓，为全面建设西部强省而努力奋斗。省委擘画陕西今后五年的奋斗目标是建“三强一富一美”的西部强省，即经济强、科教强、文化强、百姓富、生态美。这个目标承前启后、催人奋进，接续省第十一次党代会提出的建设西部强省，衔接省“十二五”规划确定的中等发达省份，是陕西全面建设小康社会的现实路径，为陕西青年充分发挥聪明才智创造了难得机遇、尽情展现人生价值提供了广阔舞台。

2017 年 5 月，中国共产党陕西省第十三次代表大会在西安召开。大会的主题是：高举中国特色社会主义伟大旗帜，认真学习贯彻习近平总书记系列重要讲话精神和治国理政新理念新思想新战略，统筹推进“五位一体”总体布局和协调推进“四个全面”战略布局，全力打好脱贫攻坚战，同步够格全面建成小康社会，不断加快富民强省步伐，奋力谱写陕西追赶超越的新篇章！大会提出今后五年的奋斗目标是，通过培育新动能、构筑新高地、激发新活力、共建新生活、彰显新形象，全面建成小康社会，加快富民强省步伐，建设富裕和谐美丽陕西，奋力谱写追赶超越新篇章。

2022 年 5 月，中国共产党陕西省第十四次代表大会在西安召开。大会的主题是：坚持以习近平新时代中国特色社会主义思想为指导，深入学习贯彻习近平总书记三次来陕考察重要讲话重要指示，坚决落实党中央决策部署，解放思想、改革创新、再接再厉，谱写陕西高质量发展新篇章，为全面建设社会主义现代化国家作出陕西更大贡献。今后五年的奋斗目标是：经济发展质效更高，人民生活水平更高，生态环境品质更高，社会文明程度更高，治理体系效能更高，党的建设质量更高。坚决落实党中央决策部署，认真践行以人民为中心的发展思想，坚持稳中求进工作总基调，完整准确全面贯彻新发展理念，大力弘扬光荣革命传统，下大气力解放思想，排除万难改革创新，铆足干劲再接再厉，交出让习近平总书记和党中央放心、让三秦人民满意的时代答卷。

省委对全省共青团和青年提出要求

2012 年 9 月，中国共产主义青年团陕西省第十二次代表大会上，陕西省委书记赵乐际指出，过去五年，各级共青团组织深入贯彻落实科学发展观，发扬党有号召、团有行动的优良传统，紧紧围绕全省工作大局，在组织青年、引导青年、服务青年、维护青少年合法权益等方面做了大量工作，为陕西改革开放和现代化建设作出了重要贡献。广大团员青年立足本职岗位、服务奉献社会，充分发挥了生力军和突击队作用，集中彰显了自尊自信、自立自强的当代青年风貌。实践证明，陕西共青团组织不愧为党的忠实助手和可靠后备军，陕西青年不愧为值得信赖、堪当重任、大有希望的一代。赵乐际对全省青年提出四点希望：一是树立崇高理想，矢志不渝拼搏奋进。二是坚持勤奋学习，争做社会栋梁之材。三是大力开拓创新，勇于攀登人生高峰。四是弘扬高尚品德，积极引领社会新风。赵乐际强调，各级共青团组织要把牢正确方向，把党的理论路线方针政策和中省决策部署贯穿共青团各项工作，引导团员青年始终在思想上政治上行动上与党中央保持高度一致。

2017年12月，中国共产主义青年团陕西省第十三次代表大会上，陕西省委书记、省长胡和平指出，省第十二次团代会以来，全省各级团组织以习近平新时代中国特色社会主义思想为指导，深入贯彻党的群团工作会议精神，在凝聚青年、服务大局、当好桥梁、从严治团等方面做了大量工作。全省广大团员青年积极响应党的号召，主动投身追赶超越实践，在各个领域、各条战线上发挥了生力军和突击队作用。实践证明，全省共青团组织不愧为党的忠诚助手和可靠后备军，当代陕西青年不愧为胸怀理想、堪当重任、大有希望的一代。胡和平强调，党的十九大描绘了决胜全面建成小康社会、夺取新时代中国特色社会主义伟大胜利的宏伟蓝图，这为青年成长成才指明了前进方向。广大团员青年要深入学习贯彻党的十九大精神，坚持用习近平新时代中国特色社会主义思想武装头脑，坚守信念、志存高远，脚踏实地、艰苦奋斗，自觉把青春梦想融入实现中华民族伟大复兴的中国梦，将爱国之情、报国之志转化为服务国家、建设陕西的实际行动，始终与时代同步伐、与祖国共命运，在实现中国梦的伟大实践中书写精彩人生。胡和平要求，各级党委要加强对共青团工作的领导，关心爱护青年，重视青年工作，切实为青年健康成长、实现人生出彩搭建舞台。各级团组织要坚持服务青年的工作生命线，深化共青团改革，增强政治性、先进性、群众性，努力成为联系和服务青年的坚强堡垒。各级团干部要始终心系青年、心向青年，推动共青团工作不断开创新局面。

2019 年 4 月，陕西省纪念五四运动 100 周年座谈会上，陕西省委书记胡和平强调，广大青年要坚持用习近平新时代中国特色社会主义思想武装头脑，树牢“四个意识”、坚决做到“两个维护”。要勇于担当、开拓创新，把爱国情、强国志、报国行融入决胜全面小康、奋力追赶超越的火热实践。要勤学善思、增强本领，努力成为社会主义合格建设者和可靠接班人。要弘扬延安精神，自觉传承红色基因、砥砺为民之志，矢志不渝艰苦奋斗。要践行社会主义核心价值观，树立正确的价值观念和行为规范，主动加强道德修养、引领社会新风。胡和平要求，各级党委、政府要高度重视青年工作，当好青年朋友的知心人、青年工作的热心人、青年群众的引路人。各级团组织要毫不动摇坚持党的领导，增强共青团组织的政治性、先进性、群众性，努力成为联系和服务青年的桥梁和纽带。

2022 年 5 月，陕西省学习贯彻庆祝中国共产主义青年团成立 100 周年大会精神座谈会上，陕西省委书记刘国中指出，习近平总书记在庆祝中国共产主义青年团成立 100 周年大会上的重要讲话，全面回顾 100 年来共青团坚定不移听党话、跟党走的青春历程，充分肯定共青团在党的领导下、团结带领一代代团员青年为实现中华民族伟大复兴中国梦所作出的重要贡献，深刻阐明共青团和青年工作的历史经验，对当代青年寄予殷切期望，对做好新时代共青团工作提出明确要求。刘国中强调，全省广大青年要深刻感悟总书记、党中央的深情厚望，大力弘扬延安精神，厚植对党的信赖、对中国特色社会主义的信心、对马克思主义的信仰，当好社会主义建设者和接班人。要深刻感悟总书记、党中央的殷切嘱托，胸怀“国之大者”，担当使命任务，满腔热忱投身高质量发展的火热实践，在本职岗位上做最好的自己。要深刻感悟总书记、党中央的谆谆教诲，珍惜韶华，多学习、多动脑、多动手，解放思想、改革创新，为了理想不懈奋斗。要深刻感悟总书记、党中央的关爱关怀，积极践行社会主义核心价值观，锤炼百折不回、百折不挠的坚强意志，坚定自信走好人生路。共青团员是青年中的先进分子，要主动向党组织靠拢，追求进步、争当模范。刘国中要求，各级党委（党组）要把青年工作摆在更加突出的位置，做青年朋友的知心人、青年工作的热心人、青年群众的引路人。要经常研究解决共青团工作中的重大问题，热情关心、严格要求团干部，支持共青团按照群团工作特点和规律创造性地开展工作。要推动党、团、队育人链条相衔接、相贯通，引领广大青年奋进新征程、建功新时代，以实际行动迎接党的二十大胜利召开。

2023 年 1 月，中国共产主义青年团陕西省第十四次代表大会上，陕西省委书记赵一德强调，新时代的三秦青年要深入学习贯彻习近平总书记关于青年工作的重要思想和来陕考察重要讲话重要指示，全面贯彻落实党的二十大精神，认真落实省第十四次党代会和省委十四届三次全会部署，让青春在奋进中国式现代化新征程、谱写陕西高质量发展新篇章中绽放绚丽之花。他指出，各界青年要坚定信念、紧跟党走，坚持用习近平新时代中国特色社会主义思想凝心铸魂，大力弘扬伟大建党精神和延安精神，坚定拥护“两个确立”、坚决做到“两个维护”，争做有理想的新时代三秦好青年。要挺膺前行、勇当先锋，践行“请党放心、强国有我”的青春誓言，争做敢担当的新时代三秦好青年。要经风历雨、攻坚克难，刻苦学习长本领，艰苦创业圆梦想，争做能吃苦的新时代三秦好青年。要踔厉奋发、精进笃行，摒弃“骄娇”二气，争做肯奋斗的新时代三秦好青年。全省各级团组织要发扬光荣传统，坚持全面从严治团，当好党的助手和后备军。各级党组织要落实党建带团建制度机制，热情关心、严格要求团干部，为青年成长成才营造良好环境。

第二节　引领凝聚青年　听党话跟党走

一、学习贯彻习近平新时代中国特色社会主义思想

团省委坚持以习近平新时代中国特色社会主义思想为指引，深入学习宣传贯彻党的十八大、十九大、二十大精神，以理想信念教育为核心，深化习近平新时代中国特色社会主义思想主题教育和“我的中国梦”主题教育实践活动，践行社会主义核心价值观，传承弘扬伟大建党精神和延安精神，以新媒体运用为突破，不断丰富活动载体，创新工作手段，教育引导广大青年树立远大理想，热爱伟大祖国，担当时代责任，勇于砥砺奋斗，练就过硬本领，锤炼品德修为，听党话，跟党走。

万名团干宣讲党的十八大精神

2012 年，团省委开展“万名团干宣讲十八大”活动，在全省掀起深入学习宣传贯彻十八大精神热潮，把广大团员青年的思想和行动统一到十八大精神上来，把智慧和力量凝聚到落实十八大部署上来。省、市两级团委广泛邀请了党的十八大代表、党政领导、专家学者和优秀青年代表组成宣讲团，结合“四进三问三解”[1]活动，深入企业、农村、学校、机关、社区等处，通过报告会、宣讲会等形式，面向企业青年、农村青年、青少年学生、社区青年、特殊青少年、外出务工青年、“两

① “四进三问三解”，即进企业、进学校、进农村、进社区，问计于基层、问需于青年、问知于实践，解青年忧、解青年怨、解青年困。

新”组织青年等青年群体，完整、准确、有效地传播党的十八大精神，形成立体宣讲格局。全省所有专兼职团干部与普通青年进行面对面的宣讲辅导，充分运用新媒体载体，拓展了宣讲活动的覆盖面。同时，全面动员青联、学联、少先队、青企协、青科协等团的外围组织，全方位、多角度地开展了宣讲活动。

2016 年 5 月 3 日，共青团陕西省委举办陕西各界青年代表学习贯彻习近平总书记系列重要讲话精神座谈会。

“青春喜迎十九大 不忘初心跟党走”主题宣传教育

2017 年，围绕喜迎和学习宣传贯彻党的十九大，共青团中央在全团部署开展“青春喜迎十九大 不忘初心跟党走”主题宣传教育工作，围绕“抓宣讲、抓活动、抓教育、抓契机、抓典型、抓产品”开展，团结引领广大青少年听党话、跟党走，以奋发向上的精神状态迎接党的十九大，以高度的思想和行动自觉学习贯彻党的十九大精神。

团省委按照团中央总体部署，在全省各级团组织部署开展“青春喜迎十九大 不忘初心跟党走”主题宣传教育工作。集中组织开展宣讲交流，组织党政领导、专家学者、青年典型，走进校园、企业等场所，围绕学习贯彻习近平总书记系列重要讲话精神和治国理政新理念新思想新战略，围绕宣传“砥砺奋进的五年”，围绕陕西省五年发展，在团员青年中广泛开展理论和形势政策宣讲活动。集中开展“学习总书记讲话 做合格共青团员”教育实践，充分利用全年各个重要时间节点，广泛开展入团仪式、学习座谈、交流讨论、参观寻访、故事讲述、征文演讲、志愿服务等形式多样的主题团队日活动，激发广大共青团员的先进性和光荣感，充分发挥团员在青年中的表率作用。抓住纪念建团95周年等节点，组织参与“我的青春我的梦”图文征集等活动，宣传团的光荣历史，展现当代青年风采，展示共青团改革成效，提升广大团员青年的光荣感和使命感。开展选树青年典型活动，举办第16届“陕西青年五四奖章”、2017年“中国梦·青年志——寻找身边的陕西好青年”等评选表彰活动。扎实开展“青春建功十三五”实践活动，把“青春喜迎十九大 不忘初心跟党走”主题贯穿动员青年为决胜全面小康作贡献的实际行动中。

“学习（喜迎）二十大 永远跟党走 奋进新征程”主题教育实践活动

2022年，围绕喜迎和学习宣传贯彻党的二十大，团中央在全团部署开展“喜迎二十大 永远跟党走 奋进新征程”主题教育实践活动。2022年11月4日，团中央印发《共青团中央关于全团认真学习宣传贯彻党的二十大精神的通知》，要求各地各系统团组织学习宣传贯彻党的二十大精神，把全团思想和行动统一到党的二十大精神上来，把智慧和力量凝聚到完成党的二十大确定的各项任务上来，团结引领广大青少年紧跟党奋进新征程、夺取新胜利。

按照全团部署，团省委围绕“加强理论武装、组织团队活动、开展实践建功活动、加强服务引领、做好宣传文化工作”，在全省各级团组织和团员青年中开展“学习（喜迎）二十大 永远跟党走 奋进新征程”主题教育实践活动。

2022 年 5 月 11 日，陕西省学习贯彻庆祝中国共产主义青年团成立 100 周年大会精神座谈会在西安召开。省委书记刘国中出席并讲话。共青团干部代表、优秀团员青年代表发言。会议认真学习贯彻习近平总书记重要讲话，回顾青年运动历史，动员全省广大青年坚定拥护“两个确立”，坚决做到“两个维护”，努力成长为有理想、敢担当、能吃苦、肯奋斗的新时代好青年，以更加昂扬的姿态谱写陕西高质量发展新篇章。5 月 12 日，团省委召开理论学习中心组集体学习会议，深入学习习近平总书记在庆祝中国共产主义青年团成立 100 周年大会上的重要讲话和刘国中同志在全省座谈会上的讲话精神。会议认为，习近平总书记在庆祝中国共产主义青年团成立 100 周年大会上的重要讲话，要求共青团始终成为政治学校、先锋力量、桥梁纽带、先进组织的“四点希望”，要求团员青年争做“五个模范”，对团干部提出“四点要求”，为广大团员青年发出了奋斗青春的伟大号召，更为团干部百年征程再出发吹响了冲锋号角。体现着党对共青团事业的高度重视，寄托着党对新时代团组织的关怀和希望，是做好新时代陕西青年工作、推动陕西共青团工作高质量发展的根本遵循。5 月 20 日，团省委印发《学习宣传贯彻习近平总书记在庆祝中国共产主义青年团成立 100 周年大会上重要讲话精神实施方案》的通知，全省共青团组织迅速掀起学习贯彻讲话精神的热潮，把准政治方向，坚持为党育人，引领带动各级团组织和广大青少年兴起学习贯彻热潮。5 月 31 日，团省委在西北大学举办“喜迎二十大 永远跟党走 奋进新征程”——“青年大学习”首场示范宣讲交流活动，2 万余人次通过陕西共青团各新媒体平台同步在线学习，深入学习宣传贯彻习近平总书记在庆祝中国共产主义青年团成立 100 周年大会上的重要讲话精神。

2022 年 4 月 26 日，共青团陕西省委在铜川市耀州区照金镇陈家坡会议旧址举行“喜迎二十大 永远跟党走 奋进新征程”主题团日省级示范活动。

2022 年 11 月 14 日，团省委印发《关于认真学习宣传贯彻党的二十大精神的通知》，要求全省各级团组织以高度的政治自觉、思想自觉和行动自觉，深刻认识党的二十大的重要意义，把学习宣传贯彻党的二十大精神作为当前和今后一个时期的首要政治任务，引领广大团员青年为助力谱写陕西省高质量发展新篇章而团结奋斗。

团省委及时制定学习宣传贯彻方案，全省各级团的领导机关和领导班子成员率先垂范，带头学习，全面理解和掌握大会精神和战略安排，深刻领会大会对党的青年工作战略性要求，当好团员青年的表率。基层团组织广泛开展专题学习，各级团组把党的二十大精神作为教育培训的重要内容，面向全体团干部和青少年工作骨干，开展多形式、分层次、全覆盖的学习培训，各级青联、学联、少先队、团属青年社会组织和“青马工程”学员开展集中性培训活动。组织“青年讲师团”“红领巾巡讲团”深入基层、走进各领域开展宣讲，让广大团员青年听得懂、能领会、可落实。开展学习座谈、故事分享、征文演讲、参观寻访、志愿服务等主题团日活动和少先队主题实践活动，将学习教育融入团、队组织生活。各领域团员和青少年组织化、常态化开展“挑战杯”“创青春”“振兴杯”各类实践建功活动，在实践中受教育、长才干、作贡献。持续开展“我为青年办实事”实践活动，深入实施共青团促进大学生就业行动，做好青少年困难帮扶，切实加强青少年服务引领。推选宣传“陕西青年五四奖章”“两红两优”[①]“陕西好青年”“陕西省优秀少先队辅导员”“乡村振兴青年先锋”“青年创业奖”“优秀青年志愿者”等青年典型，运用全媒体平台开展宣传，通过新闻报道、人物访谈、理论文章、青年感悟等形式，开展对党的二十大精神的宣传解读。

二、学习贯彻习近平总书记来陕考察重要讲话重要指示

党的十八大以来，习近平总书记 7 次来陕考察，并发表重要讲话，深刻阐明了陕西在新征程上担负什么样的使命、秉持什么样的状态、实现什么样的发展等一系列根本性问题，是统揽“两个大局”对陕西高质

① “两红两优”，指五四红旗团委、五四红旗团支部、优秀共青团员、优秀共青团干部。

量发展、现代化建设把脉定向、战略擘画，是着眼“五位一体”总体布局、“四个全面”战略布局对陕西各项事业的系统部署。团省委在广大青年中迅速掀起深入学习宣传贯彻习近平总书记来陕考察重要讲话重要指示的热潮，团结带领全省广大团员青年砥砺前行，奋力谱写陕西高质量发展新篇章。

2015 年 2 月 13 日至 16 日，习近平总书记来陕视察工作，在延安、铜川、西安等地，深入乡村、学校、社区、科研院所、革命纪念馆调研考察，看望广大干部群众，2 月 15 日发表重要讲话，指出陕西正处在追赶超越阶段，提出扎实推动经济持续健康发展、扎实推进特色现代农业建设、扎实加强文化建设、扎实做好保障和改善民生工作、扎实落实全面从严治党的重要要求。①2 月 26 日，团省委召开党组会，学习习近平总书记来陕考察重要讲话重要指示精神，大家一致认为，习近平总书记的讲话充分肯定了近年来陕西工作取得的成绩，指明了存在的问题和不足，为陕西省经济长远发展提供了基本遵循和精准指导。会议指出，全省各级团组织和广大青年要深入学习、认真领会习近平总书记重要讲话重要指示，紧紧把握“五个扎实”“四个着力”“四个切实”的重要要求，继承和发扬延安精神，按照“三严三实”的要求，进一步转变作风。要坚持党的领导，积极发挥好桥梁纽带作用，带领全省青年坚定不移走中国特色社会主义发展道路。

2020 年 4 月 20 日至 23 日，习近平总书记先后来到商洛、安康、西安等地，深入自然保护区、贫困山区、社区、学校、企业等，了解秦岭生态环境保护、脱贫攻坚、复工复产等情况，就统筹推进新冠肺炎疫情防控和经济社会发展工作、打赢脱贫攻坚战进行调研，看望慰问干部群众，并发表重要讲话、作出重要指示，为陕西在新时代新征

① 《习近平陕西行》，《华商报》，2015 年 2 月 17 日，第 A4 版。

程上做好各项工作指明了前进方向、提供了根本遵循。5 月 9 日，团省委印发《贯彻落实习近平总书记五四寄语和来陕考察重要讲话重要指示精神实施方案》的通知，要求全省各级团组织深入贯彻落实习近平总书记五四寄语和来陕考察重要讲话重要指示，肩负起党赋予共青团的光荣职责，围绕“推动经济高质量发展迈出更大步伐、打造内陆改革开放高地、推动生态环境质量持续好转、加强民生保障和社会建设、推动全面从严治党向纵深发展”等五项要求，深入开展“学习寄语精神，展现青春担当”教育实践，以最坚决的态度、最有力的举措、最扎实的作风，团结带领全省团干部和广大团员青年在常态化疫情防控、决战脱贫攻坚、决胜全面小康等重大任务中展现当代青年的担当精神，为奋力谱写陕西新时代追赶超越新篇章贡献青春力量。

2021 年 9 月 13 日至 16 日，习近平总书记来陕考察，深入企业、农村、学校、革命旧址等进行调研，对陕西工作作出一系列重要指示，提出一系列明确要求。9 月 27 日，团省委印发《学习宣传贯彻习近平总书记来陕考察重要讲话重要指示的实施方案》的通知，要求全省各级团组织和广大团员青年必须把学习好、宣传好、贯彻好总书记来陕考察重要讲话重要指示作为当前和今后一个时期首要政治任务，与学习宣传贯彻总书记“七一”重要讲话和前两次来陕考察重要讲话重要指示融合起来学、贯通起来悟，做到学深悟透、入脑入心、狠抓落实。全省各级团组织开展形式多样的学习宣传活动，引导团员青年深刻理解“完整、准确、全面贯彻新发展理念”“弘扬光荣革命传统”“解放思想、改革创新、再接再厉”“谱写陕西高质量发展新篇章”等要求的重大意义。以团干部密切联系青年机制和青年讲师团计划为抓手，结合宣讲总书记“七一”重要讲话精神，组建宣讲团，深入学校、企业、社区、乡镇、社会组织等，推动各级专兼职团干部面向广大青年灵活开展分众化、对象化、互动化宣讲活动。依托“三会两制一课”“我为青年做件事”实践活动等载体，做到积极学习、主动宣传。发挥各级青联、学联组织以及团属青年社团的组织特色，通过召开专题会议、开展学习交流等方式，广泛发动青年开展学习。利用“青年大学习”“学党史、强信念、跟党走”学习教育专栏等转载发布理论文章、社论评论，制作新媒体文化产品、报道青年反响等形式，集中开展习近平总书记重要讲话重要指示宣传和解读工作。依托共青团网络文化宣传战略，运用微视频、H5等青年易于接受的形式，制作传播一批主题鲜明、方向正确、内容丰富、感染力强的学习宣传产品。

2022年10月26日至27日，习近平总书记深入陕西延安市的学校、红色教育基地等进行调研。习近平总书记强调，要弘扬伟大建党精神，弘扬延安精神，坚定历史自信，增强历史主动，发扬斗争精神，为实现党的二十大提出的目标任务而团结奋斗。[①] 10月26日，习近平总书记到延安中学考察。延安中学是中国共产党创办的第一所中学，1938年8月，延安中学的前身——陕甘宁边区中学在战火硝烟中诞生。习近平总书记走进学校教育史馆，了解学校总体办学情况。11月28日，团省委理论学习中心组（扩大）集中学习习近平总书记在瞻仰延安革命纪念地、在延安市考察时的重要讲话重要指示，并指出，陕西共青团要用好红色资源作为学习宣传二十大精神、坚定团员青年理想信念、加强团干部党性修养的生动教材，深刻把握时代要求，以对党、对青年、对历史高度负责的态度，把红色基因传承好。要提高政治站位，深入挖掘延安精神，大力宣传延安精神，认真践行延安精神，让践行和弘扬延安精神成为陕西青年的自觉行动。全省各级团组织也迅速掀起学习贯彻习近平总书记在瞻仰延安革命纪念

① 《习近平在瞻仰延安革命纪念地时强调 弘扬伟大建党精神和延安精神 向着新的奋斗目标出发！》，《华商报》，2022年10月28日，第A2版。

地和在陕西延安考察时的重要讲话重要指示精神以及党的二十大精神的热潮，坚定拥护“两个确立”，坚决做到“两个维护”，以实际行动弘扬延安精神。

2023年5月17日，习近平总书记在西安主持中国—中亚峰会前夕，听取陕西省委和省政府工作汇报，强调，陕西在推进中国式现代化建设中要有勇立潮头、争当时代弄潮儿的志向和气魄，在西部地区发挥示范作用；要紧紧围绕高质量发展这个首要任务，着眼全国发展大局，立足陕西实际，发挥自身优势，奋力谱写中国式现代化建设的陕西篇章。[①] 5月22日，团省委召开专题会议，传达学习习近平总书记在听取陕西省委和省政府工作汇报时的重要讲话精神，认为习近平总书记的讲话给全省上下以极强的思想指引、精神鼓舞、奋斗感召，为奋力谱写中国式现代化建设的陕西篇章指明了前进方向、提供了根本遵循。会议要求全省各级团组织切实把思想和行动统一到总书记重要讲话精神上来，引领广大团员青年听党话、跟党走，以实际行动坚定拥护“两个确立”，坚决做到“两个维护”；把习近平总书记重要讲话精神作为新时代强化自身建设的根本遵循，扎实推动全省各级团组织深入开展学习贯彻新时代中国特色社会主义思想主题教育，大力弘扬伟大建党精神和延安精神，深入推进全省共青团工作高质量发展；把习近平总书记重要讲话作为新时代陕西共青团校准发展方向的关键航标，把引领三秦青年在推进中国式现代化建设中勇立潮头、争当时代弄潮儿作为职责使命，助力全面落实峰会成果，重点抓好青创要素汇聚，助力科技创新和现代产业体系建设；抓好农村青年人才培养，助力城乡协调发展；抓好青年环保体系建设，助力生态文明建设；抓好青年交

---

① 《习近平在听取陕西省委和省政府工作汇报时强调 着眼全国大局发挥自身优势明确主攻方向 奋力谱写中国式现代化建设的陕西篇章》，《陕西日报》，2023年5月18日，第01版。

流交往，助力高水平对外开放，为助力胜利谱写中国式现代化建设的陕西新篇章贡献青春力量。

2023 年 7 月 29 日，习近平总书记在陕西省委书记赵一德、省长赵刚陪同下，来到汉中市考察，强调汉江流域的历史文化传承和生态保护。习近平总书记先是参观了汉中市博物馆有关历史文物展陈，了解汉中历史文化、文物保护情况，并指出，文物承载灿烂文明，传承历史文化，维系民族精神，要发挥好博物馆保护、传承、研究、展示人类文明的重要作用，守护好中华文脉，并让文物活起来，扩大中华文化的影响力。汉中藤编等非物质文化遗产久负盛名，要发展壮大特色产业，更好带动群众增收致富。[①]之后，习近平总书记考察了地处汉江汉中城区段的天汉湿地公园，称赞这里是市民“幸福园”，并强调，汉江及其支流是南水北调中线工程的主要水源汇集区和供给地，保护好这一区域的湿地资源责任重大、意义深远。8 月 7 日，团省委召开政治理论集中学习，传达学习习近平总书记在四川、陕西汉中考察时的重要讲话重要指示精神，要求全省各级团组织把学习宣传贯彻习近平总书记来陕考察重要讲话重要指示精神作为首要政治任务，迅速兴起学习宣传贯彻热潮。

三、学习贯彻习近平总书记给青年回信精神

党的十八大以来，习近平总书记常常通过书信方式同各行各业的青年交流，给北京大学援鄂医疗队全体“90 后”党员、南京大学留学归国青年学者、中国农业大学科技小院的同学们、中国航天科技集团

① 《习近平从四川返京途中在陕西汉中考察时强调 努力建设环境优美 绿色低碳 宜居宜游生态城市》，《华商报》，2023 年 7 月 30 日，第 A1 版。

空间站建造青年团队、海军潜艇部队某艇员队全体官兵的回信等，与青年朋友们谈理想、谈担当、谈爱国、谈奋斗、谈成长，为青年成长成才指明方向，特别是给陕西青年的回信更是激励着三秦大地的青年们在中华民族伟大复兴的道路上奋发前行。团省委紧跟、紧扣、紧贴习近平总书记回信精神，在全省扎实开展学习贯彻落实习近平总书记回信精神主题教育，着力塑造一批又一批社会主义合格建设者和可靠接班人，为党培养堪当民族复兴重任的时代新人。

2017 年 4 月和 7 月，中国“互联网 +”大学生创新创业大赛平台组织开展“青年红色筑梦之旅”实践活动，来自西安电子科技大学、北京科技大学、南开大学、厦门大学等高校的“互联网 + ”大赛参赛项目百余支大学生创新创业团队分两批赴延安开展实践活动，通过大学生创新创业项目对接革命老区经济社会发展需求，助力延安乡村振兴，助力延安精准扶贫。实践活动结束后，全体队员给习近平总书记写信汇报了他们的收获和体会。2017 年 8 月 15 日，习近平总书记给第三届中国“互联网 +”大学生创新创业大赛“青年红色筑梦之旅”大学生回信，“希望你们扎根中国大地了解国情民情，在创新创业中增长智慧才干，在艰苦奋斗中锤炼意志品质，在亿万人民为实现中国梦而进行的伟大奋斗中实现人生价值，用青春书写无愧于时代、无愧于历史的华彩篇章”①，并深切勉励青年学生把激昂的青春梦融入伟大的中国梦，全面服务乡村振兴、助力实现共同富裕，为中国的高质量创新发展再添“成色”。8 月 18 日，团省委组织召开座谈会，深入学习贯彻习近平总书记回信精神。会上，青年代表们就如何更好地实现创新创业梦想，助力脱贫攻坚，落实“五新”战略，实现陕西追赶超越作了发言。大家纷纷表示，要更加

① 习近平：《习近平总书记给第三届中国“互联网 +”大学生创新创业大赛“青年红色筑梦之旅”的大学生的回信》，新华社北京，2017 年 8 月 15 日电。

深入学习延安精神，传承红色基因，努力开拓创新，坚定创新创业信心，不怕艰辛，切实践行习近平总书记的鼓励和支持，努力在创新创业中增长智慧才干，在助力陕西“追赶超越”中锤炼意志品质，以实际行动参与到扶贫攻坚行动中去，带动更多人员创业就业，为建设美丽陕西、实现中华民族伟大复兴添砖加瓦。

2018 年 5 月，陕西照金北梁红军小学的学生们把家乡的变化、学校的发展和立志成才回报社会的决心汇成了一封书信寄给习近平总书记。5 月 30 日，在“六一”国际儿童节来临之际，习近平总书记给陕西照金北梁红军小学的学生回信，“希望你们多了解中国革命、建设、改革的历史知识，多向英雄模范人物学习，热爱党、热爱祖国、热爱人民。”[①] 6 月 1 日，团省委组织召开学习贯彻习近平总书记给照金北梁红军小学学生回信精神座谈会。大家一致认为，回信充分

2018 年 6 月，照金北梁红军小学学生开展少先队活动，学习习近平总书记给照金北梁红军小学学生回信精神。

① 习近平：《给陕西照金北梁红军小学学生的回信》（二〇一八年五月三十日），《论党的青年工作》，中央文献出版社 2022 年版，第 151 页。

体现了习近平总书记对少年儿童健康成长的亲切关怀，对培养中国特色社会主义事业的合格建设者和可靠接班人的高度重视。团省委号召全省各级少先队组织开展好习近平总书记回信精神的学习宣传和贯彻落实工作，深入开展“习爷爷的教导记心间”“争做新时代好队员”“红色基因代代传”“红领巾小小讲解员”等教育实践活动，教育引导少年儿童继承革命传统，聚焦党和国家发生的历史性变革，感受、认识和拥抱新时代。

2019 年 8 月 16 日，在新中国成立 70 周年前夕，咸阳纺织集团赵梦桃小组全体成员给习近平总书记写信汇报赵梦桃小组的发展历程和近年来的工作成绩，表达不忘初心、将“梦桃精神”代代相传的决心和扎实做好班组建设与生产工作的信心。11 月 12 日，习近平总书记回信勉励赵梦桃小组，希望大家继续以赵梦桃同志为榜样，在工作上勇于创新、甘于奉献、精益求精，争做新时代的最美奋斗者，把梦桃精神一代一代传下去。①赵梦桃小组第 13 任组长何菲动情地说：“总书记的勉励，语重心长，催人奋进，既是谆谆教诲，也是殷切希望，给予了我们极大的鼓舞。我和我的组员一定牢记总书记对我们的亲切勉励，守好梦桃精神这颗初心。”疫情发生以来，赵梦桃小组迅速行动，为湖北疫情防控捐款捐物，积极复工复产，跑出提高产能加速度，为疫情防控和实现纺织行业发展双胜利作出贡献。

2022 年，在中国共产主义青年团成立 100 周年之际，中国航天科技集团空间站建造青年团队给习近平总书记写信，代表该集团 8 万青年汇报 9 年来勇挑重担推动航天科技发展的情况，表达了为建设航天强国携手奋斗的坚定决心，中国航天科技集团有限公司第六研究院 7103 厂高级技师何小虎也是该团队的一员。在五四青年节到来之际，5 月 2 日，

---

① 《在新征程上书写新的“青春之歌”》，《人民政协报》，2022 年 10 月 22 日，第 01 版。

习近平总书记给中国航天科技集团空间站建造青年团队回信，并提出殷切期望："希望广大航天青年弘扬'两弹一星'精神、载人航天精神，勇于创新突破，在逐梦太空的征途上发出青春的夺目光彩，为我国航天科技实现高水平自立自强再立新功。"① 习近平总书记的回信，既是对全体航天青年和广大青年科技工作者的关怀厚爱，也是对奋战在全国各条战线青年的殷切期望。陕西航空航天领域聚集了全国 30% 的研制能力，拥有全国四分之一的航空专业人才和高精尖设备。陕西共青团把学习回信精神、贯彻习近平总书记关于青年工作的重要思想与开展"学习（喜迎）二十大、永远跟党走、奋进新征程"主题教育实践活动结合起来，引导青年强壮精神素养、矢志接续奋斗，以伟大建党精神为统揽，弘扬各条战线的精神财富，传承光荣传统、学习身边榜样，造就各领域青年英才辈出的好局面；引领青年心怀"国之大者"，立足岗位建功，激发创造热情，为我国经济高质量发展、科技高水平自立自强再立新功。

四、发挥为党育人的政治学校功能

"青年大学习"行动

2018 年 3 月，为把组织引导广大青年深入学习宣传贯彻习近平新时代中国特色社会主义思想和党的十九大精神持续引向深入，团中央决定在全团部署实施"青年大学习"行动。

根据团中央要求，2018 年 3 月 30 日，团省委印发《关于在全省各级团组织实施"青年大学习"行动方案》的通知，通过"导学、讲学、研学、比学、践学、督学"六位一体的学习体系，着力提升学习的制

① 《习近平回信勉励广大航天青年 弘扬"两弹一星"精神载人航天精神 为航天科技实现高水平自立自强再立新功》，《人民日报》，2022 年 5 月 4 日，第 1 版。

度化和实效性，引导广大青年切实增强“四个意识”，树立“四个自信”，坚定不移听党话、跟党走。

全省各级团的领导机关带头开展学习，推进“两学一做”[①]学习教育常态化制度化，面向全省各层级专职、挂职、兼职团干部和少先队辅导员等开设系列专题培训班，持续打造“秦小青学习记”网上课堂。组织全省各级专职、挂职团干部结合“团干部直接联系青年”“常态化下沉”等工作，到基层团支部和“青春驿站”等场所，面向团员青年广泛开展小规模、互动式、有特色、接地气的面对面宣讲交流。结合“走进青年、转变作风、改进工作”“常态化下沉基层”“团干部直接联系青年”等机制，全省各层级、各领域团干部深入青年、深入基层，对新时代青少年思想行为特点、共青团改革再出发等开展调查研究。全省各级团组织还通过举办网上知识竞赛、征文比赛、演讲比赛等活动，组织广大青年积极参与到学习行动之中。团员青年积极参加青年志愿者、保护母亲河、大中专学生暑期“三下乡”社会实践活动，在实践锻炼中接受教育、坚定信念。全省各级团组织通过线下考试、线上测试、随机抽查等多种方式，对团干部分阶段开展学习检验。

2018 年 8 月 1 日，团中央上线“青年大学习”网上主题团课，采用青年中流行的短视频 + 互动问答形式，解读习近平新时代中国特色社会主义思想。团省委结合信息化工程建设，开发了陕西省青年大学习网上主题团课专门接口。全省各级团组织结合各自实际，制定学习计划和执行方案，积极发动团员青年参与网上主题团课，并加强学习督导，确保学习入脑入心、取得实效。截至 2022 年 12 月，已推出 15 季 165 期，全省累计 6200 万人次团员青年完成了“青年大学习”

① “两学一做”，指学党章党规，学系列讲话，做合格党员。

在线学习。

全省各级团组织举办一系列学习活动，组织全省广大团员青年学习《习近平的七年知青岁月》《习近平关于青少年和共青团工作论述摘编》等书籍，掀起学习热潮。2018 年 4 月，省委宣传部、团省委、省学联等在西安建筑科技大学联合举办“青年学习青年习近平”主题读书分享会，300 余名青年代表共同分享读书乐趣。2021 年 3 月，陕西科技大学开展“学党史、强信念、跟党走”主题团日示范活动，团员青年们通过阅读《中国共产党简史》《习近平与大学生朋友们》等书籍分享了自己的感悟，表示要学好党史，讲好中国故事，做新时代好青年。

2022 年 7 月，团省委专题学习习近平同志《论党的青年工作》，引导团干部深刻领会党的青年工作的地位作用，理解领悟团的政治定位、初心使命、历史作用；深刻领会党的青年工作的目标任务，掌握总书记为青少年健康成长指明的正确道路；深刻领会党的青年工作的职责使命，进一步坚持问题导向；深刻领会党的青年工作的实践要求，深刻体悟共青团区别于其他青年组织的根本特质和鲜明优势，体悟总书记提出的全面从严治团方略，进一步做到自省自励。全省各级团组织抓住“关键少数”，学习《论党的青年工作》，进一步学深悟细习近平新时代中国特色社会主义思想，为陕西共青团高质量发展进一步夯实思想基础和理论根基。

“青年讲师团”计划

为深入学习宣传贯彻习近平新时代中国特色社会主义思想，加强马克思主义中国化最新成果“青言青语”阐释解析，2019 年 2 月起，团中央在全团实施“青年讲师团”计划，推动团的各层级、各系统普遍建立“青年讲师团”。

团省委按照共青团宣传思想工作要求，积极实施“青年讲师团”计划，建立“青年讲师团”，深入基层、走进青年，围绕党的理论、党史国史、形势政策、成就故事等，开展报告会、分享会、座谈交流、在线宣讲等面对面、互动性的宣讲活动，激励和引领广大青年真正在内心深处增强“四个意识”、坚定“四个自信”、做到“两个维护”，为夺取新时代中国特色社会主义伟大胜利、实现中华民族伟大复兴中国梦汇聚起磅礴的青春力量。2019 年，从全省优秀团干部和党政机关青年干部、高校青年教师和青年理论专家、青年典型、青年媒体工作者等中甄选出 55 位政治立场坚定、理论素养较高、宣讲能力较强的干部和教师，组建成立了团省委第一批“青年讲师团”。2022 年，将 97 名人选纳入团省委第二批“青年讲师团”。

团省委以“青年讲师团”为抓手，常态开展基层理论宣讲工作，在参与重要会议、重大活动、重大决策的集中宣讲中展示青年讲师团的独特优势和良好形象，突出思想内涵和价值引领，不断扩大“青年讲师团”的参与度、覆盖面。宣讲在内容上突出“五讲”（讲理论、讲政策、讲道德、讲文化、讲榜样），在行动上强化“五进”（进农村、进企业、进社区、进学校、进机关），把青年带头宣讲的理念传递给更多的团员青年。

团省委以队伍建设为重点，努力提高“青年讲师团”宣讲水平。全盘统筹青年讲师团资源，有序推动讲师团工作机构、人员向市、县延伸；对讲师团队伍建设和活动开展提供必要的条件保障和经费支持，为讲师团顺利开展工作提供有力保障；充分发掘基层宣讲资源潜能，调动基层各方面的积极性主动性，主动结合重要时间节点和重点工作项目，邀请青年讲师团成员开展宣讲，形成了专家学者讲理论、领导干部讲政策、普通百姓讲故事的青年宣讲工作队伍。

自活动启动以来，全省累计开展各类学习宣讲活动 2200 场次，参与青年 24.5 万人次。

新时代青年马克思主义者培养工程

2007 年 5 月，团中央启动“青年马克思主义者培养工程”（简称“青马工程”）。团十八大以来，“青马工程”按照具有“忠诚的政治品格，浓厚的家国情怀，扎实的理论功底，突出的能力素质，忠恕任事、人品服众”的培养目标以及“控数量、重实践、调结构”的工作方向，着力提质扩面。2020 年 6 月，团中央联合教育部、民政部、农业农村部、国务院国资委联合印发了《关于深入实施青年马克思主义者培养工程的意见》，在培养方式、管理监督、人才举荐等方面破题发力，对新时代深入实施“青马工程”作出部署。2023 年 1 月，团中央印发《青年马克思主义者培养工程管理办法（试行）》的通知，进一步提升青年马克思主义者培养工程制度化规范化水平。

根据团中央“青马工程”实施要求，2022 年 11 月，团省委印发《关于深入开展青年马克思主义者培养工程的实施方案》的通知。陕西“青马工程”逐步构建覆盖高校、国企、农村、社会组织、西部计划志愿者、研究生支教团、少先队辅导员等各领域优秀青年。高校班依托“陕西大学生骨干培养学校”，持续开展大学生骨干思想淬炼、政治历练、实践锻炼，着力为党培养和输送青年政治骨干。国企班构建省、市、国有企业、企业二级单位四级培养格局，举办“国有企业青年骨干培训班”，强化对国有企业青年骨干的政治锻造。农村班聚焦乡村振兴战略，构建省、市、县三级培养格局，举办“省级农村青年人才培训班”，培养“懂农业、爱农村、爱农民”的有志青年成长为乡村治理骨干力量。社会组织班重点建立省、市、县三级培养体系，举办“社会组织负责人培训班”，着眼提升社会组织在社会治理中的贡献度，突出对青年社会组织骨干的政治引领和价值引领。少先队辅导员班重点开展省级培养工作，举办“全省少先队辅导员培训班”，建立相应的教学管理、导师辅导、评价考核等机制。2012 年至 2022 年，10 年间，共培养“青马工程”骨干 16 万余名。

2015 年 8 月，陕西大学生骨干培养学校培训班学员在杨家岭旧址进行实践锻炼。

五、主题教育中提升理想信念

“我的中国梦”主题教育实践活动

2013 年，党的十八大之后，中国梦很快成为广大青年关注的“第一热词”，共青团中央在全国青少年中广泛开展了“我的中国梦”主题教育实践活动，引导青少年自觉把个人梦想融入中国梦之中，为全面建成小康社会、实现中华民族伟大复兴的中国梦而发奋成才、建功立业。“我的中国梦”主题教育实践活动突出思想内涵，围绕引导团员青年深刻认识中国梦的基本内涵是国家富强、民族振兴、人民幸福，深刻认识实现中国梦必须坚持中国道路、弘扬中国精神、凝聚中国力量，深刻认识应自觉把个人梦想融入中国梦之中，深刻认识实现中国梦需要亿万青年脚踏实地、不懈奋斗等内容展开，切实增强团员青年的责任感、使命感和奋斗精神。

按照习近平总书记提出的“深化中国梦学习教育，关键是讲好故事”“讲好故事，事半功倍”的重要要求，团省委以“我的中国梦”为主题，结合“青春学堂”“红领巾相约中国梦”“与信仰对话”“四进四信”[①] 等载体，开展各类宣传教育活动2万余场，开展“我的中国梦——奋斗的青春最美丽”系列分享活动2000余场。“实现中国梦，青春勇担当”成为鼓舞陕西团员和青少年奋力前行的最强音。各条战线、各个系统特别是广大基层团组织，普遍开展讲故事、树典型、抓实践等活动，邀请党政领导、专家学者、各类青少年典型，围绕“奋斗的青春最美丽”主题，深入基层单位和青少年中开展分享交流活动。通过讲述青春故事、分享人生感悟、沟通交流思想，引导青少年把个

陕西各级团组织在青年中广泛开展“我为核心价值观代言”活动。图为2014年9月，陕西宁强县6位青年身着羌族服饰用书法形式宣传社会主义核心价值观。

① “四进四信”，“四进”即进支部、进社团、进网络、进团课，“四信”即牢固树立对党的科学理论的信仰、坚定走中国特色社会主义道路实现中国梦的信念、增强对党和政府的信任、增进对以习近平同志为核心的党中央的信赖。

人梦想与中国梦紧密结合起来，勇于追梦、奋斗圆梦，践行社会主义核心价值观，大力传承“延安精神”，在推动实现中国梦的伟大进程中成就个人梦想。

“青春心向党 建功新时代”主题宣传教育实践活动

2019 年，围绕庆祝中华人民共和国成立 70 周年、纪念五四运动 100 周年，团中央在全团部署开展“青春心向党 建功新时代”主题宣传教育实践活动。

按照团中央统一部署，团省委在全省各级团组织中部署开展“青春心向党 建功新时代”主题宣传教育实践活动。

强化主题宣讲，各级团组织发挥“青年讲师团”的作用，深入基层开展与青少年面对面的宣讲活动。

强化仪式感召，各级团组织依托各地青少年教育基地、红色教育资源，集中开展入团仪式、18 岁成人礼、“青春心向党 建功新时代”“争做新时代好队员”等主题团队日活动，让青少年在庄严的仪式中接受理想信念熏陶。

强化榜样带动，实施“陕西青年五四奖章”“优秀共青团员”“陕西好青年”“陕西青年岗位能手”“向上向善好青年”“优秀少先队员”等典型推选活动，发挥榜样的示范带动作用。

强化网上引领，团省委依托团属新媒体平台，策划实施“辉煌 70 年——青年网络名人看三秦”主题宣传采风活动、“鸟瞰三秦”青年无人机拍摄大赛、“青春唱响 70 年——青年网络歌曲挑战赛”等网络主题活动，结合线下主题团日活动，集中举办“青春心向党 建功新时代”网络直播活动。

强化文化熏陶，团省委精心创作推出“潮向延安——纪念新中国成立 70 周年 · 五四运动 100 周年”系列网络文化产品，开展“我和我的祖国”主题作品征集活动。

强化实践锻炼，团省委紧密结合团的重点工作品牌，扎实开展“创青春”“青年志愿者”、大中学生“三下乡”社会实践等活动，让青少年在实践中了解国情、感受成就、受到锻炼，在助力陕西经济高质量发展中贡献青春力量、展现青春风采。

强化氛围营造，团省委积极协调各级各类新闻媒体平台，通过新闻综述、理论文章、评论社论、人物访谈、话题讨论等方式，掀起全媒体宣传热潮，展示各地团组织和广大青少年“青春心向党·建功新时代”的良好精神风貌，大力唱响礼赞新中国、奋进新时代的昂扬旋律。

青年文明号集体员工参加“关爱大秦岭保护母亲河”志愿服务活动。

纪念五四运动 100 周年

为纪念五四运动 100 周年，大力弘扬“爱国、进步、民主、科学”的五四精神，2019 年 4 月 28 日，团省委联合省委宣传部、省委教育工委、省教育厅、陕西广播电视台等多家单位主办的“光荣与梦想”——陕西省纪念五四运动 100 周年文艺演出在西安举行。演出紧紧围绕“光荣与梦想”这个主题，以“我有一个梦想”为主线，通过“寻梦”“追梦”“圆梦”三个篇章依次展开精彩纷呈的节目，全方位呈现了新时代青年为中华民族伟大复兴中国梦不断奋斗的闪亮轨迹。

4月30日，团省委在西安召开陕西省纪念五四运动100周年座谈会，陕西省委书记胡和平出席会议并讲话。共青团干部代表、优秀学生代表、青年创业者代表和一线青年工人代表发言。各界青年代表学习贯彻习近平总书记重要讲话，回顾五四运动光辉历史，传承弘扬伟大的五四精神，激励和引导广大青年为决胜全面建成小康社会、实现中国梦而不懈奋斗。大家一致认为，习近平总书记在纪念五四运动100周年大会上的重要讲话深切缅怀五四先驱崇高的爱国情怀和革命精神，深刻阐释五四运动的历史意义，高度评价五四运动的历史贡献，对发扬五四精神提出明确要求。特别是习近平总书记对新时代中国青年提出树立远大理想、热爱伟大祖国、担当时代责任、勇于砥砺奋斗、练就过硬本领、锤炼品德修为的殷切期望，为广大青年成长成才、建功立业指明了方向，也为做好新时代青年工作提供了根本遵循。广大团员青年们要深入学习贯彻习近平总书记重要讲话，传承好弘扬好伟大的五四精神，为实现中华民族伟大复兴的中国梦贡献更多青春力量。

2019年4月28日，共青团陕西省委联合中共陕西省委宣传部、陕西省委教育工委、陕西省教育厅等多家单位共同举办“光荣与梦想”——陕西省纪念五四运动100周年文艺演出。

2019 年 3 月 29 日，团员青年在延安杨家岭开展"百年青年梦 奋斗强国路"——庆祝新中国成立 70 周年、五四运动 100 周年红歌快闪活动。

"学党史 强信念 跟党走"学习教育

2021 年是中国共产党成立 100 周年。党中央在全党开展党史学习教育，是立足党的百年历史新起点、统筹中华民族伟大复兴战略全局和世界百年未有之大变局、为动员全党全国满怀信心投身全面建设社会主义现代化国家而作出的重大决策。共青团作为党缔造和领导的青年政治组织，把党史学习教育作为发挥党的助手和后备军作用的重大责任，作为团员思想武装和团的思想建设的重要内容，作为深化青少年思想政治引领的重大契机，在全团开展"学党史、强信念、跟党走"学习教育，引导广大团员青年厚植爱党、爱国、爱社会主义的情感，让红色基因、革命薪火代代传承。

团省委按照中共陕西省委要求和团中央总体部署，紧密结合共青团工作和团员青年实际，坚持团员自学和支部组织学习相结合，坚持理论学习和实践教育相结合，在全省各级团组织和广大团员中开展"学党史、强信念、跟党走"学习教育。组织全省 8.9 万名团干部、127.9 万名团员青年集中观看"七一"庆祝大会，围绕习近平总书记"七一"

重要讲话，开展“青春向党 奋斗强国”主题团日宣传活动。开展“红领巾心向党”“请党放心 强国有我”等主题队日活动，参与大中队80196个，覆盖率95.8%。组织“青年大学习”“红领巾爱学习”等网上团队课和答题互动学习，超4700万人次参与，利用微信、微博、今日头条、抖音等平台，开设“三秦青年学党史”专栏和话题。联合开展“青春微言”“百名团干讲党史”等党史宣讲比赛，覆盖76所高校、237所中学、2400余名团干部，示范带动各界青年开展党史学习教育。组织青年讲师团等赴基层宣讲2.1万场次，覆盖青少年超310万人。

“青年盼什么，我们就干什么。”各级团组织纷纷启动“我为青年做件事”实践活动，将党史学习教育成果不断转化为服务青年的生动实践，让党史学习教育走深走实、见行见效。举办“菁彩青农”全省首届乡村振兴互联网公益助农直播大赛，助力乡村振兴；组织团干部和一线思政课教师，结合陕西实际编写10万余字的《陕西中学团课讲义》，并配套录制相应视频，指导基层团组织开展团课和党史学习教育；招募17名心理专家启动“青春灯塔”线上线下心理疏导和公益宣讲活动，助力全省中高考考生轻松备考，通过细致服务传递党对青年的关爱。通过“学党史、强信念、跟党走”学习教育，广大团干部和团员青年了解党的光辉历史、感悟党的初心使命、领会党的创新理论、体认党的精神谱系、传承党的红色基因，准确把握陕西新时代发展的阶段性特征，做到学史明理、学史增信、学史崇德、学史力行，更加自觉地以习近平新时代中国特色社会主义思想武装头脑，凝心聚力、开拓创新、真抓实干，为奋力谱写陕西新时代追赶超越新篇章、实现中华民族伟大复兴中国梦贡献青春力量。

2021年7月8日，团省委召开陕西各界青年学习贯彻习近平总书记在庆祝中国共产党成立100周年大会上的重要讲话精神座谈会，来自全省各界青年代表围绕学习贯彻习近平总书记重要讲话精神，立足学习和工作实际进行了交流发言。大家纷纷表示，要牢记习近平总书记的殷殷嘱托，始终听党话、跟党走，以史为鉴、开创未来，在实现我国第二个百年奋斗目标征程中不负青春、砥砺前行。会议要求，全省各级团、队组织，广大团员青年要从讲话精神中读懂坚持中国共产党的领导、中国特色社会主义理论体系，始终坚定引领广大团员青年、少先队员永远跟党走。要始终高举伟大旗帜，面向青年抓好伟大成就教育、广泛开展形势政策教育、深化理想信念教育，让“请党放心”成为新时代的青春志向；始终立足伟大事业，引导青年勤于奋斗，激励青年勇于奉献，要刀刃向内深化改革，让“强国有我”成为新时代的青春担当；始终面向伟大征程，把重要讲话精神作为当前正在开展“学党史、强信念、跟党走”学习教育的主要内容，着力增强学习系统性、创新性、针对性，让“学深悟透”总书记重要讲话精神成为广大青年的行动自觉。

六、延安精神焕发时代光芒

延安是中国革命的圣地、新中国的摇篮，以毛泽东同志为核心的党中央运筹帷幄、决胜千里，探索根据地经济建设、政治建设、军事建设、文化建设，作出了关系中国革命前途命运的一系列重大决策，为夺取新民主主义革命胜利、建立中华人民共和国作出了伟大历史贡献，在如火如荼的革命斗争中熔铸出了伟大延安精神。“延安精神”是中国共产党的传家宝，是中华民族宝贵的精神财富。新时代，陕西共青团大力弘扬延安精神，教育、引导团员青年铭记光辉历史、传承红色基因，在新的起点上把党的事业不断推向前进。

召开延安时期青年工作研讨会

2012 年 4 月 26 日，在中国共青团建团 90 周年之际，团省委在延安召开“延安时期青年工作研讨会”。中国青少年研究中心主任、团中央青运史档案馆馆长郗杰英，陕西省委党校副校长、陕西省延安精神研究会常务副会长郑志飙，团省委书记李豫琦等出席会议。延安时期青年工作者子女、延安团市委负责人，以及老团干代表、冯庄团支部新老团员代表和各界青年代表参加了研讨会。

研讨会上，郗杰英就“中国共产党在延安领导全国的青年运动及延安青年运动在全国青年运动中占有的地位”等方面全面阐述了延安时期的青年运动和青年工作。郑志飙、冯庄团支部创建人吴亚峰、延安时期青年工作研究专家及陕西各界青年代表等先后发言。此次研讨会深入挖掘、总结了延安时期青年工作的光荣传统和先进经验，理论研究成果刊发于中国青年报、陕西日报等媒体。全省普遍开展了“与信仰对话”“红领巾心向党”等活动，影响青少年达200余万人次，加深了广大青少年对祖国发展的认同和热爱。

中共中央青委延安旧址陈列布展对外开放

中共中央青委成立后，紧密围绕抗日战争、解放战争时期党的使命和任务，积极探索党对青年组织和青年运动领导方式和工作方法，凝聚了全国青年的力量，为民族独立和人民解放作出了重要贡献。2013年3月，在团中央宣传部、青运史档案馆指导和团延安市委支持下，团省委积极协调各方力量，征集史料、撰写文案、实施布展，2014年11月完成了中共中央青委延安旧址的布展工作并对外开放，并被纳入延安杨家岭革命旧址群管理，是全国青少年延安革命传统教育基地的组成部分。旧址开放后，全国各地数十万团员青年前来参观学习，赓续红色血脉，汲取奋进力量。团省委充分发挥青委旧址的育人作用，用青年易于传播和接受的话语体系，做好党的创新理论的青年化阐释，组织开展“不忘初心跟党走 追赶超越当先锋”“追

忆红色岁月 继承延安精神”“爱国小先锋英烈事迹宣讲研学活动”等系列主题活动，开展青少年思想引领主题团课，不断加强共青团员、少先队员的红色教育，引领广大团员青年悉心领悟延安精神的政治内涵，讲好延安故事、革命故事，继承和发扬延安时期党形成的优良革命传统和作风，弘扬延安精神，贯通历史与现实，奋进新时代、逐梦新征程，为实现中华民族伟大复兴贡献青春力量，让延安精神焕发时代光芒。

2017年5月3日，共青团延安市委在杨家岭中央青委旧址举办“不忘初心跟党走，追赶超越当先锋”主题团课示范活动。

“重走抗战路·青春向延安”主题活动

2015年7月9日，由共青团中央、全国青联主办，共青团陕西省委承办的“重走抗战路·青春向延安”全国优秀青年代表纪念抗战胜利70周年主题活动在八路军西安办事处纪念馆正式启动。“重走抗战路·青春向延安”主题活动，组织全国70多名优秀青年代表追寻当年各界进步青年奔赴延安参加抗战的足迹。青年代表中既有大学生骨干、青年教师、留学归国青年，也有创业成功青年、媒体记者编辑及青年网络文明志愿者。活动以专题讲座、研讨交流、拓荒劳动、徒步行军、学唱抗战歌曲、体验窑洞生活等方式开展。活动从八路军西安办事处纪念馆到泾阳县安吴青训班革命旧址、洛川县洛川会议纪念馆、延安革命纪念馆、杨家岭（党的七大）革命旧址等重要场所。青年代表切身体验延安抗战革命历史，深刻理解了以爱国主义为核心的伟大民族精神是中国人民抗日战争胜利的决定因素，深刻理解中国共产党的中流砥柱作用是中国人民抗日战争胜利的关键，深刻理解全民族抗战是中国人民抗日战争胜利的重要法宝，广大青少年铭记历史、缅怀先烈、珍爱和平、开创未来，表示要在实现中华民族伟大复兴的道路上贡献青春力量。团省委制作的专题动漫《潮向延安》累计点击量过百万，微博话题“青春向延安”阅读量达 2500 多万次。

延安精神小小讲解员

1992 年，延安职业技术学院附属小学成立了全市第一个“延安精神小小讲解团”，开展“延安精神‘小小讲解员’暑期红色实践活动”“‘讲好红色故事 传承红色基因’红领巾小小讲解员讲解技能展示”等主题活动，将爱国主义教育与传统文化教育相结合，在宣讲中传承红色基因，在宣讲中自我成长。延安团市委、市少工委后将“小小讲解员”更名为“红领巾讲解员”。2019 年，团省委在全省推广此项活动。2021 年，全国少工委正式在全国推广“红领巾讲解员”实践活动，并成为全国各地少先队重要实践品牌活动之一。在讲解团成立至今的三十余年中，许多“红领巾讲解员”在闪耀着延安精神的红色沃土上茁壮成长。每逢节假日，就会有来自延安市各所小学的少先队员佩戴鲜艳的红领巾，带着讲解扩音器在枣园、杨家岭、王家坪、延安革命纪念馆、西北局纪念馆等红色爱国主义教育基地，以当年“小八路”的精气神，用稚气未脱的声调，通过“讲、唱、跳”的形式，热情洋溢地向远道而来的游客宣讲党中央和毛泽东等老一辈革命家在延安的峥嵘岁月和那段波澜壮阔的革命史、奋斗史，把陕西大地上的红色故事传播出去，树起了传承弘扬延安精神一道红色的靓丽风景。截至2023年，延安已培养1.8万余名“红领巾讲解员”，得到了社会各界的认可和高度评价。

第三节 组织动员青年
巩固和扩大党执政的青年群众基础

一、青年典型选树宣传

新时代，团省委坚持以习近平新时代中国特色社会主义思想为指导，落实习近平总书记关于青年工作的重要思想，以社会主义核心价值观为引领，大力挖掘、选树、宣传可亲可信可学的先进青年，通过广泛开展事迹分享、报告宣讲、产品传播等形式，不断增强青少年学习典型的参与性、互动性和实践性，用真人、真事、真情，激励全省青少年以奋发向上、崇德向善的精神面貌在谱写陕西高质量发展新篇章中贡献青春力量。团省委开设“青年热议”“青春追梦人”等专题栏目，开展“学习寄语精神，展现青春担当”主题实践、“‘中国梦·青年志’——寻找身边的陕西好青年”“青年榜样说”——青年五四奖章先进事迹分享会直播及宣传，发布“用青春书写新时代的荣光”青年风采专访，广泛开展“最美奋斗者”“将改革开放进行到底”“改革先锋进校园”“中国好网民”宣传教育，积极培育和践行社会主义核心价值观，引导青少年学习身边榜样、拓展国际视野、树立世界眼光。推进团省委荣誉库和青年典型案例库建设，强化青年典型培树宣传。

2018 年 6 月 12 日，陕西省“向上向善好青年”首场青春故事分享会在特能集团庆华公司举行。

“中国青年五四奖章”于 1997 年开始评选，2012 年至 2023 年，陕西青年李学龙、丁赟、董飞霞、周莉、张正良、王辉（追授）、何小虎、王震等 8 人荣获“中国青年五四奖章”荣誉称号，中国航天科技集团有限公司五院西安分院北斗三号研制团队、中国航天科技集团有限公司第四研究院四十一所长征系列运载火箭固体大推力发动机研制团队、西北工业大学空天结构技术创新攻坚团队荣获“中国青年五四奖章集体”荣誉称号。“陕西青年五四奖章”是团省委、陕西省青联授予陕西优秀青年的最高荣誉，专门授予为陕西改革开放和社会主义现代化建设作出突出贡献的青年。2000 年 11 月 1 日，团省委、省青联联合发出《关于颁发“陕西青年五四奖章”的决定》，颁发条件是：14 周岁至 39 周岁的陕西青年（特别优秀的可以放宽到 42 周岁）；坚定拥护中国共产党的领导，坚持党的基本路线，热爱陕西，是广大陕西青年政治进步的楷模；踊跃投身陕西经济文化建设实践，刻苦学习，勤奋工作，爱岗敬业，勇于创新，吃苦耐劳，艰苦奋斗，为陕西建设西部强省作出了突出业绩和重大贡献，是广大陕西青年建功成才的典范；积极参加社会主义精神文明建设，具有良好的社会公德、职业道德和家庭美德，是广大陕西青年精神文明的榜样。2001 年，首届“陕西青年五四奖章”颁发，新时代不断赋予“陕西青年五四奖章”新的时代内涵。2012 年至 2023 年，共有 271 名个人荣获“陕西青年五四奖章”，88 个集体荣获“陕西青年五四奖章集体”。这些先进个人、先进集体充分发挥青年典型模范带头作用，激励广大青少年踔厉奋发、勇毅前进。

2022 年 5 月，第 20 届“陕西青年五四奖章(集体)”获奖者合影。

二、巩固和扩大青年爱国统一战线

民族团结进步中的青年统战工作

进入新时代，面对青年结构发生重大变化、工作难度客观加大的新情况，团省委、省青联充分发挥组织动员优势、人才智力优势、资源整合优势，团结、引领、凝聚全省各族各界青年，加强不同民族之间青少年的广泛交流，增强青年互信和民族团结，在奋力谱写陕西高质量发展新篇章的实践中贡献青春智慧和力量，不断壮大青年爱国统一战线。2020年，团省委与省民宗委、省总工会、省妇联联合下发《贯彻落实〈关于进一步做好新形势下民族团结进步创建工作的指导意见〉的实施方案》，以铸牢中华民族共同体意识为主线，进一步明确各级共青团在全省民族团结进步创建工作中所承担的职责。2021年，团省委出台《动员共青团力量支持西藏、新疆青少年工作的实施方案》，通过动员共青团力量支持新疆、西藏青少年工作，不断提高共青团在新疆工作、西藏工作中的贡献度。2022年，团省委联合省委统战部、省委教育工委、省民宗委下发《关于在全省大中小学生中开展铸牢中华民族共同体意识教育系列活动的通知》，把铸牢中华民族共同体意识教育纳入学生思想政治教育工作中，有效促进全省各族中小学生铸牢中华民族共同体意识。

对口援助西藏阿里地区 团省委、省青联从完善硬件配套、加强团干部培养、提升团组织覆盖面等方面着手，开展与西藏阿里地区的对口援助工作，支持西藏少数民族地区青少年事业发展。自2014年三轮西藏对口帮扶工作开展以来，团省委组建援助团赴阿里开展援助工作，先后开展儿童先心病义诊、慰问贫困农牧民家庭、“五个认同”① 和“三个离不开”② 专题讲座、陕西希望工程圆阿里少年科技梦等活动，为藏区儿童捐赠书包、捐建创客和智慧教室、捐赠《少年月刊》《当代青年》《延河》等青少年杂志刊物，累计筹集援助物资、资金2800余万元，有效提升了阿里地区基层团组织建设，为推动阿里地区高质量发展作出了积极贡献。

---

① “五个认同”，指对伟大祖国的认同，对中华民族的认同，对中华文化的认同，对中国共产党的认同，对中国特色社会主义道路的认同。

② “三个离不开”，指汉族离不开少数民族，少数民族也离不开汉族，各少数民族之间互相离不开。

团省委、省青联注重“扶志”“扶智”相结合，不断提高服务阿里地区青少年学业、就业的能力和水平，帮助青少年勇敢追梦。2018年，组织阿里地区青少年民族团结代表团来陕考察交流，邀请阿里青年致富带头人到陕参加培训等途径,帮助阿里青年提升就业创业技能。在拉萨和阿里两地分别建立陕西省西部计划志愿者工作站，提升对志愿者的服务水平。2020 年至 2023 年，组织 684 名西藏籍大学生参与“三下乡”“民族团结我践行”实践活动，招募 134 名西部计划志愿者在西藏开展服务，促进了陕藏青少年之间的交融。2017 年，团省委荣获团中央“2014-2017 年对口支援西藏工作优秀组织奖”。2021 年，团省委荣获“共青团第二轮对口支援西藏工作先进单位”。

推进少数民族青少年情感共融 团省委、省青联围绕助力凝聚人心，突出“民族团结一家亲”主题，涵盖理想信念、爱国主义、文化体验、科技科普、文体艺术等内容，积极开展线上线下交流活动。2015 年，举办“亲青贴心行动·我们一起过 YOUNG 年”陕藏青少年新年联欢会，为近 300 名浐灞一中少数民族学生送去价值 6 万元的爱心包、10 余万元的健康体检卡。2016 年，举办“弘扬中道正信 促进和谐稳定”新疆伊斯兰教青年代表人士学习考察活动，传递正能量，积极维护祖国统一和社会稳定。2017 年，组织西安体育学院、西藏民族大学和西安音乐学院青年赴浐灞一中开展“民族团结拥抱新时代 陕藏青年共筑中国梦——2017 年陕西共青团对口援藏文化艺术进校园同心联欢会”。2019 年，开展“情暖童心 陕藏少年儿童手拉手”夏令营活动，吴堡县 20 名少年儿童参加了此次夏令营活动，进一步增进陕藏少年儿童交流，增强孩子们的民族自豪感和自信心。2020 年，邀请 120 名来自西藏和陕西内地西藏班的藏族中学生参加第十二期全国各民族大中学生同心营陕西分营活动，推动陕藏青少年交流交往交融。2021 年，陕西省 50 所中小学校与新疆、西藏 13 个市县 70 所中小学校近万名学生开展“书信手拉手”“同上一堂课 同唱一首歌”主题云队课活动。2020年至2023年，先后组织249名西藏阿里青少年来陕参加陕藏“石榴籽一家亲”融情交流活动，加深了陕藏青少年之间的交往交流交融，有利于引导大学生铸牢中华民族共同体意识。

与港澳台青少年交往交流交融

与港澳青少年交往 党的十八大以来，习近平总书记对全面准确贯彻“一国两制”方针和做好港澳工作提出一系列新理念新思想新战略。团省委、省青联以“交往、交流、交融”为主旨，通过视、听、学、游等亲身体验活动，在经济、文化、教育多个领域搭建起陕西与港澳地区交往交流桥梁，促进三地青年之间的交流和心灵的沟通，增强港澳青少年家国情怀，促进港澳青少年融入国家发展大局。

2012年，团省委制定出台《关于青年外事和港澳台工作的管理规定》，开展两岸三地青年组织未来合作会谈，探索陕港澳台青年交流长效机制，先后组织200多名港澳台青年来陕访问交流。

2015年，组织香港保良局林文灿小学师生代表团52人来陕交流，引导香港小学生更加真实深入地了解内地学生的日常生活和学习情况，加强陕、港青少年之间的交流，增进友谊。组织寻根谒祖港澳青年学生代表团一行来陕交流，了解祖国文化，亲身感受祖国的繁荣与进步。

2016年，接待香港青年协会代表团115名来自13个国家和地区的华裔青年来陕展开展一带一路交流活动，青年代表们不仅了解了陕西建设丝绸之路经济带的进展情况，更了解到陕西与“一带一路”沿线国家和地区在经济、科技、文化等领域开展的各种交流与合作。2016年开始连续4年，选派代表赴香港参加香港青联24周年、25周年、26周年、27周年会庆暨会董会就职典礼，香港菁英会第九届、第十届、第十一届、第十二届执委会就职典礼等。指导筹建香港陕西青年会。

2017年，依托省青联港澳特邀界别，联合香港陕西青年会、香港青年联合会等组织，先后组织开展“香港青年迷彩会”来陕交流访问、第三届全陕青年书法大展暨港澳台青年书法邀请展等活动。

2018年，组织香港中国企业家协会来陕交流。

2019年，为庆祝中华人民共和国成立70周年，举办“祝福香港·点赞祖国”主题快闪等活动，表达内地与香港青年心连心、共同祝福祖国之情。

2020年，组织“长安与香港的对话”青年云论坛活动，引导香港青年加深对陕西和祖国的认知了解；精心策划“云上中秋”西安分会场活动，作为全国青联海峡两岸暨港澳青年“云上过中秋”9个分会场之一，推出的以中国传统文化为题材的原创节目《丝路华章》情景舞蹈受到了一致好评。

2021年，邀请100余名港澳台和陕西优秀青年代表开展“永远的圣地·2021港澳台青年延安大型文化巡礼”和“新丝路之光·第三届港澳台海外青年丝路行”系列参访交流。

2022年，举办“同心庆回归·青春在征途”庆祝香港回归25周年直播活动，开展在陕港澳青年大学生暑期实习工作；联合举办“第四届港澳台海外青年丝路行”活动，引导港澳台海外青年体验陕西文化，凝聚祖国统一的青年共识；动员港澳界别委员参与“一带一路”青年发展高峰论坛。

2023年，举办“港澳青年看祖国”三秦文化行活动，通过陕西优秀传统历史文化学习、经济社会发展形势解读、历史文化景点参访、红色革命精神体验等内容，深化陕港澳青年交融交流，增强民族文化认同；组织香港深水埗居民联会32名青年代表来陕考察交流，促进香港青年融入祖国发展大局；举办“百万青年看祖国”2023香港青年国情研学陕西行活动，香港保安局局长邓炳强率领60名赴陕参访团青年学员在西安和延安两地以“实地参访 + 现场教学方式”开展，追寻红色足迹，了解革命历史，激发爱国热情；举办“寻根访祖行”研学活动，通过主题报告、情景教学、参观交流等形式，来引导港澳台学生树立正确的历史观、民族观、国家观、文化观，促进秦港澳台青年互动交融。

2022 年 6 月，“同心庆回归·青春在征途”庆祝香港回归 25 周年直播活动在西安交通大学启动。

与台湾青少年交往 台湾青少年对祖国大陆的情感和国家认同关系着祖国统一，按照团中央、全国青联和省委对台工作统一部署，团省委、省青联以弘扬中华文化的优良传统为主题，以台湾青少年为重点，以陕西高校和有关青年团体为依托，围绕历史、文化、知识、经济、体育、生活等主题，精心设计了一系列特点鲜明的陕台青少年交流活动，促进了台湾青少年对祖国大陆和陕西的了解。

2012 年，团省委、省青联成功举办团中央“海峡两岸青年中秋节”陕西行活动，台湾中国大陆青年研究基金会率团 108 人来陕西访问并进行系列交流参访活动。

自2015年开始，连续5年举办以“寻根追源·青春同行”为主题的“两岸青年志工陕西行”活动，共有272名两岸青年学子参加活动，两岸青年在陕西偏远地区支教，考察陕西现代企业、高校、新型农村、城镇社区，参观古代历史遗迹、革命旧址等，使台湾青年深入了解和认识了大陆改革开放的成就和中华文化，加强了与台湾微客公益行动协会、海峡两岸教育交流促进协会、台湾彰化县新住民发展协会、台湾志工旅人协会法人等台湾公益组织的联系，推进了两岸志工学子的认知和交流。

2016年，台湾微客社团代表来陕，就台湾与陕西高校之间的大学生赴台进行文化以及社工交流进行了有益的探讨。

2018年，首次组织陕西省青年代表团赴台湾进行友好交流活动，强化了民族认同感。2021年，组织台湾37名青年走进照金开展文化寻访，传承优秀文化。

2022年，联合举办“第四届港澳台海外青年丝路行”活动，引导港澳台海外青年体验陕西文化，凝聚祖国统一的青年共识。

陕西青年外事活动

新时代的青年外事活动不断创新工作路径方法，发现和培养更多知华友华的外国青年骨干；探索青年特色外宣工作方法，持续讲好中国故事、中国青年故事；加强不同国家和地区之间青少年的广泛交流，增强青年互信，深入推进新时代青年外事工作。团省委、省青联充分发挥陕西历史人文优势，广泛宣传陕西发展，讲好陕西故事，营造陕西省丝绸之路经济带建设良好氛围，彰显青联在交流互动、思想碰撞、增进友谊、宣传陕西、展示中国平台中的作用。

政治交流活动　2014年，团省委、省青联在全国率先举办欧亚青年领导人友好会见暨丝绸之路国际青年圆桌会议，来自阿塞拜疆、白俄罗斯、哈萨克斯坦、吉尔吉斯斯坦、俄罗斯、塔吉克斯坦、土库曼斯坦、乌兹别克斯坦的 69 名中外青年领导参加了本次会议，宣传陕西，引资引智，服务陕西省向西开放战略和丝绸之路建设。

2015 年，接待以越南胡志明共青团中央第二书记邓国全为团长的越南青年代表团 90 人来陕访问。代表团走进陕西历史博物馆、兵马俑博物馆、西安八路军办事处、西北工业大学，与大学生热情交流。走进北火巷社区青春驿站，了解社区团组织建设、青年创业、团干部培训等方面的情况。

2016 年，接待韩国童军京畿北部联盟代表团一行 12 人，代表团对中韩两国的教育体制进行了交流，就进一步扩大两国青少年之间的交流往来达成共识。同年在韩国开展 2016 年中韩青少年（陕西）文化交流研习活动，陕西省 50 名青少年参加了本次活动。

2017 年，接待美国青年政治领袖理事会（简称美青理会）派遣的青年领导人代表团一行，这是继纪念全国青联与美青理会建立交往关系 30 周年访陕后，美青理会再次来陕交流。

2018 年，接待由来自阿根廷、巴西、智利、墨西哥、巴拿马五个国家的青年干部、政府议员、政党青年领袖等组成的拉美青年干部代表团，通过访问交流进一步了解“一带一路”倡议及中国共产党在政党建设方面的经验。组织出访 8 批 24 人次，涵盖越南、俄罗斯、印度等国家，开展“一带一路”沿线国家青年交流活动。

2022 年，承办首届亚欧青年领导人交流营暨亚欧青年绿色发展论坛，来自英国、法国、新加坡、马来西亚、中国等 30 个国家近 170 名青年代表云聚西安，围绕发展绿色能源、提升生态系统质量、应对气候变化、保护生物多样性、加强青年参与等话题进行了深入对话和交流。

经济文化交流活动 2012 年，首次开展农村青年致富带头人赴日本考察学习现代农业和新农村建设活动。

2016 年，组织来自美国哈佛大学的 7 名同学与来自西安交通大学的 12 名同学开展双向交流活动，同学们围绕“创新创业”进行座谈并参观了陕西省科技资源统筹中心、西安交通大学高端制造装备协同创新中心等地，并前往美国哈佛大学，共同参加美国知名学者的创业课堂等活动。

2017 年，成功举办第二届亚非青年联欢节，来自 39 个亚非国家的 500 多名青年代表们走进陕西的高校、企业、社区、历史古迹，深入考察了解陕西的经济、文化、科教及青年发展情况，并参加亚非青年联欢晚会，与陕西各界青年进行交流互动、共叙友谊。

2017 年开始，连续五年承办“中俄青年创业孵化器”交流项目，先后与俄罗斯的乌发、乌里扬诺夫斯克、伊热夫斯克及莫斯科及莫斯科州的青年创客开展了“创新之旅”“合作之旅”“友谊之旅”等系列交流活动。2019 年，成功承办了中俄青年创业孵化器“陕西－伊热夫斯克”双向交流项目。同年 9 月 20 日至 30 日，组织陕西省青年代表团赴俄罗斯乌德穆尔特共和国伊热夫斯克市参加为期 11 天的“中俄青年创业孵化器”交流项目的交流活动。10 月 13 日至 24 日，由叶甫盖尼·科罗别伊尼科夫、萨拉普尔市市长亚历山大·叶谢恩俄罗斯带领的 12 名伊热夫斯克青年企业家代表来陕西回访并进行为期 12 天的交流活动。2021 年，承办在西安举办的“中俄青年创业孵化器”交流项目“云论坛”闭幕式暨总结会，并完成陕西——莫斯科及莫斯科州“云论坛”。

2019 年，举办自贸区“A ＋计划”丝路青年国际留学生创业营活动。组织优秀青年赴英、印度、俄罗斯交流。同年，日本前首相、日本友爱协会理事长鸠山由纪夫一行来陕交流，参加 2019 年“保护母亲河 -- 中日青年生态绿化示范林”项目启动仪式，并与 100 多名青年代表共同植下友谊之树。鸠山先生和日本友爱协会从 2016 年起连续三年赴陕参加中日生态绿化示范林建设，中日两国青年的绿化合作不仅产生了良好的生态效益，增进了两国青年之间的交流与理解。团省委、省教育厅、省青联和省少工委共同举办首届“中日青少年书画友好交流大赛”陕西赛区活动，共收到来自全省各地市的 100 余所学校和机构报送的参赛作品 8181 幅。8 月，中国外文局《人民中国》杂志社组织的“熊猫杯”日本青年征文大赛获奖者访华团一行 31 人来陕进行为期三天的参观交流活动。

2021 年，邀请来自世界 50 多个国家及国际组织的近百位驻华使节参加“全球驻华使节西安经贸文化之旅 · 千善国际公益之夜”活动，旨在树立和落实新发展理念，统筹推进面向国内和国外的开放，推动各个国家及国际组织与陕西开展交流合作，支持陕西包括慈善在内的各项事业发展，深度融入共建“一带一路”大格局，让每个人的祖国和“人类命运共同体”变得更加美好！

2023 年，联合省友协、西安市政府举办 2023 中阿青年友好大使项目，来自约旦、阿联酋等 14 个阿拉伯国家 100 余名青年代表参加，项目以“中阿青年共创绿色未来”为主题，宣传人与自然和谐共生理念，通过领袖对话会、文化科技参访等形式不断推进新时代中阿青年交流与务实合作。

社会实践交流活动 2015 年，开展“加强陕西省与丝路沿线国家青少年交流”调研，组织来自 36 个国家和地区的 76 名青年代表们参加“未来领袖 · 青春使者”重走丝绸之路夏令营活动。接待韩国青少年来陕访问户县显落村亚历山大统一希望小学，向同学们捐赠 200 册精美图书、文具体育用品及 3000 元爱心教育基金，加强了中韩青少年之间的交流。

2016 年，组织中韩青少年（陕西）文化交流研习、一带一路“未来领袖·青春使者”国际青年夏令营等活动。组织西安交通大学、西安外国语大学 5 名同学参加中日韩三国大学生参加的“东亚大学生论坛”。从 2016 年至今，连续 8 年承办“清华大学公管学院留学生社会实践”，组织 30 多个“一带一路”发展中国家的留学生共计二百余人赴陕西开展社会实践活动，加强中国与发展中国家关系，分享中国发展的经验，将传统课堂与丰富的实践相结合，以中国发展经验为特色，帮助学生深刻理解中国发展之路，让学员亲身体验和了解中国改革开放的成就。

2022 年，举办全球可持续发展青少年科研交流营线上直播活动，累计观看 42.5 万人次。组织 30 余名外籍青年学子参加世界青年发展论坛，共同聚焦与人类息息相关的世界命题，激烈的思想碰撞引导青少年深化对可持续发展目标的认识，从自身做起，践行绿色发展方式和生活方式，为建设生态文明和美丽地球出谋划策，为人类实现永续发展和构建人类命运共同体做出积极贡献。

三、建设“网上共青团”

互联网＋共青团

“网上共青团”建设是服务党政中心和国家战略的必然要求，是做好新形势下青年群众工作的必由之路，是共青团深化改革的重要保障，也是团的互联网工作长期探索的必然选择。“网上共青团”是团中央主办的互联网工程，是一种“互联网＋共青团”的新模式，以“智慧团建”和“青年之声”为重点，建设工作网、联系网、服务网“三网合一”的“网上共青团”，形成“互联网＋共青团”格局，实现团网深度融合、团青充分互动、线上线下一体运行。

2015 年 9 月 24 日，团省委正式开通“青年之声·陕西”互动社交平台，作为“互联网＋共青团”的具体体现，以“反映青年呼声、回应青年诉求、维护青年权益、服务青年成长”为宗旨，通过大数据、移动互联网、云计算等技术手段，建立新形势下联系和服务青年的长效机制，探索运用互联网思维创新共青团工作，不断深化共青团践行党的群众路线、加强和改进团干部作风建设、联系凝聚服务广大青年新路径，推动了共青团事业的改革创新发展。

“青年回家工程”是深化共青团改革攻坚和从严治团的重要内容，是将青年凝聚在共青团身边的有效载体，是解决基层团组织弱化、空心化，团员意识淡薄等突出问题的重要方法。2020 年 3 月，团省委全面实施“青年回家工程”，是陕西青少年大数据管理平台建设的基础性、先导性工程，是共青团联系、覆盖青年最为重要、最为关键的一步，实现了对团员意识的再教育、对失联团员的再组织、对团员进行优化管理和服务。该工程也是对“党团衔接”“团队衔接”“学社衔接”以及“青年在哪里？”“团员在哪里？”“团组织在哪里？”等问题的有益探索，已完成“陕西青少年大数据平台 2.0”“陕西青少年大数据交互平台”“三秦青年服务卡平台”“秦青筹”公益众筹平台、“丝路青缘”婚恋交友平台、“秦青展翅”青年就业服务平台等信息化平台建设。其中的三秦青年服务卡是团省委立足共青团组织主责主业工作的重要创新性探索，进一步整合银行、长安通、娱乐、旅游、文化、就业创业、婚恋交友等 11 大类 102 项 10000 多个高频次、刚需的服务优惠权益，为青年提供看得见摸得着的贴心服务，增进各级共青团组织与青年的深度黏性，进一步夯实青年“听党话、跟党走”的纽带和基础。

建立省级团属网络新媒体矩阵

团省委不断扩大网络平台覆盖，构筑共青团新媒体阵地。2011 年

4 月和 7 月，团省委先后在新浪开通了陕西青年志愿者和陕西青少年公益官方微博。在先期试点成功的基础上，2011 年 8 月 24 日，陕西共青团正式集体入驻新浪微博。为了更好打造“网上共青团”，2013 年 1 月，成立了团省委新媒体中心，以“党管意识形态”为原则，以陕西共青团“大宣传”体系构建为核心，以服务青年、凝聚青年、引领青年为目标，不断拓展网络阵地，从传统的网站、微信、微博，进军到更受青年群体喜爱的抖音、微视、QQ 空间、喜马拉雅、B 站等平台。团省委发挥“三秦青年”IP 在全省团属新媒体矩阵中的牵头带动作用，截至 2023 年 6 月，省本级进驻平台增加至 11 个，粉丝总量增长至 600w+。带动各级团委、网络达人创作推广弘扬主旋律、传播正能量的图文、歌曲、音视频、直播、漫画、微电影、H5、小程序、表情包等多样态青少年文化产品 2500 余个，影响力长期居全省政务账号前列。

突出思想引领。推出“陕西青年大学习”互动主题团课，通过生动有趣、适合手机传播的主题视频、直播展播、话题搭建等，对团员青年进行潜移默化的理论知识教育，让“小屏幕构建大课堂，青少年兴起大学习”联动全省各级团组织 800 多个账号，搭建秦团分享、秦团小问答专栏或页面，创作发布“红星陕耀”陕西红色人物故事，开展“百校接力唱百年”“我和团旗团徽同框”“清明祭英烈”“云上中国节”等网络活动，宣传新时代三秦青年风采。通过“三秦青年学党史”“创青春”“共青团助力脱贫攻坚”“百年青春 强国有我”“二十大耀青春”等互动话题有效引导青少年学习习近平总书记重要讲话精神、感受领袖关怀，主动了解关注国家发展成就，坚定青少年践行“请党放心、强国有我”的信心决心。

策划重大宣传。结合建党百年、建团百年、新中国成立 70 周年、党的二十大召开等，开展打卡、图片视频征集与作品创作、平台互动、直播、展演等，专栏编发相关理论文章、学习心得、新媒体作品，围绕二十大报告、中国式现代化、青春使命展开热议。疫情期间，以“秦团战疫”“致敬医者仁心”“肉夹馍一定行”为主题发布实时信息，为公众提供最新防疫信息、政策，宣传各级共青团和团员青年参与防疫抗疫的典型做法和先进事迹，开展春节网上陪聊团等。以“精彩全运志愿同行”“青春陕耀，一起向未来”为主题配合开展的冬奥会、十四运会和残特奥会宣传获关注。“青年网络名人看三秦”等展示家乡巨变、激发青年投身脱贫攻坚，“青春陕耀”宣传陕西共青团五年成就等主题活动引发广泛讨论。2021 年联合团中央举办“明辨”网络安全宣传活动，举办护苗行动“网”这看——陕西省青少年网民网络素养提升与网安周活动，观看人数达 3000 余万。制作发布微电影《来电》、MG 动画《网络青守护 反诈有妙招》。

打造产品战略。团省委推出沈星事迹纪录片《一道星光化彩虹》，电影《爱在传递》《我的青春在延安》《永远是少年》《柳青》，话剧《遇见星海》《共产党宣言》，联合全省近 30 家单位创作建团百年主题视频《骄傲的少年》；制作推出《潮向延安》《秦小青学“习”记》《我是共青团员》《青年新声代》《恰少年》《100 年，风华正茂》《在他们身上，我看到中国青年的最真实样子！》《今天，重走这段路！》《青年 100》《青春风采》等网络文化产品，通过网络直播、视频展播、在线互动交流等形式宣传典型事迹，展现青年在团的带领下听党话跟党走的时代风采。推出“秦小青”、“秦小尉”IP 形象，开展政策解读、网络反诈、禁毒宣传等，发布表情包、文创产品、屏保、头像，受到青年网友喜爱。

团省委全面推进团属新媒体矩阵建设，采用青年喜闻乐见的新媒体手段，“矩阵化”传播青年心声、“产品化”展现青春力量，厚植青少年爱党、爱国、爱社会主义的情感，引领青少年不断增进对党的思想认同、政治认同、实践认同、情感认同。

陕西共青团以“三秦青年”IP为龙头，不断提升团组织官方微信、微博、抖音等平台的传播力量和引导效能，全面推进团属新媒体矩阵建设与改革。

智慧团建

2016年，团中央启动全国“智慧团建”系统建设，“智慧团建”是各级团组织加强对基本信息、基础团务、组织生活管理的网上平台。系统设定团中央为第一级组织，省级团委为第二级组织，省级团委所属的地市、系统、企业、高校团委等为第三级组织，以此类推，直至团支部。2018年2月，陕西团组织加入全团“智慧团建”系统。全省团组织统一步调，按照从第一级、第二级、第三级，直至团支部的顺序，逐级向下建立组织树，按照组织隶属关系录入系统，每个团组织确定一名管理员。

“智慧团建”系统立足于打造团内管理和工作的基础性平台，逐步实现4大功能：一是团内基本信息采集管理。开发了团员、团干部和团组织的基本信息采集录入功能，通过集中录入、实时更新，建立全团基本信息数据库，实现对团员、团干部和团组织的精准查询、动态管理和统计分析。二是基础团务在线办理。基于互联网实现团员组织关系接转、团员教育评议、年度团籍注册等基础团务功能，为广大团员、团干部和团务工作者提供便捷化网上办事平台。三是团组织工作记录展示。随时记录团组织开展的各项工作和活动，为团组织搭建展示工作、与团员互动的平台，实现工作评价考核的直观化和科学化。四是团员团干部教育培训。开发建设团课专区和团员团干部教育培训模块，通过搭建学习交流平台，直接进行产品供给等方式，逐步实现对团员、团干部的在线教育培训，让各级团组织能够掌握团员、团干部和团组织的基本情况，让群众能在网上找到组织、参加活动，使团组织的组织力和凝聚力得到增强，团员的先进性得到提升。

截至 2023 年 10 月底，“智慧团建”系统显示陕西省团员总数为 2146332 人。

四、推进青少年教育载体建设

青少年教育基地

加强和促进青少年教育，传承弘扬红色基因，团省委积极推动陕西省青少年教育基地建设发展，大力发挥团属教育基地在青少年思想引领工作中的阵地作用，引导广大青少年更好传承和弘扬陕西红色文化、优秀传统文化和革命精神。挖掘培育推广陕西省青少年教育基地 164 处，其中包括 6 处全国青少年教育基地，分别是安吴青训班旧址、八路军西安办事处纪念馆、西安碑林博物馆、陕甘边革命根据地照金纪念馆、八路军东渡黄河出师抗日纪念园、秦始皇帝陵博物院，以及 1 处青少年革命传统教育基地——全国青少年延安革命传统教育基地。团省委充分利用青少年教育基地红色资源优势，常态化开展青少年爱国主义教育，团省委开展“寻访红色足迹 弘扬照金精神”系列研学游活动，组织青少年到陕甘边革命根据地照金纪念馆、陈家坡会议旧址等参观，加深学习照金红色革命历史，弘扬照金精神。围绕清明节、五四、七一等重要时间节点，有针对性地开展主题教育工作，引导广大青少年增强爱国意识。2019 年 4 月，团省委在八路军东渡黄河出师抗日纪念园开展“青春心向党·建功新时代”特别主题团日省级示范活动，使青少年在庄严肃穆的仪式中接受“沉浸式”精神洗礼，活动通过央视新闻移动网同步直播。2019 年 8 月，在全国青少年延安革命传统教育基地开展“追忆红色岁月，继承延安精神”爱国小先锋英烈事迹宣讲研学活动，祭拜四八烈士陵园、慰问八一敬老院、重走长征路、徒步宝塔山、走进梁家河，引导青年深刻感悟“自力更生、艰苦奋斗、实事求是、全心全意为人民服务”的延安精神，争当新时代好少年。组织“陕西大学生骨干培养学校”第十三期培训班 200 名大学生骨干走进照金开展红色教育。组织照金纪念馆青年讲解员以陕甘边革命根据地历史为主线开展照金纪念馆党员微课堂，再现了刘志丹、谢子长、习仲勋等老一辈革命先辈创建以照金为中心的陕甘边革命根据地的艰苦卓绝的革命历程。引导广大青少年继承革命传统、弘扬革命精神、传承红色基因。

陕西团史馆

贯彻落实习近平总书记在纪念五四运动 100 周年大会上的讲话精神，在广大青少年中深入开展党史国史、青运史团史、青年榜样教育，增强广大青少年对党团组织的向心力、归属感，深化青少年政治引领和价值引领。2019 年 5 月，团省委开始筹建陕西团史馆，于 2020 年 7 月建成并对外开放。陕西团史馆位于团省委机关院内，展览地面面积 200 平方米，展出图片 152 幅，文字 1.3 万余字，分为新民主主义革命时期、社会主义革命和建设时期、改革开放和社会主义现代化建设新时期、中国特色社会主义新时代四个部分，全面反映了陕西团组织自 1924 年 6 月建立以来，在党的领导下，坚持以党的政治纲领为奋斗目标，以党的指导思想为行动指南，以党的中心任务为神圣使命，发扬“党有号召、团有行动”的优良传统，展现团结、教育、带领全省青少年为实现党在各个历史时期的中心任务而奋斗的青春风采。陕西团史馆史料丰富详实，图文并茂，设计突出了团的元素，开馆以来吸引了近万名团员青年参观学习。2021 年 5 月 24 日，团中央书记处第一书记贺军科来陕调研期间参观团史馆，高度评价这是青少年一个非常重要的团史教育基地，为团员青年提供学习党史、团史的平台，强调要让青少年在学习当中汲取奋进力量，更加坚定政治信念，在推动陕西高质量发展中贡献青春力量，展现青年担当。2022 年 12 月 19 日，陕西省委书记赵一德来团省委机关调研指导工作，参观团史馆时强调，要发挥好青运史、团史资政育人作用，引导青少年听党话、跟党走。

陕西团史馆

共青团大兴调查研究

2015 年，团省委围绕贯彻落实《中共中央关于加强和改进党的群团工作的意见》精神和习近平总书记关于青少年和共青团工作的一系列重要指示精神，按照团中央十七届三中全会安排部署，切实提高全面深化改革背景下青年群众工作的能力和水平，决定在全省各级团组织开展“走进青年、转变作风、改进工作”暨深入开展“七个搞清楚”大宣传大调研活动。团省委成立 5 个专题调研组，深入全省 12 个市（杨凌示范区、韩城市）100 余个企业、学校、农村、社区，面向基层团干部和广大团员青年宣讲团中央和省委贯彻落实的总体要求，通过访谈党政领导、与相关部门座谈、查阅文献资料、考察阵地建设、剖析典型个案等多种方式，围绕搞清楚党中央对共青团的要求，搞清楚共青团联系服务对象的需求，搞清楚当代青年成长的新特点和新规律，搞清楚当今时代的特点，搞清楚团的历史传统，搞清楚目前存在的问题，搞清楚问题产生的根源等“七个搞清楚”及全团重点工作，广泛了解情况征求意见，召开座谈会 76 场次，听取 1100 余人对共青团工作的意见建议，共收集整理意见建议 2300 余条，深入了解掌握了当前全省共青团工作的现状，找问题、谋思路、出实招，为全省共青团事业长远发展奠定了基础。

2023 年 4 月 23 日，团省委印发《大兴调查研究的实施方案》的通知，全省各级团组织紧扣党的二十大战略部署要求、紧扣青少年一代成长发展规律、紧扣加强青少年工作和建设需要“三个紧扣”开展大宣讲大调研。团省委发挥引领作用，深入基层、深入青年，围绕共青团助力社会治理作用发挥、深化青联改革建设新时代青年爱国统一战线、加强新兴领域共青团组织覆盖和工作覆盖、共青团“勤快严实精细廉”作风建设路径、强化网络舆论引导能力建设、完善党团队一体化育人链条建设、加大青年社会组织联系和覆盖等问题开展调研工作，切实找到中央精神与青年期待、陕西实际之间的贯通点，找到贯彻落实党的二十大部署的关键点，全面助力陕西高质量发展。

全省共青团组织有计划、有重点地开展宣讲调研，加强对青少年思想状况调研，动态精准把握青少年思想实际，为共青团增强为党育人实效奠定基础；加强对青少年急难愁盼需求调研，推动中长期青年发展规划落地落实，针对青少年现实问题进行政策倡导和社会倡导；加强对青年工作领域风险隐患调研，着眼意识形态、社会治理、青年民生等领域，准确研判风险动向，及时消除风险隐患，解决深层次问题，切实推动全省共青团事业再上新台阶。

新时代青少年研究工作

党的十八大以来，团省委深入学习贯彻习近平总书记关于青年工作的重要思想，准确把握青年成长规律和时代特点，不断加强对全省共青团和青少年工作、青少年群体的研究，形成了系列研究成果。

《陕西社会组织与青年发展蓝皮书》 由共青团陕西省委主编，红旗出版社 2015 年 1 月出版，全书共 24 万字。该书通过研究陕西青年社会组织的发展状况、组织类型、形成机理、运作模式、组织需求，来探索共青团与青年社会组织的关系，探索陕西共青团的“枢纽构建计划”实施机理，寻找青年组织发展的路径、共青团培育青年社会组织的路径，为青年社会组织促进青年发展、社会发展贡献力量。

《陕西青少年社会抽样调查蓝皮书》 由共青团陕西省委、零点研究咨询集团组编，中国社会科学出版社 2017 年 8 月出版，全书共 37 万字。该书全面分析了当代陕西青少年的新需求、新特点、新趋势，为开展全省青少年工作研究，推动青少年发展和共青团全面深化改革打下重要基础。

《陕西省中长期青年发展规划实施工作研究成果（2021 年）》 由

共青团陕西省委、陕西省青年发展规划研究中心组编，陕西新华出版传媒集团、陕西人民出版社2022年2月出版，全书共42万字。论述了陕西青年在价值观、就业创业、教育等方面的情况。

《百年青春心向党——庆祝中国共产主义青年团成立100周年陕西档案资料图片集》 由共青团陕西省委、陕西省档案馆组编，2022年9月印发，图片集共2.3万字，294张图片，从组织的力量、思想的力量、行动的力量、榜样的力量、方向的力量五个方面，以图文并茂的形式，展现了陕西共青团的百年光辉历程。

《秦岭生态科学考察报告》系列书籍 由共青团陕西省委、陕西省发展和改革委员会（省秦岭办）组编，陕西师范大学出版总社2020年、2021年、2022年、2023年分别出版《2019年秦岭生态科学考察报告》（120万字）、《2020年秦岭生态科学考察报告》（138万字）、《2021年秦岭生态科学考察报告》（85万字）、《2022年秦岭生态科学考察报告》（112万字）。该系列书籍根据秦岭地质、地理和人文社会发展关系演变规律与需求，多学科综合持续开展调查研究，对秦岭生态环境保护研究具有重要参考价值。

《陕西省青少年教育基地通览》 由共青团陕西省委主编，西安电子科技大学出版社2022年10月出版，全书共18.6万字。对现有陕西省青少年教育基地历史、文化、风貌、功能、特色进行梳理和展现，形成具有统一性、系统性的陕西省青少年教育基地资源资料集。

2016年，团省委成立以段小龙书记为组长的课题组，承接完成了中国青少年研究中心的《中国共产党青年工作的历史经验与当代启示》课题，共计3.1万字，在团中央主管的会刊《中国青运史辑刊》、团中央青运史档案馆《青运史资料与研究》2017年第一期专题出版。

2018年9月，陕西省青少年发展研究中心承担了团中央《中国青年发展报告——建档立卡贫困人口中大学生就业发展研究》分专题《政府服务建档立卡贫困人口中大学生就业的主要做法与成功经验》的研究任务，该书 2020 年 7 月出版发行。

2021 年团省委开展全省共青团和青少年工作课题研究，组织推动 29 个共青团研究课题纳入省哲社科重大理论与现实问题项目。2022 年团省委开展全省共青团和青少年工作课题研究，予以“医学院校‘七彩纷呈’团干部能力素质培养路径探索与实践”等 78 个课题组立项。

第四节 联系服务青年
汇聚陕西高质量发展的青春力量

一、落实青年发展规划 促进青年优先发展

实施中长期青年发展规划

2017 年 4 月，中共中央、国务院印发《中长期青年发展规划(2016—2025 年)》(以下简称《规划》)。这是新中国历史上第一部中长期青年发展规划，明确提出“党管青年”的工作原则和“党和国家事业要发展，青年首先要发展”的战略判断，《规划》聚焦当前我国青年成长发展迫切需要关注的核心权益和突出问题，构建了涵盖 10 个发展领域、44 项发展措施和 10 个重点项目的青年发展政策体系，从促进青年全面发展的视角，形成了促进和保障青年成长发展的重要顶层设计。

《规划》对实施工作的组织领导作出明确规定，在中共中央统一领导下，设立推动《规划》落实的部际联席会议机制，共青团中央具体承担协调、督促职责。各地区各部门要高度重视青年工作，关心、支持青年事业的发展，形成工作合力。县级以上党委和政府建立青年

工作联席会议机制，负责推动在本地区的落实，协调解决《规划》落实中的问题，县级以上团委具体承担协调、督促职责。在《规划》实施中，要积极回应和解决青年关心的问题，多为青年办实事。

2018 年 12 月，陕西省委、省政府印发《陕西省中长期青年发展规划（2018—2025 年）》，内容涉及青年道德修养、青年教育、青年健康、青年婚恋、青年就业创业、青年文化、青年社会融入与社会参与、维护青少年合法权益、预防青少年违法犯罪、青年社会保障 10 个领域，同时实施十大重点项目，包括青年马克思主义者培养工程；青年社会主义核心价值观培养工程、青少年体质健康提升工程、青年就业见习计划、青年文化精品工程、青年网络文明发展工程、青年志愿者行动、青年民族团结进步促进工程、内地与港澳台青少年交流工程、青少年事务社会工作专业人才队伍建设工程。

《陕西省中长期青年发展规划（2018—2025 年）》出台后，建立了由省委组织部、省委宣传部、省委教育工委、省发展改革委、团省委等 34 家成员单位组成的陕西省中长期青年发展规划实施工作联席会议机制，建立了规划落实数据监测体系，实现动态监测、数据共享。2019 年 8 月，全省中长期青年发展规划第一次联席会议在团省委机关召开。2020 年成立青年发展规划研究中心，指导 22 个市县开展陕西省中长期青年发展规划实施试点工作，省市县三级联席会议机制实现全覆盖。2021 年出版《陕西省中长期青年发展规划实施工作成果集》，制定青年发展监测指标方案，推进县区开展工作试点。2022 年 12 月，陕西省中长期青年发展规划实施工作联席会议全体会议在团省委机关召开。会议指出，陕西省中长期青年发展规划实施试点工作稳步推进并取得了阶段性成效，解决了一批青年急难愁盼的问题，青年发展环境持续优化，不断增强了全省广大青年的获得感、幸福感、安全感。

打造共青团就在你身边“门店”

团的十八大报告指出，共青团要推动直接联系青年工作机制落深落实，延伸团的手臂，丰富团的神经末梢，实现团组织零距离联系服务青年。2019 年，团省委建设共青团就在你身边的“门店”，位于红缨路 158 号，划分为 A、B、C、D 四个功能区，通过“开门办公、直接联系、服务需求”的方式向青年提供权益维护、就业创业、电商服务、希望工程、公益志愿、婚恋交友、网络新媒体等七大类青年最关切的服务项目，实现了团的组织、工作、阵地在基层的有机融合，打通了服务青年的“最后一公里”，使共青团真正成为广大青年身边的有效存在。

服务青年就业

就业指导 针对大学生就业存在的“观念误区”问题，2019 年 10 月，团省委、省人才交流服务中心实施大学生就业“启航计划”，运用公共就业创业服务资源，积极探索政校合作新方式。推出 37 个“菜单式”就业服务课程，为大学生提供全方位、多角度就业帮扶。成立由党政机关干部、高校教授、企业 HR、相关领域专家等组成的“秦青就业公益导师团”，为大学生解读就业政策、讲述奋斗经历、分享就业技巧，帮助大学生了解就业环境和政策、掌握职场技巧和方法、提升职场应对能力和竞争力，引导大学生建立正确的就业观念和职业理想，“秦青就业公益导师团”累计提供线上 12 场次授课服务，覆盖大学生 8700 余人。截至 2023 年 8 月，“启航计划”公共就业服务就业进校园活动 38 场，累计参与青年 6.46 万人。

就业实践 针对大学生就业社会适应性不足的问题，2012 年，团省委在全国率先实施见习证认证制度，大力加强青年就业创业见习基地建设，截至 2017 年，累计建立“青年就业创业见习基地”1989 家。

2019 年，团省委聚焦为党育人根本任务，服务全省人才强省战略，开展大学生“返家乡”社会实践活动，通过政务实践、企业实践、志愿服务、公益服务、乡村振兴、社区服务、兼职锻炼、文化宣传、网络“云实践”等形式，搭建在外学子与家乡常态化联系的实践桥梁，鼓励引导大学生在“返家乡”社会实践活动中充分感受家乡变化，留在家乡、回报家乡，为家乡发展贡献青春力量。2021年，团省委将“返家乡”社会实践活动纳入地方党委人才工作总体规划。并于2022年推出大学生“返家乡”政企实习实践活动，截至2023年8月底，陕西省“返家乡”社会实践活动共动员1万余名大学生参与“返家乡”社会实践活动。

2021年，团省委启动大学生实习“扬帆计划”，动员地市、企业、社区提供不同实践岗位，拓宽大学生社会实践渠道，组织大学生到相关单位实习，引导大学生开阔视野、经受锻炼，帮助大学生积累社会实践经验、找准自身定位，树立正确就业观、择业观，为就业打好基础。

就业招聘 针对大学生就业岗位供给不足的问题，团省委持续开展大学生就业招聘活动。2020年，开通“秦青展翅”青年就业服务线上平台，截至2023年8月，累计动员7936家企业在平台完成注册。充分链接团外资源，推动共青团“秦青展翅”就业平台与“秦云就业”总平台联合开展线上专项招聘活动，与“智联招聘”推出春秋季青年人才招聘会，全力助推就业岗位持续供给，并依托该平台，开展“千校万岗·就业有位来”青年人才线上、线下招聘会，充分挖掘团内资源，积极争取团中央支持，联动市级团委、团属协会等单位，加大岗位募集和发布力度。截至2023年8月，已累计开展招聘会和直播带岗活动122场，参与企业7936家、提供岗位16.9万余个、投递简历5.8万余份，累计直播观看人次96.7万人次。

团省委聚焦省内非“双一流”院校的农村、城市低收入家庭毕业生，开展一般院校低收入家庭学生就业帮扶计划，动员高校团干部与帮扶学生结对，摸清就业意向、提供就业指导，“点对点”提供岗位推荐等精准服务，帮助学生顺利就业。

“携手起航”2022 陕西“秦青展翅”青年人才延安大学专场招聘会。

服务青年创业

陕西省青年创新创业大赛 党的十八大之后，以“创青春”为主题的青年创新创业工作体系在陕西各级团组织中迅速形成。大赛自创办以来，持续发掘科技含量高、前瞻性好、示范带动作用强的项目，是受到青年喜爱、社会关注的创新创业示范赛事。2013 年 4 月，陕西省首届青年创新创业大赛启动，这是全省首次针对青年创业群体开展的高规格赛事，累计举办八届比赛。

2017 年 9 月，团省委承办了“盐商杯”第四届“创青春”中国青年创新创业大赛商工组全国赛决赛暨颁奖典礼，来自全国各地优秀创业青年相聚古城西安，共话“创青春”的精彩故事，融合了路演、培训、投融资对接、展示交流、国际论坛等 20 余项活动。2020 年起，菁彩青农陕西省乡村振兴青年创业大赛、陕西省国有企业青年创新创效大赛等比赛活动相继展开，搭建创业成就展示平台，激发青年创业热情，鼓励青年投身创业实践，营造激情飞扬、活力迸发的创业氛围，促进广大青年大施所能、大展才华、大显身手。

2017年6月至8月，共青团陕西省委举办第五届“创青春”陕西省青年创新创业大赛总决赛。

“贷”动创业梦 聚焦青年创业就业融资难、融资贵、融资慢等现实难题，团省委持续强化青年创业的金融支持力度，“贷”动青年创业热情。2020年，团省委、中国人民银行西安分行、省青联联合发起“秦青优惠贷”项目，旨在贯彻落实党中央和省委省政府关于加强对小微企业支持的要求，有效应对新冠状肺炎疫情对陕西经济发展的负面影响，以助力企业复工复产，服务青年创业就业，重点支持45周岁以下青年在陕创办的小微企业。2022年，该项目进行了全面升级，作为陕西各级团组织和金融系统长期坚持的一项品牌工作，主办银行由原来的4家增加至10家，贷款额度由300万元提高至500万元，推出线上办理专属平台，优化精简办理流程，提高项目推进效率；并组建“金融青年服务团”，设立乡村振兴工作专班，宣传普及金融知识、对接金融项目，服务实体经济发展。截至2023年8月，累计发放贷款1.9万余笔，支持青年创业小微企业2.2万余家，贷款金额77亿余元。

青年创业指导 2021年，团省委联合省人社厅等部门，率先在西北地区开展陕西青年新职业培养工作，重点面向城乡有志青年开展互联网营销师、全媒体运营师、农业职业经理人等30个新职业（工种）免费培训，合格者颁发国家认定的资质证书，提高就业创业几率，年均2万人参加培训。

2021年，在团省委官方微信开设创业“导师门诊”专栏，指导青年创业导师协会开启全年导师免费创业咨询工作，举办“创业问诊”座谈会，就青创小微企业在发展过程遇到的经营管理、品牌策划、市场营销等问题，给予“面对面”指导，为青创小微企业出具问诊建议书。截至2023年8月，已有120余名创业导师参与接待创业青年团队100余批次，发布青年创业咨询服务信息146期，常态化提供青创咨询服务。

助力秦创原创新驱动平台建设 秦创原创新驱动平台，是陕西省创新驱动发展总平台和创新驱动发展总源头，是打破科技优势与经济发展转化“堵点”的关键之举，是陕西省最大的孵化器和科技成果转化特区。2021年3月30日，省委、省政府在西咸新区举行秦创原创新驱动平台建设大会，宣告秦创原创新驱动平台正式授牌成立。秦创原创新驱动平台着眼建设立体联动“孵化器”、科技成果产业化“加速器”和两链融合“促进器”三大目标，加快打造具有鲜明特色和竞争力的高水平平台，让创新成为陕西高质量发展的强大引擎。团省委出台《团省委、省青联助力秦创原创新驱动平台建设实施方案》，确立“5+X”工作项目助力“秦创原”发展，推动14家团属协会会员企业入驻“秦创原”。团省委与中国青年企业家协会、西安交通大学、西咸新区管委会签订《助力中国西部科技创新港建设合作框架协议》，建立陕西青创服务站，依托团属青创组织力量开展服务。常态化举办“秦创原·青年说”挑战杯资源对接会、秦创原“揭榜挂帅”专项赛，推动大学生科创成果向现实生产力转化。2021 年，团省委命名秦创原创新促进中心为陕西省青年文明号，激励引导青年职工踊跃投身秦创原创新驱动平台建设和服务工作。

维护青少年权益

共青团作为党联系青年的桥梁和纽带，肩负着代表与维护青少年合法权益的光荣职责。长期以来，团省委协助国家机关制定、完善和实施法律法规，开展青少年法治宣传教育活动，联动社会组织共建社会支持体系，构筑青少年权益保护体系，实施《未成年人保护法》《预防未成年人犯罪法》，通过青少年权益岗、“青春灯塔”、12355 青少年服务台等机制和平台，优化青少年成长法治环境，切实维护好青少年权益，促进广大青少年成长发展。

推进法治化权益维护进程 团省委围绕“两法两办法”的修订工作，与省人大社会建设委员会联合举办座谈会，赴基层开展“两法两办法”修订调研，“两法两办法”执法检查，针对校园欺凌、专门学校建设、社会力量参与预防青少年犯罪工作等热点问题深入调研，为《陕西省实施〈预防未成年人犯罪法〉办法》修订完善工作奠定基础；联合举办“陕西省未成年人保护实践发展与立法建议论坛”“陕西省青少年权益保护工作论坛”等，研讨未成年人法律援助、校园保护、“两办法”修订等重点问题；2021 年，团省委下发《关于组织开展〈未保法〉〈预防法〉学习宣传活动的通知》，围绕新修订的《未成年人保护法》《预防未成年人犯罪法》，招募专家开展省级宣讲。

纵深推进“红领巾法学院”创建工作。2018 年起，团省委牵头，以“红领巾法学院”品牌为统揽，以“搭平台、树品牌、强联动、求实效”为思路，以“市县全覆盖、品牌有影响、青少年真受益”为目标，联合省法院、省检察院、省教育厅、省司法厅、省关工委等积极开展“红领巾法学院”品牌实践探索，推出了统一标识，编写了4册案例脚本、1套防治校园欺凌绘本，深受青少年喜爱；推出了首部沉浸式法治舞台剧《五月向阳六月花》，法治精神深入人心；打造了全国首档《红领巾法学院》模拟法庭节目，前两季节目新媒体播放量超1000万人次，截至2022年10月20日，全省累计参与“红领巾法学院”创建学校1841家，获得省级“红领巾法学院”命名学校79家，受益中小学生300余万，达到了学校满意、家长好评、学生受益、社会各界欢迎的良好效果。2021年，“红领巾法学院”创建工作成功获评陕西省第二届“十大法治事件”，2022年，全媒体模拟法庭栏目“红领巾法学院”被写入最高人民法院工作报告，2023年，“红领巾法学院”创建探索获得全国第三批“普法与依法治理创新案例”入围案例殊荣（全国仅10个），共青团在法治建设大局中的贡献度不断提升。

积极打造“禁毒青力量”品牌项目。2018年起，团省委坚持“品牌化牵引、板块化聚焦、体系化推进、协同化落实”的工作思路，创新打造陕西“禁毒青力量”品牌项目，积极构建“六个一”[①]毒品预防宣传教育工作体系，联合省禁毒办策划了一系列禁毒公益代言、文创产品大赛、演讲比赛、知识竞赛、志愿骑行、文艺展演、专题培训、千人宣誓大会等青少年禁毒主题示范活动；设计推出了陕西首款以秦俑为原型的禁毒卡通形象“秦小尉”，开发制作了一系列“秦小尉”IP动漫、创意表情包等周边文创产品20余种3万余件；指导资助全省60余所高校200余支暑期实践团队奔赴90余个区县开展各类法治禁毒防艾专项实践3000余场次，各类主题鲜明、内容丰富、形式多样

① “六个一”，指开展好一次禁毒专题调研督导、组织好一场禁毒主题示范活动、举办好一期禁毒社工及志愿者专题培训班和实地观摩、组织好一系列禁毒宣教社会实践活动、实施好一批禁毒社会工作项目、设计好一批青少年公益文化产品。

的宣传教育活动累计服务覆盖青少年 300 余万，成效明显。

2022 年 6 月 13 日，陕西省禁毒委员会办公室、共青团陕西省委联合举办的 2022 年“禁毒青力量”品牌系列活动线上发布会在西安举办。

畅通组织化权益维护机制 团省委参与全国首批创建“青少年零犯罪零受害社区（村）”试点工作，指导启动陕西省“青少年零犯罪零受害社区（村）”创建试点工作，通过专业指导和资金支持，不断扩大试点范围，有效探索工作经验。

团省委通过组织召开并深化推进“共青团与人大代表、政协委员面对面”集中座谈活动，深入探讨“校园暴力问题预防治理”“农村返乡青年电商创业扶持政策”“陕西新兴青年群体的政治参与”“校园贷危害防范”等主题，常态化开展人大代表、政协委员“日常倾听”活动，广泛凝聚共识，推动破解青少年关切热点难点问题。

团省委通过开展“维护青少年权益岗”创建、省级青少年维权岗创建单位负责人培训班等活动，发挥权益岗在助力脱贫攻坚和青少年权益维护工作中的积极作用，指导督促创建单位切实提高业务素养和服务青年水平，长期加强对省级“维护青少年权益”的督导调研和监督考核。

构筑社会化权益维护体系 团省委加强省市 12355 青少年服务热线

和服务平台[1]管理建设，指导基层团组织依托各级12355青少年服务台开展线上线下中高考减压阳光行动、青春自护教育保护行动等活动，提供一对一个案辅导、面对面现场咨询等服务，品牌效应和社会影响不断提升。

团省委推进青少年事务社工人才队伍建设，有效满足青少年社会需求、促进青少年健康成长发展；举办“青少年预防犯罪社会工作能力提升”项目培训班，加强对全省各地市青少年社工机构和团属青少年综合服务平台的负责人的职业能力培训。2021年，团省委下发《关于持续推进陕西省青少年事务社会工作专业人才队伍建设的通知》，深入推动青少年事务社工人才队伍建设。

“青春灯塔”是团省委牵头组织实施的青少年心理健康教育社工服务项目，该项目邀请资深社工、心理咨询师和知名主持人组建青少年心理健康教育专家团队，通过开展精品心理课程、校园公益巡讲等活动，为广大青少年特别是处于心理困境的青少年提供心理健康服务，希望经过专业化的“诊疗”、针对性的辅导，帮助青少年找到心灵“出口”，获得心灵“成长”。“青春灯塔”——青少年心理健康教育社工服务项目分两个阶段进行，第一阶段邀请省内知名心理专家和青少年事务领域社工专家等专业力量参与，在全省11个市的11所学校开展心理健康教育进校园公益巡讲，为广大青少年、家长朋友进行面对面的心理辅导，为有需要的青少年提供一对一的心理疏导和咨询帮扶。第二阶段将通过政府购买服务的形式，组织动员相关社会组织、社会力量，通过省市县各级“青春驿站”——青少年综合服务平台，为青

① 12355青少年服务热线和服务平台，由共青团中央权益部设立的专门面向青少年提供心理咨询和法律援助服务的热线电话，由各级共青团组织建设和维护。每个地市的服务热线为“区号+12355”。

少年提供心理健康服务。

“丝路青缘”团属婚恋交友工作

随着现代社会的发展，由于经济压力大、社交圈子小和交往能力弱等因素，当代青年面临着交友难、婚恋难等困境。团省委迅速行动，按照陕西省委、省政府出台的《陕西省中长期青年发展规划（2018—2025年）》要求，结合现实情况，提出“思想凝聚、品牌引领，线上聚集线下活动，省级统管、市县联动，社会力量协同合作”的工作思路。2019年8月，率先在全国注册团属婚恋交友品牌——“丝路青缘”和标识，并取得国家商标注册证书，“丝路青缘”中的“丝路”呈现了陕西作为“丝绸之路”起点厚重的历史文化渊源，展现了立足陕西、面向西北、连通丝路的青年交友视野；“青”是共青团主要工作对象的鲜明特征，代表着青年充满青春朝气，富有活力的精神气质，凸显了共青团组织的工作属性；“缘”是希望青年在团组织搭建的交友平台上结下友谊之缘、爱情之缘、幸福之缘，“缘”同“圆”谐音，寓意广大青年婚恋圆满，与党同心同向，为圆中国梦携手前行。要求全省各级团组织在开展青年婚恋交友活动中统一规范使用品牌和标识，打造共青团主导、青年踊跃参加的“丝路青缘”全省青年婚恋交友工作品牌。

团省委突出价值引领、强化公益导向，开展丰富多彩的线下青年婚恋交友活动，先后在网红书店、建设工地、植物园等场所，面向重点工程建设者、返乡创业青年、进城务工青年、青年官兵、机关干部等群体策划开展了爱国敬业、家风传承、以书会友、运动健康、绿色环保等主题的婚恋交友活动。线上在三秦青年公众号打造“丝路青缘”平台，“团团帮你找对象”“组织帮你脱单，靠谱”等成为青年熟知的口号，服务全省单身青年群体有了较为成熟的载体，传播展示了“团字号”“青字头”

阵地，使青年有实实在在的获得感、幸福感，形成全省共青团组织“丝路青缘 + 互联网 + 社会资源”的青年婚恋交友工作格局。在团中央“牵手团缘·青春偕进”共青团服务青年婚恋交友工作优秀案例征集活动中，团陕西省委报送的“丝路青缘 +”婚恋交友工作获得婚恋价值引领类全国优秀案例，“丝路青缘·相约扶贫幸福专列”获得婚恋交友联谊类全国优秀案例。团陕西省委开展的“陕耀·漫步云端 相约七夕 丝路青缘 2022 年陕西青年七夕线上公益婚恋交友省级示范活动”被确立为 2022 年陕西好网民工程重点项目，“丝路青缘”公益婚恋交友品牌荣获陕西“好网民工程品牌”，团陕西省委被华商报等媒体誉为“陕西最大红娘”，婚恋交友工作成效受到社会广泛关注。

2018 年 8 月 17 日晚，来自各高校、机关、企事业单位和科研院所的 190 名青年乘坐“丝路青缘·相约扶贫幸福专列”，前往榆林市吴堡县，开启青年助力脱贫婚恋交友之旅。

二、促进大学生成长成才

大学生“挑战杯”竞赛

“挑战杯”竞赛是由共青团中央、中国科协、教育部、全国学联主办的一项具有导向性、示范性和群众性的全国竞赛活动，被誉为中国大学生学术科技的“奥林匹克”。陕西大学生“挑战杯”竞赛包括“挑战杯”陕西省大学生课外学术科技作品竞赛和“挑战杯”陕西省大学生创业计划竞赛。1997 年举办首届“挑战杯”陕西省大学生课外学术科技作品竞赛活动，2002 年举办首届“挑战杯”陕西省大学生创业计划竞赛，每两年举办一届，坚持至今。截至 2023 年，已举办 11 届“挑战杯”陕西省大学生创业计划竞赛，举办 14 届“挑战杯”陕西省大学生课外学术科技作品竞赛。“挑战杯”竞赛活动的举办为全省青年学生搭建了展示青春才华的大舞台和投身科创报国的练兵场，促进了青年学生成长成才，助力了高校学科建设和人才培养，助力了经济社会发展。

2023 年，第十四届“挑战杯”陕汽集团陕西省大学生课外学术科技作品竞赛闭幕式暨颁奖仪式在西安举办。

大中专学生暑期“三下乡”社会实践活动

团省委始终将暑期大学生社会实践活动作为思想政治引领工作的

重要组成部分和途径，引领全省广大青年学生在社会课堂中受教育、长才干、作贡献，在观察实践中学党史、强信念、跟党走，努力成长为担当民族复兴大任的时代新人。从 20 世纪 90 年代以来从未间断，进入新时代，每年 7 月至 10 月，团省委积极组织在校大中专学生，在国情观察、乡村振兴、民族团结、青少年法治禁毒防艾宣传、关爱留守儿童、生态环境保护、党史学习、理论宣讲等领域广泛开展社会实践活动。各高校充分发挥学科专业优势，依托学校的人才资源和专业特长服务于地方经济建设，促进科学和技术的双向转化。面对疫情防控、突发天气带来的种种压力和挑战，团省委坚持“安全第一、就近就便”原则，线上线下相结合，以开展宣传教育、社会调研为主，积极探索“互联网 + 社会实践”新模式，充分利用陕西社会实践新媒体系统，鼓励组织“云实践”团队，通过云宣讲、云培训、云推广、云支教等线上网络形式，为当地提供文化、科技和卫生服务。每年有百余所高校、万支队伍、数十万大学生下基层。

2021 年，西安交通大学“青春鄂尔多斯 赋能绿色发展”国情观察大学生开展暑期“三下乡”社会实践活动。

高校团干部素质能力大赛

高校团干部是大学生思想政治工作队伍的生力军，是服务青年学生成长发展的引路人，是传递党的声音、宣传党的主张的“扩音器”，是做好高校共青团工作的“关键少数”。团干部队伍建设的成效，直接关系到高校共青团工作的质量和水平。从 2020 年开始，团省委持续举办高校团干部素质能力大赛，以赛代训，以赛促学，搭建学习交流平台，做好党的科学理论的传播，提升高校共青团宣传思想文化工作和团干部队伍建设的质量和水平。在赛制安排方面，实现了高校团委书记、专职团干部和学生团干部的全覆盖，促进了各级团干部的跨校交流。在考察内容方面，紧紧围绕学习宣传贯彻习近平新时代中国特色社会主义思想，主要考察团干部对党团理论知识、共青团主责主业、高校思政工作、团学改革等工作重点的掌握程度、阐释能力和对学生的引领能力。在评审环节，科学制定各环节评审标准，从内容、表现形式、语言表达、整体形象等方面进行评价。自大赛开展以来，每年有万名团干部走上讲台。

2020 年，共青团陕西省委举办第一届陕西高校团干部素质能力大赛。

三、在全面建成小康社会中建功立业

带领青年投身陕西经济建设

围绕推动陕西经济发展、服务青年成长成才，陕西共青团以“号、岗、队、手、赛”[①]等品牌为抓手，带领青年投身陕西经济社会发展，为党凝聚青年人才，奋进新征程，建功新时代，发挥了突击队生力军作用。

青年文明号 青年文明号是由共青团联合有关方面共同开展，面向各行业一线青年，主要在政务服务、商业服务、社会服务等行业和单位开展，弘扬职业文明、引导岗位建功、建设先进集体、培育青年人才，是一项具有群众性、实践性、品牌性的精神文明创建活动，是提升共青团特别是基层团组织引领力、组织力、服务力和大局贡献度的重要载体。2012 年以来，陕西青年文明号创建组委会成员范围不断扩大，涵盖公安、卫健、金融、税务、交通等 10 余个行业，涌现出全国青年文明号 330 多个、省级青年文明号 3000 多个。2021 年，首次采取省直团工委与市团委交叉、笔试与现场答辩相结合的方式，严格青年文明号考核，推进省市创建集体互评互促，推动创建工作优化提升；首次提出重点品牌项目融合发展思路，促进企业青年职业发展和岗位建功相统一。陕西省青年文明号已成为面向广大职业青年弘扬职业文明、培育先进集体和优秀人才、具有群众性实践性品牌性的精神文明创建活动，成为陕西省精神文明建设的重要组成部分。

青年安全生产示范岗 2001 年，陕西省启动了省级青年安全生产示范岗创建活动。作为共青团组织参与安全生产工作的重要载体，共

---

① “号、岗、队、手、赛”，指青年文明号、青年安全生产示范岗、青年突击队、青年岗位能手、“振兴杯”全国青年职业技能大赛。

青团广泛动员广大青年职工投身安全生产管理，强化安全生产意识，提高安全生产技能，有效防范了企业安全生产事故的发生，陕西安委会连续多年将创建工作列入年度工作要点。截至 2023 年，全省创建累计 200 余个陕西省“青年安全生产示范岗”。

青年突击队 陕西青年突击队 60 多年来勇担急难险重任务，在日常生产建设、创新攻关前沿、抢险救灾一线、疫情防控、稳产保供中，广大团员青年主动作为、勇挑重担，冲锋在前、示范在先，哪里最困难、哪里就有团的旗帜，哪里有需要、哪里就有团员青年的身影，为陕西建设贡献了青春，充分发挥了先锋模范作用，成为陕西共青团围绕中心、服务大局的重要体现。

青年岗位能手 为鼓励先进、树立典型，激励更多的青年职工岗位成才、实干报国，1993 年，团省委联合省人社厅开展陕西省青年岗位能手评选活动。陕西广大青年职工以受到表彰的典型为榜样，立足岗位、创新创造、创效创优，努力创造一流的工作业绩，涌现出一大批脚踏实地、敢想敢干、成绩优异的青年岗位能手。新时代，陕西共青团不断深化各种类型的岗位练兵、创新创效、五小革新等活动，切实做好青年技能人才培养工作，培养造就了一支规模宏大的高素质青年职工队伍，为加快推进陕西高质量发展做出更大的贡献。2021 年，陕西省委人才办将青年岗位能手评选工作纳入陕西省十四五人才发展规划。截至 2023 年 8 月，陕西省已评选 160 余名杰出（优秀）青年岗位能手。

陕西省青年职业技能大赛 2005 年，团省委联合省人社厅、省总工会、省科技厅联合举办了首届陕西省青年职业技能大赛。2021 年 6 月，首次将无人机驾驶纳入青年职业技能大赛竞赛工种，并实现全网直播，当天在线观看人数达 3 万人。2022 年，首次将市属国企纳入比赛范围，新增“五小”活动类赛道，实现一线技术职工全覆盖。自 2005 年以来，累计培养 36 名“陕西省技术状元”，14 名“五一劳动奖章”获得者，244 名“陕西省技术能手”从青年职业技能大赛脱颖而出。

2019 年 8 月，陕西省青年职业技能大赛开幕式现场。

社区青春行动

2021 年 4 月 30 日，团中央办公厅印发《关于〈社区青春行动方案〉的通知》，要求各级团组织围绕国家治理体系和治理能力现代化目标要求，聚焦城市社区建设发展规律和青年聚集发展要求，创新团的基层组织形态和工作方式，发挥共青团实践育人功能，活跃社区团的组织和工作，增强共青团社会功能，提升社会领域团的“三力一度”，推动青少年积极参与社区治理和服务体系建设。

社区青春行动启动后，团省委迅速部署、积极行动，成立社区青春行动工作领导小组，研究出台《关于开展社区青春行动第一阶段工作的建议》，全省范围遴选 34 个城市社区作为第一批次试点，构建共青团参与社区治理人员、项目、阵地、资源“四位一体”工作格局，引领广大青年成为协助党和政府加强和创新社会治理的重要力量。2021 年 12 月，团省委印发《进一步加强社区团的组织建设推动社区青春行动实施方案》，进一步巩固社区团的组织建设，创新完善社区团的工作形式，为社区青春行动提供坚强组织保障。充分动员社区、社工、社会组织和社区自组织、爱心企业等多方力量，以志愿服务为抓手，围绕扶贫帮困、养老助残等民生工作，进一步活跃团的组织力量，积极探索共青团参与社会治理新模式，形成了“建强一个组织、延伸两条手臂、落实三项机制”的工作模式，多策并举努力打造互助共享共治的社区治理新局面。

建强一个组织，打造骨干队伍 团省委坚持党建带团建促队建的原则，将社区团的工作纳入社区党建工作总体规划，在社区中成立团组织，实现设点社区团组织全覆盖。采取“团区委示范培训 + 街道党校分类培训”的方式，对社区团组织书记和团干部全员轮训，全面提升团干部履职能力。

延伸两条手臂，联系服务青年 以团组织为“龙头”“核心”，统筹整合青年社会组织等各类工作力量，推动构建协同联动社区青年工作格局。打造社区青春服务平台，引导广大青少年参与共建社区青春行动。

落实三项机制，夯实服务根基 建立了执行有力的组织协调机制，构建了各具特色的工作创新机制，完善了坚强有力的多元运行机制。团省委成立工作领导小组，赴试点社区开展调研，在阵地、人员、项目、资源“四位一体”的工作模式基础上，积极探索新的服务模式，将“四社联动”完善升级为“县级团委 + 社会组织 + 社工 + 社区 + 社区志愿者 + 社区居民”的“一团五社联动”模式，提升了社区资源的整合以及服务方式的多样性。

助力脱贫攻坚和乡村振兴

2016 年 2 月，为深入贯彻落实中央扶贫开发工作会议、陕西省脱贫攻坚工作会议和共青团中央关于印发《关于共青团助力脱贫攻坚战的实施意见》的通知精神，团省委印发《关于推进共青团助力脱贫攻坚工作的意见》，发挥共青团特色优势助力脱贫攻坚，提出“3456”工作法，即构建“三大体系”[①]，遵照“四个结合”[②]，围绕“五条主线”[③]，整合“六支工作力量”[④]，深入推进共青团助力脱贫攻坚十大行动，组织各级团组织和广大团员青年积极投身脱贫攻坚一线，圆满完成脱贫攻坚各项任务。

聚焦政策倾斜 团省委及时成立陕西共青团助力脱贫攻坚行动领导小组，负责全省共青团助力脱贫攻坚行动的组织、协调和督导工作，推动各市级团委建立助力脱贫攻坚工作协调组，强化组织领导，全面夯实脱贫攻坚政治责任。提高机关驻村帮扶干部、挂职副县长等一线干部日常考核“优秀”等次的比例，持续把全团工作重心放在脱贫攻坚、乡村振兴上。在“陕西青年五四奖章”“陕西好青年”等各级团的荣誉中均增设脱贫攻坚专项，用榜样的力量激励和引导广大青年投身脱贫攻坚、乡村振兴。争取团中央专项资金、筹集社会资金向贫困地区倾斜，持续开展“秦青优惠贷”项目，组建“金融青年服务团”，设立乡村振兴工作专班，服务实体经济发展。

---

① 三大体系，点线面的工作体系、一办五部的组织体系、挂号督办的指挥体系。

② 四个结合，共青团助力脱贫攻坚与发挥职能相结合，与工作力量相结合，与平台阵地相结合，与传播理念相结合。

③ 五条主线，助力产业扶贫、教育扶贫、人才扶贫、公益扶贫和城乡手拉手行动。

④ 六支工作力量，团员青年、青联、学联、少先队、青企协、青年社会组织。

聚焦思想引领 实施“我要脱贫”行动，积极动员省市县三级团干部开展驻村联户工作，动员各级团组织在村前屋后、道路两旁，设立社会主义核心价值观宣传栏，建设文化活动室，发放宣传产品，推进文明新风建设；实施青年讲师团“十百千”计划，选树省级脱贫攻坚专项讲师，深入田间地头讲好脱贫故事；联合相关专业公司拍摄脱贫攻坚电影《岭上杜鹃红》，以柞水县“小木耳、大产业”脱贫工作成果为背景，讲述农村青年奋发向上、脱贫致富的生动故事，开展自强教育。

实施“我为美丽乡村代言”行动，举办摄影和短视频大赛，与抖音平台合作征集展现陕西农村新面貌短视频；在团属新媒体矩阵开展青年网络名人看三秦、菁彩青农山水秦乡等系列活动，组织积极活跃、有广泛影响力的网络知名人士大力宣传贫困地区的资源禀赋，进一步坚定贫困群众致富信心。

聚焦教育振兴 实施希望工程脱贫攻坚行动，团省委通过“秦青筹”众筹平台，实现项目发起、认领、募捐、资助“一站式”救助，建立建档立卡贫困户家庭教育扶贫项目援建信息库，定期关心救助学生生活、学习情况，建立持续关心和长期联系的帮扶“链条”；全省各级团组织、希望工程系统筹集资金资助贫困学生，积极推进学业救助“10万+”项目。

实施校外扶贫行动，团省委积极发挥共青团阵地作用，将优质校外教育资源“搬”到贫困地区；依托少年宫，组建流动少年宫常态化开展红粉笔支教活动，服务贫困地区学生；依托12355青少年服务台，开展“青春灯塔”百场公益巡讲、“轻松备考 · 12355与你同行”中高考减压活动等，服务困难学生。

实施“城乡儿童手拉手”行动，以城乡少年儿童共同健康成长为目标，动员城乡中小学生结成“手拉手小伙伴”，让城市家庭少先队员通过力所能及的小事，帮助关心贫困家庭儿童；持续开展“童步益行——给乡村孩子一双运动鞋”公益项目。

聚焦产业发展 团省委以“团团大集”为品牌打造多媒体、多渠道共青团消费扶贫矩阵，联合省发改委、省扶贫办等单位举办“向善的力量·团团大集”助农产品销售系列活动，邀请带货达人、优秀青年代表等为陕西公益直播带货，在西安、宝鸡、延安、安康等地的街道、社区和学校中销售全省贫困地区助农产品。

以扶技为特点，团省委深化“互联网+扶贫”成效，提升贫困人口利用电商创业增收能力；以乡村振兴青年领路人、产业致富青年带头人、乡村文化青年传承人培育为重点，采取分层分类、线上线下相结合方式，开展基层党建、特色产业发展、农村电商、乡村文化传承等专题培训；实施县域青年创业扶持计划，在贫困县区建立农村青年创业组织。

以扶业为突破，深化爱心公益岗位扶贫措施，通过稳定就业实现持续脱贫；组织“千校万岗”学生就业精准帮扶系列活动。

聚焦人才支撑 团省委坚持育人导向，组织引导城乡有志青年投身农业农村发展，为脱贫攻坚、乡村振兴战略实施提供青年人才支持。持续开展“菁彩青农”乡村振兴青年创业系列大赛，全方位搭建各级青年涉农创业项目展示平台；以省农村青年致富带头人协会、省青年电商联合会、省青年创业导师协会等青创组织为抓手，搭建合作共促平台、开展特色交流活动，吸引凝聚农村优秀创业青年人才；发挥省青年导师协会导师团“智库”作用，持续开展地市产业问诊、项目对接、电商助农、导师“一对一”帮扶等活动，积极助推农业提质增效、农民增收致富。

陕西各高校团学组织开展大学生暑期“三下乡”暨“万名学子扶千村”专项实践活动，助力脱贫攻坚；西部计划志愿者直接赴基层一线参与脱贫攻坚工作，设置服务三农、基础教育、医疗卫生和基层工作专项；动员社会组织和青年志愿者为进城务工青年、留守儿童、贫困群众返乡探亲提供志愿服务；开展“七彩假期”志愿服务活动，为农村留守儿童和随迁子女开展志愿服务。

聚焦驻村帮扶　团省委紧盯基层党建、产业发展、村级治理、“两不愁三保障”等帮扶工作重点，结合定点帮扶村实际，逐一推进落实，确保帮扶工作取得实际成效。团省委作为省级驻吴堡县“两联一包”扶贫团牵头单位，定期召开吴堡县省级单位定点帮扶团联席会议，督促参扶单位强化帮扶责任，对驻村工作队开展不定期暗访并向派出单位反馈工作检查情况。带队到帮扶村调研开展工作，捐建爱心超市、慰问特困户和老党员、表彰脱贫攻坚先进典型和孝老爱亲个人。

团省委驻村工作队分批次走村入户，遍访每一个贫困户、非贫困户、党员、致富能人等，宣传中省市县各级扶贫会议精神，开展基层党建专题调研并形成调研报告，着力激发当地贫困群众脱贫致富的积极性、主动性，开展好防止返贫和动态监测帮扶工作，及时化解易返贫致贫风险。团省委机关干部与贫困群众结“亲戚”，为村民来西安看病、求学、找工作提供帮助，为村民挖水井、搭羊棚、建广场，进一步拉近了团省委机关与慕家塬村的距离。

2021年，共青团陕西省委举办乡村振兴互联网公益助农直播大赛等青年创业系列赛，挖掘优质青创项目40余个，带货超2000万元。

陆续开发壮大村民家庭产业，为慕家塬村持续打造“果草畜沼肥”和光伏相结合的循环产业链，建成山地苹果园、“红枣羊”标准化养殖场、电站、村集体“辣酱厂”、“秦岭白乳”葡萄育苗等集体产业，巩固发展村级产业。

2019 年，团省委驻村工作队被吴堡县委、县政府表彰为“社会扶贫先进集体”，2020 年被榆林市委、市政府授予“脱贫攻坚组织创新奖”。2021 年 5 月，被省委、省政府授予“陕西省脱贫攻坚先进集体”。

共青团助力防汛救灾

2012 年以来，陕西和全国多地出现特大洪水等灾害，人民生命财产蒙受重大损失。灾情发生后，团省委高度重视，广泛动员社会力量，在积极组织青年突击队投入抗洪救灾一线的同时，提出多项措施促进救灾和灾后重建工作。

2013 年 7 月，陕西省连续出现五次持续强降雨过程，特别是延安市遭遇了历史罕见的持续强降雨，给革命老区人民生命财产造成重大损失，直接经济损失近 50 亿元。团省委积极响应省委、省政府号召，帮助延安灾区重建家园、恢复生产，开展“抗洪救灾，希望同行”希望工程紧急救助行动，筹集资金 181.8 万元，资助延安地区遭遇洪灾的贫困家庭大学生 289 名，培训灾区教师 69 名，援建希望小学和希望工程语音教室。团省委机关干部职工为延安灾区捐款 28500 元。

2017 年 8 月，榆林市子洲县、绥德因强降雨遭受洪灾侵袭，团省委、省青基会积极组织开展“抗洪救灾，希望同行”——2017 年陕西省希望工程救灾特别行动活动，联合中粮可口可乐公司启动 24 小时净水计划，捐赠价值 10 万元的纯净水 96000 瓶；募集价值 467.8 万元的急需药品支援灾区；联合省青企协募集善款 23 万元，资助子洲、绥德县档立卡贫困受灾家庭 239 名高中生。

2018 年入汛后，汉中市等地连续遭遇暴雨洪涝灾害，团省委希望办、省青基会联合省青企协募集善款 40 万元资助受灾地区，支持灾后重建工作。

2020 年 7 月，长江防汛工作进入全面临战状态，团省委、省青基会开展“陕西共青团希望工程援助江西抗洪救灾捐赠活动”，联系西大华特科技实业有限公司为江西援助价值 150 万元的抗洪救灾物资；派出 3 批支援灾区“抗洪保粮 守护丰收”爱心救灾行动队伍，在江西、江苏、安徽、湖南等省开展农作物减灾救援工作，先后调研了 30 余个地市、70 余个县，参与制定水稻、蔬菜、果树等十多种细菌性病害防治方案，在农作物减灾救援工作方面开展了大量、有效的工作。

2021 年，团省委启动“暴雨灾情救助希望工程特别行动”“陕西共青团防汛救灾”等行动，成立抗洪抢险、生活服务、清淤消杀、秩序维护、关爱帮扶、心理疏导等 6 类抗洪救灾志愿服务小组，4317 名青年志愿者和 500 余支青年志愿者服务队编入全省防汛救灾志愿服务体系，41494 人次参与志愿服务任务 2115 项；组建青年突击队 500 余支，全年筹集救援物资 2300 余万元。7 月 22 日，商洛市突遇暴雨，灾情严重。8 月 3 日，团省委、省青基会、省青企协等单位联合三秦都市报全媒体，发起“情系灾区希望同行——商洛暴雨灾情救助希望工程特别行动”。社会各界爱心人士、爱心企业、爱心团队捐助 745 余万元善款和物资，用于支持商洛市受灾县区学校重建和受灾困难家庭学生资助。10 月，陕西“抗洪救灾，希望同行”希望工程紧急救助行动筹集价值 222.58 万元的物资援助渭南市大荔县灾区，同时筹集价值 15 万元的物资资助河南灾区。

2023 年 7、8 月间，北京、河北及陕西省镇巴县等地持续遭受强降雨天气，多地发生洪水灾害，造成人员及财产严重损失，汛情牵动着每一个人的心。习近平总书记发出防汛救灾工作重要指示，团中央号召广大团员青年积极投身防汛救灾充分发挥生力军和突击队作用，团省委、省青基会第一时间响应，启动“抗洪救灾，希望同行——2023陕西希望工程救灾特别行动”，向镇巴县拨付抗洪救灾专项团费10万元、捐赠救援物资15万余元，希望工程筹集资金45万元资助镇巴县受灾困难家庭学生470名；分别向团北京市委、团河北省委捐赠人民币15万元。

共青团助力新冠疫情防控

2020年，新冠肺炎疫情暴发后，团省委认真贯彻省委、省政府和团中央关于新冠肺炎疫情防控工作相关要求，立即成立疫情防控指挥部，启动青年志愿服务体系应急响应机制，调集全省各级各类青年社会服务组织和志愿力量，积极开展疫情防控青年志愿行动；动员350多支青年突击队、540多个青年文明号、120余支青年志愿者服务队、60余所高校团组织等主动参与“秦团战疫”，募集捐款1328.57万元、物资996万元；招募5286名教师、少先队辅导员等开展线上课业辅导15.7万小时；组织少先队员通过书写家书、发出倡议书、制作手抄报、

2020年2月，共青团陕西省委发动基层团组织、青年志愿服务队向陕西援鄂医疗队捐赠凉皮、肉夹馍、苹果等家乡特色美食。

亲子一起学等方式，宣传防疫知识，加强对疫情的科学认识；及时下发《关于积极应对新冠肺炎疫情决战决胜脱贫攻坚的通知》和《关于做好共青团系统“对标补短”工作的通知》，动员各级团组织排查疫情灾情对帮扶村脱贫攻坚的影响，推动各级团组织制定精准帮扶措施。

2021 年 12 月，西安、咸阳、延安等地新冠疫情防控形势复杂严峻，团省委快速响应部署，迅速成立疫情防控专班，设立综合协调组、宣传引导组、物资筹备组、志愿服务组和心理疏导组 5 个小组；第一时间指导各级团组织向当地指挥部门报到，选派 17 名机关干部下沉社区直接参与防疫工作；联合推出《“大白”的真像》《我在“疫”线写青春》等专题，实时报道防疫一线的工作情况；组建应急志愿服务队 98 个，疫情防控青年突击队 1589 支，储备应急志愿者 11.9 万名，筹集防疫物资价值 4556 万元；充分发挥省市两级 12355 青少年维权热线优势，积极调动陕西省儿童心理学会和相关社会团体专业力量，面向全省广大青少年及一线志愿者等群体开展心理疏导，针对一线工作人员及其子女等群体，实行热线 + 网络 7×24 小时不间断服务；联合教育部门开展留校生和确诊、隔离学生心理健康服务工作，为特殊青少年群体提供 1 对 1 心理援助服务。针对部分青少年心理旧疾复发、隔离群众生活物资缺乏等突出问题，积极协调相关部门，“一案一策”安排专人跟踪服务。团省委助力疫情防控工作得到省委领导批示肯定。

为保障疫情后医疗用血供应，2023 年 1 月，团省委、省卫健委联合发出“青春献热血 挽臂为三秦”的志愿献血活动。为动员全省广大青年踊跃加入无偿献血志愿者队伍，团省委组织机关及直属事业单位干部职工开展无偿献血示范活动，干部职工用实际行动为急需输血救治的垂危生命续航，为无偿献血爱心事业贡献青春力量。广大青年积极响应，参加志愿献血活动，以实际行动彰显青年的热血担当，为爱“举手”，奉献三秦热血，汇聚生命绿洲，全力为生命接力，为希望护航！

截至 4 月底，全省各级团组织共组织 51738 名青年参与志愿献血活动，共捐献血量 1669 万毫升，用实际行动践行了“党有号召 团有行动”的生动誓言。

四、擦亮新时代志愿服务和希望工程品牌

新时代青年志愿服务行动

新时代的陕西青年志愿服务紧紧围绕深化共青团改革、全面推进“大公益”工作体系建设等重点工作任务，持续深化青年志愿服务行动，常态化开展助老助残、社区服务、生态环保、大型赛会、应急救援、社会管理、文化建设、乡村振兴“青年志愿者服务八大行动”。截至 2023 年 10 月月底，全省各级各类志愿服务队伍共计 10676 个，注册青年志愿者 2558585 人，累计开展志愿服务活动 108173 场次，参与服务 475.3 万人次，志愿服务时长 2894.8 万小时；广泛服务于秦岭生态保护、黄陵祭祖、丝博会、十四运会和残特奥会等大型赛会，扎实推进志愿服务理念传播、意识培养、能力提升和激励保障等各项工作，逐步构建形成全省青年志愿服务工作新体系。

创办全国首家省级志愿者培训学院 为培育陕西特色志愿服务文化，弘扬志愿服务精神，传播志愿服务理念，2014 年 9 月 26 日，全国首家省级志愿者培训学院——陕西志愿者培训学院在陕西省团校挂牌成立。陕西志愿者培训学院立足陕西、服务西部，努力成为在全国具有独特影响力的全省志愿者培训中心、志愿者组织及志愿者交流中心、志愿服务理论研究中心、志愿服务项目研发孵化中心。学院首期志愿者培训班于 2014 年 9 月 24 日至 26 日在陕西省团校举行，培训从加强志愿精神、志愿服务理念和专业技能培训，提升志愿服务管理者和志愿者骨干素质等方面着手，全面促进陕西省志愿服务科学化、

规范化。培训班的举办，标志着陕西省志愿者培训学院的培训工作正式启动。

深化大学生志愿服务西部计划 西部计划自2003年在陕西实施以来，团省委持续面向全省高校应届毕业生宣传动员，积极组织实施招募，以省、市、县（区）三级项目办联合培训、分散报到的方式，完成招募、选拔培训、派遣等工作，至2023年已累计选派19700余名大学生志愿者到全省100余个县（区）基层单位服务。为有效提升西部计划志愿者的服务保障水平，团省委定期召开西部计划工作调度会、视频会，督促各项政策落实落地；开展联合培训，提升项目的工作质量和志愿者的服务能力；足额配置西部计划专项资金，按时下发；以网络调查、电话抽查、实地暗访等方式，全面掌握志愿者的现实困难，确保了各级项目办对在岗志愿者的管理教育、服务保障等方面工作落实落细。长期以来，广大志愿者扎根基层、接续奋斗，在三秦大地开展乡村教育、服务乡村建设、健康乡村、乡村社会治理、基层青年工作等专项服务，为陕西省经济社会发展做出了积极贡献，成为基层建设的一支重要青春力量。

加强青少年生态环保志愿服务 团省委始终坚持以习近平新时代中国特色社会主义思想和习近平生态文明思想为根本遵循，以团中央“美丽中国·青春行动”总体部署为主线，积极发挥团组织动员优势，在工作机制、队伍建设、资金保障等方面不断探索，团结带领全省广大团员青年争做引领绿色潮流的先行者、推动绿色发展的实干家、传播绿色文化的排头兵，为美丽陕西建设贡献青春力量。

团省委持续开展“保护母亲河 美丽中国梦”“秦岭环保志愿行动”“治污降霾·青年先行”等环保志愿服务活动，推动“解放军青年林”宝塔、延川项目、“安利林”“红星美凯龙青年林”等项目建设，从2013年至今，全省青少年累计植树造林800万余株；多次举办秦岭生态环境保护青年论坛、青少年环保社团骨干培训、青年环保年会、青少年环保征文、大学生环保创意大赛等主题活动，资助青少年环保项目 100 余个。2020 年，团省委认真贯彻落实《陕西省秦岭生态环境保护条例》，积极征求生态环保专家学者、大学生环保社团等各方意见，制定《陕西省青年秦岭生态保护行动规划（2020—2023 年）》，组建“秦岭生态环境保护青年学者”和“高校生态环保社团联盟”，广泛实施秦岭生态科学考察项目。2021 年，启动秦岭沿线 6 省区域青年联合行动，陕西省秦岭生态环保“青年学者”等 3 个团队被全国保

2022 年 6 月，共青团陕西省委在太白山国家森林公园举办“美丽中国·青春行动”——陕西省第四届秦岭生态环境保护“青年论坛”暨 2022 年秦岭环保志愿行动示范活动。

2023 年 3 月 10 日，共青团陕西省委、陕西省林业局在礼泉县举办“美丽中国·青春行动”——2023 年陕西省青少年省级植树护绿示范活动。

护母亲河行动领导小组表彰为第十届“母亲河奖”。2022 年，举办“美丽中国·青春行动”省级植树护绿示范活动，组织动员全省青少年参与植树护绿 3 万余人次，植树 7 万余株；举办第四届秦岭生态环境保护“青年论坛”、秦岭环保志愿行动示范活动和第十五届青年环保年会，组织一批科考队深入秦岭腹地开展课题调研，形成高质量科考报告 15 篇；线上线下组织动员百余所高校 226 支团队广泛参与“‘河’我一起，保护母亲河”净滩行动、“绿植领养”“做节约粮食践行者”等社会实践活动。2023 年，启动青年志愿者“河小青”志愿服务，参与助力黄河流域生态保护和高质量发展。

大型赛会志愿服务 2021 年 9 月至 10 月，中华人民共和国第十四届运动会（简称十四运会）和全国第十一届残运会暨第八届特奥会竞赛（简称残特奥会）在陕西举办。由团省委牵头负责志愿者服务工作，制定志愿者通用知识读本、工作手册，建设 56 个志愿者之家，举办志愿服务誓师动员大会暨出征仪式，完成赛会志愿者通用培训，共招募赛会、城市、社会三大类志愿者 18 万名，建成城市志愿服务站点 484 个，审定社会志愿服务项目 1318 个，累计上岗 55.4 万人次，圆满完成十四运会和残特奥会各项志愿服务工作；收到各级表扬信 70 余封，主要媒体报道 80 余次，实现“零感染、零事故、零舆情、零投诉”。第十四届全国运动会、全国第十一届残运会暨第八届特奥会志愿者群体荣获第十三届“中国青年志愿者优秀个人奖”，是和庆祝中国共产党成立 100 周年北京市庆祝活动志愿者群体入围“中国青年志愿者优秀个人奖”的两个群体之一。

自 2016 年开始，每年 5 月中旬，丝绸之路国际博览会暨中国东西部合作与投资贸易洽谈会（简称丝博会）在陕西举办。目前，丝博会已成功举办七届。团省委负责丝博会志愿者服务工作，联合西安外国语大学组建丝博会志愿者服务队，每年组织招募 300 余名志愿者投身于各届丝博会志愿服务工作，开展礼宾接待、对接联络、秩序引导、会务保障、资料整理等多项志愿服务，累计上岗服务 2400 余人次，服务时长 15 万余小时，展示了新时代陕西青年的良好精神风貌，赢得了主办方、外国展商及参展人员的广泛好评，成为丝博会上一道亮丽的风景线。

十四运会志愿者运送受伤运动员。

清明公祭轩辕黄帝典礼志愿服务 清明时节，在黄帝陵公祭人文初祖轩辕黄帝是中华民族传承千载、历久弥新的传统盛事，是海内外中华儿女尊崇和传承民族历史和文化，弘扬爱国主义精神，增强民族归属感、认同感、尊严感和荣誉感的盛典，万余名中华儿女齐聚黄帝陵轩辕殿祭祀广场，共同祭奠人文初祖轩辕黄帝。

2009 年起，团省委承担每年公祭轩辕黄帝活动的志愿服务工作，始终遵循“流程标准化、服务专业化、形象时尚化、活动品牌化”的大型赛会志愿服务工作机制，为清明公祭轩辕黄帝典礼提供“零差错、零失误、零投诉”的志愿服务保障工作。截至2023年，累计招募7500余名青年志愿者。志愿者们主要在公祭现场为嘉宾和观众提供维持秩序、道路引导、文明礼仪、帮老扶幼、隔离人群等服务。志愿者们以志愿服务为载体传承和弘扬了中华民族传统文化，践行社会主义核心价值观，展现了陕西青年朝气蓬勃的魅力，激发了青年志愿者的爱国热情和民族自信，组织有序、纪律严明的志愿服务以及全体志愿者昂扬向上的精神风貌成为典礼上一道亮丽的风景线。

陕西青年志愿者服务春运“暖冬行动” 2015年，团中央启动中国青年志愿者服务春运“暖冬行动”。团省委迅即行动，协调配合有关部门和单位，动员广大青年志愿者开展“暖冬行动”志愿服务。自2015年起，陕西青年志愿者服务春运“暖冬行动”已连续开展8年。每年春运期间，陕西各级团组织积极动员组织广大青年志愿者和志愿服务团队，依托各地的火车站、地铁、机场、公路客运站、高速公路服务区等重要交通场所，从春运旅客普遍性需求出发，结合区域特色，围绕秩序维护、引导咨询、便民利民、重点帮扶旅客、交通安全劝导和应急救援等方面集中开展志愿服务。

“七彩假期·情暖童心”关爱农村留守儿童志愿服务行动 按照“假期集中服务，用好已有阵地，鼓励长期结对，支持示范项目，助力脱贫攻坚，扶智扶志结合”的工作原则，组织动员结对高校“三下乡”大学生、西部计划和研究生支教团志愿者、当地返乡大学生、当地志愿服务团队等，在暑假期间到“农村留守儿童之家”“青春驿站”等综合服务阵地，面向农村留守儿童和随迁子女，围绕学业辅导、亲情陪伴、素质拓展、自护教育、心理辅导、文体活动等内容，通过开办暑期班、兴趣班、乡村流动少年宫、“红领巾动感假日”等公益活动，为农村留守儿童提供15天以上的“七彩假期·情暖童心”志愿服务。

新时代希望工程

党的十八大以来，陕西希望工程顺应时代发展，提质升级，从教育扶贫向卫生健康、科技强国、生态环保、文化体育、公益发展等领域不断拓展，取得良好社会效应。2019 年 11 月 19 日，在希望工程实施 30 周年之际，习近平总书记寄语希望工程，进入新时代，共青团要把希望工程这项事业办得更好，努力为青少年提供新助力、播种新希望。[①] 陕西希望工程深入贯彻落实习近平总书记寄语精神，秉承助学育人传统，围绕加快数字化战略转型，有力推动贫困地区教育事业发展、服务贫困家庭青少年成长，不断提升对共青团事业大局贡献度。十年来，陕西希望工程累计接受捐款、捐物 2.94 亿元，捐建希望小学、希望图书室、乡村小学音体美教室、小平科技创新实验室等 420 个，保护母亲河项目争取资金 1800 余万元，植树造林 9000 余亩，资助贫困家庭大、中、小学生 3.7 万余名。爱“心”希望救助行动、“如新中华儿童心脏病基金”项目，争取资金 573 万元，资助 483 名贫困家庭先心病患儿顺利完成了手术治疗。

“七助一度”行动 陕西希望工程深化品牌建设，以提升服务困境青少年“满意度”为衡量标准，助推希望工程乡村教育资助提升、红色传统铸魂育人行动、素质教育综合提升行动、青少年健康“心”守护行动、三秦青年生态环保行动、助力青少年公益发展行动、抗击灾情紧急救助行动等七大行动。2021 年正式启动，截至 2023 年 7 月，累计募集捐款物 15100 余万元，直接服务革命老区、经济欠发达地区青少年 8 万人次。

陕西省青少年公益项目大赛 陕西省青少年公益项目大赛是共青团

① 习近平：《新时代要把希望工程这项事业办得更好》（二〇一九年十一月十九日），《论党的青年工作》，中央文献出版社 2022 年版，第 221 页。

组织引导青年社会组织参与社会公共服务，促进青年社会组织管理，开辟服务青少年新路径的有益尝试，也是团省委推动青少年服务项目化运作、社会化动员和制度化发展的一项重要举措。2015 年，团省委、省青联、省青基会主办了以“青春公益行·共筑陕西梦”为主题的首届陕西省青少年公益项目大赛。截至 2023 年，陕西省青少年公益项目大赛已成功举办五届，共计金奖项目 120 个，银奖项目 180 个，铜奖项目 300 个，先后推选 30 余个获奖项目入选中国青年志愿服务项目大赛金银奖。

陕西希望工程公益研究院 为促使陕西希望工程在聚焦定位、战略转型、提档升级和制度治理等方面实现质的飞跃，2020 年 11 月 20 日，全国首家希望工程公益研究院——西安培华学院陕西希望工程公益研究院揭牌，希望工程公益研究院依托公益创投基金孵化、培育、资助希望工程青少年公益项目，先后承接陕西共青团大公益体系建设、陕西共青团紧急救灾体系建设等两大课题，承办第五届陕西省青少年公益项目大赛等活动，推动新时代希望工程实现高质量发展。

希望工程全国培训基地 2023 年 4 月 6 日，希望工程全国培训基地揭牌仪式在西安培华学院陕西希望工程公益研究院举行。西安成为继上海之后希望工程全国培训基地挂牌的第二个城市。在西安挂牌成立的希望工程全国培训基地将成为培养新时代希望工程人才队伍的重要基地，着力于提升希望工程负责人及员工的公益业务能力。同时，培训基地也承担着共青团、青基会、公益伙伴等各方共同学习交流的阵地作用，把希望的种子播撒在全国各地。

公益微超市 积极搭建资源对接和交流发展的平台，积极向社会各界推介青少年公益项目，推动政府、企业与公益组织加强合作，促进青少年公益项目落地实施，营造良好的社会公益氛围，激发爱心企业和社会组织的社会责任感，提高社会各界人士的公益意识，引导人们积极投身陕西青少年公益事业。10 年来，累计争取社会组织 100 余家，发布公益项目 1100 个，对接项目基金 4700 余万元。

“秦青筹”网络众筹平台 2018年8月，针对公益项目发布、宣传、捐款渠道单一，参与途径不畅等传统公益模式难以适应现代社会需求和制约公益项目推广发展的“瓶颈”，团省委、省青基会搭建“秦青筹”公益众筹平台，借助“互联网金融”，实现项目发起、认领、募捐、资助“一站式”救助，持续提升陕西共青团大公益品牌项目的实施质量，实现了陕西希望工程传统筹款的转型升级。5 年来，先后动员各级团组织、民间公益机构、媒体、爱心企业和志愿者等公益力量，发起“抗击疫情、希望同行”“情系灾区、希望同行”等公益众筹活动，为抗击疫情一线医务人员和抗洪抢险一线志愿者募集物资 4620 万余元。

爱“心”希望救助行动 2012 年 5 月，省希望办、省青基会、“爱佑童心”万科专项西安项目、西京医院共同启动爱“心”希望救助行动。2015 年，积极争取中国青基会、如新中华儿童心脏病基金联合西京医

共青团陕西省委常态化开展“公益福彩·‘心’的守护”青少年先心病救助项目。

院共同启动“新梦想·心希望”如新中华儿童心脏病基金慈善救助项目。2018年，联合西安市第三医院启动“柯晓晖儿童心脏病基金”救助项目。2021年，联合省福利彩票发行中心、空军军医大学西京医院在榆林市吴堡县正式启动“公益福彩·‘心’的守护”青少年先心病救助项目，通过“公益组织资助＋合作医院减免＋新农合报销＋家庭个人支付”先心病救助项目资助模式，资助家庭困难先心病患儿接受手术治疗，送去关爱和祝福，成为西部“健康中国”品牌公益项目。

五、新时代少先队工作

党的十八大以来，团省委坚持以习近平新时代中国特色社会主义思想为指导，深入贯彻习近平总书记关于少年儿童和少先队工作的重要论述，认真落实《中共中央关于全面加强新时代少先队工作的意见》和省级实施方案精神，以培育共产主义接班人为根本任务，以增强少先队员光荣感为工作主线，传承红色基因，培育时代新人，团结、教育、引领陕西少年儿童成长为能够担当民族复兴大任的时代新人。

2013年8月27日，中共陕西省委在全国率先以省委名义出台《关于进一步加强少年儿童和少先队工作的意见》（以下简称《意见》）。《意见》提出陕西省新形势下加强少年儿童和少先队工作的指导思想、总体目标、主要任务，要求以理想信念为核心，强化“三爱”教育；以实践体验为载体，提高综合素质；以“三位一体”[①]为保障，关爱健康成长；以改革创新为动力，推动事业发展。《意见》要求全省各级党委政府高度重视少年儿童和少先队工作，把少年儿童和少先队工作纳入青少年事业和基础教育发展的整体格局进行统筹规划。要求切

① “三位一体”，指融学校、家庭、社会为一体。

实加强“全团带队”，加强对少工委工作指导。同时对教育部门、宣传文化部门、未成年人保护部门等也提出了具体要求。

2021 年 1 月 31 日，中共中央印发《关于全面加强新时代少先队工作的意见》，团省委迅速成立工作专班，对标中央要求，坚持问题导向，赴全省 12 个市（区）开展专题调研，征求意见建议 560 余条，推动《陕西省贯彻落实〈中共中央关于全面加强新时代少先队工作的意见〉的实施方案》（简称《实施方案》）出台。《实施方案》在聚焦政治启蒙方面提出 6 项具体措施，强调“在少先队员中讲好党史、新中国史、改革开放史、社会主义发展史等红色故事，教育引导孩子们传承红色基因”。《实施方案》在少先队员光荣感方面，提出“坚持全童入队、细化分批入队”“全面开展红领巾奖章”。《实施方案》在队伍建设方面，提出“在我省中小学设立‘少先队活动’专业，建立与其他学科一并纳入中小学教师系列职称申报评审”。《实施方案》在加强党的领导方面，提出“按同级团委副职配齐配强少先队总辅导员，按学校校级副职层级选拔配备大队辅导员”。

团省委深入落实《中共中央关于全面加强新时代少先队工作的意见》，大力实施四个计划，组织开展攻坚行动，少先队各项工作实现量的突破和质的提升。

实施少先队员光荣感增强计划 为深入学习宣传贯彻习近平总书记关于少年儿童和少先队工作的重要论述，贯彻落实党的二十大精神，团省委率先制定下发全省少先队学习宣传贯彻实施方案，在“六一”“十·一三”等重要时间节点组织开展“喜迎（学习）二十大 争做好队员”“习爷爷的教导记心间”等主题实践活动。2023 年 6 月 1 日，陕西省委书记赵一德在西安市曲江第一小学参加“学习二十大 争做好队员”陕西省少先队主题队日活动，对全省少年儿童和少先队工作提出希望和要求。团省委、省少工委着力打造

“红领巾+”项目，配合录制全国“红领巾爱学习”视频6期，央视少儿频道播出陕西《红领巾的故事》专题节目；深化“红领巾大讲堂”活动，聘请省市县“红领巾巡讲团”321人，宣讲2644场次；在全国率先举办覆盖省市县三级的“红领巾讲解员”技能展示活动。强化成长激励，注重入队激励、奖章激励、荣誉激励，全省各小学实现分批入队覆盖100%，市县校三级“红领巾奖章”争章活动覆盖100%，推荐评选“全国优秀少先队员”20人、“全国优秀少先队集体”16个。强化推优入团，抓好党团队育人链条最前端培养，探索团队衔接机制，年满14周岁、未满15周岁的新入团团员，经少先队组织推荐达75.8%。

2023年10月13日，西安高新第四小学举行升国旗仪式，学校国旗护卫队执旗。

实施少先队辅导员政治素质提升计划 2013年，团省委为推进少先队辅导员队伍专业化、职业化建设，推动出台《关于进一步加强中小学少先队辅导员管理工作有关问题的通知》。2015年，首次将少先队辅导员培训纳入“省培计划”。2016年，率先在全国将少先队活动科目纳入同级教学能手评选，截至 2022 年累计评选出省市县级教学能手 2700 余人。全面落实分级全员培训要求，先后在延安、西安举办省级中小学校长及骨干辅导员培训班、“国培计划（2020）”——陕西省小学少先队辅导员专项培训班，培训 153 人。2022 年，严格政治标准，全省少先队大队辅导员党团员比例首次突破 80.7%，超过全国 60% 的要求，新聘任辅导员党团员比例达 100%；大力加强配备培养，遴选 154 名优秀辅导员组建省市“红领巾巡讲团”并组织集中备课；全省少先队总辅导员、少先队大队辅导员培训基本完成。

团省委重视学科建设，2013 年，团省委联合省教育厅出台《关于开展中小学少先队活动课的指导意见》。2015 年，推动全省 6150 所中小学少先队活动课进课表，推动城乡中心校少先队标准化队室建设。2020 年，组织陕西省全国少先队名师工作室成员，承担全国辅导员网络集体备课教材编写及视频录制工作，为辅导员成长提供优质资源。2022 年，联合陕师大设置“少年儿童组织与思想意识教育”二级学科硕士研究生专业，招录研究生 30 名，首次招收“小学教育专业”少先队辅导员在职硕士研究生，进一步畅通在职深造途径。

实施社会化体系构建计划 团省委坚持“组织跟着队员走”，建立社区少先队组织。陕西省少工委印发《关于构建陕西省少先队社会化工作体系的通知》，推广社区少工委成立和运行机制，探索乡村少工委建设。坚持“赋能身边阵地资源”，出台《陕西省少先队校外实践教育营地（基地）建设规范》。建立网上阵地，以新媒体、新技术为手段，打造集持续性、品牌化、影响力、互动性于一体的红领巾公益品牌，项目累计关爱乡村少年儿童 4.5 万名、资助 457.4 万元，荣获全国“网络公益年度项目”称号，入围“中华慈善奖”。疫情期间，在网上开展“以‘红领巾’的名义——‘童’心协力 · 抗击疫情”主题活动 8261 次，覆盖学校 5542 所、队员 317.7 万人次。深化开展西藏、新疆和陕西少先队员交往交流，举办“石榴籽一家亲”陕藏少年儿童夏令营活动，近千余名农村留守儿童走进城市，开拓视野，收获成长。2018 年 6 月，团省委、省少工委、省青基会发起“童步益行”公益项目，以全省 6—14 岁建档立卡的贫困孩子为捐赠主体，动员和影响社会各界爱心企业和社会组织共同参与，通过每人捐赠一双运动鞋实现活动落地。

实施体制机制创新计划　2014 年，全省成立市县两级少工委 114 个，推动各市县建立少年儿童和少先队工作联席会议制度。2022 年，全省各中小学校建队率，少工委成立率，省市县少工委主任配备率，党组织书记、校长担任少工委主任配备率，县级团委主要负责同志担任同级少工委主任配备率等指标实现 100%。完善制度保障，将少先队工作纳入中小学教育督导评估和党建工作规范化建设指标，纳入“五育”教育体系，在党建考核中作为单列内容。创新工作机制，试点将少先队名师工作室、学科带头人工作坊、教学能手工作站纳入教育学科建设范畴，已建立市级少先队教学能手工作站 7 个，学科带头人工

2020 年 7 月，第八次全国少代会陕西团代表们参会合影。

作坊 1 个。

新时代，陕西少先队工作得到新发展，统筹推进少先队改革，健全少先队员阶梯式成长激励体系，针对少先队员和少先队辅导员反映的热点、难点问题，不断创新工作方法，不断推进少先队课程和学科建设、不断健全少先队工作委员会、不断提高少先队辅导员队伍专业化职业化水平，推动了全省少先队工作高质量发展。

第五节 新时代共青团改革和从严治团

一、贯彻落实党的群团工作会议精神

中共中央印发《关于加强和改进党的群团工作的意见》

2015 年 1 月，中共中央印发《关于加强和改进党的群团工作的意见》，深刻阐述新形势下加强和改进党的群团工作的重要性和紧迫性，科学概括中国特色社会主义群团发展道路，对加强和改进党对群团组织的政治领导、思想领导、组织领导，发挥群团组织作用，推动群团组织改革创新，提出明确要求和一系列政策举措，是指导和推动党的群团工作不断开创新局面的纲领性文件。《意见》指出，群团事业是党的事业的重要组成部分，党的群团工作是党治国理政的一项经常性、基础性工作，是党组织动员广大人民群众为完成党的中心任务而奋斗的重要法宝。中国特色社会主义群团发展道路是中国共产党开展群众工作、推进党的事业的伟大创造，是中国特色社会主义道路的重要组成部分。其基本特征是各群团自觉接受党的领导、团结服务所联系群众、依法依章程开展工作相统一。加强党的领导是做好群团工作的根本保证。各级党委要明确对群团工作的领导责任，健全组织制度，完善工作机制，从上到下形成强有力的组织领导体系；要推动群团组织团结

动员群众围绕中心任务建功立业，推动群团组织引导群众自觉培育和践行社会主义核心价值观，支持群团组织加强服务群众和维护群众合法权益工作，支持群团组织在社会主义民主中发挥作用，支持群团组织参与创新社会治理和维护社会稳定，推动群团组织改革创新、增强活力，加大对群团工作的支持保障力度，加强群团组织领导班子和干部队伍建设。

中共中央召开党的群团工作会议

为贯彻落实《关于加强和改进党的群团工作的意见》，总结成功经验，解决突出问题，推动改革创新，努力开创党的群团工作新局面，2015 年 7 月 6 日至 7 日，中央党的群团工作会议在北京召开。习近平总书记强调，党需要建立旨在广泛联系各方面群众的群团组织来帮助党做群众工作。新形势下，党的群团工作只能加强、不能削弱，只能改进提高、不能停滞不前。我们必须根据形势和任务发展变化，加强和改进党的群团工作，把工人阶级主力军、青年生力军、妇女半边天作用和人才第一资源作用充分发挥出来，把十三亿多人民的积极性充分调动起来。①

陕西省委贯彻落实党的群团工作会议精神

2015 年 7 月 23 日，中共陕西省委出台《贯彻落实〈中共中央关于加强和改进党的群团工作的意见〉的实施意见》。8 月 10 日至 11 日，省委在西安召开党的群团工作会议。要求认真学习领会习近平总书记在中央党的群团工作会议上的重要讲话精神，准确把握群团组织的政

① 习近平：《保持和增强党的群团工作和群团组织的政治性先进性群众性》（二〇一五年七月六日），《论党的青年工作》，中央文献出版社 2022 年版，第 106 页。

治性、先进性、群众性，坚定中国特色社会主义群团发展道路，坚持问题导向、切实解决群团组织面临的困难和问题，努力推动陕西群团事业与时俱进、健康发展。各群团组织要努力把握全省工作大局，坚持正确政治方向，自觉接受党的领导，积极围绕大局谋划工作、开展活动，严守纪律和规矩、当好表率；要结合职能特点，发挥接地气优势，维护好所联系群众的合法权益；要夯实基层、打牢基础，推进群团组织和阵地全覆盖；要精心组织群团活动，管好用好互联网等载体，引导群众立足岗位建功立业，不断集聚社会正能量。全省各级党组织要负起政治责任，完善工作机制和考评问责，切实加强对群团组织的政治领导、思想领导、组织领导，不断提高全省群团工作科学化水平；要支持群团组织依法依章开展工作，加大群团干部培养力度，营造群团工作良好氛围，最大限度凝聚广大人民群众。

二、推进共青团改革

中共中央印发《共青团中央改革方案》

党的十八大以来，习近平总书记高度重视青少年和共青团工作，按照《中共中央关于加强和改进党的群团工作的意见》，2016 年 8 月 2 日，中共中央办公厅印发《共青团中央改革方案》(简称《方案》)。《方案》推进共青团改革，是全面从严治党的一部分，是焕发共青团生机活力的重要举措。《方案》从四大方面、十二个领域提出了改革措施。一是改进团中央领导机构人员构成、机构设置和运行机制。二是改革团中央机关干部选拔、使用和管理。三是改革创新团的工作、活动和基层组织建设。四是加大党委和政府对共青团工作的支持保障力度。《方案》要求，以团中央改革为牵引，加强统筹指导，带动地方各级、各领域共青团在党委领导下，结合工作实际谋划改革、推进改革，形成以上率下、全团抓改革的工作局面。

2017 年，经中共中央批准，团中央、全国青联联合印发《全国青联改革方案》，共青团中央、教育部、全国学联联合印发《学联学生会组织改革方案》，共青团中央、教育部、全国少工委联合印发《少先队改革方案》。三个方案的印发与实施，是中央办公厅 2016 年印发的《共青团中央改革方案》明确规定的重要任务，是共青团改革进入深化阶段的重要标志，在党的群团事业改革发展历程中具有重要意义。三个改革方案明确了青联、学联学生会组织、少先队改革的指导思想、基本原则、主要目标和重要举措。

2021 年 10 月 15 日，团中央印发《共青团中央深化改革方案》，进一步推进团的领导机关去除机关化、行政化、贵族化、娱乐化等问题，完善直属机关领导机制和变革组织机制、工作机制，真正聚焦主责主业，提高工作协同效能，不断增强政治性、先进性、群众性，带动各级共青团改革取得新突破。进一步完善团中央直属机关加强党的领导的制度机制，不断增强“四个意识”、坚定“四个自信”、做到“两个维护”，成为政治坚定的模范机关；聚焦团的主责主业，革新工作运行机制，建成职能明晰、协同高效、服务基层、作风优良的精干机关；系统谋划和推进新时代共青团、青联、学联、学生会、少先队改革，不断优化党领导下的政治功能协调、工作内容衔接、社会功能显著的青少年工作体系，全面适应国家治理体系和治理能力现代化的时代要求。

陕西共青团全面深化改革

按照《中共中央关于加强和改进党的群团工作的意见》和《共青团中央改革方案》要求，2017 年 5 月，中共陕西省委办公厅印发《共青团陕西省委改革方案》，标志着在省委的领导下，团省委改革进入全面实施阶段。同年推动全省各市印发出台共青团改革方案，并联合相关厅局出台全省青联、学联、少先队改革方案。2019 年，省委、省政府办公厅印发《陕西省团校改革方案》。《共青团陕西省委改革方案》从改进人员构成、机构设置和运行机制，改革干部选拔、使用和管理，创新团的工作、活动和基层组织建设，加大党委和政府对共青团工作的支持保障力度等 4 个方面，列出 26 项改革内容，提出了 10 大重点改革举措。一是大幅提高基层和一线比例，扭转“重精英轻草根”现象；二是转变工作力量“倒金字塔”现状，让机关瘦身塑形提高效能；三是跳出“就团论团”思维，激发团干部队伍活力；四是打破传统工作方式，直接联系普通青年；五是夯实基层基础，打通联系服务青年的“最后一公里”；六是强化互联网思维，更加注重与青年直接“键对键”；七是严格控制增量、管好存量，增强团员先进性和光荣感；八是服务陕西追赶超越，引领青年吹响青春号角；九是提升共青团服务水平，让青年有更多获得感；十是加大支持保障，让共青团更有底气更有活力。

截至 2023 年，陕西共青团改革取得明显成就，党建带团建制度建设不断完善，团的政治性持续增强，服务中心大局动员方式不断变革，团的先进性持续增强，密切联系青年组织方式不断创新，团的群众性持续增强。团省委机关和直属事业单位人员编制减少 51 名、精简 30.7%，部门机构减少 6 个、精简 30%。在省市县三级团的领导机关建成专、兼、挂相结合的干部队伍。省市县三级团的常委会、委员会、代表大会中基层和一线代表比例大幅提高，“一专一站两联”① 作用有效发挥，直接联系服务青年更加主动。

① “一专一站两联”，“一专”指团的专门委员会；“一站”指团代表联络站；“两联”指团的委员会联系团代表、团代表联系团员青年。

统筹推进青联、学联、少先队和团属事业单位改革

统筹推进青联改革。强化政治引领，制定委员轮训制度，实现青联委员培训全覆盖，组织各级人大、政协中的青联委员积极为青年工作献言献策。强化从严治会，青联组织基层一线青年代表比例达到90%以上，工作方式和作风明显转变，出台界别工作管理制度，完善委员遴选程序，量化评价青联委员履职情况。

统筹推进学联学生会改革。加强学联学生会组织工作人员日常教育管理，通过科学"瘦身"实现功能再造，校学生会组织平均规模从151.4人精简至41.5人，呈现出清新阳光的形象。全员培训学生会组织工作人员，聚焦主责主业，更好服务同学。按期规范召开学代会，推动建立市级学联组织。

统筹推进少先队改革。少先队改革走在全国前列，健全少先队员阶梯式成长激励体系，严格落实"推优入团"标准和程序。率先在全国将"少先队活动"纳入新时代基础教育教师队伍骨干体系建设。分批入队、"红领巾奖章"争章活动、学校少工委建设覆盖100%。

统筹推进有关事业单位改革。推进省团校改革，制定《陕西省团校改革实施方案》，提出了"校院内设机构、人员编制及划分"以及"校院财务清算和资产负债分割"建议，积极争取省委编办解决机构规格和"三定"问题。推进少年月刊、当代青年杂志社转企改制，2023年6月，经团省委书记会议研究决定，成立陕西青少年出版传媒有限责任公司。

三、推进新时代陕西共青团组织力提升行动

共青团陕西省第十二次至第十四次代表大会

2012年9月26日至28日，中国共产主义青年团陕西省第十二次代表大会在西安召开。出席大会代表680名。大会的主题是：高

举中国特色社会主义伟大旗帜，以邓小平理论和“三个代表”重要思想为指导，深入贯彻落实科学发展观，团结带领全省团员青年肩负历史使命，坚定理想信念，践行陕西精神，不断开拓创新，为全面建设西部强省而努力奋斗。陕西省委书记赵乐际出席开幕式并讲话。团省委书记李豫琦代表第十一届委员会作了题为《肩负历史使命 践行陕西精神 团结带领全省团员青年在全面建设西部强省伟大实践中谱写无愧于时代的优美华章》的工作报告。大会对2012年度“陕西省优秀共青团员”“陕西省优秀共青团干部”“陕西省五四红旗团支部”“陕西省五四红旗团委”“陕西省团建先进县”等进行表彰并授予称号。

大会选举出共青团陕西省第十二届委员会，十二届一次全委会议选举出常委11人，书记1人，副书记4人，李豫琦当选为书记，段小龙、徐永胜、贾琳（女）、单舒平当选副书记。

2017年12月17日至19日，中国共产主义青年团陕西省第十三次代表大会在西安召开。出席大会代表600名。大会的主题是：高举中国特色社会主义伟大旗帜，以习近平新时代中国特色社会主义思想为指导，团结带领全省团员青年积极投身“五新”战略[①]任务，全面助力脱贫攻坚，为谱写新时代陕西追赶超越发展新篇章贡献青春、智慧和力量。陕西省委书记、省长胡和平出席开幕式并讲话。团省委书记段小龙代表共青团陕西省第十二届委员会向大会作了《拥抱新时代 肩负新使命 团结带领三秦青年在追赶超越的伟大实践中书写青春华章》的工作报告。大会审议并通过了《关于共青团陕西省第十二届委员会工作报告的决议》和《关于团结带领全省

① “五新”战略，指培育新动能、构筑新高地、激发新活力、共建新生活、彰显新形象。

广大团员青年拥抱新时代肩负新使命奋力谱写追赶超越发展新篇章的决议》。

大会选举出共青团陕西省第十三届委员会，十三届一次全委会议选举出常委15人，书记1人，副书记7人，段小龙当选书记，徐永胜、贾琳（女）、黄华、鲁镇、徐永兵（挂）、王健儒（兼）、叶瑜（女，兼）当选副书记。

大会闭幕式结束后，举行了第二轮《陕西省志·共青团志》（1990—2010年）发布会并向与会代表赠书。

2023年1月18日至19日，中国共产主义青年团陕西省第十四次代表大会在西安召开。出席大会代表536名。大会的主题是：高举中国特色社会主义伟大旗帜，全面贯彻习近平新时代中国特色社会主义思想，深入学习宣传贯彻党的二十大精神，深入贯彻习近平总书记关于青年工作的重要思想和来陕考察重要讲话重要指示，认真落实省第十四次党代会精神，团结带领全省广大团员青年牢记嘱托、接续奋斗，为奋进中国式现代化新征程、谱写陕西高质量发展新篇章贡献青春智慧和力量。陕西省委书记赵一德、团中央书记处书记傅振邦出席开幕式并讲话。团省委书记徐永胜代表共青团陕西省第十三届委员会向大会作了《高举旗帜跟党走 感恩奋进勇作为 在谱写陕西高质量发展新篇章的生动实践中贡献青春智慧和力量》的工作报告。大会审议通过了《关于共青团陕西省第十三届委员会工作报告的决议》和《关于带领全省团员青年为谱写陕西高质量发展新篇章而团结奋斗的决议》。

大会选举出共青团陕西省第十四届委员会，十四届一次全委会议选举出常委17人，书记1人，副书记7人，徐永胜当选书记，鲁镇、解丹蕊（女）、刘洋、李臻（女）、陈博（女，挂）、惠文正（兼）、乔彬彬（兼）当选副书记。

2023 年 1 月 18 日，共青团陕西省第十四次代表大会在西安召开。

基层服务型团组织建设

团的基层组织是团的全部工作和战斗力的基础，担负着直接组织青年、引导青年、服务青年、维护青少年合法权益，把党的要求和团的任务落实到团员青年的重要职责。新形势下，基层团组织服务青年、做青年群众工作的任务更加繁重，对强化基层团组织的服务功能提出了新的要求。根据党中央要求和团中央《关于加强基层服务型团组织建设的意见》，2015 年，团省委出台《关于加强基层服务型团组织建设的实施意见》，以服务型团组织建设引领和统揽共青团全部基层建设和基层工作，把服务作为基层团组织建设的鲜明主题，建设乡镇直属团组织 24138 个，农村专业合作社团组织 2300 个，街道区域青年工作共建委员会 213 个，新建设直属团组织 481 个。与省委组织部、省非公有制经济组织党建工作委员会联合出台《关于加强非公有制企业党团共建工作的意见》，高度关注青年兴趣组织和网络团建，建立非公企业和新社会组织团组织 12542 家，覆盖青年近 50 万人。团省委还积极推广农村产业链建团、城市街区建团、楼宇建团、行业建团等模式，截至 2023 年，全省社会领域团组织密度从 27.8 个 / 万人增加到 73.9 个 / 万人。

县域共青团基层组织改革

县域共青团是引领凝聚、组织动员、联系服务青年的前沿阵地。2019 年 7 月，经党中央同意，团中央审议通过了《共青团基层组织改革综合试点方案》，陕西省富平县、丹凤县被列为首轮试点地区，团省委同步在 19 个县区开展了省级试点。2021 年 5 月，经中央领导同意，县域共青团基层组织改革试点扩大至全国 621 个县（市、区、旗），陕西省推荐的西安市碑林区等 18 个县（市、区）被列为全国试点地区。在前两轮的改革试点工作中，团省委坚持一体谋划部署改革、创新举措推动改革、落地见效深化改革，持续探索团的基层组织建设新思路新模式，推动 18 项改革举措在 37 个县域共青团改革试点中落地落实，以点带面作用发挥明显。

为及时推广改革经验、不断深化基层建设，团中央总结近三年的改革试点实践，2022 年 8 月 12 日，印发《关于推进县域共青团基层组织改革的指导意见》，全面推开县域共青团基层组织改革。根据团中央工作要求，团省委坚持改革的正确方向，准确领会改革意图，抓住主要矛盾和关键问题，以干部来源多元化、组织方式多样化、引领动员网络化、工作内容项目化、生存资源社会化、运行机制扁平化为主攻方向，推动县域共青团基层组织改革。

团省委加强统筹协调，成立推进县域共青团基层组织改革领导小组和工作专班，建立团省委班子包抓机制，分工联系指导地市及所辖县区，推动落实具体举措。指导市、县两级团委一体推进改革，建立任务清单、责任清单，压实各级团委班子抓改革的主体责任，形成齐抓共管的工作合力。

学校团组织规范化建设

为巩固学校共青团基础性、战略性、源头性地位，夯实基础团务工作，推动陕西中学中职共青团工作实现新发展，2016 年，团省委实施中学中职共青团“强基固本”工程，加强民办高校和高职院校团支部建设工作。团十八大提出，牢固树立“全团抓学校”的意识，改革工作体制，在组织、宣传、服务等职能中整体谋划学校共青团工作，推动各条战线把学生作为重要工作对象，主动向学校领域倾斜力量、输送资源，努力形成全团重视学校、加强学校的良好态势，进而全面加强学校共青团工作、进一步巩固团的战略基础，这是团十八大确定的一个重要改革方向。2019 年 2 月，团省委下发《关于加强新时代团的基层建设着力提升团的组织力的实施意见》。对标新时代党建示范创建，按照“培育为先、重在建设、典型引领、整体推进”的工作思路，坚持以政治建设为统领，以提升活力为重点，以提升组织力为目标的工作导向，从 2019 年起，团省委联合省委教育工委在全省学校开展示范院校、标杆院系、样板支部示范培育工作。2021 年，团省委出台《关于进一步加强新形势下全省高校党建带团建工作的意见》，将团建示范培育工作纳入党建带团建工作重要内容,固化工作机制和成果。截至 2023 年，陕西各高校共青团工作纳入党建考核占比突破 10%，市县两级教育团工委全覆盖，团教协作工作格局初步形成。

青年社会组织建设

随着改革开放的深入和社会转型的加快，各类以青年为主体或以青年为主要服务对象的社会组织大量涌现，呈爆发式增长，逐渐成为社会发展中的一支重要力量，青年社会组织蓬勃发展对共青团与青年的关系产生了重要影响。做好青年社会组织工作是共青团扩大工作有效覆盖的必然要求,服务青年发展需求的客观需要,提高思想引领水平的重要举措。

团省委高度重视青年社会组织发展所揭示的社会发展变革的基本趋势，立足于陕西共青团工作实际，省第十二次团代会创造性提出了在全省各级团组织中实施“枢纽构建计划”，着力探索形成以共青团为主导、龙头的青年社会组织体系，进一步加强共青团组织对其他青年社会组织的服务、引导，延伸团的工作手臂，拓展团的工作空间，巩固和扩大党执政的青年群众基础，更好地发挥共青团在社会管理创新中的积极作用。作为实施“枢纽构建计划”的重要载体和平台，2013 年 11 月 6 日，团省委指导和筹建的西北地区首家“陕西青年社会组织培育发展中心”挂牌成立。该中心位于红缨路 158 号，设有办公区、展示区、分享区“三个区”和多媒体会议室、培训室、阳光活动室、阅览室等“五个室”，配备以专职团干、特聘专家、专职社工和志愿者为核心的管理团队。重点培育“承接共青团相关事务、具有社会功能的青年社会组织”和“立足青年兴趣爱好、体现青年自主性的青年社会组织”等“两大类”青年社会组织。中心对所有入驻的青年社会组织实行“零”门槛和“零”费用政策，打造孵化培育、资源共享、公共服务、诉求表达四大平台，提供信息咨询、项目策划、业务培训、技术指导、经验交流等服务，实现用基地固化吸引一批青年社会组织，用制度培育提升一批青年社会组织，用项目催生孵化一批青年社会组织，用资金扶持整合一批青年社会组织，促进松散的青年社会组织向组织化、专业化和规范化方向发展的目标。截至 2023 年 8 月，该中心线上线下入驻青年社会组织 130 余家。

四、全面从严治团加强团的自身建设

团中央推进从严治团

2017 年 1 月，共青团第十七届六次全会指出，要贯彻全面从严治党要求，大力推进从严治团，切实为党做好新形势下的青年群众工作。会议通过了《共青团中央关于新形势下推进从严治团的规定》。提出大力推进从严治团，是共青团充分发挥党的助手和后备军作用、巩固和扩大党执政的青年群众基础、引领广大青年紧跟党走在时代前列的必然要求，是共青团去除“机关化、行政化、贵族化、娱乐化”现象、增强“政治性、先进性、群众性”、构建“凝聚青年、服务大局、当好桥梁、从严治团”四维工作格局的重要保证。新形势下，要大力推进从严治团，全面从严锻造团员、团干部队伍，使团员的先进性更加彰显。全团要始终坚持党的领导；从严管好团干部队伍；从严管好团员队伍；从严管好团的组织；严明团的纪律。

为建设一支能担当党的青年工作使命、堪当青年榜样的团干部队伍，2018 年 7 月 19 日，团中央印发《关于提高政治站位改进工作作风的六条规定》。《六条规定》涵盖了政治纪律、组织纪律、廉洁纪律、群众纪律、工作纪律、生活纪律，为全体团干部拉起了不可触碰的纪律红线。

2022 年 1 月 28 日，团中央出台《新时代全面从严治团实施纲要》《中国共产主义青年团中央委员会工作条例》等制度性文件。为了规范各级团组织执纪工作，推进全面从严治团，2023 年 1 月 31 日，团中央印发《中国共产主义青年团纪律处分工作规则（试行）》的通知。为落实习近平总书记关于加强团员队伍建设的重要要求，紧紧围绕新时代新征程党的中心任务，围绕保持和增强团员先进性这一时代课题，2023 年 8 月 17 日，团中央印发《关于新时代新征程加强和改进团员队伍建设工作的意见》的通知。全团要着力提高发展质量、增强教育实效、发挥先锋作用、从严加强管理、健全工作机制，大力锻造有信仰、讲政治、重品行、争先锋、守纪律的新时代团员队伍，组织广大团员、带动亿万青年在强国建设、民族复兴伟业中勇当先锋队、突击队，在中国式现代化建设中挺膺担当。在以习近平同志为核心的党中央坚强领导下，通过全团上下不懈努力，团的整体精神面貌发生新变化、呈现新气象，全面从严治团取得了初步成效、积累了新的经验。

陕西共青团落实从严治团要求

全面从严治团是共青团履行好为党育人这一政治责任的必然要求。2017 年 2 月，团省委转发了团中央《关于新形势下推进从严治团的规定》，要求全省各级团组织认真遵照执行。4 月，团省委印发《新形势下推进从严治团的规定的实施方案》的通知，从五个方面细化落实团中央从严治团的要求：始终坚持党的领导方面，要求坚决维护党中央权威，始终坚定理想信念，积极传播党的声音，加强团的领导机关党的建设；从严管好团干部队伍方面，要求严格团干部选配和管理，狠抓团干部作风，从严抓好“关键少数”；从严管好团员队伍方面，要求严格发展团员，改进团员教育管理，发挥团员模范作用；从严管好团的组织方面，要求加强团的领导机构和领导机关建设，加强基层基础，严肃团的组织生活；严明团的纪律方面，在严格落实团内章程制度、贯彻落实团中央决策部署、严格落实团内请示报告制度、强化团内监督等方面，明确了各级团组织、团干部、团员的责任分工和各项具体要求及量化指标。

2022 年 3 月 31 日，共青团陕西省第十三届七次全会审议通过《共青团陕西省委落实〈新时代全面从严治团实施纲要〉行动计划》《关于扎实推进陕西新时代全面从严治团的决议》，要求全省各级团组织坚持党的全面领导，铸牢全面从严治团的政治灵魂。始终做到对党绝对忠诚，牢牢把握共青团组织的根本任务、政治责任和工作主线，时时对照党的助手和后备军作用发挥的要求，增强思想自觉、政治自觉和行动自觉，强化习近平总书记重要指示批示闭环落实机制，确保事事有着落、处处见维护；建立健全政治理论学习制度，坚持把学懂弄通做实习近平新时代中国特色社会主义思想作为首要政治任务和核心业务；团的各级领导班子切实履行全面从严治党主体责任，完善上级团组织与直接领导下级团组织的党组织关于青年工作重大事项的沟通机制，确保党的集中统一领导在团内得到坚决贯彻。

坚持以提升组织效能为重点，抓团组织建设从严。强化团的委员会作用发挥，落实各级团的委员会、常委会、专委会工作制度；规范基层团组织建设，持续巩固传统领域团组织，加强社会领域团的组织覆盖，灵活推进城市街道社区团的建设；改进组织运行管理机制，建立完善项目化、扁平化、社会化管理机制，推动工作信号、资源、方法、力量直达基层；协同推进青联、学联、少先队从严管理。

坚持以强化政治建设和作风建设为重点，抓团干部队伍管理从严。严格规范团干部协管程序，加强团干部教育培训，严格培训纪律；建强团的基层骨干队伍；改进团干部作风，持续开展团干部成长观教育，引导团干部树立正确的政绩观、事业观，保持蓬勃朝气，展现清风正气。

坚持以先进性建设为重点，抓团员队伍管理从严。严格入团标准，坚持把政治标准放在首位，严格落实推优入团、积分入团、评议入团制度；加强团员教育管理，严格落实“三会两制一课”制度。发挥团员模范作用，把志愿服务、社会实践、岗位建功作为彰显团员先进性的重要载体，完善实践教育机制。

坚持以建立完善工作机制为重点，抓责任落实从严。严明职责任务，各级团的领导班子切实履行全面从严治团的主体责任，加强对各项工作的领导；严格考核监督，上级团组织强化对下级团组织的监督。

陕西共青团始终牢记职责使命，在团的政治建设、思想建设、组织建设、作风建设、团干部队伍建设、团员管理上全面从严，在自我革命中锻造对党忠诚、心系青年、勇于担当、作风过硬的马克思主义青年组织。

青春孕育无限希望，青年创造美好明天。陕西共青团走过百年辉煌历程，在中国共青团史上留下了光辉的足迹。一代代团员青年发出了“救亡图存”“把青春献给祖国”“团结起来 振兴中华”“清澈的爱 只为中国”的时代强音，奋力书写了无愧于党、无愧于人民、无愧于时代的青春篇章。

青春心向党，百年再启航，新征程上，陕西共青团将牢牢把握中国青年运动的时代主题，弘扬延安精神，踔厉奋发、勇毅前行，团结带领全省广大团员青年奋力谱写中国式现代化建设的陕西新篇章！

附录

共青团与相关青少年团体

共青团与相关青少年团体的关系，主要体现为共青团与青联的关系、共青团与学联的关系、共青团与少先队的关系、共青团与青年社会组织的关系等，这种关系是理念相扣、行动相应的政治关系和工作关系。相关青少年团体是共青团扩大覆盖面、扩大影响的重要工作力量，共青团对青少年团体的服务、引导和管理，延伸了团的工作手臂，拓展了团的工作空间，更好地发挥了共青团在社会管理创新中的积极作用、在青少年团体中的核心作用。

一、共青团与青联

中国共产主义青年团和中华全国青年联合会的关系

中国共产主义青年团和中华全国青年联合会都是中国共产党领导下的全国性青年群团组织，都是中国共产党青年工作体系中的主要组成部分，都是兼具政治性和社会性的组织。共青团和青联这两个组织在工作性质、工作对象、工作范畴、工作方式、工作职能等方面都具有诸多相似性和重叠性，这两个青年组织之间的关系非常密切，共青团是青联的核心团体会员，发挥主导作用。因此，明确共青团和青联两个组织之间的关系，对于党领导下的整个国家的青年工作体系的发展具有重大意义。

共青团和青联的关系在不同时期和政治、社会背景下不断演变。2020 年 8 月 18 日中华全国青年联合会第十三届委员会全体会议通过的《中华全国青年联合会章程（修正案）》中规定："中华全国青年联合会是中国共产党领导下的我国基本的人民团体之一，是以中国共产主义青年团为核心力量的各青年团体的联合组织，是我国各族各界青年广泛的爱国统一战线组织。"明确了新时期共青团和青联的关系，青联在中国共产党领导下，在共青团指导下，服务服从国家发展战略，推进青联的改革与发展，最广泛地团结凝聚海内外中华青年，为把我国建成富强民主文明和谐美丽的社会主义现代化强国，实现中华民族伟大复兴中国梦谱写壮丽青春篇章而奋斗。

陕西省青年联合会的职能

陕西省青联成立于 1956 年 12 月，是以共青团为核心力量的全省各界青年团体的联合组织，是中华全国青年联合会的团体会员，是陕西各族各界青年的爱国统一战线组织。

省青联的基本任务是：坚定政治方向。坚决维护以习近平同志为核心的党中央权威和集中统一领导，坚持热爱祖国与拥护中国共产党的领导、拥护中国特色社会主义相统一，坚持正确的政治方向和政治立场。自觉抵制一切破坏民族团结、国家统一、社会稳定的言论和行动，坚定不移地维护国家最高利益。自觉加强学习。认真学习宣传贯彻习近平新时代中国特色社会主义思想，不断增强“四个意识”，坚定“四个自信”，做到“两个维护”。认真学习领会党和国家的大政方针，增强立足本职贯彻落实的自觉性和坚定性。努力学习最新科学文化知识，牢固树立终身学习的理念。传播党的声音。主动面向青年及时传播党的声音，进行形势与政策宣讲，旗帜鲜明参加网络舆论斗争。大力弘扬社会主义核心价值观，倡导新风正气，用自身的奋斗和实践引领健康向上的青年文化。坚持服务大局。紧紧围绕为实现中华民族伟大复兴的中国梦而奋斗这一青年运动时代主题，积极投身经济建设、政治建设、文化建设、社会建设、生态文明建设，为奋力谱写陕西新时代追赶超越新篇章贡献青春力量。密切联系青年。深入基层、深入青年，及时了解掌握所代表青年群体的政治立场、价值取向、生活状态，及时收集反映所代表青年群体的利益诉求、意见建议。竭诚服务青年。发挥本职优势和专业特长，为青年提供心理咨询、法律援助、创新创业、实践实习、交流交友、社会融入等各方面服务。关心关爱贫困青少年、农村留守儿童、进城务工人员随迁子女等特殊困难青少年群体，帮助解决具体困难。严格遵章守纪。模范遵守国家宪法和法律法规，积极践行社会主义核心价值观，委员中的中共党员应严格遵守党章党纪。遵守《中华全国青年联合会章程》，认真执行全委会会议、常委会会议、主席会议的决议和决定。全面落实从严治会要求，树立优良作风，维护青联组织的良好形象和荣誉。

陕西省青年联合会工作机构与界别组成

陕西省青联最高权力机关是陕西省青年联合会全体委员会，每届任期 5 年。全委会设主席 1 人，副主席若干人。在全委会闭会期间，由常务委员会主持会务。常委会设秘书长 1 人，副秘书长若干人。省青联设秘书处，秘书处设在团省委统战部，负责日常工作。

陕西省青联实行团体会员制，由全省性的各青年团体和各市、示范区、行业（系统）青年联合会等联合组成。截至 2021 年，共有 29 个团体会员，除团省委、省学联外，社团会员 14 个，即省青年企业家协会、省青年科技工作者协会、省青年志愿者协会、省环保志愿者联合会、省青年书法家协会、省青年文学协会、省预防青少年犯罪研究会、省青少年宫协会、省青年新媒体协会、省青年创业导师协会、省青少年发展基金会、西安市基督教青年会、省青年电商联合会、省青年创业就业基金会。地方会员 11 个，即西安市青联、宝鸡市青联、咸阳市青联、铜川市青联、渭南市青联、延安市青联、榆林市青联、汉中市青联、安康市青联、商洛市青联、杨凌示范区青联。行业（系统）会员 2 个，即陕西省直属机关青联和陕西省金融系统青联。

陕西省青年联合会第十二届委员会设有科学技术、教育、农业、社会科学和法律、经济、金融商务、文化艺术、新闻出版与新媒体、体育与医药卫生、社会组织和社会中介、宗教、海外学人华侨、技能人才、台胞和港澳特邀人士等 14 个界别工作委员会。

陕西省青年联合会的历史沿革

陕西省青年社第一次代表大会 1924 年、1925 年陕西团组织创建时期，曾在各地成立了各种形式的青年社作为外围组织。1927 年 5 月 18 日至 21 日，陕西青年社第一次代表大会在西安召开，45 名代表参加了会议，邓小平、杨明轩、雷晋笙出席并作特邀讲演。大会通过了改善青年利益、文化运动、反对基督教运动、组织问题、儿童运动等决议案；会议确定活动宗旨是以科学精神团结革命青年，训练团体生活，研讨革命知识，参加革命运动，谋求青年和被压迫民众利益，完成国民革命和世界革命。

陕甘宁边区青年联合会 1945年，陕甘宁边区青救会与陕甘宁边区学联等组织成立了解放区青年联合会筹委会，1946年1月，陕甘宁边区青救会改名陕甘宁边区青年联合会，隶属中共西北局和解放区青联筹委会、全国青联领导，拟定了《陕甘宁边区青运工作方案》，决定成立边区各级青联组织。4月20日，边区青联召开青年干部会议，选举成立了陕甘宁边区各界青年联合会执行委员会，为边区各界青年群众组织的领导机关。1950年8月，西北青年联合会成立，边区青联停止活动。

西北民主青年社（1945.4—1947.12） 解放战争时期，陕甘宁边区成立了边区青联，陕西国统区一直没有统一的青年组织形式，在中共各级地下党组织的领导下，1945年4月成立西北民主青年社，是中共陕西省工委领导下的秘密进步青年学生组织，以中国民主同盟名义公开活动，民青以西安大中专学校为中心，在西安周围十余县和陕南城固等县建有基层组织，共有社员七八百人，1947年遭到国民党陕西当局镇压破坏，年底被迫停止活动，领导机构是5人小组，小组成员是李敷仁、武伯纶、王维琪、张光远、郑竹逸。

陕西省青年第一次代表大会 1956年12月15日至19日，陕西省青年第一次代表大会在西安召开，145名代表出席会议。会议听取和讨论了省委常委赵守一代表省委作的《关于目前时局与青年任务》的报告，省委统战部部长张汉武作的《关于统一战线工作》的报告和团省委第二书记刘健作的《团结在爱国主义与社会主义旗帜下，发扬艰苦奋斗精神，为青年的美好将来而斗争》的报告。会议通过了陕西省民主青年联合会章程，正式成立了陕西省民主青年联合会，选举出由 45 名委员组成的陕西省民主青年联合会第一届委员会。选举刘健为省青联第一届主席。

陕西省青年第二次代表大会 1959 年 9 月 10 日至 16 日，陕西省青年第二次代表大会在西安召开，184 名青年代表和 15 名列席代表出席会议。省委常委常黎夫作题为《为保卫党的总路线而斗争》的报告。省委工业部、统战部和农业厅的领导分别作了工农业和统战工作的报告。省政协、省工会、省妇联、省工商联等单位的领导出席了大会开幕式并致贺词。团省委副书记刘舒昌向代表们传达了第七届世界青年联欢节的概况。团省委副书记、省青联副主席惠庶昌作了《全省青年团结起来，高举总路线的红旗，充当继续跃进的突击手》的报告。根据全国青联章程精神，会议修改了省青联章程，取消了名称中“民主”二字，改为“陕西省青年联合会”，并将每三年举行一次代表大会制度改为每年举行一次委员会制，委员每届任期 3 年，选举团省委副书记惠庶昌为省青联主席。

陕西省青年联合会第三届委员会 1963 年 3 月 11 日至 14 日，陕西省青年联合会第三届委员会全体会议在西安召开，116 名委员出席会议。团省委副书记延焕梧作工作报告。选举延焕梧为省青联主席。1965 年 2 月，曹廷甫任省青联主席。

陕西省青年联合会第四届委员会 1965 年 7 月 30 日至 8 月 4 日，陕西省青年联合会第四届委员会全体会议在西安召开，105 名委员出席会议。省委书记处书记章泽代表省委向大会作报告。省青联副主席王天元作了《高举毛泽东思想伟大红旗，沿着革命化的道路奋勇前进》的报告。会议交流了各族各界青年，特别是知识分子学习毛主席著作，积极参加三大革命运动的经验，修改了省青联章程，在关于青联的基本任务中，增加了“努力学习马克思列宁主义、毛泽东思想”“坚决走社会主义革命的道路”“高举党的社会主义建设总路线的光辉旗帜，积极参加阶级斗争、生产斗争和科学实验三项伟大的革命运动”等内容，选举曹廷甫为省青联主席。

“文化大革命”期间，省青联被迫停止工作。1979 年 4 月，经省委批准，省青联召开四届委员会常委扩大会议，传达了全国青联会议精神，决定恢复省青联工作，召开五届委员会议，通过了《致台湾青年团体的邀请信》，增设省青联驻渭南、汉中办事处。增选韩志刚为省青联委员、常委、副主席，穆西彦任秘书长。主席、副主席成员均同前。

陕西省青年联合会第五届委员会 1979 年 8 月 18 日至 22 日，陕西省青年联合会第五届委员会全体会议在西安召开，300 名委员出席会议。省委第一书记马文瑞、书记陈元方出席会议并讲话。团省委书记、省青联副主席韩志刚作题为《广泛团结教育各族各界青年，为祖国的社会主义现代化建设贡献青春》的工作报告。会议确定省青联的任务是围绕四化建设，团结各族各界青年，解放思想，加强团结，发扬民主，同心同德为四化贡献青春。会议通过了《陕西省青年联合会章程》，选举团省委书记韩志刚为省青联主席。

陕西省青年联合会第六届委员会 1986 年 4 月 1 日至 4 日，陕西省青年联合会第六届委员会全体会议在西安召开。团省委副书记、省青联副主席姚毅作《高举爱国主义旗帜，团结各族各界青年积极投身改革，为繁荣陕西作出新贡献》的工作报告，通过了《陕西省青年联合会组织简则》。会议提出省青联六届委员会的任务是团结爱国青年积极投身和推进经济改革，开发青年智力，培养优秀人才，加强两个文明建设，为实现祖国统一大业，完成“七五”计划的总任务而奋斗，选举团省委书记蒲长城为省青联主席。

陕西省青年联合会第七届委员会 1993 年 12 月 29 日至 31 日，

陕西省青年联合会第七届委员会全体会议在西安召开，330 名委员出席会议。省委副书记支益民讲话。团省委副书记、省青联副主席田杰作题为《广泛团结全省各族各界青年，在跨世纪进军中为陕西改革开放和建设事业做出新贡献》的工作报告。大会审议和通过《关于工作报告的决议》《关于授权第七届常委会增补常委的决议》《关于建立“陕西省杰出青年人才奖”的决议》《关于举办“陕西省青年新闻奖”评选活动的决议》《关于举办“陕西省青年科学家”评选活动的决议》以及《关于聘请马良骥、吴修斌、陈淑云等同志为青联陕西省第七届委员会名誉主席的决议》。会议表彰了第六届“十杰”委员和先进集体，选举团省委副书记田杰为省青联主席。

陕西省青年联合会第八届委员会 1999 年 12 月 22 日至 24 日，陕西省青年联合会第八届委员会全体会议在西安召开，500 名委员出席会议。团省委副书记、省青联副主席庄长兴作题为《在向 21 世纪进军的历史进程中团结带领全省各族各界青年为实现西部大开发的战略目标而努力奋斗》的工作报告。大会通过《关于开展“为西部大开发做贡献竞赛”活动的决议》，选举团省委副书记庄长兴为省青联主席。

陕西省青年联合会第九届委员会 2005 年 1 月 13 日至 1 月 14 日，陕西省青年联合会第九届委员会全体会议在西安召开，500 名委员出席会议。团省委副书记、省青联主席井剑萍作题为《肩负历史使命，弘扬时代主题,在构建社会主义和谐社会的伟大实践中谱写新的篇章》的工作报告。大会通过《关于落实科学发展观，团结带领广大青年在全面建设小康社会的征程中建功立业的决议》，选举团省委副书记井剑萍（女）为省青联主席。

陕西省青年联合会第十届委员会 2010 年 5 月 4 日，陕西省青年联合会第十届委员会全体会议在西安召开，500 名委员出席会议。团省委副书记、省青联主席李豫琦作题为《汇聚青春力量，服务科学发展，为建设西部强省而努力奋斗》的工作报告。会议选举团省委副书记李豫琦为省青联主席。

陕西省青年联合会第十一届委员会 2015年5月4日至5日，陕西省青年联合会十一届委员会全体会议在西安召开，500名委员出席会议。团省委副书记、省青联副主席段小龙作题为《凝心聚力中国梦 奋发有为新时代 为建设“三个陕西”奉献青春智慧和力量》的工作报告。大会审议通过了《青春聚力中国梦 智慧奉献新陕西的决议》，选举团省委副书记段小龙为省青联主席。

陕西省青年联合会第十二届委员会 2020年12月1日，陕西省青年联合会第十二届委员会全体会议在西安召开，445名委员出席会议。团省委副书记、省青联主席徐永胜作题为《引领新青年奋进新时代 为奋力谱写陕西新时代追赶超越新篇章汇聚青春力量》的工作报告。大会审议通过了《陕西省青年联合会委员履职规范》《陕西省青年联合会委员直接联系青年工作制度》《陕西省青年联合会提案和建议工作实施细则》等工作制度，选举团省委副书记徐永胜为省青联主席。

二、共青团与学联

中国共产主义青年团和中华全国学生联合会的关系

中华全国学生联合会是中国共产党领导下的中国高等学校学生会、研究生会和中等学校学生会的联合组织。2020年8月18日通过的《中华全国学生联合会章程》中明确：“本会按照民主集中制的组织原则，在中国共产党的领导和中国共产主义青年团的指导下，依照国家的法律、法规和本组织的章程，独立自主地开展工作。”

陕西省学生联合会的职能

2023年3月，陕西省学生联合会第十一次代表大会通过的《陕西省学生联合会章程》规定，陕西省学生联合会是中国共产党领导下的全省高等学校学生会、研究生会和中等学校学生会的联合组织。基本任务：以马克思列宁主义、毛泽东思想、邓小平理论、“三个代表”重要思想、科学发展观、习近平新时代中国特色社会主义思想为指导，深刻领悟“两个确立”的决定性意义，进一步增强“四个意识”，坚定“四个自信”，做到“两个维护”，遵循和贯彻党的教育方针，团结和引导同学成为德智体美劳全面发展的社会主义建设者和接班人，为全面建设社会主义现代化国家，全面推进中华民族伟大复兴而团结奋斗；发挥作为党和政府联系同学的桥梁和纽带作用，在维护国家和人民群众整体利益的同时，依法依章程表达和维护同学的具体利益，及时了解和反映广大同学的愿望和要求，帮助同学解决实际困难，全心全意为同学服务；开展健康有益、丰富多彩的校园文化活动和社会服务，促进青年学生健康成长，带动青年学生奋进中国式现代化新征程、谱写陕西高质量发展新篇章；增进全省各民族同学的团结，加强与台湾和港澳同学的联系，促进中华民族的团结和伟大祖国的统一；发展同各国、各地区学生和学生组织的交往与合作，支持各国、各地区人民和学生的正义事业。

陕西省学生联合会工作机构

陕西省学生联合会按照民主集中制的组织原则，在中共陕西省委的领导和共青团陕西省委的指导下，依照国家的法律、法规和本会章程，独立自主地开展工作。最高权力机关是陕西学联代表大会，代表大会一般每三至五年举行一次。在特殊情况下，由陕西学联主席团提议，并得到陕西学联委员会三分之二以上委员团体的同意，代表大会可以提前或推迟召开。陕西学联代表大会应当有三分之二以上当选代表参加才能召开，代表大会进行选举和通过决议实行表决制。

陕西学联实行团体会员制，陕西省内的国民教育体系中的全日制普通高等学校和中等学校的学生会、高等学校和科研教育机构的研究生会，承认本会章程，均为本会会员。

陕西学联委员会是陕西省学生联合会在省学联代表大会闭会期间的最高权力机关，由当选为委员的会员团体组成，每届任期三至五年。省学联代表大会如提前或推迟举行，它的任期相应改变。陕西学联委员会每届任期内每年至少举办一次全体会议。委员会开会时，委员团体各派一名代表参加，委员会全体会议应当有三分之二以上委员参加才能召开，由陕西学联主席团召集和主持，委员会进行选举和通过决议实行表决制。

陕西学联主席团是陕西学联委员会的常设机关，由当选为省学联主席和主席团成员的会员团体派出的代表组成。主席团成员团体认为必要时，可以更换自己派出的代表。主席团体派出的代表任期一般不超过三年，任期中不宜继续履职的，应及时依程序变更人选。陕西学联主席团全体会议每年至少举行一次，由主席召集，主席团决定重要事项实行表决制，推选若干执行主席并实行驻会制度。

陕西省学联秘书处是陕西学联的日常工作机构，向陕西学联主席团负责并报告工作，秘书处由秘书长、副秘书长组成。

陕西省学生联合会的历史沿革

陕西省学生联合会的成立 1919 年 5 月 4 日五四运动爆发后，西安各校学生代表召开联席会议，决定声援北京学生的爱国行动。在西安各校学生代表联席会议的基础上，于 6 月初成立了陕西省学生联合会，选举屈武为会长，刘道洁、高尚贤为副会长，邹遵为评议长，下设总务、宣传、编辑3个部，出刊《白话报》为机关报。9月6日，陕西学生联合会开会重新选举了负责人，屈武、刘道洁分别任会长、副会长，高尚贤、邹遵分别任评议长和副评议长。会后，省学联发表宣言，号召“全陕一致，缔结坚固”“为国家树干城”“为秦民作先导”。陕西学联积极发展学生运动，在陕北、渭北、汉中等地相继成立了学生联合会。陕西“五四”惨案后，党组织和陕西学联被迫迁至三原，为了继续领导西安学生的驱吴斗争和动员全省学生开展更大规模的驱吴运动，陕西学联和渭北学联等成立了临时陕西学生联合会总会及总会第一届陕西学生代表大会筹备委员会，以便统一全省学生组织。

陕西省学生联合会第一次代表大会 1925年7月7日至15日，陕西省学生联合会第一次代表大会在三原召开，西安、渭北、陕北、关中、陕南等12个学联的30多名代表出席了会议。会议讨论了参加政治运动、驱逐军阀吴新田、谋求学生切身利益、巩固发展学生组织、废止专制教育、接受全国学联第七次代表大会精神等13个决议案，选举了陕西省学生联合会总会执行委员会，张含辉当选省学联主席，创办了指导全省学生运动的机关刊物《陕西学生》。会后，陕西学联从三原县迁回西安省立三中，此时省学联会员超过7000人。

陕西省学联临时代表大会 1925年11月，陕西学联派代表张含辉出席全国学联代表大会。为适应新的形势，陕西学联在1926年1月18日至26日召开了全省学联临时代表大会，14个地方学联的36名代表参加大会。大会通过了整顿和发展组织，扩大工作范围，反对帝国主义侵略中国领土与主权等工作计划、决议案和宣言，确定了陕西学生运动与民族解放、民主革命、农民运动相结合的方向。会后，陕西省学生联合会总会改称为陕西全省学生联合会，设在省立一中。

陕西省学生联合会第二次代表大会 1927年5月12日，陕西省学生联合会第二次代表大会在西安召开，陕南、陕北、关中等地学生代

表 60 余人参加会议。大会以统一全陕学生组织、动员学生参加革命的政治斗争为中心，讨论了两年来学生联合会的会务报告，明确了学联第二次代表大会的使命和责任，研究通过了参加政治运动、帮助工农运动、拥护革命军、改进学生利益等十一项决议案和《陕西全省学生联合会章程》。会议提出学联的历史使命是：结合一切革命势力，树起革命的旗帜，打倒一切帝国主义反动势力，破坏封建社会的遗留物，求得我们本身的解放，建设独立、自由、统一的中国。选举成立了陕西学联第二届代表大会执行委员会，王林当选为省学联主席。7 月中旬，控制陕西军政大权的冯玉祥实行反共“清党”，下令禁止学联等进步团体活动，陕西学联被迫停止工作。

陕西省学生抗日救国总会 九一八事变后，全省学生抗日反蒋运动以西安为中心迅速形成高潮。在西安和各地中等学校学生反日救国会的基础上，共青团西安市委于 9 月底指导成立了陕西省学生抗日救国总会。陕西全省学生抗日救国总会以陕西省图书馆为机关驻地，领导全省学生热烈开展了抗日请愿、示威、捣毁国民党党部、驱逐国民党中央政府考试院院长戴季陶等斗争，积极组织学生宣传队、寒假工作团，深入民众和农村宣传抗日，并派代表参加了全国学生抗日救国总会成立大会和全国学生向国民党中央党部的抗日请愿示威斗争。1932 年 4 月 25 日晚，省学生抗日救国总会被国民党军警封闭，工作人员遭到逮捕后，继续坚持斗争到同年暑期，后因国民党的白色恐怖和高年级学生毕业、负责人变动而停止活动。

陕西省学生救国联合会 1936 年下半年以后，陕西国统区的一些中等学校相继成立了学生救国会，11 月 5 日又成立了西安学生救国联合会。西安事变爆发后，国民党陕西各级党部大都解体，西安学生救国联合会根据中共党组织指示，动员组织外县在西安上学的学生回到本县推动抗日救亡运动，建立了部分县的学生救国会。为统一陕西国统区学生救亡团体，建立全省学生运动指导机关，在中共陕西省委领导下，西安学生救国联合会于1937年1月初发起筹备陕西省学生救国联合会。1月11日下午，陕西省学生救国联合会在西安高中召开了成立大会，下辖西安、武功、蒲城、长安、岐山、乾县、华县、商县、同官（今铜川）、临潼、高陵、户县、合阳、城固等30余县学生救国会。1937年春，国民党在陕西恢复统治后，采用成立学生自治会、建立抗敌后援会、包办学生运动等办法，竭力限制学生抗日救亡运动，同年8月又下令解散学生救国联合会等救亡团体。在中共陕西省委领导下，通过谈判、斗争和必要的让步，在国民党陕西省党部领导的抗敌后援会改组的条件下，省学生救国联合会于9月停止了活动，西安和各县学生救国联合会改名为合法的抗敌后援会学生分会，继续坚持抗日救亡运动。

陕甘宁边区学生救国联合会第一次代表大会 1939年8月13日至14日，陕甘宁边区学生救国联合会第一次代表大会在延安召开。抗大、鲁艺、马列学院等边区各校的学生代表参加会议，中共中央和有关方面的领导人毛泽东、王明、康生、邓发、张鼎丞等以及边区政府主席林伯渠、教育厅厅长周扬、中华青年救国团体联合办事处负责人李昌出席大会并讲话。毛泽东高度赞扬代表大会是要求中国民主自由独立的大会，强烈谴责了国民党顽固派压制民主，反对民权，摧残青年的反动行径，号召为争取抗日民主自由而努力。会议向毛泽东、林伯渠分别敬献了“我们永远跟着你”和“青年的保姆”的锦旗。陕甘宁边区学生救国联合会致电全国学联和世界学联第二次代表大会，报告边区学联成立的消息，表示愿为反法西斯战争献身，希望加强联系取得指导。会议听取了关于边区学生运动的情况报告，讨论通过了陕甘宁边区学生救国联合会纲领及扩大和巩固组织案，加强与全国学生、青年救国团体的关系案，发起号召粉碎日寇汉奸破坏国防教育及学生运动案等七个决议案。会议选举产生了15个学校代表组成的执行委员会和由抗大、鲁艺、马列学院、女子大学、边区青年社等5个学校单位代表组成的常务委员会，主席是陶端予。

陕甘宁边区学生救国联合会第二次代表大会 1940年9月7日至13日，陕甘宁边区学生救国联合会第二次代表大会在延安泽东青年干部学校召开，边区70多名代表参加会议，八路军总司令朱德出席大会并讲话。会议听取了边区各大、中、小学学生工作报告以及警备区学生工作报告，讨论修改了学生会简章和学生联合会纲领，研究通过了51件代表提案，通过了给蒋介石转全国将士电，给中共中央及八路军、新四军电，给中国学联及世界学联电。选举产生了由抗大、陕北公学等15所学校代表组成的执行委员会，并推选抗日军政大学、陕北公学、中国女子大学、泽东青年干部学校、中央党校等5所学校代表组成学生会常务委员会，委员会设秘书、宣传、体娱、大学、中小学等5个工作部门开展工作。

陕甘宁边区学生联合会第三次代表大会 为了动员西北学生为彻底解放全西北、建设新西北，实现学生工作由战争时期向和平建设时期的逐步过渡，陕甘宁边区学生救国联合会改名为陕甘宁边区学生联合会，1949年1月7日至17日在延安举行第三次代表大会，延安直属9县和绥德、三边、黄龙、三原、大荔等分区以及国统区西安等地的学生代表共计86人出席了会议。会议代表听取了边区政府副主席杨明轩、西北军区副司令员王维舟、中共西北局宣传部部长李卓然、中共西北局组织部部长马文瑞、边区政府教育厅副厅长江隆基等党、政、军负责人关于时局、青年学生的学习与任务、学校党、团活动等问题的报告，研究确定了边区学生运动的方针与任务是：动员全边区学生，联合国统区学生及各民族青年学生与全体人民，共同为彻底解放全西北、建设新西北而奋斗，联合全国学生与全国人民为解放全中国、建设新中国而奋斗。会议讨论通过了《陕甘宁边区学生联合会章程》，选举产生了13人组成的执行委员会，主席是程浩。

陕西省学生联合会第一次代表大会 1950年，陕西全境解放，西北学生联合会代表大会提出学生运动的重点是培养保卫和建设社会主义新一代。根据这一精神，1951年8月20日至26日，陕西省学生联合会第一次代表大会在西安举行，全省127所大、中学校选出的208名代表参加会议，陕西省政府主席马明方、省委宣传部部长甘一飞、省文教厅副厅长卢勤良等出席大会并讲话。会议讨论通过了省学联筹备委员会向大会所作的《关于学运的方针与任务的报告》《陕西省学生联合会章程》《各中等学校学生会章程》《爱国公约》等，会议确定学联的宗旨是团结全省同学，树立为人民服务的思想，掌握文化科学知识，锻炼身体，培养自己成为保卫与建设祖国的人才，增进同学福利，搞好伙食，开展有益于学生健康的体育、文娱、卫生等活动。会议选举成立了由25人组成执行委员会及9人组成常务委员会，主席是黄体颖。

1955年8月，中华学生联合会第十六次全国代表大会的会章规定，“各高等学校学生会是本会的基层组织”。根据这一精神，青年团陕西省委11月作出决定，撤销陕西省学生联合会，各大专院校学生会直接隶属全国学联领导，各中等学校学生会由本校党、政、团组织指导工作，陕西学联停止活动。

陕西省学生联合会第二次代表大会 1965年1月，中华全国学生联合会第十八次代表大会决定恢复中等学校学生会参加学联组织，根据这一精神，1965年7月30日至8月4日，陕西省学生联合会第二次代表大会在西安举行，全省学生代表304人参加会议，中共陕西省委书记处书记章泽出席会议并讲话。会议以中国共产主义青年团第九次全国代表大会提出的“为我国青年革命化而斗争”为中心，研究讨论了如何高举毛泽东思想伟大红旗，进一步促进青年革命化的问题，通过了团省委副书记卜克义向大会所作的《沿着革命化、劳动化的道路前进，立志做毛主席的好学生》的报告。会议指出，青年学生在实现革命化的过程中，要联系实际、活学活用毛主席著作，改造思想；要虚心向工农群众学习，与工农相结合，到实际斗争中接受锻炼；要参加体力劳动，成为脑力劳动和体力劳动相结合的又红又专的新型知识分子。从这一届开始，省学联设立秘书处，负责办理日常事务，与团省委学校部合署办公。会议选举成立了第二届委员会，主席是刘爱梅。

陕西省学生联合会第三次代表大会 为团结全省学生更好地成长为四化建设的合格人才，在团省委的帮助指导下，1979 年 8 月 16 日至 20 日，陕西省学生联合会第三次代表大会在西安召开。与会代表学习了中共中央主席华国锋在纪念五四运动 60 周年大会上的讲话及中华全国学生联合会第十次代表大会文件，回顾总结了粉碎江青反革命集团以来开展创“三好”活动的经验。省委第一书记马文瑞出席大会并讲话。省高等教育局、团省委还联合表彰了 110 名“三好”学生。大会讨论通过了省学联主席刘爱梅作的《为四化学习、向三好努力》的工作报告及《关于在全省高等学校广泛深入开展三好学生活动的倡议》。会议提出学生在新时期的任务是立志献身四化，做德、智、体全面发展的好学生。学生会的任务是以“三好”为目标，以学习为中心开展活动，努力促进同学德、智、体全面发展，帮助同学做到思想品德好、学习好、身体好。会议选举产生了由 15 个委员单位组成的陕西学联第三届委员会，9 人组成省学联主席团，主席是西北大学学生会代表王鹏。

陕西省学生联合会第四次代表大会 1984 年 7 月 25 日至 27 日，陕西省学生联合会第四次代表大会在西安召开，258 名学生代表出席会议。省委副书记董继昌向大会作了《率先奋起，做无愧于伟大时代的开拓者》的报告，副省长孙达人出席大会并讲话。大会讨论通过了省学联主席王鹏作的《勤奋学习，努力实践，作勇于开拓的一代新人》

的工作报告，提出第四届学联的任务是：适应改革需要，围绕培养四化建设合格人才这个中心，促进同学德、智、体全面发展；做党和政府联系学生的桥梁和纽带，在维护国家和全民利益的同时，维护学生正当权益；努力为学生服务，开展健康多彩的课外活动；加强与各族学生的团结及国际学生组织间的交往与合作。大会修改制定了《陕西省学生联合会章程》，向全省大中学生发出了《坚持三个面向，争做四化建设合格人才》的倡议。会议选举产生了由 32 个单位组成的陕西学联第四届委员会，11 人组成省学联主席团，主席团体是西安交通大学学生会。

陕西省学生联合会第五次代表大会 1989 年 3 月 24 日至 26 日，陕西省学生联合会第五次代表大会在西安召开。省委副书记牟玲生代表省委、省政府在开幕式上讲话。大会总结了省学联第四届代表大会以来的工作，讨论通过了省学联主席秦学峰所作的《学习、实践、参与、贡献，做社会主义现代化建设的合格人才》工作报告和《陕西省学生联合会章程部分条文修正案》。会议发出《努力吧，争做现代化建设的合格人才》倡议书，号召全省 180 万大中学生刻苦学习，勇于实践，投身改革，做德、智、体、美、劳全面发展的合格人才。会议选举产生了由 66 个委员单位组成的陕西学联第五届委员会，16 人组成省学联主席团，主席团体是西北工业大学学生会。

陕西省学生联合会第六次代表大会 1996 年 12 月 19 日至 21 日，陕西省学生联合会第六次代表大会在西安召开。团省委副书记田杰、刘碧芳（女）、庄长兴，团省委机关党委书记王勇到会并讲话。省学联主席韦伟作《刻苦学习，勤奋实践，努力成为跨世纪的合格人才》的工作报告。自 1989 年来，广大同学跟党走建设有中国特色社会主义道路的信念日益坚定，各项活动蓬勃开展，广大同学积极参加大学生校园之春文化节、校园歌曲大赛等校园文化活动，“改革百点”、延安“窑洞大学”等社会实践活动，“挑战杯全国大学生课外学术科技作品竞赛”“中国大学生应用科技发明大奖赛”等课外学术科技活动，学生志愿者展现青春风采。学联、学生会自身建设进一步加强，各项规章制度逐步规范；学生社团建设趋于正规化、制度化、科学化。报告在阐述了陕西青年学生肩负的历史使命后，提出了省学联未来五年的工作任务。大会审议并通过了工作报告以及学联章程部分修正案。会议选举出省学联第六届委员会主席团体 1 个、副主席团体 21 个，主席团体是陕西师范大学学生会。

陕西省学生联合会第七次代表大会 2001 年 12 月 9 日，陕西省学生联合会第七次代表大会在西安召开，出席大会的代表共 398 名。省委副书记袁纯清出席大会并作重要讲话，大会宣读了全国学联贺信，团省委书记庄长兴代表团省委致贺词。省学联主席杜乐作《学习实践“三个代表”重要思想，在建设西部经济强省的伟大进程中奋发成才》的工作报告。报告指出，五年来，省学联带领全省大中学生不断深化邓小平理论学习，深入开展“三个代表”重要思想教育活动，广大同学的政治信念更加坚定。学生理论学习社团蓬勃发展，“三个代表”实践服务团取得了丰硕成果。省学联着力推进思想道德教育，大力开展校园文化活动。省学联积极倡导良好学风，广泛开展学习竞赛，广大同学的学习热情持续高涨。各级学联、学生会通过“比自律，看谁无旷课”“讲自觉，我们不需要监考”等主题活动和文史知识竞赛、网络知识竞赛等活动，激发同学们自觉、自主、踏实、认真的良好学风。中学生成人预备期志愿服务、学术科技活动大力开展。省学联不断强化服务职能，学联、学生会自身建设进一步加强。报告提出七届学联未来五年的四项主要任务。会议选举出省学联第七届委员会主席团体 1 个、副主席团体 19 个，主席团体是西安交通大学研究生会。

陕西省学生联合会第八次代表大会 2007 年 4 月 27 日，陕西省学生联合会第八次代表大会在西安召开，来自全省各高校、中学的学生代表以及列席代表共计 500 人参加大会。省委副书记、省长袁纯清，省委副书记、省政协副主席杨永茂，省人大常委会副主任潘连生，省政协副主席李雅芳，省军区副政委赵重锋少将，省纪委常委王晓斌出席会议。团省委书记卫华向大会致辞。少先队员为大会献词。省学联主席魏晓东作《勤奋学习，勇于实践，在建设社会主义和谐陕西的进程中奋发成才》的工作报告。报告指出，五年来，省学联坚持理论武装，以理想信念教育为核心。省学联坚持文化育人，倾力打造校园之春文化、“挑战杯”科技竞赛等品牌活动。省学联坚持实践育人，深入开展大学生志愿者“三下乡”“四进社区”和中学生“四个一”社会实践活动。坚持服务育人，广泛开展济困助学“圆梦行动”、组织大学生创业先进事迹报告会、实施“大学生就业见习行动”。省学联按照“自我教育、自我管理、自我服务”的方针，着眼于学生的实际需求，切实加强组织建设。完善工作制度、加强干部队伍建设、推动校际交流，提升服务水平和工作能力。对外交流日益活跃，先后组织学生代表团赴日本、韩国、泰国等国和港澳台地区进行访问。报告在分析了当代青年学生肩负的历史使命后，提出省学联未来五年的工作任务。大会选举出省学联第八届委员会主席团体 1 个，副主席团体 24 个，主席团体是西安电子科技大学研究生会。

陕西省学生联合会第九次代表大会 2012 年 12 月 9 日至 10 日，陕西省学生联合会第九次代表大会在西安召开，出席会议的代表共 500 人。省委常委、省委组织部部长李锦斌出席开幕式并作重要讲话，省人大常委会副主任白阿莹出席，团省委书记李豫琦致词，全国学联发来贺信。省学联主席靳振华作《凝聚青春力量，勇担光荣使命，在全面建设西部强省的伟大征程中奋发成才》的工作报告，并向全省青年学生发出了《共建小康社会焕发绚丽青春》的倡议书。会议选举产生了由 83 个委员单位组成的陕西学联第九届委员会，主席团单位 25 个，主席团体是西安交通大学研究生会。

陕西省学生联合会第十次代表大会 2017 年 11 月 4 日至 5 日，陕西省学生联合会第十次代表大会在西安召开，出席会议的代表共 513 人。省委副书记毛万春出席并讲话，团省委书记段小龙致辞，省科协常务副主席呼燕致贺词，陕西省人大常委会副主任刘小燕、副省长张道宏、省政协副主席张社年出席开幕式。省学联主席臧彦铭作《锐意改革创新 汇聚青春力量 团结带领三秦学子在追赶超越的伟大实践中奋勇前进》的工作报告、并向全省青年学生发出了《奋力追赶超越 熔铸壮丽青春 昂首阔步走进新时代》的倡议书。大会审议和通过了《关于提请陕西省学生联合会第九届委员会召开陕西省学生联合会第十次代表大会的决议》《陕西省学生联合会第十次代表大会关于第九届委员会工作报告的决议》《陕西省学生联合会第十届主席团关于潘磊兼任陕西省学联秘书长的决定》《陕西省学生联合会第十届主席团关于宋薇娜等任陕西省学联副秘书长的决定》。会议选举产生了由 87 个委员单位组成的陕西学联第十届委员会，主席团单位 25 个，主席团体是西北工业大学研究生会。

陕西省学生联合会第十一次代表大会 2023 年 3 月 24 日至 26 日，陕西省学生联合会第十一次代表大会在西安召开。陕西省委常委、省委政法委书记刘强出席开幕会并讲话，省人大常委会副主任李晓英、省政协副主席李忠民出席开幕会。省级有关部门负责同志和省学联代表大会代表、列席代表、特邀代表共 530 人参加开幕会。开幕会上，全国学联驻会执行主席温鑫同学致辞。省科协党组书记李豫琦代表人民团体向大会致贺词。团省委书记徐永胜向大会致贺词。省学联主席田博文同学作《传承红色基因 勇担强国使命 在谱写陕西高质量发展新篇章的生动实践中凝聚起团结奋斗的青春力量》的工作报告。这次大会全面总结了陕西学联五年来的工作，研究确定未来五年的工作任务，审议通过了《关于陕西省学生联合会第十届委员会工作报告的决议》《关于 < 陕西省学生联合会章程修正案 > 的决议》，向广大三秦学子发出了“为奋力谱写陕西高质量发展新篇章贡献青春力量”的倡议。会议选举产生了由 81 个团体组成的陕西学联第十一届委员会，主席团成员团体 26 个，主席团体是西安交通大学研究生会。

三、共青团和少先队

中国共产主义青年团与中国少年先锋队的关系

中国少年先锋队是中国少年儿童的群团组织，是少年儿童学习中国特色社会主义和共产主义的学校，是建设社会主义和共产主义的预备队。中国共产党是少先队的创建者和领导者，共青团受中国共产党委托，直接领导少先队。共青团要履行好全团带队政治责任，健全少先队组织的各级工作机构，加强少先队组织建设，支持少先队创造性地开展组织教育、自主教育、实践教育，保护和关心少年儿童的成长，坚持以社会主义思想和共产主义精神教育少年儿童，引导他们听党的话，好好学习，天天向上，从小学习做人、从小学习立志、从小学习创造，爱祖国，爱人民，爱劳动，爱科学，爱社会主义，锻炼身体，培养能力，学习和践行社会主义核心价值观，努力成长为担当民族复兴大任的时代新人，做共产主义事业的接班人。中学共青团组织应加强对少先队员入团前的培养教育，少先队组织应积极推荐优秀少先队员作团的发展对象。

中国少年先锋队陕西省工作委员会

中国少年先锋队陕西省代表大会（简称陕西省少代会）是陕西省

少先队组织的最高权力机构，按《队章》规定原则上每五年召开一次。陕西省少代会职权是：审查和批准少先队工作报告；讨论和决定陕西省少先队的工作任务和重要事项；选举产生中国少年先锋队陕西省工作委员会（简称陕西省少工委）作为全省少先队的领导机构。各级和学校少先队工作委员会，是各级和学校少先队经常性工作的领导机构，由同级少先队代表大会选举产生。陕西省少工委主要职能是指导全省少先队开展工作，组织开展有利于少年儿童健康成长的各类活动；加强全省少先队辅导员队伍建设；协助有关方面办理与少年儿童工作相关的事项；指导基层少工委的工作；指导少先队理论研究；指导陕西省青少年宫协会工作。

中国少年先锋队陕西省代表大会历史沿革

中国少年先锋队陕西省第一次代表大会 1985 年 5 月 31 日至 6 月 1 日，中国少年先锋队陕西省第一次代表大会在西安召开。出席大会的有 140 名陕西省少先队员代表、100 名优秀辅导员代表和 50 名少儿工作者的代表。省委、省政府、省人大主要领导出席开幕式。省委副书记李溪溥代表省委、省政府讲话。团省委书记李炳武致开幕词。团省委副书记马占国作了《面向未来，造就新人》的工作报告。大会宣读了进一步深入开展“创造杯”活动的《致全省少先队员的一封信》和给全省少先队辅导员的倡议书。大会表彰了 350 个全省优秀少先队中、小队，200 名省级优秀辅导员。大会选举出 43 名委员组成中国少年先锋队陕西省第一届工作委员会，马占国当选省少工委主任。

中国少年先锋队陕西省第二次代表大会 1991 年 6 月 1 日至 6 月 3 日，中国少年先锋队陕西省第二次代表大会在西安召开。出席大会的正式代表 300 名。省委副书记牟玲生以《学习赖宁精神，争做“四有”新人》为题致祝词，省关心下一代工作委员会主任何承华作《祝愿下一代茁壮成长》讲话，省教育厅副厅长陈敏钰作题为《少先队教育是学校教育的得力助手》的讲话。团省委书记蒲长城致开幕词。团省委副书记田忠林作《奉献求实创新，培育“四有”新人》的工作报告。报告回顾自上届少代会召开以来的工作，通过《陕西省深入开展学赖宁活动的三年（1991—1993年）规划》《给全省少先队员的一封信》和《给全省少先队辅导员的一封信》。大会选举出53名委员组成中国少年先锋队陕西省第二届工作委员会，田忠林当选省少工委主任。

中国少年先锋队陕西省第三次代表大会 1996年6月1日至3日，中国少年先锋队陕西省第三次代表大会在西安举行。出席大会的代表350人。这次代表大会有少先队员代表160人，占代表总数约46%，超过辅导员代表的比例，而且有12名少先队员代表参加大会主席团，进一步发挥少先队员的自主作用。省委书记安启元、省长程安东、省人大常委会副主任牟玲生、省政协副主席逯靠山等出席大会开幕式。省长程安东作了《不负重任，奋发成才，做跨世纪的社会主义事业合格建设者和接班人》的重要讲话。团省委副书记田杰致题为《肩负起培养和造就跨世纪的社会主义事业合格建设者和接班人的历史重任》的祝词。大会组织了丰富多彩的少先队活动，如升旗仪式、五四知识技能竞赛、参观历史博物馆和西安卫星测控中心等。省少工委第一副主任、省教委副主任贺桂梅致闭幕辞。大会选举出69名委员组成中国少年先锋队陕西省第三届工作委员会，田杰当选省少工委主任。

中国少年先锋队陕西省第四次代表大会 2001年6月1日至3日，中国少年先锋队陕西省第四次代表大会在西安召开。出席大会的代表524人。省委书记、省人大常委会主任李建国，省委副书记袁纯清、副省长赵德全、省政协副主席黄钟、省军区副司令员王生祥等出席开幕式。团省委副书记唐利如作了《在星星火炬照耀下，做社会主义合格的建设者》的工作报告。表彰了陕西省第七届“十佳少年”和陕西省优秀辅导员。大会通过《关于组织带领全省少先队员投身青少年保护母亲河行动的倡议》。大会选举出 75 人组成中国少年先锋队陕西省第四届工作委员会，唐利如当选省少工委主任。

中国少年先锋队陕西省第五次代表大会 2007 年 6 月 2 日至 4 日，中国少年先锋队陕西省第五次代表大会在西安召开。出席大会的代表 505 人。省委常委、组织部部长李锦斌，省人大常委会副主任崔林涛，省政协副主席杨永茂，省军区副政委赵重锋，省关工委主任李天文等出席开幕式。省委常委、组织部部长李锦斌讲话，团省委书记卫华代表团省委致辞，省教育厅副厅长吕明凯宣读全国少工委贺信。团省委副书记唐利如作了《牢记党的嘱托，肩负历史使命，为建设西部强省培养合格的建设者和接班人》的工作报告。表彰了第九届“陕西省十佳少先队员”、第四届“陕西省十佳少先队辅导员”和第二届“陕西省十佳少先队志愿辅导员”以及西安市新城区后宰门小学少先队大队等 110 个陕西省少先队“红旗大队”。大会选举出 83 名委员组成中国少年先锋队陕西省第五届工作委员会，唐利如当选省少工委主任。

中国少年先锋队陕西省第六次代表大会 2012 年 10 月 13 日至 10 月 15 日，中国少年先锋队陕西省第六次代表大会在西安召开。共有来自全省的 500 名代表出席会议。省委常委、省委组织部部长李锦斌出席开幕式并致辞，省人大常委会副主任白阿莹、省政协副主席张生朝出席。团省委副书记贾琳作题为《高举星星火炬，争当“四好少年”，时刻准备着为全面建设西部强省而努力奋斗》的工作报告。会议选举出 95 名委员组成中国少年先锋队陕西省第六届工作委员会，团省委副书记贾琳、省教育厅副巡视员王海波当选省少工委主任。

中国少年先锋队陕西省第七次代表大会 2017 年 5 月 31 日至 6 月 2 日，中国少年先锋队陕西省第七次代表大会在西安召开。共有来自全省的 500 名代表出席会议。省委书记、省人大常委会主任娄勤俭寄语全省少先队员和少年儿童，省委副书记毛万春出席开幕式并讲话，省人大常委会副主任刘小燕、副省长魏增军、省政协副主席张社年出席会议。省少先队总辅导员赵大胜作了《高举队旗跟党走，争当三秦好少年，为实现陕西追赶超越发展时刻准备着》的工作报告。大会表彰了获得“陕西省优秀少先队员”和“陕西省优秀少先队辅导员”称号的代表。会议选举出 130 位委员组成中国少年先锋队陕西省第七届工作委员会，省少先队总辅导员赵大胜、省教育厅副厅长王海波当选省少工委主任。

中国少年先锋队陕西省第八次代表大会 2022 年 6 月 15 日至 16 日，中国少年先锋队陕西省第八次代表大会在西安召开。共 500 余人出席会议。省委书记、省人大常委会主任刘国中给大会发来寄语。省委常委、常务副省长王晓出席会议并讲话。省人大常委会副主任、省总工会主席郭大为，省政协副主席王卫华出席会议。团省委书记、省青联主席徐永胜，省委教育工委副书记、省教育厅厅长刘建林分别代表团省委、省教育厅致辞。省少先队总辅导员、省少工委主任赵大胜作题为《传承红色基因 培育时代新人 为谱写陕西高质量发展新篇章时刻准备着》的工作报告。大会表彰了获得 2022 年度陕西省“新时代优秀少先队员”“新时代优秀少先队辅导员”“新时代优秀少先队集体”以及“建团百年陕西省少先队工作突出贡献奖”称号的代表，选举产生出 137 名委员组成中国少年先锋队陕西省第八届工作委员会，省少先队总辅导员赵大胜，省委教育工委委员、省教育厅副厅长赵昶葆当选省少工委主任。

四、共青团与青年社会组织

2006 年 10 月，党的十六届六中全会通过的《中共中央关于构建社会主义和谐社会若干重大问题的决定》首次使用了“社会组织”的概念。青年社会组织主要包括以青年为主体和以青少年为主要服务对象的社会团体、基金会、社会服务机构，以及由青年发起成立、活跃在城乡社区但未正式注册的青年社团、小组、社群等。青年社团是指年龄在 18—45 岁之间的青年按照一定的宗旨和目的，自愿结成的有规范的章程、完整的组织结构，且不以营利为目的的青年组织。青年社团是青年社会组织的一个特殊形式。

从中国共青团的发展历程看，在不同历史时期，共青团与青年社会组织或青年社团之间发生了多方面的互动关系。

革命时期，早期成立的进步青年社团传播马克思主义，骨干人员很多成为了早期青年团的领袖，为青年团的成立提供了思想、人才和组织基础。青年团成立后，在中国共产党的领导下，积极联系和领导青年社团。全面抗战爆发前夕，根据中共中央的决定，共青团被改造成具有民族解放性质的青年抗日救亡群众组织——西北青年救国联合会，西北青救会作为中国青年运动的具体实施者和推动者，响应党的政策主张，积极在青年中开展抗日救亡运动，与青年社团形成了一定的指导与协作关系。在青年团重建过程中，西北民主青年社、新民主主义青年社等进步青年社团在党的领导下，以实现新民主主义为奋斗目标，发挥了党的助手和团结联系青年的纽带作用，这些革命青年团体，为党重新建立青年团，提供了一批骨干和必要经验，带领广大青年为解放战争的胜利作出了贡献。

社会主义建设时期，为适应全国开展有计划的经济建设需要，青年团带领和组织广大团员青年积极投身到社会主义建设中，在学习方面，青年团发起建立青年扫盲队，开展各种形式的学习活动。在生产劳动方面，青年团通过建立青年突击队、青年节约队、青年志愿垦荒队、农村青年生产队等形式领导青年社团，动员广大青年投身到社会主义大生产中。在文化生活方面，青年团通过成立青年俱乐部的形式，不断丰富青年的业余文化生活，把青年紧密团结在各级团组织的周围，进行爱国主义和共产主义教育。

改革开放时期，陕西共青团事业蓬勃发展，和青年社会组织之间也建立了更加紧密的关系。一方面，通过建立陕西省青年志愿者协会、陕西省青少年发展基金会、陕西省青年就业创业服务指导中心、陕西省青少年宫协会等专业性的青年社会组织，积极拓展社会职能，满足青年日益多元化的需求。另一方面，随着青年社会组织的迅猛发展，陕西团组织不断联系和凝聚青年社会组织，同青年社会组织建立起平等合作的伙伴关系，通过青年社会组织有效凝聚青年。

进入新时代，青年社会组织蓬勃发展，已成为党推进国家治理体系和治理能力现代化的重要内容、党的青年工作的重要阵地和团的基层组织的重要形态。陕西共青团着眼巩固和扩大党执政的阶级基础和青年群众基础，把青年社会组织作为共青团为党育人、为党聚人的战略依托，着力培育共青团主导的青年社会组织，例如陕西省儿童心理学会、陕西省青年新媒体协会、陕西省青年电商联合会、陕西省农村青年致富带头人协会，扩大共青团在青年社会组织中的有效覆盖，建设青年社会组织骨干队伍，促进青年社会组织与共青团工作紧密协同，为履行团的根本职责、服务国家治理体系和治理能力现代化发挥作用、建功立业。

后 记

2021年7月，在共青团陕西省委领导班子集体学习习近平总书记在庆祝中国共产党成立100周年大会上的重要讲话时，团省委领导提出应该编写一本陕西团史专著，向建团100周年献礼。作为长期从事青年运动史的研究人员，我思考应该怎样谋篇布局把陕西这么厚重的青年运动史、共青团史记录下来。陕西有着丰富的青运史资源，党中央在延安十三年，团史是党史的青年篇，中国青年运动史上共青团的改造与重建都发生在陕西，位于陕西境内的赤水团支部旧址、安吴青训班旧址、中共中央青委延安旧址、冯庄团支部旧址等，其承载的历史深刻再现了战火硝烟中的青春力量，在中国青年运动史上具有重要地位。本书是对陕西青运史和共青团史的研究和梳理，是对中国青年运动史和共青团史的丰富和补充，目的是存史、资政、育人，引领广大团员青年把陕西共青团组织的光荣传统和奋斗精神传承下去，为谱写中国式现代化建设的陕西新篇章贡献青春力量。

回顾陕西青年运动史研究工作，团省委历任领导班子都十分重视和支持青运史、共青团史研究工作。八十年代是研究成果的高产期，我的老前辈柳清群老师、赵有奇老师、杨娟茹老师等，将新民主主义革命时期和社会主义建设时期涉及陕西共青团的重要文献资料挖掘整理，把散见于各种文件、档案中的团史编纂成书，为我省青运史工作奠定了坚实的基础。改革开放以后的史料，浩瀚而丰富，需要进一步下功夫从历史逻辑、政治逻辑、社会逻辑脉络上准确梳理、客观记载。

《共青团陕西百年历程》2021年7月开始动笔，2022年8月，完成初定稿。2022年9月，经团省委书记会议同意，在中国青年出版社出版，并要求把好政治关，书中的观点要以中国共产党党史和团中央权威史料为准；把好质量关，注意整体框架逻辑结构，确保史料真实准确，文字撰写要规范、内容要有权威性。2023年5月，中共陕西省委党史研究室回函审读意见，同意本书出版。2023年8月，征求团省委领导及各部门负责人意见，数易其稿后定稿，交由中国青年出版社出版。

《共青团陕西百年历程》一书有以下几个特点：一是按历史轴线将发生在陕西大地上，党领导的青年运动的重要事件、人物完整记述，勾勒出陕西共青团百年历史画卷。二是总结归纳各个历史时期青年运动和共青团工作的特点、亮点以及在全国有影响力的事件，呈现给读者。三是将多年青运史研究成果、青运人物访谈、青运史宣讲的内容补充进本书，丰富了本书内容。四是依照《中国共产党陕西历史》第一卷、第二卷的最新表述，对陕西青运史、共青团史上重大事件进行了严谨细致的核实，观点史料保持了与陕西党史的一致性。

《共青团陕西百年历程》的出版，是团省委领导高度重视和支持的结果，凝结着大家的心血，团省委书记徐永胜总体策划并审定书稿，团省委原副书记贾琳、团省委副书记鲁镇指导并审稿，团省委领导、机关各部门同志对本书提出了宝贵的修改意见，部门同志分担了其他工作，让我把主要精力放在了本书的写作上。中国青年出版总社对本书进行了全方位的统筹审改。陕西省档案馆提供了部分档案、图片和修改建议。团中央青运史档案馆馆长胡献忠、陕西省人大常委会原秘书长岳松华、中共陕西省委党史研究室原巡视员姚文琦、中共陕西省委党史研究室二级巡视员汤彦宜等党史、团史研究专家给予了高屋建瓴的指导。团省委原书记段小龙在青运史工作上给予我大力的支持和鼓励。在此，一并向大家表示衷心的感谢和致敬。

当代修志，隔代修史，历史需要沉淀，新时代陕西共青团历史的编写，很多地方可能有不妥之处，难免挂一漏万，敬请各位专家和广大读者不吝赐教、批评指正。

薛红萍

2023年8月 于西安